ポストグローバル社会の可能性

Alternatives to Economic Globalization

A BETTER WORLD IS POSSIBLE John Cavanagh and Jerry Mander, editors

ジョン・カバナ
ジェリー・マンダー 編
翻訳グループ「虹」訳

緑風出版

Alternatives to

Economic Globalization

A Better World Is Possible

A Report of the International Forum on Globalization

by The International Forum on Globalization

Japanese translation rights arranged with Berrett-Koehler Publishers,San Francisco,California through Tuttle-Mori Agency, Inc., Tokyo.

解題

本書をまとめた国際グローバル化フォーラム（International Forum on Globalization—ＩＦＧ）は、経済のグローバル化がもたらす影響を、文化、社会、政治、環境というあらゆる面から分析し批判することを目的に一九九四年に創設された。当時、世界規模の企業と政治指導者が推し進める急速な経済のグローバル化を、産業革命以来の再編だという共通の認識に促されて設立された研究教育機関である。グローバル化の推進力である新自由主義（ネオリベラリズム）のモデルないし諸制度や諸協定、すなわち世界貿易機関（ＷＴＯ）、国際通貨基金（ＩＭＦ）、世界銀行、北米自由貿易協定その他の国際官僚機構について、当時はほとんど議論されておらず、認識もされていなかったのである。

米国カリフォルニア州サンフランシスコを本拠として、南と北をふくめて世界各地の活動家、エコノミスト、各分野の専門家（二五カ国から六〇組織）が結集し、さまざまな問題と取り組む数百人のアソシエイツ（準会員）のネットワークを通じて積極的に活動を展開している。とくに世界貿易機関（ＷＴＯ）をはじめとするグローバル化推進機関が行なう閣僚会議などでは、グローバル化を批判する立場を明確に打ち出した対抗会議やティーチインを国際的に組織し、争点を明確にすることで各国の市民運動から評価されている。

ＩＦＧは一九九九年から、グローバル化に対するオルタナティブ（対案）を打ち出すための特別委員会を設置し、世界各地で大規模な討論会や小グループでの議論を積み重ね、その成果を二〇〇二年、本書の第一版として出版した。二〇〇三年、メキシコのカンクンで開かれたＷＴＯ閣僚会議においても、ＩＦＧ主催の対抗ティーチインが開かれ、本書の執筆者であるバンダナ・シバ、ウォルデン・ベロ、トニー・クラークといった論客が次々と発言して脚光をあびた。ティーチイン開催のニュースを知って世界中から市民が駆けつけ、超満員となった会場は熱気にあふれていたと報じられた。翻訳グループ「虹」のメンバーの清水亮子も日本から参加したひとりで、そこで本書と出会ったことが邦訳の出版につながったのである。

翻訳作業は順調に進んだが、二〇〇四年になって第二版が出版され、大幅な加筆が行なわれたため、やり直しを迫られた。二〇〇六年六月現在、英語以外にスペイン語、フランス語、インドネシア語、韓国語、オランダ語、チェコ語、ドイツ語の七カ国語に翻訳されて出版されている。九月には中国語版も出版予定である。

本書の成り立ち、構成および内容については「第二版の序文」に詳しいのでそちらにゆずるが、目次を見ればわかるように取り上げている問題領域は非常に多岐にわたる。第一部「危機にある体制」では、世界銀行・国際通貨基金（ＩＭＦ）・国際貿易機関（ＷＴＯ）を「聖ならざる三位一体」として、その成立過程から機能の変容、問題点が論じられる。第二部「オルタナティブの実践」では、持続可能な社会のための一〇原則、コモンズやサブシディアリティといった古くて新しい概念、現代社会の仕組み（エネルギー・輸送・製造・測定基準・農業・メディア）が取り上げられる。第三部「グローバル・ガバナンス」は企業という存在を根本から俎上にのせ、既存の組織に代わる新しい国際機構の確立を提唱する。

「グローバル化を求めないのなら、何をめざすのか」という問いに、あらゆる側面からこたえようとするのが本書の特徴である。経済のグローバル化に対するオルタナティブを扱った本は多々あるが、すべての領域を網羅したものは本書を措いてない。そのため、本書を最初から綿密に読み通すにはかなりの努力がいる。読者はぜひ自分の関心のあるところからページを開いていただきたい。どこを開いてもかならず「目からうろこ」を体験されるにちがいない。

翻訳グループ「虹」

目次

ポストグローバル社会の可能性

第二版の序文

本書の第一版は二〇〇二年半ばに脱稿したのだが、それ以後、世界情勢は激変した。九・一一のテロ攻撃に対する軍事力の行使は、世界の世論と国家を対立させ、それまで確固たる同盟と思われていたものを分裂させ、諸国民の間に新たな、予想外の権力の推移をもたらしつつある。このことは単に軍事的側面だけでなく、経済的な同盟や権力の中枢にも反映され、グローバル化をめぐる論議に新たな文脈をつくりだしている。米国の単独行動主義に対する警戒心が強まるなかで、これに対抗する新たなヨーロッパの団結、新たな南米諸国の団結、そして世界の最貧国の新たな同盟といった努力が見られる。いずれも「民主的」と称する軍事・経済帝国のビジョンを、さらに自分の支配下に広げようとする米国のあからさまな意図に対する反応である。

グローバルな市民社会はもうひとつの重要な新対抗勢力である。これは戦争とグローバル化に対する大規模な街頭抗議行動に反映されている。二〇〇三年初め、『ニューヨークタイムズ』はグローバルな世論を「第二の超大国」と名づけた。

「経済のグローバル化」、「新自由主義（ネオリベラリズム）」、「企業のグローバル化」などさまざまな呼び名をもつ経済的実験は、自ら明言した目標のどれひとつとして達成していないことがますます明らかになった。しかも、とりわけ貧困国に利益を与えるなどという美辞麗句にもかかわらず、そうした目標に無関心であることが誰の目にもはっきりしてきた結果、世界の最貧国は富裕国に対して一種の反乱を起こすにいたったのである。二〇〇三年後半、カンクンでのWTO（世界貿易機関）会議で、南北米自由貿易地域の提案をめぐるマイアミ会議で、反乱が爆発した。米国の単独行動主義とイラクでの軍事行動に対する国際的抗議行動は、それまで抑えこまれていたさまざまな国の国民を勇気づけ、まやかしの協定や大国が行なう利己主義的な提案にたいし反旗をひるがえすまでになったように見える。それまでのWTOラウンドで、そうした国ぐには大国の提案が自分たちのためになるものではないことをはっきり学んだのである。しかし、究極の結果は、平和とグローバルな正義というふたつの運動が合流するきざしを見せていることだ。軍事と経済のいずれの活動にも植民地主義が根にあると分かれば、平和運動と反グローバル運動を分けることはできなくなる。

いずれにしろ、本書の著者たちはグローバル化の議論に新たな側面が加わったことをはっきり認識し、「転換点」と題する序論を付け加えることにした。「転換点」ではカンクンとマイアミでの大失敗の影響および最近の米国による軍事行動について考える（本文に加えて、アントニア・ジュハスがコラムで、イラクの軍事占領がいかに情け容赦のない自由市場イデオロギーの促進と、グローバル企業のための進路づくりに直接利用されているかについて論じる）。

本書は今現在、二〇〇四年五月の時点で書かれている。著者たちが知るかぎり、本書『ポストグローバル社会の可能性』は、シアトル以後最大の問いとなった「グローバル化を求めないのなら、何をめざすのか」という問いに対して包括的に答えようとする唯一の試みである。経済のグローバル化にたいするオルタナティブを断片的に扱った本はいくらもあるが、すべてを統合したドキュメントは本書を措いてない。今日、地域で、国やグローバルのレベルで経済のグローバル化に対するオルタナティブをめざす考え方や行動が急速に広がりつつある。それらを包括的にまとめる、というのが本書の中心的な動機であったし、それは今も変わらない。

第二版では大幅な改定を行なった。いくつか新たな章を加え、以前の章にかなりの分量の新たな資料を足し、全体的に情報を新しくしている。

序論に続き、全体を三部構成にした。第一部「危機にある体制」はグローバル化という考え方とその手段に批判の目を向ける。第1章「世界が違う」ではタイトル通りグローバル主義者の世界観と市民社会の見方の深い溝を取り上げている。この溝こそさまざまな問題の根本である。

第2章はグローバル化という実験の中心的理論を解説し、こうした理論が目標に定めたところへ到達できなかった最新の失敗を取り上げる（ここでは第一版にはなかったコラムを二つ加えた。『エコロジスト』誌のエドワード・ゴールドスミスによるグローバル化と気象変動の関係についてのコラムと、二〇〇四年の米国大統領選挙で争点となったアウトソーシング（外注）と職べらしについてのコラムである。これは政策研究所のサラ・アンダーソンとジョン・カバナが書いた）。

第3章は一九四四年のブレトンウッズ会議で登場した官僚体制について検討する。この会議で現在のグローバル化という構想が生まれたのである。世界銀行、国際通貨基金（ＩＭＦ）、世界貿易機関（ＷＴＯ）の果たしてきた役割を詳しく見ると同時に、その他の主要な貿易協定とその不幸な結果にも目を向ける。ここでも新たなコラムが加わった。「グローバルな経済アパルトヘイト」（ロビン・ブロードとジョン・カバナ）と、「アルゼンチンとＩＭＦ・世銀」（サラ・アンダーソン）である。

第二部「オルタナティブの実践」は第４章から始まるが、ここでは新しい経済システムが促進すべき一〇の原則について論じる。これは企業とその利潤を最優先する現在の価値体系の対極にあるものである。この原則の一部は第一版に加筆した。

第５章では、ローカルとグローバルとを問わずコモンズをグローバル貿易システムから厳しく排除すべきだという新たな論点を取り上げる。水、大洋、空気と空、生物多様性といった要素はすべての人に与えられた自然の権利として考えられてきたが、いまやさまざまな手段で私物化され、破壊的結果をもたらしている。現代世界で人が依存せざるをえなくなった公共サービスという「現代のコモンズ」についても考える。

第６章では、われわれが共同で打ち出した立場について、とくに論議のあるものを詳しく検討する。中央集権化した経済モデルは機能しないだけでなく機能しえない、というのがわれわれの結論である。中央集権化したグローバルな経済モデルのとくに御しがたい問題は、その影響を直接に受ける地方のコミュニティに住む人びとの手から、政治力、権限、活動を引き離したことにある。権力の逆転、グローバルからローカルへ向かうことを示すために、サブシディアリティ（権限委譲）という言葉が使われている。地域レベルで下すことのできる経済的決定はすべて、またあらゆるシステムが集中を排除してローカルを強めるよう、意識的に立案されるべきである。

第7章と第8章は、もっとも基本的なグローバル大の仕組み（オペレーティングシステム）、すなわちエネルギー、輸送、製造業および農業を改革するために何をなすべきかを論じる。こうしたシステムは、グローバル化したシステムが地域の日常に影響をおよぼしているという点で、いわば「車が路上をすいすい走っている場」といえる。ここで強調されるのはグローバルシステムからの「切断」を促進することである（農業の部門ではふたつのコラムを加えた。小農民に対するWTOの偏見に焦点をあてたコラム（デビ・ベイカー）と、工業化システムからはなれた農業と気象変動との関係を論じたコラム（エドワード・ゴールドスミス）である。

どこの国でもオペレーションの成否をはかるために使われている基準（国内総生産など）についても論じる。現行の方法は、企業の伸びと資源の涸渇をプラスの指標にしている点で大きな問題がある。持続可能性その他の価値をふくめたオルタナティブな基準として意味のあるリストを掲げる。

第8章には新たに二つの項目を加えた。最初に取り上げるメディアは、オペレーティングシステムであると同時に、他のすべてのシステムに影響するものである。次の「民衆のオルタナティブ・イニシアチブ」は、今こそ自分の経済的行く末をとらえ直し、自らの手に取り戻すべきだと知った世界各地の数十の団体を取り上げる。これはほんの一部であり、ここに含められるべきものは数百におよぶ。

第二版の第三部は「グローバル・ガバナンス」の問題を取り上げる。今日、この問題の根はグローバル企業とグローバル官僚組織にあるところから、このふたつをそれぞれ詳しく検討する。第9章の主たる目的は、選挙によらないグローバル企業の権力を方向転換するための考え方を検討することにある。この権力は今日の社会の中心的な原動力となっているが、その基盤となっている価値は、われわれの一〇原則とは正反対なのである。企業の権力を実際に縮小させ、企業構造を変えるための提案を広範囲にわたって取り上げる。

第10章はブレトンウッズ体制のトリオ、世界銀行（ＷＢ）・国際通貨基金（ＩＭＦ）・世界貿易機関（ＷＴＯ）をどうすべきかを真正面から論じる。この三つの機構をすべて撤廃して新たな国際機構に「置き換える」べきだと、われわれは断固として主張する。国連を大幅に改革、脱企業化してこの新機構をその下におく。こうした新機構は、依然として国際協定を必要とするさまざまな分野、労働権、人権、環境保護、海洋法、紛争処理、情報交換、技術、文化などの分野で機能することになるだろう。問題は、地方の制度やプロセスを押しのけて権力をふるおうとせずにこうした要請にこたえ、また相互の、民主的かつ責任ある枠組みで機能する機関をどのように作り上げるか、問題である。読者に吟味してほしいさまざまな提案を紹介する。

最後に加えた第11章は、読者一人ひとりが関わる道、一人でもできること、実践可能なアイデアを取り上げる。ほとんどは地域レベルのものだが、なかには国や国際レベルでできることもある。この一人でもできることのメニューはＩＦＧホームページ（www.ifg.org）で読めるので、ぜひダウンロードしてパンフレットとして配布してほしい。個人ができることについてさらにアイデアがあれば、ぜひＩＦＧ宛にメールで送ってほしい。最後に、支援と参加を必要としている団体・組織のリストを新たに付け加えた。

現在進行形のドキュメント

本書の執筆が始まったのは一九九九年一月、シアトルの一年前からである。グローバル化に関する国際フォーラム（ＩＦＧ）の運営委員と主だった准会員約三〇名が数回の会合を持ち、そのうちの二一名が執筆を引き受け、定期的に会合を持ちながら、この共同レポートを発展させてきたのである。意志強固な個人がこれだけ集まって合意に達するというのは率直にいって途方もない企てであったし、過去十年間、ＩＦＧの一部として著者たちが長年協力しあい、友情を深めてきたからこそ可能になったといえる。

すべての合意文書に言えることだが、書き手の全員が互いに全面的に賛成したわけではないし、本書で書かれたすべての考え方に賛成しているわけでもない。しかし、議論の全体的方向については全員が賛成し、ほとんどの点について合意している。参加した一人ひとりにとって活気づけられるプロセスであった。

本書の第一版はすでに七カ国語に訳され、世界中の市民団体、政策立案組織で読まれており、著者たちは地域会議というグローバルなプロセスに参加して、こうした組織・団体だけでなく行政担当者からも直接反応を聞き、すでに実践されているさまざまな新しい地方のイニシアチブを学んでいる。第一回の会合、シンポジウムが行なわれたのは二〇〇四年四月、チリのサンチャゴで、同年の暮れにはヨーロッパで第二回が開かれ、アジア、アフリカ、北米がこれに続いた。

こうした地域会議の目標は、本書のコンセプトに関する討論、批判、反応を促し、これをさらに発展させることだが、それもすべてはこうしたコンセプトを採用し実現させるためである。いつの日か、第三版を出して、地域会議で学んだことを包括的に取り上げると共に、引き続きできる限りこうした考え方を積極的に打ち出していきたいと思う。市民運動が最終的に成功するかどうかは、可能な世界を作るためにどこまで革新的になれるかにかかっていると、著者たちは確信している。したがって、著者たちにとってこの報告書は絶えず進化する文書、現在進行形のドキュメントである。

謝辞

本書の原稿を推敲し、編集して最終的にまとめたデイビッド・コーテンとサラ・アンダーソンに、本書の著者たちは特別の感謝をささげる。スザンヌ・ヨークはこのプロジェクトの調査を担当してくれたし、エリザベス・コナーは互いに遠く離れた著者たちの原稿うぃ整理し、情報の誤りを見つけるなど調整役を見事に果たしてくれた。さらに、以下の人々は議論に加わり、特定の報告に関して意見を寄せ、具体的に案を出しくれた。ダイアナ・アロンゾ、アグネス・バートランド、ブレント・ブラックウェルダー、マーク・リッチー、スティーブ・シュライブマン。また、ピーター・バーグ、アーネスト・カレンバック、ポール・ホウケン、マイケル・シューマンの原稿に対する意見と編集上のアイディアは非常に役に立った。

最後に、ＩＦＧ理事会メンバーと共同創設者であるマーティン・コーと第三世界ネットワークに対し、このプロジェクト全体を通じてわれわれの集団的思考や分析に多大な貢献をしてくれたことを感謝したい。とくにマーティン・コーはＷＴＯその他の貿易機関がどの方向に向かうかについて、事前にわれわれに警告し、実現可能なオルタナティブを考える手助けをしてくれた。

スティーブ・ピエサンティとベレット・コーラーでの彼のチームの熱意、専門家としての意見、優れたアイディアにも負うところが大きい。原稿整理を引き受けてくれたサラ・ベリスにも感謝する。

制作委員会代表
ジョン・カバナ
ジェリー・マンダー
二〇〇四年五月一日

序章——転機（ターニングポイント）

二〇〇三年におきた三つの事件。歴史の道標ともいえる出来事は、企業主導の経済グローバル化、ワシントン・コンセンサス（ワシントン合意）なるもののもつ支配力、および世界の経済政治の動向を単独で牛耳る米国の力の「黄金時代」が終わったことをはっきりと告げた。

ひとつの重大事件が、メキシコの観光都市カンクンの陽光降りそそぐ海岸を舞台に起きた。各国政府や非政府組織（NGO）を代表して世界各地から派遣された数千の人びと、加えて数万のデモ隊が、世界貿易機関（WTO）全加盟国の貿易閣僚と一緒になって、一九九九年シアトルで粉砕された世界貿易交渉が息を吹き返すかどうかを見守ったのだ。二〇〇三年九月十四日、答えが出た。交渉は決裂した。

三カ月後、マイアミで現在の世界経済のあり方を推し進めようとする人びとは、二度目の失敗に仰天した。新たな米州自由貿易地域（FTAA）交渉が挫折したのだ。

どちらの場合も決定的な要因は、数十カ国に及ぶ世界の最貧国が、怒りにもえる国民に押されて初めて手を結んだことだった。例えばカンクンでは、グループ二一と呼ばれる影響力を持つ集団が、世界で最も金持ちで強大な諸国の利己的な姿勢と提案に黙って従うことを拒否した。グループ二一は、ブラジル、中国、インド、南ア共和国、エジプトを先頭に、その他一六カ国からなり、世界人口の半数以上を代表し、自国内で数万人、カンクンで数千人にのぼる街頭デモ参加者の声に支えられていた。マイアミでは、ブラジル、アルゼンチン、ベネズエラ、エクアドル、ボリビアを含む南米諸国の新世代の国家指導者たちが一致団結して、米国に対し、農業補助金政策と南米の生産物輸入緩和拒否を変えるよう要求した。これらの国ぐにはまた、北の大国に操られるつもりはないと言明した。

ＷＴＯが発足してほぼ十年、世界の貧しい国ぐには、現在のグローバル経済システムが、富裕国の宣伝文句とは裏腹に、貧困国の必要に応えるようにはできていないことを、はっきりと理解するにいたったのだ。

こうした連帯関係が、将来の状況の中でどの程度持続するか。それによって、世界の恒久的な変化の度合いも決まるだろう。

三つめの重大事件は、米国のイラク侵攻に対し世界中が激しく反撥し、抵抗したことだ。二〇〇三年二月十五日、国、種族、宗教の違いを超えて、世界中の何百という都市で数百万の人びとが街頭へ出て、人類史上最大の平和のためのデモを行なった。ほんの少数を例外として（この「少数」は、ほとんどが経済的に米国に依存する小国だったが）、世界のすべての政府が、米国の行ないに対する経済や軍事面の支援をいっさい拒否し、言葉の上の支持さえ与えなかった。米国に加担した政府は、英国、スペイン、ポーランド、イタリアでとりわけはっきり見られたように、実際には自国民の実質的過半数の強い反対を押し切って加担したのである。米国の単独行動主義と侵略に対するこうした国際的な抵抗は、普段は米国の利益に協調的で、これに先立つアフガニスタン攻撃を支持した国ぐにの間でさえも強まる一方だった。

こうして、ドイツ、ロシア、フランス、中国を中心とする新しい連合が出現し、経済的軍事的強制力をもって世界帝国を打ちたてようとするブッシュ政権の、次第に見え透いてきた野望に確固として立ち向かった。

現在のグローバル経済システムとその支配機構が破綻していることに、すべての大陸でますます多くの人が気づくようになってきた。これら三つの時代を画す出来事は、それが最も目に見えやすい形であらわれたものに他ならない。

正義、民主主義、持続可能性などの価値を体現する新しい原則と新しい機関を基盤とした世界体制（グローバルシステム）を要求する声は、高まっている。

平和と正義のためのグローバルな運動は、転機（ターニングポイント）を迎えている。現在まかり通っている経済の枠組みが、どのように世界に深刻な問題をひきおこしているか批判し、詳細に見ることは今後も必要だが、新しい未来を明確に打ち出すことも目指さなければならない。かつては状況に反応し批判するにとどまった運動が、いまや積極的で構想力をもったものになりつつある。これら姿を現わしつつあるビジョンをふくらませ、民主的で環境を持続させる世界をめざす実現可能な戦略や考えを発展させる第一歩を踏み出すことが、この第二版の主なねらいと言えるだろう。

カンクン：民主主義の大きなうねり

カンクンでのWTO交渉の決裂は、多くの人が予期したものではなかった。シアトルでWTOプロセスが挫折したことを受けて、二〇〇一年ドーハ（カタール）で開かれた閣僚会議では、今後WTOの最大の任務は貧困国の経済的必要に奉仕することだという主張が声高に聞かれた。合意を引き出し、交渉を軌道に乗せるために、富裕国も多少は妥協するだろうというのが一般の予想だったのである。しかし、カンクン会議が終了する頃には、参加国が署名を求められた文書草案は、それまでと同じく人をばかにしたやり方で、つまり最富裕諸国が秘密裏につくりあげ、それを他の諸国に強制的に呑ませようとしていることが明らかになっていた。ロリ・ワラクは『フォーリン・ポリシー』誌上でこう書いている。「発展途上国が求められたのは、外国の投資家にさらなる特典を与え、自国政府の購入政策をWTOの原則に隷属させ、国内政策の目標よりも輸入促進を優先させ、巨大複合企業がさらに市場統合を進められるよう画一的な『競争』政策を取り入れる、ということだった」。

しかし今回、貧困諸国は、この問題に重点的に取り組んできたNGOの代表者グループの支援をうけて、一団となって交渉に臨み、自分に関係なく作成された協定、もっぱら金持ち国の企業の利益に奉仕するための協定を受け入れようとはしなかった。そうすることでこれらの政府は、自国の市民グループが長年続けて次第に力を増してきた運動に応えたのである。

例えばフィリピンでは、小農民、工場労働者、貧困撲滅とたたかう活動家たちが、何年も前から政府に対し、カンクンのＷＴＯサミットで自分たちの利益のために立ち上がるよう迫っていた。フィリピン政府につきつけた彼らのメッセージは簡潔で、ＷＴＯの議題の核心をつくものだった。

・カーギルなど富裕国にある巨大アグリビジネス（農業関連企業）が、自国政府からの多額の農業補助金を受け取り、とうもろこし、米、小麦をわが国の市場で安価に投売りし、何百万人もの小農民を路頭に迷わせるのを許すな。

・エンロン、ワールドコムのようなグローバル企業が跋扈《ばっこ》するこの時代に、医療、教育、水のような生存にかかわる公共サービスを、グローバル企業に売り渡せという米国政府と企業の要求を受け入れるな。

・外国企業ではなく国内の中小企業の振興に重点をおく政府の力をさらに奪うような、新たな交渉には同意するな。

こうしたフィリピンの活動家の多くがＷＴＯサミット開催地カンクンまで出かけて行き、メキシコだけでなく世界中から異議申し立てをするために集まった一万から一万五〇〇〇人と合流した。数千人のメキシコ警察隊によるバリケードに阻まれて、デモ隊の大半は、政府代表が自分たちの利益のために交渉をしているはずの場所から数キロも手前で足止めされた。その障壁にもかかわらず、デモ隊のメッセージは第三世界の代表の耳に届いたのである。

金属のバリケードの内側で、ＷＴＯの不公平なルールに怒りをもやしていた韓国の農民・学生の派遣団の中で非常に衝撃的な事件が起きた。韓国の農民組合の前代表イ・ギョンヘ（李京海）が、会議初日、自らの胸にナイフを突き立てて自殺したのだ。李自身のことばによれば、「多国籍企業と少数の巨大なWTO加盟国が、非人間的で、環境を破壊し、農民殺しの、非民主的な、望ましくないグローバル化を推進している」事実を突きつけるために自らの命を断ったのだった。遺書には、富裕国を本拠とするグローバル企業が、韓国のような貧しい国に補助金まみれの食料をダンピングしていることを嘆く言葉が書かれていた。貧困国の政府が自国の農民をじゅうぶんに守れるような世界貿易システムを、李は求めていた。

農業問題がWTO会議に火をつけたことは確かだ。しかし民主的な反乱と新たな連合は、農業分野にとどまらなかった。二一途上国グループを大きく越えて一〇〇近い発展途上国の政府が手を結び、最貧国は世界的な貿易と投資のルールにおいて「特別かつ異なる待遇」(S&D)を受けるべきだという論を展開した。これは一種のアファーマティブ・アクション計画(差別修正措置計画)――被差別者に対する積極的な優遇措置――のようなもので、かつて植民地主義によってもたらされた荒廃と、大きくゆがめられた貿易システムを一部埋め合わせることを目的とした。

さらに別のグループは、前記の二グループからの参加者も加わって、WTO交渉の議題を拡大して富裕国から提出された新たな提案を含めることに強硬に反対した。この新提案の狙いは、地元の投資家より海外の投資家を優遇することにあった。この提案は拒否されたが、さもなければ、政府は公共事業契約においてグローバル企業より国内企業を優遇したり、企業に地元労働者を雇うことを義務づけたり、国内企業における外国人持ち株比率を制限したり、海外投資家に利益の一部を国内に残すことを求める、などということが禁じられていただろう。新たに提案された規定は、これらを禁止することによって、小さな国ぐにに残された、自国の経済をコントロールする能力を最終的に奪い去り、彼らの経済的運命を、完全に外国の所有者の手に渡すことになっただろう（これらの規定は、米国主導の連合軍暫定施政当局〔CPA〕が、イラクに対して提議したものとまったく同じである。ボックスA参照）。

しかし全体的に見て、バリケードで囲まれた会議室内の発展途上国の交渉者たちと、街頭を行進する抗議者たちは、WTOの「ワンサイズで誰にでもあわせる」式の開発モデルを拒絶するために力をあわせて活動した。国際交渉の場で、貧しい開発途上国が結束して自分たちの共通利益を主張したのは、一九七〇年代以降初めてのことで、この新たな連帯がもつ決定的な意味は、いくら評価しても評価しすぎることはない。

カンクンにおいてWTOがめざすグローバリゼーションの議題を脱線させたからと言って、これらの貧しい国ぐにの政府、そして疑いと不安を募らせている世界の人びとは、貿易と投資に関する全世界的なルールの必要性やそういうものを持つ知恵を拒否したのではない。反対に彼らは、本書の以下に続く各章で詳しく説明されているような、たくさんの代案を提出していた。それは、時代に合わないWTOのアプローチを、異なった価値観にしたがって働く、より公正なルールと機関で置き換えようとするものだ。各国政府の努力――例えば、自国の文化にとってきわめて重大と考えられる伝統的農業を守ろうとするメキシコや韓国や日本、自国のエイズ患者を治療するため価格の安いジェネリック医薬品を生産しようとするブラジル、自国市民の利益となるようなやり方で天然ガス資源を開発しようとするボリビアなど――自国民への責任を全うしようとする各国政府が貿易と投資の行き過ぎを法的に規制できるような、理性的で公正なルールからなる体制が不可欠である。そういう新しいルールで優先されるのは、何を犠牲にしても貿易と投資を拡大するという立場ではなく、健康なコミュニティ、尊厳のある仕事、汚れのない環境を打ち立てる体制づくりになるだろう。

ボックスA

イラクの「自由」——企業スタイル

アントニア・ジュハス、IFG

米国のイラク侵攻は単に安い原油の安定供給の確保にとどまらない。米国の安全保障ドクトリンに沿って、今後の「自由」をもたらすための行動のテストケースでありモデルだったのだが、その意味はいわば市場の自由である。イラクは自由貿易のために軍事力の利点をみせつける宣伝用キャラクターとなるはずだった。二〇〇三年九月十五日、イラク暫定行政当局の責任者、L・ポール・ブレマーが「自由」イラクに対する外国投資の新たなルールを定めた命令第三九号を発表したとき、そのすべてが明らかになった。徹底した新自由主義に立ち、米国を本拠とするグローバル企業には非常に有利だが、イラク人の自由にとってはよいとはいえないルールである。以下で見るように、ブレマー命令はすでにアラウィ首相率いる新「主権」暫定イラク政府が機能するためのルールとして組み込まれたことは間違いない。このルールは将来米国の影で登場するイラク政府に受け継がれるだろう。

ブレマー命令第三九号に盛られたルールの一部を見てみよう。

・**「民営化」**：二〇〇社におよぶイラクの国営企業の全面的民営化を認めている。最初に民営化の対象となる企業リストには、セメントと肥料工場、燐酸塩・硫黄鉱山、製薬会社および国営航空が含まれている。

・**「外資の一〇〇％所有」**：石油、鉱物採取、保険会社を除くすべての分野で外資による一〇〇％所有を認めている（以下の項目参照）。

・**「内国民待遇」**：同命令によれば「外国人投資家がイラクで投資する場合、イラク人投資家に適用される条件より不利な条件は求められない」。これはＷＴＯその他の国際貿易制度にある「内国民待遇」条項の引き写しである。その結果、イラク政府は外国人を差し置いて自国の投資家、企業、メーカーを優遇することはできない。数十億ドル規模の復興契約をもつ米国企業に対し、イラクの業者を雇うよう要求することはできない。イラク経済を活気づけるために、外国企業を差し置いて資格のあるイラク企業が契約を受注できるよう要求することはできない。

・**「利潤の本国送還は無制限」**：投資家に対し「株や利益、配当金その他を含め、投資に関連するすべての資金を遅滞なく海外に移す」ことを認めている。外国投資家は自分の金を「すぐにでも」どこであれ好きなところへ動かし、いつでも引き出せるのである。

・**「四〇年契約」**：イラク政府と企業はこのルールの下で署名すると、四〇年間これに縛られ、更新も無制限に可能となる。

したがって、ブレマー命令第三九号が継続する限り、イラクで活動する米国企業は実質上、「すべての」事業を所有し、仕事も一切合財自分たちでやり、儲けはすべて本国に送ることが許されるのである。イラク経済を活発化するために再投資する必要もなければ、破壊された地方、コミュニティ、サービスに焦点をあてた投資も必要ない。利潤はすべて外国人所有者とともに本国に持っていかれるし、いつでも投資から撤退することもできる。イラク人を雇う必要も、公共サービスを保証する必要も、労働者の権利を守る必要もいっさいなく、財源がイラク国内にとどまる必要もない。イラクとイラク国民は、米国企業とグローバル経済に搾取される原料にされてしまったのである。

これに関連するブレマー命令として第四〇号と第三七号がある。

・ブレマー命令第四〇号は、外国銀行がイラク市場に参入し、イラクの銀行の五〇%まで買収することを認めている。国営の銀行部門は一夜にして市場主導のシステムに変わったことになる。米国第二位のJ・P・モーガン＝チェスはエンロン疑獄にもかかわりがある銀行だが、一三カ国の一三銀行で構成する事業連合、イラク貿易銀行の運営管理契約を受注した。J・P・モーガンにとってはこの貿易銀行は単なる入り口で、きたるべき全面的民営化の「最初の優先権」といえる。

・ブレマー命令第三七号はイラクに均一税を導入し、企業と個人の両方に一律一五%というわずかな所得税を課すことを定めている。歴史をたどると、均一税は最貧困層の税負担を減らし、中流階級の負担を大幅に増やし、富裕層にとっては著しい減税となる。

占領当局は大規模な貿易自由化も計画している。イラクはすでにWTOの「オブザーバー」という地位を得ており、WTOルールを一〇〇%遵守する法律が作られつつある。さらにバージニア州にあるベアリングポイント社が暫定行政当局のために作成した計画は、主要な輸出品目として石油「その他の天然資源」、および「高価値の果物、花、種子」などの贅沢な輸出指向農産物をあげている。

もっとも関心を引く石油の投資と輸出が具体的にどのように行なわれているかは、今のところ秘められたままである。分かっているのはシェブロン—テクサコが最初にイラク石油の販売権を獲得し、そこから莫大な利益をあげたことである。

二〇〇四年三月二十一日付の『サンフランシスコ・クロニクル』は、大々的な復興契約がすでに以下のような米企業に発注されたと報じた。ハリバートン／ＫＢＲ（二二六億ドル）、ベクテル（二八億ドル）、ワシントン・グループ（二一億ドル）、フラウア（一一億ドル）、ペリニ（一〇億ドル）、パルサレス（九億七四〇〇万ドル）。こうした復興の大半は米国侵攻によって破壊されたイラクのインフラのためのものである。

ブッシュ大統領は米・中東自由貿易地域（ＭＥＦＴＡ）新設計画を発表した。イラクは創設メンバーになる予定である。

マイアミ：中南米の政権交代

米州自由貿易地域（ＦＴＡＡ）のためのマイアミ交渉が、否定的な結果におわるだろうということは容易に予測できた。南米諸国は政治的な大激変をくぐりぬけてきていたが、その大部分が、世銀、ＩＭＦ、そしてＷＴＯの、ネオリベラリズム（新自由主義）の破壊的な命令によって引き起こされていた。経済のグローバル化が繁栄をもたらすという約束が、他のどこよりもしらじらしく響くのは中南米である。しかし中南米の人びとは、それに対して何らかの行動をとることが出来た。

南米では最近、この地域で最大の経済力を持つブラジルをふくめ、五カ国の政権が打倒された。いずれの国も有権者の選択を決定した主な争点の一つは、ＩＭＦ・世銀・ＷＴＯを通じて押し付けられた経済のグローバル化、いわゆる構造調整と貧困緩和プログラムの破滅的失敗だった。ベネズエラ、ボリビア、エクアドル、アルゼンチン、ブラジルで新しい政権が登場したが、そのすべてが程度の差はあっても、経済グローバル化に抵抗する政権だった。南米大陸は、実際的な政治行動でネオリベラリズムに背を向けた、世界ではじめての主要地域だと言っていいだろう。

それゆえ、二〇〇三年十二月マイアミで交渉が始まるとすぐに、カンクン閣僚会議を決裂させたのと同じような議論が浮上してきたが、生活をますます荒廃させるだろうそうした議論を人びとが受け入れる可能性は、さらに小さかった。もし米国が農業助成金やその他の事項での歩み寄りをみせないならば、例えば、ブラジル産オレンジのフロリダへの流入を認める（そうすると、ブッシュ大統領は二〇〇四年選挙で同州での支持を失う可能性がある）、あるいはブラジルの鉄鋼の中西部への流入を認める（これも同様）ということを拒否し続けるなら、どんな取り決めも望めないということがすぐに明らかになった。

南米数カ国が一丸となって、ＦＴＡＡ（米州自由貿易地域）に抵抗するブロックを作った。カリブ海諸国も参加した。これらの国ぐにの集団の力に阻まれた米国は、多国間協定ではなく、ＦＴＡＡと同じ結果をもたらすように立案された一連の二国間協定の交渉へと方向転換して、一つひとつの国に対する自国の優位な力関係を利用しようとしている。米国はまた、新しい中米自由貿易協定（ＣＡＦＴＡ）を締結させようとの圧力も強めている。もっともこの協定は、以下で見るように米国議会の承認がえられず、手を焼く政治問題になっている。

ブラジルでの政治的転換はことに注目に値する。ブラジルは今や（中国、インド、インドネシア、米国に次いで）世界第五位の人口を擁する国であり、まだ、強力なG８（主要八カ国グループ）への仲間入りを呼びかけられてはいないが、世界第八位の経済規模を誇っている。

ブラジルの経済的成功に一役かっているのは、多くの近隣諸国と違って、企業主導型のグローバル化を完全に取りいれたことが一度もないという事実だ。他の多くの国ほどは民営化をしなかったし、外国の利益のために自国の経済を開放し始めたのは、やっと一九九〇年代のことだった。自由市場方式を極端なまでに取り入れた隣国アルゼンチンの大変な苦難を認識していたブラジルは、二〇〇二年十月、組合リーダーだった元鉄鋼業労働者を大統領に選ぶことによって、企業によるグローバル化の道を断固として拒絶した。ルイス・イグナシオ・ダ・シルバ、通称ルラである。

ルラの政府は、既成の体制に対するカンクンでの反乱の中心だった。途上国二一カ国グループを率いて、交渉のために開発途上国が形成した連合のすべてにかかわり、そのきっぱりとした抵抗の姿勢がWTO会議破綻の主要因となった。米国通商代表ロバート・ゼーリックは、ブラジルが「やる気のない」諸国連合を先導したと非難した。

カンクンの二週間後、ルラはニューヨークでの国連総会の場を利用してインドと南アフリカの政治指導者と会い、その後も関係を維持するよう非公式の「三カ国グループ」をつくった。つまりルラは世界の「南」に属する三大大陸の最も有力な国ぐにを集め（中国は好意を示したが、アジアのリーダーという立場をとることは避けた）、それによって、潜在的に世界の力関係を変えたのだった。これに引き続く数週間、ルラの政府は、米国提案による米州自由貿易地域（FTAA）をめぐって進行中の交渉に対し不満を表明した。FTAAは米国が、企業利益を優先した北米自由貿易協定（NAFTA）に倣ってつくりたいと望んでいるものだ。マイアミでそのモデルを拒絶したブラジルの態度は、カンクンでの時と同じように断固としたもので、力ずくで小さな国ぐにを押さえ込む米国の能力の衰えを、広く感じさせることになった。

イラク戦争の経験は、この驚くべき力の崩壊を、さらにまざまざと示している。

イラク：帝国の失敗

米国の一方的なイラク侵攻に抗議して街頭にくりだした数百万の人びとは、この戦争の本質が、世界帝国実現にむけた米国の攻勢をさらに推し進めようとする企てだということを知っていた。しかし、それは実際には、すでに存在する米経済帝国の、急速な没落のあらわれでもあった。ローマ以来の帝国の多くがそうであったように、衰退しつつある体制というものは、遠くまで延びて広がりすぎた供給と統制の防御ラインを何とかして維持しようと必死になり、そのため非常に危険なものになる可能性がある。経済をうまくコントロールできなくなり始めると、戦争が一つの選択になる。

二〇〇三年七月ベルリンで行なわれたハインリッヒ・ボエル財団主催のマックプラネット会議でのスピーチで、ウォルデン・ベロは、米国問題を次のように要約した。「一方的行動主義の大きな問題点は、度を超えた拡張、言葉を変えれば、米国の目標と、その目標達成のために必要な資源との間に、均衡が取れていないことだ。拡張し過ぎているかどうかは、相対的なもので……抵抗の如何に大きく依存する。拡張しすぎた勢力は、たとえ軍事力を大幅に増大させても、抵抗勢力がそれにもまして大きくなれば、さらに困った状態におちいるだろう」。抵抗は明らかに大きくなりつつある。それは、戦争と米国の経済支配に反対する大多数の政府、街頭の人びとの声が明らかに示している。

しかし、米国の帝国主義的願望が失敗するというサインは、イラク戦争のずっと前から、それどころかカンクンやマイアミ以前からすでにあらわれていた。アジア、ロシア、アルゼンチンの財政危機は、貧しい国ぐにに押し付けられたモデルが実行不能であり、悲劇的な衝撃を与えることを早々と指し示すものだった。多国間投資協定（ＭＡＩ）が喫した敗北は、このモデルの被害者たちがこれ以上このゲームを続ける気を失っており、抵抗勢力が増大しつつあることのもう一つの証だった（第２章で現在の体制〔システム〕を広い観点で批判する）。

ネオリベラリズム（新自由主義）の計画全体の失敗は、まさにその基盤となる経済モデルそのものに組み込まれている。なぜならそのモデルは、達成できない条件を要求するからだ。ネオリベラルなモデルにのっとってグローバル化した経済が続いていくためには、次のことが必要条件となる。①高価でない資源の供給が、決して途絶えることなく、増大をつづけること、②アクセス可能な新しい市場が、拡大を続けること、そして③利用可能な安い労働力が、安定して供給されること。さらに加えて、多くの素直な政府がこの企てに協力することが必要とされる。こうした条件は短期なら達成可能であり、現に部分的に達成された。とくに八〇年代、九〇年代にこのモデルを実行した者たちにとってはそうだ。しかし限りある惑星上で、長く続くことは不可能だ。

多くの地球資源の枯渇はすでに深刻になり、価格があがってきている。石油がその一つであることは明らかだ。イラクは、現在の体制を機能させ続けるための低価格の石油供給源の一つとして、短期的な解決をもたらすかもしれない。しかし他の資源もなくなりつつあるのだ。水、森林、魚、耕作可能な土地、そしていくつかの主要鉱物。もしも地球の気候の変化が、予言されているように進んでいくなら、この資源不足は悪化するだろう。

帝国の力は、資源の供給ラインが海山を越えて数千マイルにも達し、政変、戦争、テロ、あるいは破損に対して脆弱になり、守備のコストが非常にかかるような場合、なおのことあてにならない。石油が一例で、今私たちは、軍事力によって遠距離供給を確保しようとする米国の絶望的な試みを目にしている。問題を悪化させているのは同国の指導者層で、彼らは石油利権にしっかり結びついているため、実行可能な地域的再生可能エネルギーの選択という方向転換を拒否しているのだ。

市場にもまた限りがある。米国内では市場はほとんどが停滞している。大富豪であっても、自家用飛行機、豪華ヨット、トロフィーを飾るための家を、そうそういくつも買うわけにはいかない。そして、長引く労働時間、賃金の低下、消費者ローンの増加にますます締め付けられている中流階級が買える車、冷蔵庫、テレビ、DVDプレーヤーの数は限られている。急速な成長を求める会社は、どこであれほかのところで網を打たなければならないことに気づいている。だから、強制的な通商条約によってであれ武力によってであれ、海外市場に手を伸ばしこじ開けるのは至上命令だ。

安い労働力はどうかといえば、すすんで低賃金に甘んじ、移動を厭わないグローバル企業が提供するしみったれた生活の保証をすすんで受け入れる労働者は減る一方だ。米国内でそれなりの条件を獲得している労働者組織でさえ、自分たちが世界中の最も貧しく最も抑圧された労働者を競争相手に、どん底へ向かうレースに巻き込まれていることに気付きつつある。自分たちの給付金や賃金が減るか、ずっと同じままなのに、会社のCEO（最高経営責任者）が年間数千万、それどころか数億ドルを稼いでいるということに労働者が怒りを感じるのは、当然すぎる。

そして、ほんの数年前まで言いなりになっていた政府も、ほとんどいなくなった。

これまで述べたネオリベラリズムが成功するための必要条件のどれ一つとして、持続可能なものはない。巨大勢力がそれに気付いたときには、現体制をもうちょっと延命させるために、もっと極端な手段が取られるかもしれない。

ウォルデン・ベロが書いたように、米国は「グローバリゼーションが自国の管理の範囲外で進む場合には、それによって自分の持つ経済力が散逸することのないよう、細心の注意を払っている」。ブッシュ政権は実際、貿易に関して二つの顔を使い分けている。それは、農業から製薬業さらに鉄鋼に至る、多くの米国の保護主義的動きに明らかだ。ベロによれば米国のモットーは、「米国のためには保護主義を、米国以外には自由貿易を」だと言えるだろう。

イラクでの戦争は第一に、過剰なストレスにさらされた米国経済という巨大な怪物――膨大な資源の流れと供給ラインを必要とし、いまやそれを維持しようとあえいでいる怪物――を、もうすこしの間生き延びさせようとする試みだ。この戦争は、息苦しくなる一方のシステムに対する、一種の心肺蘇生だ。

しかし同時にこれは、この地域の諸国と世界に対して鉄拳をもって発した警告でもある。誰が監督責任者なのか、誰が最優先されるのか、そして私たちはこれからどう生きるのか、についてではあるがその宣言は、かつてそうでありえたほど信頼できるものでもなければ、説得力もない。

不服従の連合

イラク戦争正当化の根拠とされた数々の主張が嘘だったことは、今では世界中が理解するようになった。私たちは、（今、ブッシュ政権内で高い地位にある官僚たちの間の）「新保守主義的（ネオコン的）」情熱、九・一一より十年も前にイラクへの侵略をはかり、中東を作り変えて自由市場のグローバリズム体制に組みいれ、その資源の米国への流入の維持をはかった情熱について知るようになった。

ブッシュ政権の二〇〇二年「国家安全保障戦略」は、米大統領が米国の利益であると定義しさえすれば何であろうと、それを守るために先制的な戦争を遂行するという意志をおおっぴらに宣言したものだ。「自由」を守りひろめる必要があると力強い言葉を並べ立てているが。この政策では、「自由」とは自由市場と自由貿易に他ならず、そればかりか、「より低い限界税率」と「成長を目指す法的および規制上の政策」とが、その自由の概念と一体であると示唆してさえいる。これが暗に意味するのは、世界のどこであれ米国企業の市場での自由を脅かすものは、米国の安全保障にとっての脅威であり、将来の先制攻撃による戦争を正当化するかもしれないということだ。

イラク戦争は、イラクは大量破壊兵器を持っていて、それを米国に対して使うためにアルカイダやその他のテロリストグループと共謀していたという前提のもとに、この政策を物理的に実行に移した最初の例だ。今では十分に明らかになっている事実――軍事報復を正当化する大量破壊の武器などは存在せず、サダム・フセインとアルカイダの間につながりはなく、近隣諸国に対するイラクの脅威、米国に対する差し迫ったイラクの脅威はなかったという事実──は、まるで無視された。

こうした事態における米国の行動はあまりにもおそまつで、そのため米国の主張すべてにたいする信頼と信憑性の危機をもたらし、倫理的権威を極端に喪失させ、さまざまな国民、さまざまな国家が、米国の狙いに反対して新しいかたちで結束することになった。米国の政策を支持した国は少数にとどまり、国連安全保障理事会の支持はえられず、いたるところで世論の大多数が反対を示し、時には九〇%が反対にまわった。

しかしいずれにしろ、米国は侵攻し、腐敗した残酷な独裁者の政府を排除し、サダム・フセインを逮捕して同国を占領した。しかし、喧伝されたその他の目的が達成されることはまずなさそうだ。中東に民主主義や平和をもたらすことはないだろうし、西側諸国に対する中東の恨みを増大したことによって、世界のテロの脅威は著しく増大した。

結果は米国にとってさえ惨憺たるものになっている。米国の外交的孤立は深まり信用は失墜し、軍事的には手を広げすぎ、増大する連邦予算と国の貿易赤字の結果、財政破綻の瀬戸際にいる。この状況を分析して、ロナルド・レーガンの共和党政権下で米国海軍長官だったジェイムズ・ウェブは、『USA トゥデイ』紙に次のように書いている。不要なイラク侵攻を行なったことによって、

「ブッシュは現代の歴史における最大の政策的失敗を犯したと言ってよい。あからさまに言うなら、彼は間違った標的を攻撃した。サダム・フセインを権力の座から引き降ろしたと自慢している

が、実はそれ以上のことをしたのだ。直接に米国に脅威を与えていない国の政府の首をはねた。そうしてそのために、わが国軍隊の膨大な部分が、かつて平和であったことのない地域の泥沼に、はまりこんだのである」

民衆開発フォーラムが発表したレポート、「グローバル市民社会：前進への道」、のなかで、筆者のデイビッド・コーテン、ニカノル・ペルラス、バンダナ・シバは、経済的な手段であろうと軍事的な手段であろうと、現代の世界において帝国の政策が無益であることを述べている。遠距離コントロール、遠距離供給に依存し、オルタナティブなやり方を強く抑圧することによって成り立つ帝国の試みはすべて、「自滅的であることをさけられない」と彼らは書いている。彼らが主張するのは、力を全世界に及ぼすのではなく、本書にあるような、地域の力を強めるオルタナティブなやり方である。

「複合システムが存続できるかどうかは、地域的な決定権と、管理可能な範囲での相互依存にかかっている。エリートによるグローバル化は、不安定で究極的には自滅的なシステムを創り出した。なぜならこの根本原則を無視しているからだ。社会的・環境的システムの機能不全という危機は、パートナーシップとコミュニティの原則に基礎を置いた、権力と管理の分散化によってのみ解決できる……賢く理性的な指導者ならば、これまでにもう、〔帝国の存続に向かう〕努力を放棄し、より建設的な代替案を選んでいたことだろう」。

新たな目覚め

こうした状況全体から見て、いまや明らかに、新たな方向を目指すべきときが来ている。ターニングポイント（転機）だ。素晴らしいのは、世界中の何千万という人びとは、政府や国際官僚機構や省庁がよりよい決定を下すのを、ただ手をこまぬいて待ってはいないということだ。もちろん私たちは皆、かれらにより良い決定をさせようと、ほとんど毎日のように苦闘しているのではあるけれど。読者が本書の各章、ことに第7章と第8章「基本のしくみ（オペレーティングシステム）」で見るように、いたるところで地域社会は、グローバル化は避けられないという仮説に異議を申し立て、それを自分たちに押し付けようとする特定の国ぐにの圧力に抵抗している。しかし同時に彼らは、いまこの時を、新しいアイデアを試し、長く否定されてきた力を取り戻す絶好のチャンスと捉えている。その力とは、自分たち自身の運命を決め、自分たち自身の経済を管理し、水、土地、尊厳、健康な環境、そして調和と平和と尊厳のうちに生きる権利を確実にする力だ。

そういうわけで、本書の第二版を始めるにあたり私たちは、市民と市民のものである政府が経済グローバル化に対抗する代案をつくりあげる見通しについて、慎重な楽観主義とも言うべき感覚をもっている。ほんの数年前でさえ、私たちがここで論を進めるような提案はとてつもなく非現実的に思われたかもしれないのに、今日ではずっと現実味を帯びてきている。

いろいろな面で現在は、開発論議が盛んに行なわれていた一九六〇年代、一九七〇年代に似ているのかもしれない。地域、国、グローバルなレベルでオルタナティブが次々と登場したこの時期、市民社会は南の諸政府と手を結んで代替案を描き出し、それらは多くの国で実行にうつされた。

歴史は、一九八〇年代、一九九〇年代の企業主導のグローバル化を、異常な時期であったとみなすことになるだろう。現実にも時代の要求にも本来的に適していないにもかかわらず、たった一つのモデルが推し進められた時代であったと。一九九〇年代半ばからこのモデルの失敗が避けられないことはいっそう明らかになり、政治の舞台にさまざまな劇的な変化が起こり、時代の転機を示す二〇〇三年の三事件で頂点に達した。世銀とＩＭＦは、市民社会、各国政府、さらに米国議会の超党派の委員会（二〇〇〇年に報告書を出したメルツァー委員会）からさえも厳しい批判にさらされた。エンロン、ワールドコムのスキャンダルの結果として、グローバル企業は民衆の信頼を大幅に失った。世界中でデモの参加者は数を増し成果を上げ、グローバルな市民連合に新しい力を与えた。数万人もの市民社会組織の代表者たちが、毎年「世界社会フォーラム（ＷＳＦ）」に集まり、連携を強め、新しい世界——企業によるグローバル化の手から自由になりさえすれば力強く成長していくであろう新しい世界——について、新しいビジョンを共有しようとしている。そして、ＷＳＦの精神と原則は、世界各地でますます数多くの地域的、国家的社会フォーラムに投影されるようになり、数百万の単位で、人びとを、実現可能な世界についての知的集中的な対話にまき込んでいる。

さらに、市民社会グループといくつかの「南」の政府との間の、幅広い連合が生まれ始めている。これは一九七〇年代の市民グループと七七カ国グループとの連携を思い起こさせる。この連携は、「新国際経済秩序」に対する提案によって、共同の経済的利益を明確に打ち出し、推進させたのである。南の政府の中には、一九九九年シアトルでのWTO会議を頓挫させるのに力のあった抗議行動に勇気づけられ、自国の国家利益に害を及ぼすWTOの諸手続きや提案に対して、もっとずばりと異議申し立てをするようになった政府もある。続く二〇〇〇年四月ワシントンDCでの抗議行動は、世銀とIMFに反対して、負債軽減と構造調整政策の緩和を要求した。これらの抗議行動は、キューバで開かれた七七カ国グループの国家元首の会合と機を一にしていた。この会合で複数の国家元首が、世銀とIMFを鋭く批判する声明を出し、ワシントンでの抗議者たちへの支持を表明し、世界経済政策に対する責任の一部を、ブレトンウッズ諸機関から国連に移すよう要求した。そして、FTAA（米州自由貿易地域）を巡る交渉では、ブラジルとベネズエラの政府団のメンバー達が、決まって交渉の席から抜け出しては、国際的な市民社会の代表者たちに重要な進展についての情報を提供した。

南の国ぐにには、ブレトンウッズ体制のもとでのこれまでどおりのやり方では失うものが多く、本書で提案しているような新たな手続き、とりわけ債務の軽減、構造調整の条件の除去、投機的な資金の流入流出の規制、によって得るものは多い。これらの国ぐにには、国連総会での投票数の多数を占めている。強力な北の工業国に逆らってこの力を使うことに、これらの国ぐにには以前は消極的だった。しかし最近のWTOでの経験と市民社会との協力関係の進展によって、デモクラシーと環境と貧困層の福祉のために自主的な立場を取ることに対する人びとの支持は、北においても南においても強まっている。

進歩的な南のリーダーたち、地球市民社会、そして共感をもった北の政治家たちの大同盟が、地球規模で広範な制度改革を達成した先例がある。何年も昔、北の進歩的な人びととかつての植民地での民衆のリーダーたちの間での同じような同盟が、大西洋横断奴隷貿易を消滅させ、そしてその後、ヨーロッパの植民地宗主国による帝国を消滅させるに至った。近年の出来事は、体制と草の根の両方のレベルにおいて変革の新しいサイクルが始まっているという見方、そして、私たちの時代の不正を修復する可能性をはらんで、新たな大同盟が展開するかもしれないという見方が、信じられるものだということを示している。

第一部　危機にある体制

経済のグローバル化は、あらゆる問題を解決する万能薬として売り込まれて来たが、宣伝通りの効き目を表さなかった。それは貧しい者の生活を向上させなかったばかりか、豊かな国と貧しい国、国内の金持ちと貧乏人の所得格差をかつてないほど広げた。民主主義と社会的公正を著しく抑圧し、地域社会を破壊し、農民を先祖伝来の土地から追い出し、さらに、史上最大の環境破壊を加速した。グローバル化の本当の受益者は、唯一、世界の最大企業とその経営者、および、それらが力を貸して創設した世界的官僚機構なのである。

第一部では、このシステムの裏付けとなった世界観と、システムが機能しなかった理由、つまり、このシステムの基本構造と構想に深く根ざした失敗の理由を検討する。

第1章　世界観の衝突

インドをはじめとして、フィリピン、インドネシア、ブラジル、ボリビア、米国、カナダ、メキシコ、アルゼンチン、ベネズエラ、フランス、ドイツ、イタリア、チェコ、スペイン、スウェーデン、イギリス、ニュージーランド、オーストラリア、ケニア、南アフリカ、タイ、マレーシアやその他の国で、企業のグローバル化の制度と政策に対し、何百万もの人びとが大規模な抗議デモを行なったのであるが、メディアからは疑いの目を向けられ、敵視さえされることが多かった。マスメディアは、抗議の背後にある問題を真剣に伝えようとはしなかった。街頭デモの人たちを、代わりの策を何も持たない「無知な保護主義者」だときめつけ、まともに注目するに値しないという態度であった。多くのメディアは、複雑に絡み合った問題を、単純に「保護主義」と「開放主義」との間の、あるいは、「無政府主義」と「秩序ある民主的プロセス」との間の争いに貶《おとし》めようとした。北米やヨーロッパでは、デモ参加者は、貿易と国際協調を台無しにする、特別扱いされた甘えん坊——利己的で無知な不平分子——だとして、片付けられている。

ほとんどあらゆる国や、さまざまな職業の人びとからなる何百万もの人が、なぜデモに参加したかをほんの少しでも理解しようとすれば、メディアのそういう単純化は間違いだと分かる。そんな運動は、貧乏人を敵にまわすことではないか、という言い掛かりについていえば、最大の抗議行動は低所得国において起きているのであり、参加者は、ほとんどが貧しい人たち自身なのである。孤立と外国人嫌いというきめつけについても、平等に情報が伝えられていない。企業のグローバル化への抵抗は、地球上のすべての人の経済的公正を達成するための国際協力に力を集中しており、世界的な視野に立っている。反貿易だという言い掛かりについて言えば、この運動のリーダーの多くは積極的に「フェアトレード」(公正貿易)に取り組んでいる。自分たちが反対する資源搾取型の「自由」貿易と対照的なフェアトレードは、貧しい人びとや彼らのコミュニティの経済を改善する手段なのである。

事実、この抵抗運動は、無数の刊行物や講演会記録で示されているように、研ぎ澄まされ、十分に練られた論議に根を下ろしている。その中には「国際グローバル化フォーラム」(IFG)が出している記録や資料、IFGの仲間が書いた多数の著作や論文も含まれる。同様な論評は、隆盛を続けている独立メディアの出版物からも入手できる。そこでは、主流のメディアが無視するか簡単に片付けることの多い話題を載せ、意見を伝えている。これらの独立した情報源は、しだいに広く人びとの知るところとなり、改革の地盤を拡大しつつある。とはいえ、企業メディアと利害が支配する政治論議の枠を作り変えるほど、十分な批判勢力にはなっていない。

抗議する側にはオルタナティブがないではないか、という主張も他の主張と同様に間違っている。本や雑誌や会議、個人の論文や発言で述べられたオルタナティブだけでなく、この二十年間、市民団体が入念に作り上げた合意声明は数知れないほどある。そこには、人間社会が推進すべき基本的価値について驚くほど一致した信念が示されている。二〇〇一年以来、ブラジルのポルトアレグレや、インドのムンバイに毎年数万の人が集まり、「別の世界は可能だ」と題した「世界社会フォーラム」を開催し、すべての人のためにうまく機能する世界をめざす、幅広い合意づくりを前進させてきたのである。

市民団体の唱導する最も明確で直接的な代替策は、単純に新貿易協定交渉を一時的に棚上げするというものであろう。しかし、本書に提案されているように、さらに野心的代替策は、みんなのために役立つ健康で、持続可能な人間社会創造という課題に向かって、世界や国家や地方の優先性へ方向転換することに焦点を絞ったものである。

抗議行動の多くは貿易協定反対が中心となってきたが、世界中の市民が、貿易に反対しているのではない。人間は有史以来交易に携わって来た。人類が二人あるいはそれ以上生き続ける限り、きっとそうするだろう。抗議する人たちが拒絶しているのは、企業が国際貿易協定を自分たちのために利用していることである。企業は、その世界戦略において、ふつうの人びとが何十年、否、何世紀にも亘って維持しようとして戦って来た社会と環境の保護を剥ぎ取り、民主主義を妨害しようとしているのである。

ガバナンス（意思決定のあり方）が問題なのだ。どんなルールが社会にとって最善であるか、を決定する民主的発言権がふつうの人びとにあるだろうか？　あるいは、少数の支配階級が、秘密裡に世間の目から遠く離れたところで会合し、人類の将来を形成するルールを決定し続けることが、許されるだろうか？　決定を下す者たちの関心が、ただ次の四半期の企業利益だったら、誰が人類の健康と福祉さらには地球自体の面倒をみるのだろう？

こういうことは、増大する不平等、社会組織の破綻および重大局面にある環境破壊はもとより、世界中に広がっている暴力と不安と隣り合わせにいる多くの人びとにとって、ますます深刻な問題になっている。人間の歴史の中でかつてないほど世界的で、かつ開かれた運動を推進するために、何百万もの人を国境をこえた緩やかな連合に結集させたのは、社会や環境の破壊というこの現実であった。

世界が違う

豪華な会議場に集って、私的利益の名のもとに、グローバル化の海図を描こうとしている企業グローバリストたちと、民主主義の名のもとに、かれらを挫《くじ》けさせるために組織をつくった市民運動家たちとの間には、価値や世界観や進歩の定義について、大きな隔たりがある。ときには、両者はまったく異なった世界に住んでいるに違いないと思われるほどだ。事実、多くの面でそうなのである。人類が現在差しかかっている重要な分岐点を理解する手掛かりとして、この相違の理解が必要である。

企業グローバリストは、権力と特権の世界に住んでいる。かれらにとって進歩は、手近なところにどこにでもある。というのは、かれらの視点からすると、公共資産を私有化し、市場を政府の介入から開放するよう駆り立てることが、世界中に自由と繁栄を広げ、世界中の人びとの生活を向上させ、貧困に終止符を打つとともに環境の保護に必要な財と富を作り出すことなのである。企業グローバリストは、企業の拡大を妨害する経済的、政治的境界を消滅させ、非効率でお節介な官僚の横暴を排除し、競争と私企業がもつ途方もない革新的な力と富を作り出す力を解き放つ方向に向かって、過酷だが有益な歴史的過程を突き進んでいるチャンピオンだと自認しているのだ。

企業グローバリストは、こういう趨勢《すうせい》の加速を自分たちの使命と心得ている。モノやカネや、また何処でもいいカネになるチャンスを探している企業の自由な移動にとって、桎梏《しっこく》となるものを取り除きながら、投資家と私有財産をさらに保護する公共政策や国際協定を求めてやまないのである。グローバル企業こそ人間の作った最も偉大で効率的な制度だと固く信じている。この制度は、どこでもい い、人類の進歩と成果の邪魔になるものを取り除き、時代の先端を行きながら、富を創造する強力なエンジンなのである。企業グローバリストは、世銀・IMF・WTOを崇め奉っている。なぜか。それらの機構は、市場を自由化し、経済成長に不可欠な条件を創出するために、交易ルールを書き換える大仕事に携わっているからだ。

企業グローバリストは、こういう世界観をキリスト教の教義のように奉じている。ただ、かれらの間でも見解の相違がみられる。それは主として、政府が私企業にどこまで補助金を出すのかという問題や、市場の苛烈な競争からの脱落者を保護するセーフティネットをどうするのが適当かということなどである。

一方、市民運動家の現実の見方は非常に違っている。かれらは、人びとと環境に焦点を絞って、世界の危機は文明と種の生存を脅かすところまできていると見る。つまり、不平等が急速に進み、信頼と思いやりの関係が色褪《いろあ》せ、地球の生命維持装置が壊れつつある、と見ている。企業グローバリストは市場経済の拡大を推進しているが、市民運動家から見れば、人びととコミュニティから、金融投機家とグローバル企業へと支配する力がシフトしているのだ。金融資本家とグローバル企業は、全人類と自然の関わりを無視して、短期的利益追求に奔走している。市民運動家には、企業というものが、民主主義をカネがすべてという世界へ、自生的に組織された市場を中央で計画された経済へ、多様な文化を貪欲で物質主義の文化へ置き換えようとしていると思われるのである。

市民運動家の眼には、この趨勢は、何か冷酷な歴史の力の結果ではなく、企業のカネに押し流され腐敗した政治組織の意図的行動の結果であると映るのである。市民運動家は世銀、ＩＭＦおよびＷＴＯが人びとと環境を攻撃した主な機関だと思っている。

企業グローバリストが提供すると宣言しながら、実際にはやっていないことを、市民運動家が追求しているとは何とも皮肉である。例えば、民主的参加とか、望ましい仕事の提供や、顧客の必要と好みに応えて健全な環境を創出し、貧困を無くす企業によって成立する経済などがそれである。企業グローバリストは、地域やそこに住む人を一顧だにしない巨大企業に支配される競争的世界経済を求めているが、市民運動家が目指している地球経済システムは、利害関係者みんなに説明責任をもつ地元所有の企業から成る経済システムなのだ。かれらが力を尽くしているのは、すべての人にとっての経済的公正、国際協力、活き活きした文化の多様性、さらに、カネより人の命に価値を置く健やかで持続的な社会のためなのである。

市民運動は、企業グローバリストがその約束を果たせない、と考えている。企業の組織を否応なく駆り立てている力は、狭量で視野の狭いカネ目当てもので、企業グローバリストの約束にも反するからだ。かれらは、最善の意図で仕事をしているかも知れないが、自分たちのカネ儲けに目が眩《くら》んで、将来の世代を含め、その場に居ない人たちの犠牲でその成功があるのだ、ということが見えていないのである。

企業グローバリストは、株価上昇のようなカネで見積もられる自分たち独特の富の指標とか、支払能力のある人が利用できるモノやサービスの総生産高の指標で進歩を測るのが一般的だ。ラテンアメリカやその他の地域でときどき周期的に起こる景気後退や、アフリカの最貧国の一人当たりの所得の減少を別にすれば、これらの経済指標は、概していい数字を示している。このことが、グローバリストの目には、自分たちの計画は世界を豊かにするという前提を裏付けていると映るのだ。

一方、市民運動家は、最も窮乏に喘ぐ人たちの生活にとくに関心を寄せながら、人びとと自然が健やかかどうかという尺度で進歩を測定する。企業グローバリストが特権として享受している驚くべき富を別にすれば、市民運動家の経済指標は猛烈な早さの破壊を示しており、実際には世界が急速に貧困化していることを示唆しているのだ。

国連食糧農業機関（FAO）の報告では、世界の慢性的飢餓人口は、一九七〇年代と八〇年代の間には、着実に減少したが一九九〇年代の初めには、増加に転じている。米国農務省の試算では、二〇〇八年までには、サハラ以南のアフリカで三分の二の人たちが、また、アジアでは四〇%が栄養失調になるという。

一握みの人たちが想像を絶する豊かさを享受している世界で、二億人の五歳以下の子供が食糧不足で、平均体重に達していない。毎年一四〇〇万人の子供が、飢えが原因の病気で死亡している。一億人の子供が路上生活をしているか、路上で働いている。一九九〇年代には、三〇万人の子供が軍に徴用されている。六〇〇万人が戦闘で負傷し、八億人が毎晩腹を減らしたままベッドに入っている。

この人類の悲劇は、貧しい国に留まらない。米国のような豊かな国でも六一〇万の大人と三三〇万の子供が、飢餓に瀕する空腹を味わっている。米国の約一〇％の所帯、三一〇〇万にのぼる人たちが、必要最小限の食事しか摂っていない。以上は、地球上で社会的危機が深まっている多くの指標の僅かな例である。

環境面については、二〇〇〇年九月に、国連開発計画（UNDP）、国連環境計画（UNEP）、世銀および世界資源研究所が発表した共同研究がある。その報告は、農業、沿岸、森林、真水と牧草地の五つの生態系を、食糧と繊維生産、水量、空気の質、生物多様性および炭素蓄積量という五つの生態系産出物との関連で評価している。上記の生態系と生態系産出物の二五通りの組み合わせのなかで、一六の組み合わせは、下降傾向を示しており、唯一、森林生態系から産出される食糧と繊維だけが、上昇傾向を示しているが、それとても、多様な種を犠牲にした工業的単一種の森林生産によって、達成されたものである。

人間活動――とくに化石燃料の燃焼――によって二酸化炭素の大気中の濃度は、二千万年来の高水準に達したと測定されている。環境シンクタンクのワールドウォッチ研究所によれば、嵐や洪水、火災のような天候に関係した災害を初めとする自然災害で、一九九〇年代の十年間に世界中で、二〇億以上の人が被害をうけ、経済損失は、六〇八〇億ドル以上であった。この数字は、それ以前の四十年の損失の総合計を超えるものだった。一九九八年だけをみても、ひどい異常気象が起こって、三億人が、自分たちの家からよそへ移住させられるか、別の定住地に追われた。

人類にとっての優先性と人類の制度について再考せざるをえない事態は、日に日に高まっている。しかし、企業のグローバル化推進者は、それを強く否定して、時間が経ち忍耐があれば、グローバル化は、貧困を無くし環境保護に必要な富を創造するという例の呪文を繰り返すのである。

市民運動は、企業グローバル化の政策とその過程は、貧富の差を容赦なく拡大し、単純な一人勝ち競争を推し進める一方で、地球の本当の宝を壊していると反論する。市民運動は、貧困の撲滅と地球の救済に必要なカネを工面するのに、貧者が搾取され、環境が破壊されねばならないという主張を理不尽だとして拒否する。

市民運動の多くは、根本的変革が避けられない現状を、人類が高いレベルの新たな可能性に挑むチャンスと受け止めている。人類史上最大の創造的挑戦である。しかし、市民運動家の経験からすると、指導権を握っている今の機構はそうする意向もなく、そうすることに適してもいないのである。さらにまた、既存の体制下でたっぷり見返りを得ており、オルタナティブなどない、という考えを断固として抱いている指導者たちが、突如、はっと自分たちの間違いに気づくようなことを期待する根拠はどこにもない。

ということで、公正で持続的世界を創造する指導者は、勃興する市民社会の何億もの優れた人たちに任せられているのだ。その人たちは、より良い世界は実現出来ると信じ、カネより人間の命を重視する民主的で地方に根ざし、人間を基準にした制度へ統治権の転換を求める世界規模の同盟をつくりつつあるのだ。そういう人たちの中では、街頭で抗議デモをやって来た人たちがとくに目立つが、同じように、重要で、ずっと多くの人たちが他にもいるのである。かれらは、自分たちに対抗し、提携しあっている制度の勢力にまともに向き合って、自分たちのコミュニティや経済を立て直そうと戦っているのである。

経済民主主義

現在および未来にわたって人類がよい状態で暮らせるかどうかは、社会の中での、また社会間の権力関係を、もっと民主的かつ相互に責任をもって人間の諸問題をあつかう方向へ変革することにかかっている。自ら組織し、権力を分かち合い、強制的な中央権力を最小限にとどめるやり方である。人びとの生活が依拠している生産資産の所有権に、みんなが同等に参画する経済民主主義は、このような変革に不可欠である。というのは、企業のグローバル化の経験が示す経済力の集中が、政治民主主義のアキレス腱だからだ。

二十世紀の政治闘争は、社会主義と資本主義のいずれを選ぶかに焦点を置いていた。いずれの陣営も、説明責任を持ちようがない制度に所有権を集中させた。社会主義の場合は国家に、資本主義の場合は企業に、である。両陣営とも、自分で市場を形成するということ、つまり、民主的に決定したルールの枠組み内で、地方の必要に応えるために、共同体が独力で市場を形成するという、あの古典的自由経済思想に反する行動を取ったのであった。

ほとんど注目されていないが、経済民主主義は、経済が効率的に機能する上で、健全な公的規制と同じくらい欠かせないものである。というのは、今日の市場はカネにだけ対応し、あまりにも金持ちの欲するものだけに注目し、貧しい者のもっとも必要とするモノが蔑《ないがし》ろにされているからである。経済民主主義は、個人や共同社会や国家の経済的自己決定にとって不可欠の基礎、つまり、それぞれの経済にとって優先するものや経済生活のルールを決定する能力を示すからである。というのは、経済民主主義が、各人の政治的発言を保障するのに助力するからである。

同時に、地方、国家さらに世界レベルのどこでルールを作るかについて考慮を要する、調整困難な問題が実際には多い。例えば、市民社会は何処でも、社会や環境のレベルを引き上げることに積極的に肩入れする。このため、市民活動家のなかには、労働や、衛生・安全さらに環境について、世界的基準の設定が必要だと訴える者がいる。たとえ、貿易制裁を課すようなことになってでもそうすべきだ、と主張する。つまり、この開放された競争の激しい世界経済のなかで、異なった基準を許せば、必ずや、その基準を引き下げさせようとする競争的圧力が働く、という指摘も、間違ってはいない。

しかし、統一基準を唱導するのは、自分たちに有利なルールを選んで、弱小国に押し付ける力を持っている強国であることは間違いない、と主張する者もいる。さらに、統一基準は、自己決定という民主主義の権利を侵すばかりでなく、地方毎に条件や優先順位が異なっていることを考慮にいれていない。こういう主張をする側は、国家や地方でも、自分たちが環境に適して選んだ基準を採用する権利を保障する方策を要求する（無論、それが、他の者の負担に転嫁されない限りにおいてである）。

いずれの立場も根拠がある。相違がでてくるのは、経済的自立をどの程度優先させるかに関わっている。地域社会や国家の自立度が低ければ、対外依存は大きくなり、何処でも、基準を引き下げようとする圧力を避けるために、世界的統一基準の必要は大きくなる。同じように、地域社会や国家の自立が大であれば、地方環境への地方の柔軟性や適応の範囲は大きくなる。われわれＩＦＧでの、これら二律背反の問題についての対話の最終的なコンセンサスは、自力更正と地方の自己決定に賛成する方向に傾いた。

地方の自立と自己決定についての関心は、世界規模でのガバナンスに重要な意味を持つ。例えば、自立し地方に根ざしたシステムにおいては、ルールを定め執行する第一の権限は、それを適用する支配権をもつ政府、または地方政府に任されるのである。国際機関の固有の役割は、国家間の利害がもともと入り組んだ問題、例えば、地球温暖化のような問題について、国家間の政策の調整をうまくやることである。

もちろん、自己決定への民主的関わりは、――あらゆる先住民あるいは、地方の共同体とまでいかなくても――せめて、あらゆる国の人びとが、自分たちの経済を他国の経済とどの範囲まで統合するかの決定を任されていることを意味する。国が違えば、人びとは異なった決定に得てして到達するものである。国際的関心は、本来、次のようなことを保障することに限られるべきだ。第一に、これらの決定が民主的になされること、つぎに、各国の経済関係は、公正でバランスがとれ、どの国もほかの国へ払いきれない負債の山を築かないこと、各国経済は、他国や他国の企業から勝手な干渉をされないことなどである。

グローバルな問題の解決に向かって協力的交流を促進し、不可避的な国家間の競い合いに折り合いをつける作業を手助けする国際機関は確かに必要である。しかしながら、これらの機関は、透明性があり、民主的で、自己決定については人びとと社会と国家の権利を支持するものでなければならない。世銀、ＩＭＦおよびＷＴＯはこれらの条件をいずれも充たしていないので、本書の著者たちは、それらの機関の権限を剥奪し、国連を強化、改革してその権限の下で新しい機関が設けられることを提案する。これらの新しい機関であれば、支払い切れない国際的負債から第三世界を解放し、すべての国が、国際貿易と投資勘定を世界のシステムとバランスが取れるようにし、国境を越えて操業する企業が社会的な説明責任を果たすよう、政府と協働することに責任を持つだろう。

変化をうながすもの

十年足らず前まで、企業のグローバル化推進者たちが自分たちの掲げる目標には必然性があるという主張は、多くの人にとって信じるに足るもののように思われ、それに代わる経済的方策を語ることは、虚勢以外のなにものでもないように見えた。今日、経済グローバル化の勢いはまだ凄まじいものがあるが、もはやまったく克服できないものではなく、それに代わる方法についての議論もまったく空想的なものでもない。企業の権力の濫用を一般の人たちが意識し、強力な反対運動を盛り上げた。

例えば、一九九〇年代、経済協力開発機構（ＯＥＣＤ）の下で、多国間投資協定（ＭＡＩ）へ向けてなされた秘密交渉は、スッパ抜かれて遂にオジャンになった。クリントン大統領は、かれが執拗に求めていた「ファストトラック」権限を二度拒否された。その権限とは、貿易交渉にあたって、大統領に自由裁量権を与え、議会でも最小限の議論をするだけで修正なし、というものだった（共和党が政権をとったあと二〇〇二年に、議会はブッシュ大統領にこの権限を与えることになってしまった）。シアトルにおける一九九九年WTO閣僚級会議で、貿易交渉の新ラウンド開始の努力は、台無しにされた。そうして、WTOは、社会的異議申し立てが容赦なく抑圧される遠方の王国、カタールへ二〇〇一年の閣僚級会議の場所を移すことで、非民主的性格を曝したのである。二〇〇〇年四月、ワシントンDCの大部分を警察は封鎖した。世銀とIMFの会議を、その二つの機関の廃止と第三世界の債務の棒引きを要求するデモ隊から守るためであった。その次のプラハで開催されたIMFと世銀の理事級の会議は、一日早く閉会した。バルセロナで開催予定の会議は取り消された。二〇〇一年には、製薬会社は、貧しい国において、商標登録のない低コストの薬をさらに多く使用できる許可をするように譲歩を強いられた。本書の序論にもあるように、二〇〇三年の秋、世界規模と地域規模の貿易交渉を止めるために、抗議団体は、メキシコのカンクンや、マイアミで貧しい国の政府と提携したのだった。

市民社会組織の連合はしだいに発展して、さまざまな人びとを結集した。労働組合員、農民、土地無しの貧農、宗教者、女性や青年の組織、小企業主、生産に携わる職人、経済的公正をめざす運動家、刑務所改革支持者、環境保護主義者、エイズなどの健康問題の活動家、政治家、独立メディア組織、公務員、ホームレス、平和と人権を守る組織、同性愛者グループ、知識人、消費者運動家、少数ながら企業のCEO（最高経営責任者）にいたるまで、あらゆる年代、宗教、人種、国籍にわたる人びとである。自分たちや子供たちの未来は、自らの民主的権利を行使してどのような未来を作るかという決定に参加することにかかっている、と何百万もの人が自然に気づいた結果生まれた連合といってよい。

民主主義、公正、生命尊重などの普遍的価値に深く関わることで結合したこの連合は、中心となる組織も指導者も明確な思想がなくても、実際の力をますます強めつつある。この連合は状況に応じてさまざまな形態をとる。

インドの活動家たちは、数百万を結集する「生命系民主主義」運動の旗印を掲げ、コミュニティによる民主的な資源管理を通じて地元民に力量をつけようとしている。カナダでは、何百もの組織団体が一緒になって、もともと政府が管理すべき機関を企業から取り戻そうとする市民の指針を明確にした。チリでは、環境保護団体が、力強い「持続可能なチリ」提案を打ち出し、自由市場へ流されているチリを引き戻し、国民の優先性と資源との民主主義的管理を再び自分たちのものにするよう頑張っている。ブラジルでは、労働者、貧しい人および土地を無くした人の権利に焦点が当てられている。ボリビアでは、貧農や労働者の大衆運動で、水の私有化阻止が成功した。メキシコでは、マヤ人が、土地や資源について先住民の権利を再確認する運動で、革命家サパタの精神を復活させた。フランスの農民は、立ち上がって、小農を打ちのめそうとする貿易ルールに反抗した。英国では、ハイウェイの新しい建設に数十万の人が繰り出し、田園を破壊し、さらなる輸送のスピードアップ要求する容赦ないグローバル企業に反対した。

以上は、世界中に起こっている民主的権利を守るために尽力している発言と行動のほんの数例に過ぎない。この中には、まったく地方的なものもあるが、国民的、国際的なものもある。現在の構造の大規模な改革を求めているものもあれば、徹底的な変革を目指しているものもある。現時点の議論に眼を向けた短期的なものもあれば、持続可能な社会を前進させるため、新しいルールと機関を予測する長期的なものもある（さまざまなオルタナティブの実践の詳細については、マレーシアの第三世界ネットワーク所属のマーティン・コーによるボックスBを参照）。何れにしろ、この運動はすべて、グローバル化する企業の不法な権力と偽りの約束を一緒になって否認することと、地方、地域、国家および国際の各レベルにおいて、民主主義に再び生命を吹き込むという取り組みにおいて結合しているのである。それぞれの活動は、人類が創造し得る健康で公正で持続可能な社会のビジョン作りを助けている。どの活動も、このような社会を創るために「地球という惑星に住むわれわれ」の権利を宣言する、高まる一方のグローバルなコーラスに唱和しているのである。

ボックスB
論評──衝突するパラダイム

マーティン・コー（第三世界ネットワーク）

市民社会は相容れない二つのパラダイムに直面している。われわれの活動をどう進めるかに即していずれを選ぶかは、難しい問題である。第一のパラダイムは、グローバリゼーションという体制の中で働くという選択を伴うが、その中でわれわれは嵌《は》められた感じを抱いている。この体制の中で活動するとすれば、まずこう問うだろう。「ゲームのルールは公正か、とくに弱い相手にとってどうか。あるいは弱小国を抑圧するために強い相手国がルールを歪め、操っていないか」。後者であれば、ゲームのルールを変えて公正にするよう闘わなければならない。ゲームのルールが弱者や貧者の利益に反していないか監視し、知っておく必要がある。この第一のパラダイムでは、その体制の条件の下で活動し議論し、調整しようとするだろう。なぜなら、少なくとも短期的にはそうするよりほか手はないという結論に達するからである。これは、言ってみれば、ここ五年か十年生き延びればいいという現実的な人の取る方策である。

しかし、この体制内で働き、そこに参加するすべての人にとってより公正なものにしても、この体制自体、生態系の限界ゆえに永くは続かない可能性がある。言い換えれば、このまま高度成長を重視するとして、しかし、成長の分配はもっと公平に行なわれるようになり、貧困層の状況がよくなっても、産業主義という体制全体は続くのである。そこで、繊維産業は今まで通りロンドンにあって、英国の労働者に職を与えて高い生活水準と安定を保証すべきか、あるいは児童労働が搾取されているバングラデシュに移転すべきか、という議論が起こる。しかし、職が無くて死ぬより、児童労働の搾取のほうがましかもしれない。第一のパラダイムではこうした類の議論におちいりやすい。バングラデシュ人にとって工場で搾取されるのは公正か、搾取されないままでいるべきか。労働条件を引き上げるべきか。労働条件が引き上げられれば、職を失うかもしれない。工場がロンドンに舞い戻って、ロンドンの労働者が仕事にありつくことになるからだ。

そこでこういう話になる。産業主義が悪いのだから、工場はロンドンにもバングラデシュにも存在すべきではないのかもしれない。産業主義は長期的な世界の存続とは相容れないのかもしれない。これが第二のパラダイムの基盤であり、いずれ二十年か三十年後には体制全体がだめになってしまうのだから、北と南をめぐるこうした議論は的外れなのである。そこで、第二のパラダイムでは、ガンジー流の、コミュニティを土台に自立した家族単位の生産と、もっぱらコミュニティや地域内での交易をめざして働くことになる。外の世界との交流は必要に応じてしか行なわない。

この第二のパラダイムの中で活動していると、こういう言葉が出てくるだろう。「多国籍企業なんて必要ない。どんな方法を取っても蹴飛ばしてやる。そこでもう一度、地方の生産を重視するのだ」。つまり、第二のパラダイムの下で活動していると、確実に第一のパラダイムの下で活動している場合とは異なる方針が出てくるのだ。第一のパラダイムの場合は、より公正な貿易、より公正な経済関係が目標だからである。

労働権や環境権を貿易協定の中で取り上げるべきかどうか、という議論は実際には第一のパラダイムの問題である。同時に、第二のパラダイムの問題でもあることを忘れてはならない。しかし時として、第一のパラダイムの議論を支持するために第二のパラダイムの考え方を借りることがあるし、その逆もある。そこでわれわれは混乱してしまう。したがって、われわれが活動し、どのような活動を展開すべきかを議論する際、第一と第二のパラダイムのいずれの立場にたって議論しているのか、明確にすべきである。

現実の世界が第一のパラダイムの中で進んでいることをはっきりさせよう。そのパラダイムの中で闘い、どこが不平等か、なにが二重基準か、取引の条件をもっと公正にすべき点はどこか、といったことを指摘する人びとがいる。私個人は第一のパラダイムの中で活動することが多いが、心情としては第二のパラダイムのなかにいる。したがって、世界を相手に貿易すべきかどうかを問うなら、その前提は何であるか、どちらのパラダイムから発した問いかを明確にしなければならない。というのは、最後に、ある種の過渡期として、第一のパラダイムに第二のパラダイムを吹き込めれば望ましいからである。

例えば、第一のパラダイムの下で貿易と環境に取り組む際、第二のパラダイムへの過渡期として、グローバル化した体制の環境をいかに持続可能にするかという問いは十分成り立つ。しかも、貧困層がそれで損害を受けず、調整のコストは富める者が負担するような方法を求めるのである。

当面は、われわれは常にできるだけ二つのパラダイムの中で活動すべきだと思う。この意味で、われわれが環境の持続可能性をめざす体制を作りだすために、所得の不平等の減少つまり貧困問題を解決すると同時に、環境問題も解決できるような、社会的に公正なやり方が求められるのである。貿易の仕組み、物価と製品の体系その他を、第二のパラダイムへの過渡期として作り上げられるだろうか。これこそ最大の課題である。

出典：マーティン・コー「コメンタリー」、ジョン・カバナ編『南と北：分裂した世界を変革するための市民戦略』（サンフランシスコ、ＩＦＧ、一九九五年十一月）所収。

第2章　企業支配の構図

植民地主義から帝国主義を経て、ポスト植民地主義の輸出主導の開発モデルに到る過去五世紀の間に、企業のグローバル化によってわれわれが蒙った損害は広範囲に及んでいる。本書で提示するオルタナティブ（代替案）は、その教訓を生かしたものである。第二次大戦後、経済のグローバル化を推進したのは、数百の世界的規模の企業や銀行であった。それらは、しだいに国境を越えて生産、消費、金融、文化について網を張り巡らせていった。今日、食べるもの、飲むもの、着るものからドライブや娯楽にいたるまで、ほとんどのものが、世界的規模の企業の産物であるということは、確かである。

これらの企業を後押ししたのが、過去半世紀の間に出現した世界的官僚機構である。その結果を概観すれば、各国政府や市民、地球全体に対して、しだいに説明責任を果たさない政治的、経済的な力の集中がもたらされ、民主主義、公正および環境の持続性を損なうこととなったのである。

経済のグローバル化を唱導する人たちは、このような過程は、避けられない長期的なものであり、何世紀にもわたって現在のかたちに進化した経済的、技術的結果であるという。これらの力は自然の力と同じで、ほとんど制御できないものであり、これとは違う別の方向へ進むと考えるのは、夢想的だという。政府や学者やマスメディアが受け入れたように、この成り行きを受け入れてしまえば、抵抗はありえないということになる。しかし、このまま無抵抗でいることは、明らかに不自然である。そのなによりの証拠は、何十万もの人びとが、反対運動を起こしているということである。そのデモの光景は、シアトルで、ケベック市で、ヨーロッパのあちこちの首都で、あるいはインド、日本、ブラジル、メキシコ、フィリピン、ニュージランド、アルゼンチン、イギリスやそのほかの所で見られた。

世界貿易も自由貿易という考え方も、いろいろなかたちで何世紀にもわたって存在した。その現代版は、規模、速さ、形態においてこれまでのものとは大違いであるが、社会や環境に及ぼした影響は似たようなものである。

現代のグローバリゼーションは、生物の進化を表すといったものではない。特別な目的をもって人間によって構想され創設されたものだ。あらゆる価値の上に経済的価値を、つまり企業にとっての価値を置き、その価値を積極的に体系化したものである。事実、現代のグローバリゼーションには誕生日と生誕地がある。一九四四年七月、ニューハンプシャ州ブレトンウッズで生まれたのである。そこに、世界の主要企業の経営者やエコノミスト、政治家や銀行家が集まり、第二次大戦後の荒廃からの立ち直りと、第二の大恐慌の阻止について方策を練った。それらの人たちが決定したことは、世界経済の発展を推進するには、新しい中央集権的な世界経済システムが必要だ、ということだった。これによって、将来、戦争を防止し、貧困を緩和し、世界の再建ができる、というのである。

ブレトンウッズ会議の出席者は、自ら利他主義者と称したが、その多くの人たちは、このシステムの成果から、莫大な経済的利益を得たのだった。このひとたちは、混乱した事態を収拾する理想的手段は、新しい官僚制度と自由貿易の新ルールとに支えられたグローバル企業だと考えたのである。ブレトンウッズ会議から生まれたのが、世界銀行（当初、国際復興開発銀行と呼ばれた）と国際通貨基金（IMF）であり、それから、関税と貿易に関する一般協定（GATT）ができた。ここから、世界貿易機関（WTO）が生まれることになる（これらの機関については、第3章を参照）。このシステムのその他のかたちとしては、北米自由貿易協定（NAFTA）、欧州連合（EU）のマーストリヒト条約、協議中の米州自由貿易圏（FTAA）などがある。

これらの機関は協力し、産業革命以来初めて、地球上の政治的、経済的、社会的組織をもっとも根本的に変えたのである。それは、驚くべき度合いで支配力の転換を推進しつつある。すなわち、国家や、州や地方政府や地域社会の政治、経済の支配力が、世界的企業や銀行、それらが創り出した世界的官僚機構へと、事実上移譲されつつある。しかも国家権力、地域社会、民主主義、多様性、さらには自然環境の犠牲においてである。

困難を伴うけれども、いいことに、このシナリオは、ことごとく逆転させるか、是正できるものである。本稿の主目的は、この逆転の方向へ進むことにわれわれが助力することである。

グローバル化モデルの主な中身

経済のグローバル化（企業のグローバル化とも、新自由主義とも呼ばれる）には、基本的特徴がいくつかある。

- ・超高度成長の推進と、それを進めるための資源の乱開発。
- ・公共サービスおよび世界や地域社会に残っているコモンズ（共有財産）の私的企業化と商品化。
- ・世界の経済・文化の同質化と、消費拡大主義の推進。
- ・ほとんど自立している国家を含めて、国家経済を、環境的にも社会的にも悪影響を及ぼす輸出指向の生産体制へ統合し転換させること。
- ・企業の規制緩和と国境を越えた資本の無制限な移動。
- ・企業集中の驚異的な増加。
- ・すでに実施されている公衆衛生や社会や環境に関わる施策の廃止。
- ・グローバル企業の官僚組織が、民主的な国民国家や地域社会のもっている伝統的支配力に取って代わること。

そこで、この経済のグローバル化モデルの特徴を幾つか吟味することから始めよう。

ハイパーグロース（超高度成長）

グローバル化構想のなかで、最優先される教義は、企業が一層急速に果てしなく成長を遂げることである。これは新資源、新しい低賃金労働、新市場へたえずアクセスすることで助長されるのである。労働、資源、資本の三拍子揃った中国がこの構想に参画して刺激を与えたことは、故なしとしない。ハイパーグロース達成には、企業活動に対する規制緩和を伴う「自由貿易」という中心イデオロギーに重点がおかれる。つまり、企業活動にとって障害となるものをできるだけ取り除く考え方である。ところが実際には、この障害と目されるものはふつう、環境法、公衆衛生法、食品安全法、労働者の権利・機会関連法、国内投資規制法および自国の文化管理法などである。企業の自由な貿易活動に障害とみられるこれらの法律は、新しい貿易と投資協定の攻撃に曝されている。規制が緩和されて企業が自由になる一方で、国家や地方政府はきびしく規制され束縛され、国民主権や自然だけでなく、自国の職業、アイデンティティや伝統を守るのがますます困難になっている（ボックスC参照）

グローバル化の唱導者は、増加した富は貧しい者を潤すから、成長の利益は貧しい者のものである、と主張する。しかし、後ほど論ずるように、あらゆる証拠に照らしても、実際はその反対である。ハイパーグロースの利益は、主として世界的規模の企業の方へ吸い上げられているのである。

ボックスC 自由貿易の「障害」としての公益法

デビ・バーカー／ジェリー・マンダー（IFG）

ブレトンウッズ体制下の諸機関は、企業が市場・労働・資源を利用する権利を阻むもの、公益のための規制などを取り除くことを主な目的としている。

WTOがこれまでに下した裁定を見ると、民主的に創られた法律や基準、とりわけ環境保護に対する挑戦という印象が強い。WTOの裁定第一号は、ガソリン汚染に厳しい規制を設けた米国の大気浄化法に対するものだった。この法律は、WTOの貿易規則を遵守していないという理由で緩和させられた。そのほか、論議を呼んだ裁定の中身を見てみよう。

・米国海洋哺乳動物保護法（とくにイルカの保護条項。この規制なしではイルカは大型漁船によるマグロ漁で殺されてしまう）。
・米国の絶滅危惧種保護法のもとでのウミガメの保護。
・成長ホルモン使用牛肉に対するEUの輸入禁止。

こうした裁定の背後には必ずといっていいほどグローバル企業が推進力となっている。とくにひどい例をひとつあげれば、欧州連合が旧植民地国のバナナの輸入に特恵待遇を与えたことに対して、米国政府がチキータに代わって行動を起こしたことがある。

この手続きはさらに二次的なぞっとする結果を招いている。たとえばグァテマラ政府は、乳幼児用粉ミルク会社とくに米国ガーバー社が自社の製品を母乳より健康に良いと宣伝することを禁じた公衆衛生法を撤廃した。カナダは神経を冒す危険のあるガソリン添加物MMTの輸入禁止を撤廃した。何れの場合も、貿易協定を理由に提訴される恐れがあったからである。ガーバー社の場合、米国はWTOに告訴すると脅した。カナダの場合はエチル社が、NAFTA（北米自由貿易協定）の投資家―国家条項に基づいてカナダを提訴すると脅した。FTAA（米州自由貿易圏協定）にも拡大される見込みのこの条項は、企業が主権国の政府を国内の裁判所ではなく国際法廷に提訴することを初めて可能にしたものである。カナダの環境安全法がエチル社の将来の利益を減少させたことは、カナダによる違法な「収奪」だというのが、エチル社の言い分だった。同じように、カリフォルニア州がもうひとつの危険なガソリン添加物アンチノック剤（MTBE）を禁止したことに対して、米国政府が提訴された例もある。

こうしたプロセス全体は最終的に、あらゆる国の環境、労働、衛生基準を徐々に引き下げる結果をもたらす。これは言ってみれば「交差型規制緩和」である、つまり、企業は国内で規制緩和を迫るのと同じように、自国政府をつかまえて他国の法律を破棄させるのである。

こうしたやり方を擁護する人びとは、これを自由貿易と呼びたがるが、その実、グローバル企業にとっての自由であり、環境、健康、文化、職、国の主権さらに民主主義といった主要な価値を規制あるいは維持する地域社会や国の自由を抑圧することに他ならない。

出典：デビ・バーカー／ジェリー・マンダー著『見えない政府』（サンフランシスコ、IFG、一九九九）

私的企業化と商品化

この構想の第二の教義は、あらゆる非商品をできるだけ多く私有化し商品化することである。こうすることは、経済活動と利益の分野を必然的に広げることになる。今では、この私有化と商品化の対象には、これまで地球上のコモンズであったものも入っているのである。つまり、今日まで、商品取引とは縁遠いものだったもの、さらに、非商品のかたちで保持することで、基本的人権が守られると考えられていたものも対象になっているのだ。たとえば、人間の遺伝子構造や、生命を持ったあらゆるものが、バイオテクノロジーを通じて商品取引に取り込まれつつあるのだ。そして、この過程には、WTOの知的財産権法の強力なバックアップもあった。同様に、何千年もの間、農業社会で開発され自由に共有されてきたそれぞれの土地固有の種子が、特許を通じて、世界的規模の企業によって、長期に亘り独占的に所有されつつある。高価な特許の薬品を使うまいとして、インドの農民やアフリカなどのエイズ患者が、WTOのTRIP（貿易関連知的財産権）に対し最近抗議したために、この問題の恐るべき局面に新たに焦点があてられ始めている。

川や湖などの真水は、人間が生きていくうえで基本的なものであり、これまでコモンズの一部と考えられてきたが、それが同じように私有化されようとしている。水もまた世界貿易システムの一部に組み込まれることになるだろう。あれやこれやのものがすべて、グローバル化の一環として、急速に私企業化され商品化されつつあり、一層多くの原料が、企業のアクセス、投資や開発や貿易に利用できるようになるだろう。これは、企業が地理的生物学にさらに広い領域で活動できるようになることを意味する（これらの問題については、第5章「コモンズを取り戻す」で詳述）

驚くことに、私有化は、公共サービスの分野でも進行している。政府がいつも杓子定規で、非効率であり、自分勝手であるのとは対照的に、私企業には、いわゆる効率性、ダイナミズムあるいは消費者への対応の良さというものがある、と企業は主張している。だから、公共サービスは、私企業に任せるべきだという。企業は、政府とはまったく異なった価値の範囲では、うまく活動できるのは確かだが、公共サービス面でも同じようにうまく行くと主張するのである。今日、WTO体制内では、公共サービスの民営化という問題は、新米州自由貿易圏協定（FTAA）や、サービス貿易に関する一般協定（GATS）の両方で、重要な部分になりつつある。そこでの交渉のなかには、これまで政府の領域と考えられていたものが入っている。たとえば、公共放送、学校教育、公衆衛生、給排水、下水、病院、福祉制度、警察、消防、社会保障、道路や刑務所がそれである。これらは、すぐにでも、商品化され民営化され、外国の投資や支配の対象にされ、そのサービスの商品価格を払える人たちだけに利用されることになってしまう。そして、とどのつまり、三菱が社会保障制度を営み、ベクテルが世界の水を支配し、ドイツ銀行が、刑務所を（おそらく公園も）経営し、ディズニーがBBC（英国放送協会）を、メルクがカナダの健康保険制度を運営することになるだろう。信じ難いかもしれないが、この脅威は単なる空想ではない。

ところでまた、カネそのものの商品化が起こっている。現在の自由貿易のもとでは、世界の取引の大部分は、モノやサービスではなく、金融なのだ。カネそのものが、投機商品になっている。現代は情報技術の世界であり、取引にも制限が無いために、コンピューターのキーを一つ叩くだけで、国境を越えて世界のどこにでもただちに、想像できない大金が、動くのである。これはすでに多くの国を不安定にしており、一九九七年から九八年にかけて急速に起こったアジアの金融危機の原因のひとつは、ここにある。

ボックスD

貿易関連輸送がもたらす環境破壊

ジェリ・マンダー（IFG）／サイモン・レタラック（「エコロジスト」誌）

輸出指向型生産モデルの特徴は、輸送と出荷活動を驚異的に増加させることである。ブレトンウッズ体制ができて半世紀の間に、世界の輸送は二五倍に増えた。

グローバルな輸送が増加するにつれ、グローバルなインフラ開発が必要になる。これはベクテルやハリバートンといった大企業の歓迎するところだ。新空港や港湾、油田、石油のパイプライン、鉄道、高速道路などの建設に関わっているからだ。それも比較的手つかずの原野、生物多様性、サンゴ礁などがある地域に建設されることが少なくないし、さもなければ農村地域に建設される。その影響は中南米でとくに甚大である。原野でのインフラ開発に莫大な投資が行なわれてきた中南米では、コロンビアのウワ、パナマのクナといった先住民社会や、エクアドルのさまざまな集団による激しい抵抗に直面した。先進国でも問題が起きている。英国では数年前、農村地帯を突っ切る大規模な新高速道路の建設に抗議して二〇万人が立ち上がった。グローバルな貿易体制にトラック輸送を向上させるための高速道路である。先住民もイギリス人も共に、グローバル化が自分たちの住む社会、環境を破壊することを許さないという思いで抗議に立ち上がったのである。

グローバルな貿易拡大はまた、化石燃料の消費増につながり、地球温暖化にも一役買っている。大洋を航行する船舶は国際貿易の商品の八〇％を輸送している。船舶の燃料にはふつう、ディーゼルと低品質のオイル（「バンカーC」）の混合が使用されているが、これは炭素と硫黄の含有率が高いことからとりわけ環境汚染の原因となる。船舶の燃料に使われなければ廃棄物にされるだろう。海運業は今後数年、高成長が期待されており、ロサンゼルス港だけで今後十年間に五〇％の増加を見込んでいる。

空輸の増加は船舶輸送よりもさらに有害である。一トンの貨物を輸送するのに、船舶に比べて一キロ当たり四九倍の燃料を消費する。ボーイング社のある物理学者はかつて、七四七型機一機が離陸するときの汚染は、「地元のガソリンスタンドに火をつけて、近所の上空を飛び回るようなものだ」と説明したことがある。七四七型機が離陸する二分間は、二四〇万台の芝刈り機を二十分間作動させるのに匹敵する。

船舶による海洋汚染は危機的水準に達し、大型船舶による影響は野生動物や水産業を直撃している。さらに深刻なのはおそらく、「生物進入」（バイオインベージョン）の広がりで、これは種の絶滅の大きな原因となっている。グローバルな輸送の拡大によって何十億もの生物が移動する。グローバル貿易が持ち込んだ外来種はしばしば在来種を凌駕し、汚染や健康被害をもたらす。米国でそれまで存在しなかったウエストナイル・ウィルスが発生したのも、輸送活動の増加からきている。マラリアやデング熱の蔓延も同じである。

大洋の船舶輸送にともない冷蔵も増加しているが、これはオゾン層破壊と気象変動につながる。さらに、船荷の積み下ろしに使われるパッケージングや木製のパレット（荷運び台）も増えている。これらはほとんど注意を惹かないが、世界中の森林をはだかにしている大きな要因である。

農業が多様で小規模の地元の畑から、輸出市場向けの大規模な化学肥料集約型の工業生産へと、グローバル規模で転換したことも、地球上の土地と水に恐るべき環境破壊をもたらしている。（第8章参照）問題の核心はここにある。つまり、驚異的に拡大するグローバル貿易と輸送をよしとする前提に立ってシステムを作り上げるならば、この種の環境問題を引き起こすことは確実である。そのモデル自体、環境問題抜きに成り立たないのである。

経済と文化の同質化

経済グローバル化の第三の教義は、すべての国の経済活動を同質的な開発形態、つまり、単一の中央集権的な組織に統合することである。インド、スウェーデン、タイ、ケニア、ブータン、ボリビア、カナダ、ロシアは、それぞれ多様な経済、文化、伝統をもっている国であるが、その他二〇〇に近い国がみんな、同じような趣味、価値、ライフスタイルをもっているのである。これらの国は、幾つかの同じような世界的規模の企業や、同じようなファーストフードレストランや、ホテルチェーンや衣料店によって需要が満たされることになる。同じようなジーンズや靴、同じようなクルマでのドライブ、同じような映画、音楽、テレビショー。つまり、同じような都会的風景のなかに住み、同じような農業や工業の開発計画に組み込まれ、個人としての価値観も、文化的、精神的な価値も同じようになってしまう。いわば、グローバルな単一文化を所有することになる。このような傾向は旅行者がみんな目にするところである。どこもかしこも、同じになって行く。文化的多様性は、生物的多様性と同じように単一化の道を進んでいる。

このような同質化は、大企業の効率性の要求にピッタリしている。それらの企業は広がった地平で生産と販売努力を繰り返し、果てしなくスケールメリットを達成しながら、世界を舞台に活動する。

それは恰《あたか》も、往時の鉄道の標準軌道、この頃の用語でいえば、コンピューターの互換性のように定型化している。世界貿易協定や官僚機構の第一の目的は、障害のない流れを保障すること、世界的規模の企業があらゆる国で自由に活動でき、経済的同質化と統合が加速できる規則を作ることである。

輸出指向の貿易・投資

すべての国の経済が輸出を指向し、外国投資の障壁を取り払い、国境を越えて自由に投機資金が流入する規制を撤廃することは、企業のグローバル化にとって都合のいいことである。こういうことを優先させることよって、国内向けより国外向けの販売のための生産が、また国内での所有権より国外での所有権が、あるいは、金融投機といったものが促進されるのである。こういう活動は世界規模の企業や金融業者を大事にして、自分たちには手の届かない不在所有者の行動に頼って暮らしを立てている人びとは放っておく。

輸出指向の生産の理論的根拠の中核をなすのが、比較優位説である。この理論によれば、すべての国は、生産が比較的有利であるものを生産すべきであるという。というわけで、現在では、コーヒーやサトウキビや林産物のような単一の生産物、あるいはハイテク製品の組み立てに特化している国もある。理論的には、生産を特化した国は、自国が専門化した商品の輸出代金で、他の国が生産上有利である商品やサービスを購入し、必需品を充足できるのだ。

比較優位説は、グローバル化理論に不可欠の論拠である。この理論は、多様な国や、地域の経済システムを他のシステムに置き換えることを奨励している。しかし、置き換えられるシステムの中には、多様かつ小規模で成功している、工業、職人、農業システムを重視しているものもある。これらのシステムの特徴は主として地元ないし地域の資源を使い、地元の労働力を使って、地元・地域の消費のために生産する小規模メーカーである。

二十世紀の中頃、世界の多くの国は、専門化とは反対のことを積極的にやろうとしていた。すなわち、それまでは、パイナップル、コーヒー、バナナなどのプランテーションだけを、その後は、工業製品の組み立てなどを、（宗主国に）課せられてやっていたのであるが、植民地時代のそのような大きな単一産業システムから決然と脱却して、工業や農業の多角化を図ったのである。ひとたび独立するや、それらの多くの国は、押し付けられたこの種の特化によって、外国での政策決定や、市場と物価制度の動向に対し、自分たちがはなはだ無防備であるとの結論に達したのであった。特化してしまったために、医療品や、エネルギーや工業用の基礎資材など不可欠なモノが購入できないこともあったのである。当然のことながら、それらの国は、必需品を自前で賄おうとした。この選択は輸入代替とも、単に国民の自力更生ともいわれることがあった。それによって、自国の経済をある程度自分でコントロールする力を取り戻そうとしたのである。

ブレトンウッズ体制崩壊後、とくに一九八〇年代に、世銀やＩＭＦは、それらの国が自立政策を放棄するよう強い圧力をかけてきた。自立は、孤立主義と保護主義の同義語になった。世銀やＩＭＦは、輸出に適した大規模生産のできる世界規模の企業による投資に門戸を開放するようそれらの国に迫った。それらの国は世銀やＩＭＦの構造調整計画（ＳＡＰ）に従わなければ、つまり、国内経済を輸出振興システムに再編成しなければ、両機関から経済援助は何も得られないことになった。その圧力は、確かに効き目があった。しかし多くの生産物を富める国への輸出に切り替えた後においても、それらの国は、富める国の輸入規制にやはり従属してしまうことがわかった。多くの貧しい国は、今では、押し付けられたシステムを受け入れたことを悔い、それに抵抗する運動に参加している。

世銀やＩＭＦは、何故そういう目的をやみくもに達成しようとしたのであろうか？　ここに問題の核心がある。国家的あるいは、地域的自立によって、自由貿易、経済のグローバル化および企業の高度成長は、非常に掻き乱されるからである。経済取引の量と規模の極大化には、何よりも自由貿易・グローバル化・高度成長が頼みの綱なのである。地域の消費のための国単位、地域単位の生産は、もともと小規模生産であり、その生産方式のプロセスが単純なので、グローバル化の大敵なのである。

地方の人びとや国が、自分たちに不可欠なモノを国内やその地域で調達できるとすると、経済活動が大洋を跨いで行なわれるように計画され、夜間でも往き来する何千隻もの船で輸出入がなされ、輸入されたものが加工されて再輸出される場合よりも、世界規模の企業にとっては、発展の機会が遥かに少なくなるのである。グローバルな経済成長を確立し、世界規模の企業に機会を提供したのは、まさしくそのような大規模の取引なのである。しかし、悲しいかな、それが環境を急速に破壊し、地方の人びとや国が、自分たちでは如何することもできない、外部の力に依存させられることになってしまうのである。

皮肉なことに、自由貿易論者は、この破壊的な輸出指向政策を擁護するために、アダム・スミスや、リカードの名前を持ち出す。しかし、スミスははっきりと、小規模な、その土地の者に所有された企業を大切にしていた。リカードの比較優位説（比較生産費説）は、資本は国境を越えて移動しないという状況を想定しており、現在の規則や理論とはかけ離れている。

多様性に富む地方経済を輸出指向の経済に転換して利益を得るのは世界規模の企業であり、個人や地域社会や国民は、従属化し、無防備にされてしまうのである。国際機関や協定が、輸出指向の生産にではなく、地方や国の自立を援助するように力を入れれば、地域社会や環境は、ずっとよくなるに違いない。

輸出指向の開発によって生じた社会的、環境的諸問題をいちばん抱え込んでいるのは、農業の分野である。今日のコンピューター時代でも、世界の人口のほぼ半分は、大地に直接関わって生活している。家族や地域社会のために、まず穀物を、それからその他の作物を生産しているのだ。農民は、その土地独特の多様な種子を、植え続け輪作する方法をとっており、地域社会は、水や種子や労働などの資源を分け合っているのである。このようなシステムで農民は何千年も生きてきた。しかし、地方を軸にしたこのようなシステムは、世界的企業には呪いに等しい。そこで、モンサント、カーギルやアーチャー・ダニエルズ・ミッドランドのような会社は、零細農民は生産性に乏しく飢えた世界を食べさせていけないという企業や政府の大合唱や官僚の声明を、何百万ドルの広告宣伝で先導したのである。

WTOや大銀行の多くの投資ルールは、今でも続々と提案されているが、そのほとんどは、多様性のある地方の自給農業より、世界規模の企業や単一生産に有利である。その結果、自分たちのために食物を作っていた何万もの農民の住んでいた土地は、巨大企業や世界開発計画によって、不在地主の経営する奢侈品の単一生産へと変えられつつある。

さらに、これらの会社はその地方の人たちが口にする食糧を生産せず、代わりに、花卉《かき》や鉢植えの植物、牛肉、エビ、綿花、コーヒーなど高価でマージンの大きい贅沢品を、すでに飽食している国へ輸出している。それらの土地に住み慣れ、自分たちのための食糧を生産していた人たちは、急速に追い立てられている。会社組織は、機械集約的生産だから、人のする仕事は、ほとんどないのである。こうして、自分たちの作ったもので、自分たちを養ってきた人たちは、土地もカネも家もなくして、あなた任せとなり、飢え始めたのだ。かつて自立を維持して来た地域社会は消滅して行き、まだ無傷のままだった文化は、激減している。これは、米国でも同じなのだ。そこでは、家族労働の農業はほとんどみられない。

輸出への移行が否応なしにもたらす環境問題としてはその他、輸出のための単一作物が奨励されることで、生物の多様性が失われることと、農薬の大量使用という問題がある。たとえば、フィリピンの先住民人は、かつて数千種類の米を作っていたが、いまでは、少品種を大量に生産しており、その他の品種は消滅しつつある。メキシコでは、メキシコ特有のトウモロコシ品種の七五％以上が、消滅した。国連食糧農業機関（ＦＡＯ）によると、工業型農業生産がグローバル化した結果、作物品種は七五％も減っているという。

さらにまた、工業型農業生産の外部費用という問題もある。工業型農業生産は、小規模農業より効率的と囃したてられたが、この種の効率は、空気や水や土壌の汚染、有毒な河川、魚類の死といったものに要する費用を無視している。食物で伝播する病気が引き起こす多くの公衆衛生問題は、工業型農業生産方式に直接原因がある。狂牛病や口蹄疫その他の病気と同じように、サルモネラや大腸菌、リステリア菌の感染などがその例である。

後回しになったが、工業型農業のもたらす社会的費用には、こういう生産方式のために生計のたたなくなった農民の面倒をみなければならない問題もある。このように社会的、環境的費用を合算すると、何十億ドルにもなる。この外部費用を勘定にいれれば、工業型農業生産が「効率的」などと果たして言えるだろうか？

実際、農民が世界の多くのところで、グローバリゼーションに対する国際的抵抗のリーダーになりつつある。日本やタイやフィリピンで米作農民が集団となって、抵抗運動をしているのが見られる。インドでは、数百万の人たちが街頭デモを行ない、カーギルやケンタッキーフライドチキンやモンサントに対して大規模な抵抗運動をしている。数年前フランスでジョゼ・ボベという農民がフランスにあるマクドナルドのレストランにトラクターで乗り込んだ。ボベは、「悪い食い物」に抗議したが同時に、工業的手法の農業全体、単一栽培をしている小規模農業を輸出のために乗っ取る企業、さらには、フランスの伝統的農業の破壊に対する抗議も行なったのである

ボックスE
米国の失業問題

サラ・アンダーソン（政策研究所グローバル経済主任）／ジョン・カバナ（政策研究所

北も南も世界中の人びとがグローバリゼーションにはさまざまな懸念を抱いているが、同様な懸念を抱いている米国人も多い。メキシコのサン・ルイス・ポトシ州の州議員と並んでカリフォルニア州の議員も国際投資ルールに激怒している。その理由は、同規則によってメタルクラッドやメタネックスのような多国籍企業が州を相手に訴訟を起こして、公共の利益に関する規則を切り崩すことができるからである。ボリビアのコカバンバと同様に、ニューオリンズおよびその他の市町村の住民は、水道のような生活に欠くことのできない公共サービスを民営化しようとする圧力と闘っている。ちょうど他の国の人びともまた自国の文化、メディア、政治制度を支配しようとする米企業に憤りを感じているが、米国人もまた自国に対するこうした企業の行き過ぎた影響に権利を侵害されているのだ。

しかし残念ながら、グローバル化した体制の下では、ひとつのコミュニティの利益が、別のコミュニティを敵に回してしまうことがよくある。「アウトソーシング」によって失業問題が生じる所もあれば、「経済発展」とみなされる所もある。これはグローバル化した体制の悲劇の一面であり、異なる国の労働者同士を競争に追い込むのである。

二〇〇四年、米国ではこうした懸念が激化し、大統領選の重要な争点となった。とはいえ、貿易と投資の自由化によって米国の労働者は、労働者の権利もない、環境保護法もない低賃金国との競争を強いられる、という不安は、すでに十年以上、取り付いて離れないのだ。

アメリカ人の失業への不安を鎮めるため、北米自由貿易協定(NAFTA)といった協定の支持派は主に二つの主張を引き合いに出した。第一に、NAFTA加盟国との貿易で米国が得る巨額の貿易黒字によって、大規模な雇用創出がもたらされるという主張である。ところが、実際には正反対のことが起こった。NAFTAが施行されて以来、米国からカナダとメキシコへの輸出は多少増加したが、この両国との間の米国の貿易赤字を合わせるとおよそ十倍に膨らんだのである。二〇〇三年、米国の貿易赤字は合計五四九四億ドルと史上最高に達した。中国がＷＴＯに加盟して以降、対米貿易の黒字最大国となり、二〇〇三年には一二四〇億ドルを記録した。膨れ上がる一方の米国の赤字に対して、自由貿易支持派は計算の方法を変えて、輸出の減少こそが職に影響を及ぼしていると見るのが正しいと主張し、輸入増加による解雇の影響は考慮に入れない。しかしこの主張は、この十年、米国の製造業に携わる何百万人もが失業したことで破綻してしまった。

グローバル化推進派が掲げる第二の間違った主張は、米国の労働者は製造業で失業しても恐れることはない、米国の失業率は全体として低いし、サービス部門に新たな、条件のいい仕事の機会があるからだ、というものである。しかし、労働省によると一九九九年から二〇〇一年の間に解雇された労働者の三分の一が、二〇〇二年になっても再就職できなかった。仕事が見つかった労働者でも、半数以上が賃金を削減された。一九九〇年代に創出された職はほとんどすべてサービス部門であり、平均賃金は製造業より二〇％安いことからして、これは当然といえる。

もちろん、サービス業のすべてがハンバーガー作りや清掃というわけではない。米国経済の明るい未来と持ち上げられてきた医療やＩＴの分野には出世につながる高給職もある。しかし今や、高い技能を要するプログラミング、フィナンシャル・アナリスト、エックス線写真解読といった仕事までも海外に移りつつある。これも先進的な情報技術によって可能になったのだが、仕事が自国から低賃金国へ止まることを知らないかのように移ってゆく事態に直面して、米国の労働者の自信はぐらついている。

発展途上国の中で外注サービスの最大の受注国はインドである。カリフォルニア大学バークレー校の二〇〇三年の調査によると、米国との賃金格差は、電話オペレーターで十二分の一強、遺伝子情報の転写など医療技術者でおよそ九分の一である。サービス業を受注している第二の途上国は中国である。賃金は最低だがインドのような英語力に欠ける。その次に米国との賃金格差およそ八分の一のメキシコが続く。

海外で事業展開する米企業の手助けをするコンサルタント会社マッキンゼーによると、諸外国との賃金格差のおかげで、外注すればコストは少なくとも四五％から五五％削減できるという（高いインフラ整備その他のコストを勘定に入れても）。それが本当なら、バークレー校の調査数字は、海外に出されやすいとみなされる米国の約一四〇〇万のサービス業をすべて外注したとしたら、企業は年約三〇〇〇億ドル節約できることを示している。

ホワイトカラーの仕事の海外流出は、所得の多寡《たか》を問わずアメリカ人の間にグローバル化に対する疑いを引き起こした。低所得および中産階級の労働者は常にＮＡＦＴＡやＷＴＯといった貿易協定に疑いの目を向ける反面、二〇〇四年二月のメリーランド大学の世論調査によると、年収一〇万ドル以上の所得層ですら、自由貿易を積極的に支持する人は一九九九年から二〇〇四年の間に五七パーセントから二八パーセントに減少した。

アメリカ人の仕事やグローバル化に対するこうした不安感が、外国人ぎらいや孤立主義へと向かうか、あるいは米国を含めて世界中の労働者を助ける理性的な政策がとられるのか、それは分からない。これまでのところ、米国での議論はもっぱらサービス業の海外進出を思いとどませるための国の施策に集中している。例えば、政府から受注した事業の海外委託を禁じるなどである。長期的には、貧困国の持続可能な経済活動の支援に焦点をあてることが最善の策である。そこで必要なのは、海外に出した仕事といっても、むき出しの搾取が見え見えの仕事と、真の意味で労働者とその地域社会に利益になる仕事を区別することである。例えば、こういう議論がある。高度なスキルを要するソフトウェア工学の仕事がインドに流出することは、インドの高等教育への投資に積極的に報いることになり、さらにこうした職はほとんど労働組合が組織されていないものの、労働条件は搾取工場とはほど遠く、賃金も国の基準に照らして非常に高い。むしろ、労働者を搾取されやすくする要因に焦点をあてるべきである。これは世界銀行やIMF、WTOがすすめる農業政策にも言える。その政策が何百万もの農民を自分の土地から引き離し、職を必死で求める失業者を大量に作り出しているのだ。人為的な低賃金を生みだすもうひとつの要因は、労働運動が弾圧され、グローバル経済の中で雇用者の力が増大し、労働者を互いに競い合わせていることにある。アメリカ人にとって当面の大きな課題は、全世界の労働者と連帯して行動することが自分たちの利益になると自覚すること、貧困国も米国も共にしっかりした地域経済、世界を股にかける企業の干渉なしに必要が満たされる経済を築けるようにすることである。そこではじめて、世界中の人びとを苦しめている経済格差を縮めることができるのである。

経済のグローバル化の受益者

われわれは、グローバル化の実験の考案者へ疑問を呈していいだろう。この人たちは、このシステムが、貧しい者と環境に間違いなく利益を与える高度成長を生み出すと実際に信じていたようである。「潮が満ちれば、船はみんな浮かぶ」というお言葉をこのひとたちが何度も繰り返すのを確かに聞いた。WTO、世界銀行さらに大抵の国の元首がそう言っているのを聞いている。果たして、それは間違いないか？

まず問題は、高度成長が永遠に続くという仮説だ。地球の有限性を考えれば、急速な成長はどのようにして持続可能なのか？　地球や人類を死滅させずに、超スピードの拡大を維持するには、鉱物や森林や水や土地などの資源を、どこから得ようとするのか？　世界に限りのあることは、もう目に見えている。このままでいくと、どれだけの数の自動車や冷蔵庫が作られ、売られるのか？　どれだけの道路が土地を潰して造られるのか？　種が消滅し生態系が破壊されるまで、どれだけの魚が海から掻《か》っ攫《さら》われるのか？　どれだけ大量の汚染に地球は耐えられるのか？　地球温暖化、有毒物の投棄さらにはオゾン層の破壊はどうなのか？

もう一つ重要な問題がある。このシステムから実際、誰が利益を得ているのか？　農民ではない。農民たちは、北でも南でも、自分たちの土地から追い出され、家も仕事もない難民にされてしまっているのだ。都市の居住者も受益者ではない。職を求めて都市に押し込まれて来た居場所のない大勢の人たちをなんとかしてやらなければならない破目に陥っているからだ。労働者も受益者ではない。北でも南でも、連続する賃下げに直面しているからだ。枯渇しつつある資源を求めて侵入して来る企業の大群に向き合っている先住民も受益者ではない。自然でも絶対にない。

実際の受益者ははっきりしている。グローバル化の唱導者が、この人たちこそ受益者だと言っているのとは、まったく反対側にいる人たちだ。例えば米国では、急速なグローバル化の真っ只中の一九九〇年代に、最大のグローバル企業の経営者は何百万ドル（しばしば数億ドル）にのぼる報酬とオプションを手にいれたのだ。一方、普通の労働者の賃金はほとんど上昇しなかった。政策研究所のサラ・アンダーソンとジョン・カバナによれば、米国のＣＥＯの報酬は、一九九一年には製造業の労働者の実質賃金の平均百四倍であったが、二〇〇〇年には四百五十八倍に上がっている。経済政策研究所のローレンス・ミッシェルらの報告（一九九九年）によると、時間給の中央値は、過去二十五年の間に、実質賃金では一〇％下がっていることが、明らかになった。最近の好況をリードした産業、つまりコンピューター業界では、一財産なした人もいるが、組み立てや製造部門の工員の八〇％は臨時工で、時給八ドル、年金の給付もなく、労働組合にも入っていないのである。

世界に広がる貧困の解決について、国連開発計画の「人間開発報告」（一九九九年）が明らかにしたところによると、富める者と貧しい者との格差は、国内でも国家間でも徐々に広がっているのである。この報告では、このような状態になったのは、もともと世界の貿易構造のなかにある不平等のせいである、と指摘している。二〇〇四年、国連の国際労働機関（ＩＬＯ）は、貧富の差は拡大しつつあり、「世界の貿易と投資の半分にのぼる額を世界人口の一四％の人口を占める国が持っている」ことを確認している。世界一の大金持ち米国は、貧富の差が世界で最大だと、引き合いに出されている。ＩＬＯの報告では、貧しい国で伝統的に女性が関わっていた農業は、グローバル化でとくにひどい打撃を蒙ったとされている。米国の中央情報局（ＣＩＡ）ですら、これに同調している。ＣＩＡは、その「世界の趨勢　二〇一五年」報告のなかで、こう主張している。グローバリゼーションは、「地域的な勝ち組、負け組のギャップを今よりも拡大」するだろう。［このグローバリゼーションの］進化は、経済の慢性的不安定、経済的格差さらには経済的停滞や政治的不安定と文化的疎外を深めるのが特徴で、前途多難である。これは、多くの場合、暴力を伴った政治的、人種的、イデオロギー的さらに宗教的な過激主義を生むことになるだろう」。世界の五八七人の億万長者が、全人類の下層半分の所得を合算した程にまで、すでに富を集中しているのである。

グローバル企業の経済的影響力もやはり足元が覚束ない。政策研究所のサラ・アンダーソンとジョン・カバナの報告によれば、一九八三年と一九九九年の間で世界のトップ二〇〇企業の総売上の伸びは、世界全体のペースより早く、世界のGDPのほぼ三〇％に達した。ところがである。これらの企業が雇用しているのは世界の労働力の〇・七五％に過ぎない。それらの企業は拡大しグローバル化し続けながら、労働者を機械に置き換えるか、競争相手を買収し労働者の重複を排除するかしているのである。環境汚染が輸出指向経済につきものであるように、自由貿易、グローバル化にはこうした規模の経済がつきものである。大規模な合併とか合同とかいったもの、つまり企業の大規模化で、雇用は、増加せず減少するのである。経済のグローバル化という思想や規則によって、基本的な公共サービスが減らされる一方、何百万もの人びとの生活手段が奪われているというのが、実情である。こういうことにも拘らず、ILOの調査によれば、ネオリベラリズムの哲学に呼応して、企業の支払う税金は減りつつある。ILOの二〇〇四年報告によれば、「世界の三〇の最富裕国では、平均的な企業課税は一九九六年の三七・六％から、二〇〇三年には三〇・八％に下がっている」という。

確かに、第三世界でいくらか改善が見られた例が無いわけではない。ブレトンウッズ体制下では、そういう例がよく吹聴される。しかし、この成長による利益はいつも短命だったことも事実だ。さらに、その利益のほとんどが、成長過程の中心にいた第三世界の国ぐにのエリートや、世界的企業の最高経営者層に行ってしまうのである。

ここで、自由貿易の優等生、アジアの虎を見てみよう。つまり台湾、韓国、シンガポールおよびマレーシアのことだ。これらの国は、ブレトンウッズ体制の命令に生真面目に従わず、その体制の処方に反することをやって改善を成し遂げたのである。自分たちの国の経済が短期間でもうまくいったアジアの国ぐにでは、グローバルな機構の要求する関税の全面引き下げを行なわず、無制限に外国の参入を許さず、また国内経済、地方経済、農業などに対し現に行なっている支援を取りやめなかった。それらの国は、輸出を基礎においた経済へ全面的に転換することなく、自国の基本的ニーズを満たす能力をまず開発したのである。

ブレトンウッズ体制に押し付けられた経済モデルに最初は抵抗しながら、輸出市場の不安定からなんとか逃れた国もあった。しかし、IMFや世界銀行の圧力に屈してしまったとき、自分たちの栄光の日々は急速に終りを告げたと分かったのである。

実際、貧しい国はグローバリゼーションから利益を享けたことはなかった。IMFと世界銀行の調合薬を三十年間服用し、十年弱のWTOの政策の後に、多くの国はグローバリゼーションの約束は間違っていることに気づいた。その政策は先進国やそれらの国のグローバル企業を利することはあっても、貧しい国の利益にはならなかった。こういう理由で多くの貧しい国ぐに、とくにカリブ海やアジアの国は共に一九九九年のシアトルでのWTOに断固反対し、二〇〇一年のカタールのドーハでのさらに進んだ貿易交渉では同意の意思表示をしたが、甚だ不本意だった。また、二〇〇三年のカンクンでの新討議は拒絶したのである。

上潮で船がみんな浮かぶといってもその程度のことである。確かに、豪華船だけは浮上したのである（ボックスG参照）。

何十万ものひとが、いまでは、こんなやり方は必要ないと信じている。こんなやり方が避けられない、などいうことは、まったくないのだ。グローバリゼーションは、規則と利己的な制度が一体となって推し進めたもので、変えられないものではないのである。もっともそれには、民主主義がなければならない。

もともと、経済のグローバル化というのは、実のところ、単なる実験、その実験から最も利益を得られる人びとによって促進されている経済モデルに過ぎない。われわれが夢想家だという非難については、グローバル化の推進者こそ時代遅れなのだと言いたい。かれらが、これまでと同じようにその主張をし続けることこそが、つまり、世界の経済活動と文化を企業に利するように同質化し、地域から権力を奪ってグローバルな官僚機構に組み込み、何百万もの農民や労働者を社会の進歩から取り残し、住む家を無くさせてしまい、自然を荒廃するシステムが、いつまでも生き延び得る、そんな議論こそが、夢想的なのだ。そんなことがうまくいくはずがない。ほかの解決策を探すほうがずっと得策なのだ。

メディアの役割

グローバル化の試行がもたらしている不安定と不公正の徴候は随処に見られる。しかし、残念ながらそのことは、ほとんど報じられていない。マスメディアが、グローバル化による危機を少しばかり報道したにしても、それらの危機が、同じ根っこから出た問題であることを、つまり企業のグローバル化自体に原因があることを一般のひとに知らせる助けになっていない。幾つかの参考例を挙げよう。

・われわれは、地球上の気候変動、極地の氷冠の融解、動植物の生息地の壊滅のような環境問題について見聞きして来た。オゾン層の破壊、大洋の汚染、石油戦争についても読んできた。やがて、水の供給についての争いが起こるだろう。しかし、そういう重大問題が、グローバルな経済の拡大という避けられない事態に、ほとんど結び付けて報じられていないのである。その問題は、自由貿易、資源の使い過ぎ、テレビやその生みの親の広告宣伝により世界中に広まっている消費者主義というライフスタイルによって、いまや加速されているのである（ボックスF「グローバル化と気候変動」を参照）

ボックスF　グローバル化と気候変動

エドワード・ゴールドスミス（『エコロジスト』誌）

気候変動は人類にとって初体験の気の滅入る問題だが、グローバル化はこれを加速化している。気候変動に関する政府間パネル（ＩＰＣＣ）の予測では、二十一世紀末までに気温は摂氏五・八度上昇するという。しかし、ＩＰＣＣは地球上の熱帯雨林その他の植生の絶滅といった重要な付加的要因、とくにグローバル貿易と開発モデルによる要因を考慮に入れなかった。こうした森林の炭素含有量は六〇〇〇億トンに上り、大気の炭素含有量にほぼ等しい。この炭素の大半が、グローバル伐採企業の活動がますます野放図になることで、今後数十年の間に大気中に放出される見込みだ。国連環境計画の事務総長は最近、奇跡でも起こらないかぎり世界の熱帯雨林は救えない、と語った。

ＩＰＣＣは現代の輸出指向型農業によって世界の土壌が被害にあっていることも考慮していない。現在、世界の二酸化炭素排出の二五％、メタンの六〇％、亜硝酸化物の八〇％が農業によるものだが、これらはすべて温室効果ガスに影響を及ぼす。世界の土壌全体をあわせると一兆六〇〇〇億トンの炭素を含有しており、大気中の二倍以上である。持続可能な地方重視の、しかも有機農業主体のやり方に急速に切り替えないかぎり、この炭素の大半が数十年内に大気中に放出されるだろう（第8章を参照）。

英国気象機関のハドレイ研究所は、ＩＰＣＣよりさらに恐ろしい結論を導き出した。同研究所は最近のモデルに森林の消滅と工業型農業を考慮に入れ、世界の平均気温は今世紀末までに、摂氏五・八度ではなく八・八度上昇すると結論づけたのだ。これに同意する気象学者は多い。かれらの言うことが正しければ恐るべき問題だ。

ＩＰＣＣは、熱波、暴風雨、洪水が増加し、熱帯病が温帯へも広がると予測しているが、これは人間の健康ばかりか穀物にも影響を及ぼす。さらに、海面も八八センチ上昇すると言う。これは世界の農地のおよそ三〇％に影響を及ぼすだろう（耕作地の下の土壌に海水が浸透するのと、一時的あるいは恒久的な洪水が起こるためである）。こういう事態は、バングラデシュや島嶼諸国などの低地に集中する貧困層や小農をとくに悲惨な状況に追いやるだろう。もっとも、米国沿岸も脅威にさらされることは確かだ。しかし、ハドレイ研究所の予測が正しければ、ＩＰＣＣの予測よりずっと酷いことになるのは言うまでもない。

さらに懸念されることは、副次的に起こる南極、北極とくにグリーンランドの大陸氷の融解である。この現象は、ＩＰＣＣの予測よりずっと急速に起こりつつある。これは大洋の塩分を減少させ、メキシコ湾流のような大洋の海流を弱め、あるいは方向を変えさせるだろう。こうした変動が進むと、現在は温暖な地域が凍りつくようになり、例えば北ヨーロッパは最後には、緯度が同じラブラドルに似てくるだろう。皮肉なことに、地球温暖化は地域によっては極端な「寒さ」をもたらすのだ。

（英国の『オブザーバー』紙は二〇〇四年、米国防省の秘密研究を報じたが、この報告は、「今世紀の前半中には英国が『シベリア気候』に突入するため、ヨーロッパ各都市は上昇する海面下に沈む」可能性があると警告している。米国防省の報告は、核戦争、大旱魃、飢饉およびその反動として世界中で起こる暴動についても予測しているらしい。報告書の執筆者のひとり、ＣＩＡコンサルタントのピーター・シュワルツは元ロイヤルダッチ・シェル社の計画立案責任者だった。執筆者たちは気候変動について、「科学的論争の域を超えて米国の国家安全保障に関わる問題とすべきである」と主張したが、この助言もブッシュ政権には馬耳東風になったようだ）。

事実、気候変動の影響は予測より早い速度で広がっている。アフリカ各地で四年連続旱魃が続いた結果、三〇〇〇万人から四〇〇〇万人が飢餓に直面している。米国の穀物地帯、カナダの平原、オーストラリアの小麦耕作地帯が旱魃に見舞われたことで、穀物の輸出は大幅に減少する可能性がある。そうなれば、既に飢餓に瀕しているアフリカやその他の地域の膨大な人びとにも影響が及ぶだろう。ヨーロッパにも立て続けに異常気象が襲った。二〇〇二年のドイツの洪水の被害は、推定一〇〇億ユーロに及ぶ。二〇〇二年北イタリアを襲ったテニスボール大の雹を伴う凄まじい嵐は、広範囲の地域で穀物を荒らした。南ヨーロッパの旱魃も穀物の収穫高の大幅な減少をもたらし、イタリア中南部のオリーブの収穫に打撃を与えた。

こうしたことはすべて、世界の気温が摂氏〇・六度程度上昇した結果なのだ。二十一世紀後半には平均気温が五度から八度上昇するといわれているが、かりに二度か三度上昇した世界でも食料生産はどうなるのだろう。

化石燃料の使用を明日止めたとしても、少なくともあと百五十年、地球温暖化は続くだろう。二酸化炭素（大気の温室効果を高めるガスの最たるもの）の残存期間が百五十年だからだ。さらに、大洋の温度上昇は千年続くだろう。われわれの唯一の選択肢は、対策、それも思い切った対策を講じて温暖化の速度を遅らせ、地球の一部でも住めるようにしておくことだ。その中には、化石燃料の消費も含めて輸出指向の製品を最小限にとどめ、農業生産の大胆な変革が含まれる。しかし、これまでのところ先進工業国は、この問題に十分に眼を向けていない。米国やロシアはまったく無視している。抗議の声を高めるしかない。

▽一九九七年から一九九八年のアジアにおいて、また二〇〇一年から二〇〇二年のアルゼンチンにおいて起こった金融危機は、それらの国の無能力、非効率、汚職や身内主義に原因があると報じられることが多かった。IMFによるアジア向けの巨額の緊急援助は、機能不全に陥った貧しいアジアの友好国に対する親切な慈善行為のように描かれた。こうした国ぐにはまだ、先進国ほどの商いの倫理水準に達していないというわけである。ところがそのカネは一般の人びとには渡らずに、無謀な貸し出しによって、わざわざバブルを創り出し、最初に問題を惹き起こした国際的銀行家を救うために使われたのだった。しかし、そういうことは、ほとんど知られていない。さらにまた、アジアの危機において、金融投機家のやったことも、一般のメディアはほとんど書かなかった。世界に広がった自由貿易と規制緩和という新しいルールの下では、多額の資金が国境を超えて国ぐにを出入りすることは、制限されないのである。世界中にコンピューターのネットが張り巡らされるという時代が到来してから、通貨の投機家は、想像を絶する莫大な資金を、瞬

間的に、統計数字に表すことなく、地球の端から端に動かすことができるようになった。こうして、関係国の通貨と国情を不安定にし、その国ぐにがIMFの救済という過激な解決策を求めるようにさせたのである（何十億ドルもの投機資金の急激な出入りを管理できない状況を「カジノ経済」という）。マレーシア、チリ、中国などがやったように、もし各国が、その過程を緩慢なものにする規則を作りでもすれば、経済の既成体制からは勿論、メディアからも嘲笑されたのである。

▽マスメディアは、米国のパット・ブキャナン、フランスのジャン＝マリー・ルペン、オーストリアのホルヘ・ハイダールといった人物が先頭に立つ、移民受け入れ反対の大合唱については、必ず報道する。しかし、自国内で生活が立ち行かなくなり、移住する人がいるのは、国際貿易協定のせいであることは言及しない。本書のほかの個所で、NAFTAによって、トウモロコシ農業で自給自足していたメキシコのマヤ族の生活が破壊されたことに言及した。インド、アフリカ、ラテンアメリカにおいて、何百万もの先住民や零細農民が、大きなダムやその他の巨大な開発計画のために移住させられている。その結果、土地も仕事もない都市住民がますます増加しているのである。

▽新たに発生した恐ろしい病気、たとえば、エボラ熱、狂牛病、病原性大腸菌、最近米国に発生した西ナイル熱などについては、徹底して報道している。しかし、それらの病気の発生と、その病原菌の媒介生物が世界的な輸送と開発でもたらされる新しい可動性との繋がりに触れられることは、ほとんどない。工場的農業の実施とグローバル化との関連もまた病気との関連において、ニュースに取り上げられていない。

▽われわれは、エンロン社のぞっとするようなやり方を読んで知った。同社は先頭を切ってエネルギーの規制緩和を導き、経営のトップには特別な報酬を払いながら、従業員にはそれを隠していた。さらに、米国の大統領や副大統領には、エネルギー政策や政府人事について、個人的助言をしていたのである。しかし一般のメディアは、エンロン社が世界銀行のような世界的官僚機構からどういう方法で直接に利益を得ているかについては、十分に説明をしなかった。世界銀行は、貧しい国に自国のインフラを充実し、経済を発展させるための構造調整資金を融資したが、その資金を、エンロンのような企業に仕事をさせるために使うことが条件だった。世界銀行は盟友エンロンのために、一方の手で与え、他方の手で取り返していたのである。われわれは、エンロンの行動は、エンロン独特のものではない、当たり前のことだということについても、知らされていなかった。この行動は、世界的規模の企業に典型的に見られるのである。それらの企業構造にビルトインされているのだ。グローバル化のその他の面と同じくこの問題は制度に組み込まれているのである。

▽われわれはまた、アマゾン、ボルネオ、フィリピンに住む最後の先住民に加えられた暴挙についても知っている。しかし、その根本原因については、つまり、何千年もの間土着の人たちが住んできた土地で、水や森林や石油や遺伝子資源を求める、グローバル化を進める側の理由、同時に、自給自足の人たちをやみくもに消費者に変えようとする理由については、十分に知らされていない。さらに、考え方の同質化、人びとや国ぐにの文化の均質化、世界中のあらゆる所での、まったく画一的な開発モデルなどはグローバル化の一部である。

マスメディアは、こういう問題は互いに関係の無いもののように取り扱っている。これから先どうなって行くのか、不安を抱きながら答えを見出そうとしている人たちには、これはひどい仕打ちですらある。多くの重要問題、つまり過密都市、異常気象、世界的に増大する不平等、新たな疾病の蔓延、企業利益とCEOの報酬が上昇する一方で低下する賃金、社会的サービスの低下、環境破壊などは、みんな同じグローバル化の一部である、ということをメディアは人びとに知らせようとはしていない。こういう現象は、同種のもの、つまり、世界の新経済秩序から生まれた相互に関連のある構造の一端であり、社会や生態系の持続性にまったく寄与しない経済思想に起因するものである（グローバルメディアについては第8章「グローバルメディア」を参照）

第3章　聖ならざる三位一体：世界銀行・国際通貨基金・世界貿易機関

経済グローバル化のルールを創りそれを提示している三つの主要な機関は、世界銀行（世銀）と、国際通貨基金（ＩＭＦ）および世界貿易機関（ＷＴＯ）である。これらは、「聖ならざる三位一体」とか、「鉄の三角形」といわれることもある。三機関の基本的な仕事は、かつてはそれぞれのやり方でやっていた各国経済を、一定の方式に従わせ、企業主導の経済成長がブレトンウッズ体制の意図をずっと容易に達成できるレールを敷くことであった。

三機関にはそれぞれ特有の基本機能がある。世銀は、大規模のプロジェクトに融資して構造調整政策を推進し、さらにその内部の調査部門を通じて開発の論理を牛耳ることである。ＩＭＦは、短期の緊急融資を行ない、世銀と類似の経済「改革」を押し付けるのである。ＷＴＯは、グローバルな貿易と投資についてのルール設定が役目である。しかし、三機関は、すべての国が同一のビジョンや政策や基準を持ち、その遵守を確実なものにするために提携している。三機関はまた、企業活動に対する規制を緩和し、公共のものを何でも民有化し、各国が自国の自然資源や、労働や安全に関わる法律や基準を守ることを妨げ、あらゆる国に、投資と貿易の自由な流れのルートを開かせるという目標を共有している。

この経済政策の特徴が、もっともはっきり表れているのは、ＩＭＦや世銀が中・低所得国に課した構造調整計画である。その計画は、それらの政府に次のようなことを実施するよう要求している。

・教育、健康医療、環境および食用穀物や食物油のような生活必需品の価格補助金について、政府支出を削減すること。
・自国通貨の価値を引き下げ、自然資源の無制限な開発の加速により、輸出を増加し、実質賃金を切り下げ、さらに輸出指向の外国投資に補助金を与えること。
・短期の投機資金を誘引するために、金融市場を自由化（開放）すること（この結果、金融の不安定と対外債務が増大する一方で、何か有益な目的があったにしても、ほとんど役にたっていない）。
・他国から流出した資金を誘引するために、自国の金利を引き上げること（このため国内企業の破産は増加し、個人には負債の苦痛を増すことになる）。
・関税その他の輸入障壁を撤廃すること（この結果、外貨を借りて購入する消費財の輸入が増加し、国内産業や農業生産者が安い輸入品に太刀打ち出来なくなり、外貨の手持ちが減少し、外国負債が増加する）。

世界銀行（世銀）

世界銀行の設立趣旨は、「生産性向上のために設備投資を促進することにより、加盟国の復興と開発とを援助し」さらに「国際貿易の長期に亘る均衡した発展を促進する」ということであった。世銀はもともと、加盟国から拠出された資本を担保として、国際金融市場から優遇レートで借り入れをし、開発計画のための融資を行ないながら、第二次大戦後のヨーロッパの復興を図ることに焦点を絞ろうとしたのであった。ところが、ヨーロッパとしては、自国の経済の将来を他国の銀行家に託することにほとんど関心を示さなかったので、世銀は、新たに独立した旧植民地に貸し出し攻勢をかけた。当初はその貸し出しもまた容易ではなかった。そこで世銀は、開発とは、外国からの借り入れと投資で促進する輸出指向型の経済だというイデオロギーを、第三世界の数多の官僚やエコノミストに教え込む訓練や教育にカネを注ぎ込んだのである。このイデオロギーの基本的過誤は、今日に到るまで世銀のなかに根強く残っている。

元来、世銀の貸し出しは、インフラの建設計画と、借り入れた国の輸出収益を上回る輸入代金の支払いに使われた。ところが、結局は、期限到来の元利金の支払いだけに、ますます多額の借り入れが必要になって来たのである。借りれば借りるほどますます多くの借り入れが必要になり、借金中毒に罹ってしまった。この借り入れの支払い時期が来たとき、国内経済に多大な負担のかかることに、一握りの市民の監視団体のほかほとんどの人が注意を払わなかったのである。

一九七〇年代に石油輸出機構（ＯＰＥＣ）は、大幅に原油価格を引き上げ、それからエネルギーの輸入コストは上昇した。ＯＰＥＣの預金をふんだんに抱えた北の銀行は、世銀の応援もあって、第三世界の国ぐにへ気前よく貸し出しを行なった。元利金の支払いが、支払能力を大幅に超えることになって、世界的な金融危機の恐れが生じた。ＩＭＦと世銀は、その第一の対応策として、一九八二年にメキシコを手始めに、債務国に構造調整を迫った。IMFと世銀は協力して、各国が債務の支払いに焦点をあわせるよう、さらにそれらの国の労働、資源、市場を外国企業に一層開放するよう方向転換をさせた。自国の自然資源と労働による生産物の輸出増加に多大の圧力をかけられることになった「構造調整国」は、さらに輸出依存となり、自国経済がますます他国の支配下に置かれることになった。ひとたびそういう条件を受け入れるや、IMFと世銀は、それらの国にさらに貸し出しを増加し、負債額を大きくした。消防手が火を消そうと、燃え盛る家にガソリンを注ぐようなものであった。

その結果は、人間と環境の面だけでなく、経済面でも惨憺たるものだった。一九八〇年代に全発展途上国の外国からの負債総額は、六〇九〇億ドルであったが、構造調整を行なった二十年後の二〇〇一年には、総額二兆四〇〇〇億ドルに達した。二〇〇一年サハラ以南のアフリカでは、元利金支払額が、新たな長期借り入れに借款を加えた額よりも三六億ドル多かった。アフリカは、医療保険支出の四倍以上の元利金の支払いをしている（関連した討議はボックスG参照）

ボックスG

グローバルな経済アパルトヘイト

ロビン・ブロード（アメリカン大学）／ジョン・カバナ（政策研究所）

国連、世銀、IMFその他が出している社会・経済データを詳しく分析すると、世界経済の驚くべき傾向と、富める国と貧しい国の格差がはっきり分かる。南北間に起こりつつある経済問題は二つの方法で測れる。ひとつは、何れの側の成長が早いか、つまり格差は拡大しているか縮小しているかを測る。もうひとつは南北間の資金の流れで測る。

ひとつめの測定で示される状況は非常にはっきりしている。第三世界が債務危機に陥り貧困国の財源が金持ちの銀行に流出した一九八二年以降、南北間の格差は著しく広がった。一九八五年から一九九二年までに、南の諸国が北の債権者に支払った債務返済額は約二八〇〇億ドルだが、これは新規融資や政府援助として受け取った額を上回る。一九八〇年代に南の一人当たりのGNPの伸びは平均一%にとどまったが（サハラ以南のアフリカではマイナス一・二%）、北は三・二%の伸びを示した。

失われた十年間の一九八〇年代を、もっと長い期間のなかにおいてみると、いくつかの地域で似たような傾向が見られる。国連開発計画によれば、一九六〇年のアフリカの一人当たりの所得は、北の諸国の九分の一だった。それが一九九八年になると十八分の一と格差は広がった。その他の途上国（ラテンアメリカ、カリブ地方、南アジア）の一人当たり所得は、この四十年間、北のほぼ十分の一にとどまった。北との格差を縮めたのは東アジアの途上国だけである。

同様に、南北間のさまざまな資金の流れに目をやることも有益である。債務危機は遠のいたという感触にもかかわらず、第三世界全体としての債務は、一九九〇年代に入り毎年ほぼ一〇〇〇億ドル増加した（二〇〇一年には債務残高二兆四〇〇〇億ドル）。南の債務返済額（二〇〇〇年だけで三三一〇億ドル）はいまなお新規融資を上回っており、正味の流出はとくにアフリカを押しつぶしている。かなりの債権者が債務繰り延べや未払い金の支払い遅延を認めたことで、ここ数年、南から北への資金の流れが減少したことは確かだが、流れそのものは変わっていない。

一部のアナリストが債務危機はもはや問題ではない、と主張する理由のひとつは、一九九〇年代初めから、債務返済のための資金の流出に見合う外国資本の流入が増えているからである。しかしここでも、ばらばらの数字を仔細に見ると、矛盾した現実が浮かび上がる。世銀の数字によると、一九九二年にグローバル企業が行なった南に対する新規直接投資のほぼ半分は、利益としてそれらの国からさっさと持ち去られたのだ。しかも、外国投資が主として流入したのは、北の企業や投資家が新たな利益の中心とみなしたほんの一〇から一二カ国だけであった。世銀の統計では、一九九八年の投資の七〇％以上が、いわゆる新興市場と呼ばれる以下の一〇カ国に集中した。中国を筆頭にブラジル、メキシコ、シンガポール、タイ、ポーランド、アルゼンチン、韓国、マレーシアそしてチリである。

必然的に出てくる結論は、南北の経済格差は一〇カ国かそこらでは縮まっているが、その他の一〇〇を超える国との間では依然として拡大しているということである。従って、政策に大きな変化がない限り、二一世紀の世界は経済的アパルトヘイトの世界となるだろう。二〇カ国ほどの金持ち国と、格差を縮め始めた十数カ国の貧困国、そしておよそどんどん貧困化する一四〇カ国の貧困国ということになろう。

米国企業が過去半世紀の間に地方から国内へ、そして世界へと市場を移してくるにつれ、どこの国でも勝ち組と負け組という新しい区別が登場した。政策研究所の創設者のひとりであるリチャード・バーネットとジョン・カバナの共著『世界の夢』は、米国の有力企業とこれに匹敵する英仏独日本の企業が人類の三分の一（主として富裕国に貧困国のエリートを足した数）だけを、生産、ショッピング、文化、金融という複雑な連鎖に組み込んできた過程を記録している。

どこの国にもこうしたグローバル経済のウェブとつながった飛び地はあるが、その他は蚊帳の外である。ウォールマートは西半球のいたるところにスーパーマーケットを広げているが、ラテンアメリカの何百万の人たちは貧し過ぎて何も買えず、贅沢品に一瞥を投げるだけである。シティバンクの顧客は世界中で自動支払機を利用できるが、にもかかわらず圧倒的多数の人びとは場末の高利貸しから借りるのである。フォードは世界中で作られる部品を集めて、カンザス州で新車の「グローバルカー」を組み立て、デトロイトにいる重役陣は誰がこんなクルマを買う余裕があるんだろうと考えている。

したがって、あるレベルでは大半の第三世界諸国にとって南北格差は以前にもましてはっきりして来たが、別のレベルではグローバルな結びつきによって、地理的な南北の区別は不鮮明になりつつある。こうした過程はもう一つの南北分断を生み出しているのだ。つまり、人類のほぼ三分の一がどこの国にもいる受益者として「グローバルな北」を構成し、ニューヨークのスラムからリオのファベラ（スラム街）まで含めて人類の三分の二が、「グローバルな南」として、生産、消費、借り入れ機会という新しいグローバル・メニューにありつけないでいるのである。

資料：ロビン・ブロード／ジョン・カバナ共著「発展：市場が足りない」（「外交政策」一〇一号、一九九五—九六年冬）に加筆。

ここ数年、世銀は、グローバル企業が被援助国の自然資源と市場支配の確立に力を注いでいることへの助成として、何千億ドルもの低利資金の貸し出しを行なった。エネルギーと農業部門の企業が、一番の受益者であった。世銀の融資で建設された道路や発電所や送電網は、地元の人びとの便益というより、融資で建設された設備のサービス範囲でグローバル企業が事業を確立できるよう手を貸すことが主たる目的だった。事実、政策研究所の報告にもあるが、世銀は、グローバル企業の利益を第一に考え、化石燃料計画を通して、グローバルな温室効果ガス排出の主犯になったのである。アジア開発銀行（ＡＤＰ）のような地域的開発銀行や南北米開発銀行は、概して世銀の型を真似したものである。

国際通貨基金（ＩＭＦ）

ＩＭＦはもともと、加盟国と協力して国際金融システムの安定を保障するとともに、国際収支の不均衡を是正する方策を講ずるために創立された。しかし、一九八〇年代の初めには政策を変更していた。加盟国政府が通貨危機を回避しようとするのを助けるというより、海外貿易と国際金融取引の規制を撤廃するよう圧力をかけたのである。その結果、貿易収支の不均衡とやみくもな金融投機が生じた。

ＩＭＦの政策が是認されて、アジアとラテンアメリカのいわゆる「新興市場経済地域」へ、融資と投機的投資というかたちでの多額の外貨流入が誘引されたのである。ウォルデン・ベロとマーティン・コーがそれぞれ立証するように、対外債務が急速に積み上がり、その結果、一九九四年にメキシコで、一九九七年から一九九八年にかけてアジア、ロシア、ブラジルにおいて、金融破綻が起こる下地をつくったのである。それは何故か。流入した資金の惹き起こした金融バブルがこれ以上続かなくなり、外貨の支払いが不能になることがはっきりすると、投機業者は、驚いて突然何十億ドルものカネを引き揚げたのである。通貨と株式市場は大暴落した。何百万もの人が、また困窮することになった。そこで、ＩＭＦは、暴落に関係した外国銀行や金融業者を救済するために、新たな融資に踏み切った。そして、その融資の期限が来ると、その支払いは疲弊した国の納税者ということにしておいたのである。多くの場合、ＩＭＦのごり押しで、回収できなかった民間負債が、一般国民の借金に転嫁されたのである。

ここ二十年の間、世銀とＩＭＦが構造調整計画（ＳＡＰ）を命じた発展途上国は、ガイアナからガーナまでほぼ九〇カ国に及んだ。ＳＡＰの目的は、負債の支払い、あるいは、短期的マクロ経済の安定にとどまらず、世銀やＩＭＦの理論家が、持続的な成長と開発のおもな障害と判断した保護主義やその他政府主導の資本主義を廃止しようとする意図そのものであった。

最初の構造調整融資から二十年たって、世銀は正式にこの計画の全面的放棄を宣言し、代わって、「包括的開発の枠組み」なるものを打ち出した。七カ国（Ｇ７）財務相・中央銀行総裁会議の声明によると、この新しい枠組みの骨子は次の通りである。

・初等教育と衛生のなかでとくに社会的に優先性の高いものに一層適切に財源を絞りながら、貧困緩和のための財政支出を増加し効果的なものにする。
・財政支出について、モニタリングや内容の管理をはじめとして、財政の透明性を高める。
・改革と貧困緩和の実施過程と計画について、市民を参加させながら、国家の独自性を強化する。
・貧困緩和の達成状況をモニターできる一層強力な業績指標をつくる。
・マクロ経済の安定性と持続性を保障し、貧しい者が容易に成長の利益が得られるよう障害を小さくする。

どうしてこのような計画変更が行なわれたのか？　明らかに、信認をまったく失う代価を支払っても、もはや否定できない失敗があったからだ。十年間にも亘り何十もの国が「調整下」に置かれたが、一握りの成功事例も見出せなかったことを、世銀ですら認めざるを得なかったのである。構造調整はほとんどの場合、投資の低調、社会的支出の減少、消費の不振および生産の低下が相互に作用しあって、下降と停滞という悪循環に陥っており、当初、世銀―IMF理論が描いていたような成長、雇用増加そして投資増加という順調な循環にはならなかったのである。

世銀内部に地歩を固めた官僚組織の抵抗はあったが、ウォルフェンソン総裁は、強硬な構造調整策から、徐々に距離を置く方向に動き、いわゆる構造調整計画検討委員会（SAPRI）において、構造調整計画を見直すために、市民団体と協力することを、世銀のスタッフに（渋々ながらも）納得させたのだった。しかし、世銀の専門家には構造調整政策が身に染み付いていたので、この姿勢の変化は、ほとんどの場合実施段階の変化にまで到らなかった。

世銀は、自信喪失に陥り始めたが、IMFのほうは、骨折りながらも自信をもってわが道を進んだ。成功例がないのは、調整を命ぜられた政府が、調整を推進する意志を欠いたのだと、IMFは単純に解釈したのである。IMFは、拡大構造調整ファシリティー（ESAF）を設立して、望まれる自由市場への改革をさらに十分に制度化するために、長期間に亘って資金を供給しようとした。

表面的にしろ、IMFにいくらか政策変更を起こさせたのは、アジアの金融危機であった。一九九七年から九八年にかけて、IMFは自信満々で、自由化、規制緩和および民営化の方向に沿った構造調整を伴う短期の金融通貨政策という旧来の方式でタイ、インドネシアおよび韓国に臨んだのである。この政策は、それらの国の民間部門が抱えた膨大な負債を、IMFの供与する救済資金で政府が代払いする対価として、IMFがそれらの政府に課したものである。ところが、予算も財政も抑制され、政府が民間部門の活動の落ち込みに対応できなくなり、短期的な危機が深刻な景気後退になってしまったのである。現在数カ国で景気回復が見られるとしても、それは、ＩＭＦのおかげというより、ＩＭＦのせいにも拘らず回復したのだ、ということは、広く認められているところである。

ＩＭＦの傲慢さに長い間不満を持っていた世界は、このことで、もうまったく耐えられなくなった。一九九八年から九九年にかけて、ＩＭＦに対する批判は高まって行った。その批判は、ＩＭＦの構造調整への強情なまでの執着や、国際金融資本救済のメカニズム重視に対する以上に、その不透明さや説明責任回避に向けられた。ＩＭＦの弱点が曝け出されたのは、貧困四〇カ国の債務救済策にかかわるＧ７の提案について、最近の米国議会で、論議されたなかだった。議員たちは、そもそも貧困国を借金国にしたのは、ＩＭＦであると説明した。三年以内にＩＭＦの廃止を要求した議員もいた。マクシン・ウォーターズ下院議員は、「一体全体我われはＩＭＦにやらせる必要があるのか？　というのは、辛い思いをして分かったのだが、ＩＭＦの理念が、子供を飢えさせているのだ」とまで言った。

米国はＩＭＦの最強力メンバーであるが、その米国の議員からのこのような批判に直面して、クリントン政権のサマーズ財務長官は、ＩＭＦを中心にした政策決定過程を、「多くの国際機関を含め、国の政策決定者や市民団体にもっと役割を与える、新しくてずっと開放的で包括的な政策決定過程」に代えるよう求めた。

これは、どういうことを意味するのだろう？　構造調整はボツになり、ブレトンウッズ体制は、ようやく目が醒めたのか？　世銀やアジア開発銀行の場合と同じく、ＩＭＦの場合も、実のところ、構造調整を放棄した結果、貧困緩和という言葉だけの大まかな目標はあるが、刷新的なマクロ経済的手法がないために、途方にくれているというのが、専門家の見方であった。ウォルフェンソン総裁とその元部下の主任エコノミスト、ジョセフ・スティグリッツは、「マクロ経済的」発展と「社会的」発展の両面を統合することについて討論しているが、世銀の官僚は、保健、人口、栄養、教育および社会福祉への融資を、全貸し出しの二五％まで増加させるが、それ以上の戦略に打って出ることが出来ない。アジア開発銀行は、反貧困の取り組みについては、新参者の域を超えており、最近の机上戦略には、立派な目標が沢山ある。しかし、同行の内部の者ですら、マクロ経済の革新については、新天地を開けない、と口を揃えて言っている。最も途方に暮れているのはＩＭＦのエコノミストで、なかには、一九九九年秋のＩＭＦ―世銀の会議の際に、ＮＧＯの代表に対し、これまでのところ、ＩＭＦの新方策は、拡大構造調整ファシリティーというラベルを貧困緩和ファシリティーに張り替えるのが精々であり、世銀がリーダーシップを発揮するのを期待していると、公然と認める者もいた。

このような状況下で、またぞろ昔の枠組みが持ち出されるのは不思議ではない。例えば、ＩＭＦはこれまで一番従順であったタイ政府に命じて、経済回復が大変弱いにも拘らず、財政赤字を削減させた。さらに、インドネシアに対し、外国の投資家が小売部門に進出できるよう迫り、その結果失業が一層増加した。同じように、アジア開発銀行の官僚は、フィリピン政府が、ＩＭＦの推進している国営電力公社の民有化を加速するという条件で、エネルギー融資を行なったのである。消費者が結局は、国営企業を引き継いだ七つの独占企業にこれまで以上の料金を払うことになるにも拘らず、である。国営企業は昔ながらの「規制緩和、民営化、自由化という方式だが、セーフティネットが設けてある」と多方面から意見を求められるフィリピンの労働指導者のひとりは的確に指摘する（関係討議はボックスHを参照)。

ボックスH
アルゼンチン・IMF・世界銀行

サラ・アンダーソン(政策研究所グローバル経済プロジェクト主任)

IMF・世界銀行の優等生が経済破綻した最大級の事例がアルゼンチンである。この破綻は国民の蜂起を引き起こし、ついにはネストレル・キルチネル大統領が率いる新政府が選出された。この新政権はブレトンウッズ体制下の諸機関に勇敢に立ち向かい、ネオリベラル・モデルを拒絶している。

そのいきさつを見てみよう。世銀とIMFの強力なバックアップで、一九九〇年代初めアルゼンチンは貿易と金融市場の自由化、郵政をはじめほとんどすべての公共サービスの民営化に着手した。さらに、自国通貨を米ドルに連動させることで自らの手を縛った。

一九九〇年代半ばになってドル高が進むと、すべてがうまくいかなくなった。アルゼンチンの輸出は競争力を失い、産業は衰退し始め、失業が一挙に増大したのである。同時に、世銀の後ろ盾による社会保障の民営化が政府歳入の不足を招いた。社会保障の分担金が民間の年金基金に振り向けられたためである。歳入が減るにつれ、政府は融資の返済に応ずることについてIMFに助けを求めた。IMFはその見返りとして、公共支出の大幅削減を要求したが、これは国内需要をさらに弱め、社会不安に火をつける結果になった。

アルゼンチンが自国通貨を過大評価しすぎたことが経済破綻の主要因ではあったが、その他の自由市場への改革も問題をさらに悪化させた。貿易障壁と資本管理が取り払われると、政府は拡大する貿易赤字と資本逃避に対処する力を失ってしまったのである。民営化によって貧困層や中産階級に対する公共サービスは低下した。民間の国際的保険会社が国内の保険業者にコスト削減を命じたため、何百万人もが病気保険の保証範囲を狭められた。アルゼンチンの銀行は外国銀行に身売りされ、その外国銀行は中小企業への融資を削減した。民間の雇用主は保護を失い、大規模なレイオフを実施して「ぎりぎりのところで頑張る」しかなくなった。またＩＭＦ・世銀といっしょに労働法改正を議会に働きかけたので、労働組合はさらに弱体化した。こうしたことが怒りをかきたて、二〇〇一年十二月、暴動が一気に広がり、アルゼンチンの経済は崩壊した。対外債務の返済ができなくなったアルゼンチンは、同月、世界史上最大級の債務不履行を宣言した。

ＩＭＦは決して、アルゼンチンに対するやり方が間違っていたとは認めなかった。のみならず、法外な公共支出と自国通貨の対ドル固定が崩壊を招いたとした。当初ＩＭＦはその政策を支持し、持続するよう助けたのだが、その時点になるとアルゼンチン政府独自の政策だと主張したのである。二〇〇二年、経済は下降の一途（ＧＤＰは一二％低下）をたどったが、そこでもＩＭＦは信用をまったく失った国への融資再開の条件として、更なる緊縮財政とその他の構造改革を迫った。ＩＭＦへ一層譲歩したことに反対する世論の高まりに押されて、アルゼンチン政府としては、ＩＭＦが融資返済の据え置きに応じないならば、民間銀行に対して行なったと同じように、「国際的な中央銀行」に対しても債務を履行しないと宣言せざるをえなかった。

二〇〇三年一月、ラテンアメリカ全体でＩＭＦの信用が著しく低下していると認識したＩＭＦ理事会は、管理者に対してアルゼンチンの債務条件の再交渉（「ロールオーバー」）をむりやり認めさせた。二一〇〇三年五月に政権を獲得したキルチネル新政府はこの立場を維持してきた。IMFとG7諸国の政府はアルゼンチンに対し不履行となった債務を返済するため、民間融資者に有利な政策を打ち出し、公共サービスを削減して黒字を増やすよう迫ったが、キルチネル政権はこれに抵抗しとおした。また、かつて自由市場経済主義者のお気に入りだったメネム前政権は、郵政その他の公共サービスを民営化したが、キルチネル政権はそれらを再び国営化し、IMF・世銀の正統派的慣行に執拗に抵抗した。

アルゼンチンの経験は、急進的な自由市場体制がいかに危険であるかを教えているが、抵抗する側の力についての教訓ともなった。アルゼンチンの国民はいまも苦難を強いられているが、IMF・世銀に結束して反対したことは前向きの影響を与えたといえる。

世界貿易機関（WTO）

WTOは、ブレトンウッズ体制の第三の柱として出現した。

第二次大戦後、グローバルな貿易・投資の機構の必要性について、きわめて建設的な議論が持ち上がった。完全雇用の創出と世界の労働者の権利保護のために、さらに当時「世界的カルテル」と言われていた組織（経済の一分野に過剰な力を持った企業の小グループ）に対抗しうる機構の設立についてである。これらの広範な目標は、国際貿易機関（ITO）の結成を提案したハバナ憲章に記されている。ところが、ITOの広範な権限は、米国の主権を侵害する（このことこそが、ITOの唯一の目玉だったのだが）ということで、米国上院で否決され、代わりに、関税と貿易に関する一般協定（GATT）

が創設された。ＧＡＴＴでは、モノとサービスの関税引き下げについては、目標が一層狭まり、広範な貿易原則を狭隘なものにしてしまった。

世界貿易は、ＧＡＴＴに誘導されて、第二次大戦後目を見張る伸張を示した。もともとＧＡＴＴの権限は、この貿易拡大に限られたものだったが、やがて企業の権利を推進する機関になり果て、人間の権利やその他社会的にも環境的にも優先性のあるものを置き去りにしてしまった。

一九八〇年代の初め、いわゆるレーガン革命や欧州でのサッチャーやコールの権勢に力を得たエコノミストや政治家は、驚くほど異なったＧＡＴＴの新しい交渉会議を計画していた。その目標は、ＧＡＴＴの原則を拡大し、サービスや政府調達や、投資分野についての加盟国の政策を、多国間の共通政策に纏めて一セットにしてしまおうというものであった。つまり、各国政府の環境規制、食糧の安全性、生産物の標準化について、世界的な基準を設定すること、富裕国で認められている企業の知的財産権に対する保護を新たに確立すること、そして、あらゆる加盟国のあらゆる政府レベルにも、この同一尺度を画一的に適用するという広範で完璧なルールを強制することであった。

上記の諸目標は、主として米国のグローバル企業と米国政府内の同調者によって推進され、もともとの企図とは変わったかたちのものへ移行し、ウルグアイラウンド（多国間貿易交渉）と呼ばれるようになった。一九九四年にウルグアイラウンドが終結したとき、ＧＡＴＴは、世界貿易機関（ＷＴＯ）という新たな機構に取って代わられた。ＷＴＯには、これまでのどのような条約にもない強力な執行力を持ったシステムがビルトインされていた。このシステムには、貿易官僚によって構成される非公開の法廷があって、新ルールの設定した規制を参加国の法律が違反していないかどうかを判定し、Ｗ

ＴＯの要求に従わない国にはどの国にでも自動的に永久に貿易制裁を課すというルールも含まれていた。要するに、ＷＴＯは、世銀やＩＭＦが第三世界のほとんどの国にこれまで課していた項目とまったく同じものを全世界に適用する役割を担ったのである。

ＷＴＯの推進者は、この機関は、貿易を規制し、貿易戦争を阻止し、貧しい国の利益を守るために必要だと主張する。しかし、実際やっていることとなると、話が違うのである（環境保護について物議を醸したＷＴＯ裁定はボックスCを参照）。ＷＴＯの委員会はまた、米国の雑誌に課税したカナダの文化保護法を違法とした。インドは、自国の憲法改正を命ぜられて来た。なぜか。ＷＴＯに言わせると、インドがジェネリック薬品を国民に提供するのは、商標登録をして適正利潤を得ている外国の製薬会社にとっては、公正でないと考えられるからである。消費者は自分がどういうものを買っているかを理解し、その結果、その危険度が判断出来るようにするために、薬品のような製品には、商標を許すかどうかについても、ＷＴＯ自ら関わるというのである。

貧しい者を守り、貿易紛争を阻止するというのがＷＴＯの主張だとすると、一九九九年の「バナナ」戦争に対して下したＷＴＯの裁決はその本性を暴露したものである。ヨーロッパ各国は、カリブ海に二〇万の会員を擁する小規模バナナ生産者組合の生産するバナナに対する、輸入特恵関税の適用を、ＷＴＯに拒否されたのである。中米でバナナを生産し、世界のバナナ取引の半分を占める米国の二大農業企業であるチキータとドールにとって、公正でないというのだ。ヨーロッパがこの優遇措置の取り下げを拒否すると、米国は、ヨーロッパからの諸々の輸出品に一〇〇％の関税を課すという報復措置をとり、ＷＴＯはそれを是認したのである。これはほんの一例であるが、このようにして、ＷＴＯ

は貧しい者に対する優遇を拒否し、貿易紛争に制裁を課したのであった。

ＷＴＯは、発展途上国や一般市民の利益より、米国政府や企業の利益にとくに奉仕してきた。一九四八年に国際貿易機関（ＩＴＯ）の創立を阻んだ米国は、ＩＴＯは、戦後世界において、圧倒的に支配的地位にある米国には役に立たない、と判断したからであるが、それと同じ論法で、米国が、包括的なウルグアイラウンドやＷＴＯ創設の強力な賛同者になったのは、世界が一層競争的な状況になり、米国企業の利益がこれまでとは反対の立場を要求するようになったと米国が判断したからである。

一九五〇年代に米国は、牛乳その他の農産物に対する保護措置を維持できなければＧＡＴＴを離脱すると脅しをかけ、その結果、ＧＡＴＴのルール下での農業貿易は狭められた。それを同じように、一九九五年に、農業を完全にＧＡＴＴとＷＴＯの支配下に置いたのも米国の圧力であった。米国政府の考えがどうして変わったかは、一九八六年ウルグアイラウンド交渉の初めに農務長官ジョン・ブロックが率直に語っている。「われわれの考え方からすると、発展途上国が自給自足でやっていくというのは、過ぎ去った時代の固定観念を引きずっているからである。それらの国は、多くの場合、米国のずっと安い価格の農産物に頼った方が、一層食糧の安定供給が保障されるのである」。米国政府の念頭には、単に発展途上国ばかりではなく、日本、韓国およびＥＵもあった。

国際的なサービス産業、とくに金融は新しい成長分野であり、米国の企業は優位を保っているので保護されねばならない、という判断から、サービス産業をＷＴＯの支配下に置こうとしたのは、米国であった。ＷＴＯの権限の範囲を、貿易関連投資措置（ＴＲＩＭ）や、以前から取り沙汰されていた利益を保障するために、外国の投資政策を自国の都合に適合させようとする力を排除しようとしたものだった。例えば、多国籍企業の子会社同士が国境を超えて行なう生産部品の取引は内部取引ではない（国家間の貿易と同じである）とする各国の法律を、ＴＲＩＭは攻撃目標にした（この法律は、発展途上国が、新しい国内産業を育成するために、その国の議会で可決していたものである）。貿易関連知的財産権は、先端的な知識集約産業において、優位にある米国の地位を確固たるものにしようとして、計画されたものである。

ＷＴＯは紛争解決とそれを強制的に執行するという恐るべきメカニズムを持っているが、これを作らせたのも米国である。米国の貿易官僚が、米国に有利なルールを弱腰のＧＡＴＴでは作れないと不満を募らせた結果、そのメカニズムをつくらせたのである。貿易について米国政府の学問的な立場からの見張番で、国際経済研究所長であるＣ・フレッド・バーグステンは、米国上院で、強力なＷＴＯの紛争解決機構は米国の利益に貢献する、と述べた。「米国は今や、国際機構に十分な影響力をもっているので、貿易障壁を設けたり、縮小したり、排除したりすることができる」からである。

要するに、国際貿易機構を構築したり、再構築したりしたのは、米国にとって経済的利害関係をもっているグループの要望を米国政府が嗅ぎ分けた結果である。一九九五年に米国がＷＴＯを誕生させたのは、世界にとって必要だったのではなく、融通の効き過ぎるＧＡＴＴからは、企業の利益はもはや得られないと米国政府が判断したからである。一九九〇年代を通じて、米国の理念であったものが、もっとも富裕な国ぐに、つまり当時Ｇ７（米国、日本、ドイツ、フランス、英国、カナダ、イタリア）と呼ばれていた国ぐにの理念になった。WTOを支えている自由市場の枠組みを初めとして、ウルグアイラウンドを形成している様ざまな協定に書き記された規則や規制まで、さらには意思決定や説明責任についてのWTOのシステムにいたるまで、WTOというのは、もっとも豊かな国に本拠を置いた最大級の企業の世界制覇のための青写真である。

しかし、発展途上国についてはどうだろう? WTOは必要な機構なのか、つまり、どんな欠点があろうとも、コストより利益が大きく、したがって、改革努力に値するものなのか? ウルグアイラウンド交渉が行なわれていたとき、発展途上国はその交渉過程にほとんど熱意を示さなかった。何といっても、それらの国ぐにには、国連貿易開発会議(UNCTAD。この機関の詳細は第7章を)の屋台骨を担っていたのだった。この会議は一国一票、多数決主義で、発展途上国は、WTOより自分たちの利益に合致する討議の場と考えていた。一九七〇年代末から一九八〇年代の初めにかけて、発展途上国は、貿易大国がUNCTADを弱体化し、排斥する政策に憤慨しながらも、ウルグアイラウンドに加わっていた。WTOの規則や執行は多角的なので、貿易問題について強国が一方的に発展途上国を脅すことはないと約束されていたからである。

しかし、WTOが活動を始めてからも、経済の不均衡は改善されないことが明らかになった。WTOの規則は何百万ドルものカネをかけて訴訟に持ち込んだときにだけ適用され、貿易制裁というかたちで、規則が執行されたのである。多くの発展途上国は、開発を目的とするいろいろ重要な貿易政策を行使する権利をうっかり譲り渡してしまったことに気づき始めた。開発を推進する余地をいくらか残してくれていたGATTの緩やかな規則とは対照的に、ウルグアイラウンドは包括的で縛りが厳しく、原理的には反開発主義であった。このことは、つぎの事例であきらかだ。WTOへの加盟で、第三世界の諸国は、輸入品の量的制限をすべて禁止され、多くの工業製品の関税引き下げを約束させられた。それによって、貿易政策による国内の経済目的追求ができない結果となった。新興工業国（NICs）が、輸入に頼らずに済む政策を通じて、工業国の地位を得た道は取り上げられてしまったのである。

WTO規約の反開発主義という核は、貿易関連投資措置や貿易関連知的財産権などの協定にはっきり見られる。韓国やマレーシアのようなNICsは、多くの革新的なメカニズムをうまく活用してきた。すなわち、外国投資家の輸入する原材料や部品の価格を、完成品の輸出価格に連動させる貿易均衡条件とか、国内で作られる製品の製作に使われる部品については、一定割合の現地部品の使用を命じる「部品現地調達」ルールを採用したのである。

これらのルールによって、外国投資家が策略をめぐらす余地を制約されてしまったのは、事実である。しかし、これらのルールを、NICsはうまく使って、外国投資に自国のベンチャーを結合させたのだった。これらの規則によって、NICsは、資本集約的輸出による所得を増加し、奨励する産業を発展させ、技術の導入ができたのだ。一方で、自国の起業家が、国内市場へ優先的にアクセスできるよう保護したのであった。ところが、TRIMでは、こういうやり方は違法である。

モノの貿易について現行のWTOの禁止項目では、政府が外国投資家（銀行、メディアその他のサービス部門を含む）よりも自国の投資家へ、あるいは、外国のメーカーよりも自国のメーカーへ優先権を与えるような政策をとることを禁じているが、それをさらに拡大することを含めたWTOのこれからの行動計画が、目下目論まれつつあるのである。そのほか、外国との競争から自国農民を保護して自国の食糧の安全を守るために、また、外国企業による開発から森林や水資源を守るために、そして、国際資本の投機的動きを規制するために、各国が主導権を行使することを制限することなどが議題に上っている。そのほかＷＴＯは、公立学校や公衆衛生のような公共サービスをグローバル企業の傘下におき、私企業化への道を開くことなどを計画している。

ＷＴＯの規則やその執行システムは一貫して企業やその同盟者の政府によって、各国政府の健康や安全や国民の文化を守り、環境を維持しようとする対策を攻撃するために使われている。しかも、ＷＴＯの規則の下では、政府は、企業や金融業者の利益と権利を守るため、さらに強力な手段に訴えることさえできるのである。ＷＴＯは、その加盟国がとる公益的政策を一律に制限しようとする規則を課そうとしているが、グローバル企業と金融投機家の行き過ぎには何も制限を加えていない。その二者こそ、まず第一に規制が必要なのだ。かわりに、ＷＴＯは、中央・地方政府が、国際貿易や投資を規制しないようにする規則をもっている。要するに、ＷＴＯは、政府が企業を保護するよう定めているのである（関連討議はボックスⅠを参照）

ボックスⅠ

ＷＴＯにみる北の偽善

マーティン・コー（第三世界ネットワーク）

米国をはじめとする金持ち先進国は、自ら説くことを、その通り実践しているとはいえないが、貿易政策ほど言行不一致が目立つ領域はないだろう。この二十年間、こうした諸国の指令によって、また世銀・IMF・GATT、そして今のWTOを通じて、南の市場の自由化こそが不可欠だと、口をそろえて説いてきた。ところが、国内ではこの公式見解をまったく実施していないのである。

以前のGATT体制はモノの貿易を扱っていた。この体制下でも不均衡はあった。例えば、途上国の最大の経済部門と輸出部門は農業と織物だった。両部門とも今なお先進国で数百万人が雇用されており、何十年もの間、国内で手厚く保護されて来た。

一九八六年初め、各国政府はかの有名なウルグアイラウンド交渉を開始し、一九九五年にはこの交渉によってGATTはWTOに変身した。交渉の核は妥協による取引(トレードオフ)の提案であった。途上国はWTO下で一連の新たな分野(サービス、知的財産、投資基準)に同意する。これによって貿易体制はいっそう不均衡かつ押し付けがましいものになる(というのも、従来の国境での貿易障壁に対する関心から、もっと広く国内の経済・開発構造や政策に関わることになったからである)。その代わりに、途上国は、ウルグアイラウンドによって先進国の農業と繊維産業の市場が開放される、という約束を取り付けたのである。

北は南にこの取引を守るよう迫ったが、自分たちの側の約束は守らなかった。途上国は、先進国、国際金融機関、先進国と結んだ地域貿易協定およびWTOから、輸入と外国投資に関わる国内規制をできるだけ早く自由化するよう強い圧力をかけられて来た。しかし、WTO下でその義務を果たすことで、途上国はさまざまな問題を抱えることになった。例を幾つか挙げてみよう。

・投資限度と補助金の禁止によって、国が国内部門を奨励し促進することが不可能に近くなった。
・農産物の輸入自由化によって、安い輸入食品との競争に直接さらされた小農民の生存や生計が脅かされる。輸入食品の多くは、先進国の膨大な補助金で人為的に廉価がつけられている。
・厳しい知的財産権制度がもたらした結果として、医薬品やその他の必需品に途方もない高い値段がついた。もともと南にある生物原料に対して北が特許権を取ったからである。また、その製造には途上国の技術では追いつけず、コストも割高になる。
・途上国に対しサービス部門開放の圧力が高まる中で、貧困層は基本的サービスを受けられなくなった。

こうした施策によって途上国は、工業化を進め、技術力を高め、地場産業を発展させ、小農を保護し、食物の安定供給を確保し、国民の健康を守り医療を充実させることを阻まれようとしている。

途上国が抱える問題は、WTO協定の構造的不均衡と弱点から生じたものである。途上国はこうした問題に取り組むため、施行と提案を含む長々しいリストを作成し、WTOに提出した。施行に関してはいくらか進展が見られ、その一部は他の問題とともにドーハ会議後の作業プログラムに載せられた。先進国側の態度を見ると、途上国は法的に拘束力のある誓約を行なった以上、それらを守るか、変更するなら新しい譲歩をすべきだ、というものである。こういう態度はWTOの将来にとって良い兆しではない。というのは、南北の不均衡はそのままであり、かりに、途上国が二倍借金を支払えば、あるいは三倍も四倍も払えば、不均衡は助長され、負担は重くなるばかりだからである。

WTOの新ルールは富裕国の国民にとっても問題である。例えば、特許権によって医薬品や消費財のコストが上がり、サービスの自由化によって公共サービスや水などの自然資源の管理が脅かされる。NAFTAのような地域協定も、多くの問題と論議を呼んでいる。健康やその他の理由で取られた措置が、企業の将来の利益を奪ったとして、企業が国を提訴するといったことも起きている。

一方、先進国は、自国の農業と繊維産業の門戸を開放するという約束をほとんど守らなかった。北の諸国の大半はこうした部門を閉ざしたままである。農業部門では、途上国に利益のある品目の多くに、途方もない高関税がかけられている（二〇〇％から三〇〇％を超える関税もある）。OECDが二〇〇〇年に発表したデータによれば、OECD諸国の国内補助金は、（一九八六年から八八年を基準年とする年平均）二七五〇億ドルから一九九九年には三二六〇億ドルに増えている。黙認された補助金の増加は、農業協定で減らされた補助金を相殺して余りある。

繊維と衣料では、途上国の輸出品目のうち先進国の輸入割当リストからはずされたのはごくわずかである。しかも、十年の施行期間を半分過ぎてからだった。国際繊維衣料事務局が二〇〇〇年六月にWTOに提出した報告によれば、撤廃された輸入割当規制はほんの一部であった（米国は七五〇品目中一三品目、EUは二一九中一四、カナダは二九五中二九）。こういう状況からすると、二〇〇五年までに目標とされる割当撤廃が実現するかどうか疑問である。

二〇〇二年初め、米国は国内の鉄鋼産業保護のため、一部の鉄鋼輸入に三〇％までの関税を課すと発表した。この決定は、世界中に衝撃を与えた。これは、世界一の富裕国で登場した一方的保護主義の行動を象徴するからである。

途上国は、数年後には事態は必ず改善されるという保障のもとに、急激な構造調整の痛みを暫く我慢するよう要求され、他方この政策を唱導する先進国は、何十年も保護して来た自国の農業や繊維（その他の製品）の調整にもう少し時間がほしいと求めているのである。

自国の弱小部門、競争力を持てない部門をもうしばらく保護する必要があると、先進国が主張するのであれば、輸入自由化やその他の義務で社会が痛手を蒙っているという途上国からの苦情の高まりに、同情して然るべきである。ところが、先進国の政府は、この事実を認めようとせず、体制を変えろという市民グループや南の政府の要求に抵抗している。

二〇〇一年十一月、カタールのドーハでのＷＴＯの閣僚級会議で、途上国はこれらの多くの施行問題を採り上げた。逆に、巨大先進諸国は、ＷＴＯの交渉およびルール作りの権限を拡大して投資、競争政策、政府調達及び貿易と環境といった新分野を含めるよう強烈に迫った。

ＷＴＯの権限拡大の目論見に、途上国は（地域グループを含めて）激しく抵抗した。途上国の主張をあげると、(a)途上国はこうした問題について交渉に入る準備も協定を結ぶ準備もできていない。(b)途上国は提案された問題の意味を十分に理解出来ていない。(c)限られた理解をもってしても、こうした分野における新協定は、途上国にさらに重い負担を強いるものであり、発展政策の選択肢をさらに制限し、発展の見通しを阻むか減ずるだろう。ドーハ会議は、途上国の施行をめぐる懸念と先進国の新たな領域に対する願望の間の混乱したやり取りで幕となった。ＷＴＯが今後どう前進するかについて、合意が出来ていないことは確かである。

提案

ブレトンウッズ体制下の諸機関は、経済の進歩と経済関係について曲解している。経済的進歩を達成するために、貿易と外国投資の無制限な拡大を容認するこの体制の思想は、つぎのようなことを示唆している。すなわち、開発のもっとも進んだ状態とは、あらゆる生産的資産が、輸出のために生産する外国企業によって所有される状態を言い、また、日々の取引に利用できる通貨は、外国銀行からの借り入れによるものであり、教育や健康サービスは、利益本位の、外国企業によって、サービスに対し料金を支払うという原則で運営されるものであり、そして、地元民が消費するものはすべて輸入品である。このようにありのままにいうと、この思想の不合理さは、明らかである。また、このような政策によって、利益を享けているのは誰かもはっきりする。人びとの生活や地球自体の豊かさを高めるより、少数の企業エリートの富と権力を強固にし、安全にしているのである。

ハーバード大学のダニー・ロドリックは、貿易と投資の自由化は、必ずしも成長と繁栄をもたらしていないと、関連データを引用して指摘している。しかも、貿易と投資の自由化は、まさしく世界経済に重大な不均衡を与えているのである。とくに、同一国内、国家間のいずれにおいても、おそるべき不公平な成長が見られるのだ。国内市場のための国内生産と、直接貿易と、国民の必需を充たすための外国投資とを強調する、われわれのオルタナティブなモデルの方がずっと明るい展望をもっている。

作家のウイリアム・グライダーは、貿易と投資の自由化で促進されたもうひとつの、あまり目立たない不均衡を指摘している。それは、賃金抑圧と結合した急速な生産の拡大で、労働者は、自分たちの生産したものを買う余裕がない、ということだ。その結果、膨大な生産過剰が起こっている。これに対する世界の対応はどうかというと、最後の頼りは米国なのだ。米国は二十年以上、輸出より輸入が多かった。その差額は、外国の投資家、主として日本からの借り入れで賄ったのである。このことは、実は、米国が、一九九七年から一九九八年にかけての金融崩壊寸前のアジア、ロシア、ブラジルに似た状態に陥っているということだ。この気になる類似性の裏側では、米国の不必要な消費のために、次つぎと各国が商品や資源を輸出していたのだ。しかも輸出する側の国民は基本的必需品を手に入れるカネがなかったのである。

貿易理論というものは、交易が相互に利益があり、経済関係がまずまず安定しておれば、国際貿易と国際収支の均衡を保つために重要である。ブレトンウッズ体制創立の立役者の一人、ジョン・メイナード・ケインズ（英国の経済学者）は、この考えを重要視した。そして、一九四二年につぎのように指摘した。「一国の経済のメカニズムは、その国と貿易関係を持った他の国の国際収支の均衡を上下にぶれさせる（プラスにしたり、マイナスにしたりする）ように働くので、自国の国際収支のプラスが同額のマイナスを他の国にかならず与えることになるから、各国は、そうしないように、国内に安定したメカニズムを持ったシステムを必要とする」。

皮肉なことに、ＩＭＦのもともとの責任は、加盟国に、国際収支の均衡を保たせることだった。しかし、世銀、ＩＭＦおよびＷＴＯの現在の政策は、この原理を無視しているばかりでなく、加盟国がそれを尊重しないようにする条件を設定している。その結果、不均衡、不安定、不平等や必需品の欠乏が生じている。

現在の経済システムでは、貿易と投資の自由および国際的競争を激化することで、成長が可能と見てきた。そのことは繁栄と民主主義の鍵とも思われた。次章においては、持続可能な社会、自尊心をもって働ける仕事および健康な環境に向かう手段としての、民主主義と権利を提案し、現行とは違う別のシステムの原理を概観する。第十章「ブレトンウッズ体制からオルタナティブへ」で、これらの原則のために機能するグローバルな統治システムについて、具体的な考えを述べたい。

第二部　オルタナティブの実践

世直し運動が草の根から起こりつつある。何百万という人びとが新しいシステムと新しい考えを要求して立ち上がっている。すでに実践している人も少なくない。第二部ではさまざまに表現されたオルタナティブを見ることにしよう。コンセプトから具体的実践まで、企業の利益ではなく人びとと環境のために働く体制をつくる新しい原則、かつてはみんなで使っていたのにいまやほとんどが私有化されてしまったコモンズを取り戻すためのアイデア、グローバルからローカルへ、意味のある権力の移行を実現するためのコンセプト、グローバル経済が地域に直接影響をおよぼしているところ、つまりエネルギーや石油、輸送、製造、農業、メディアといった分野の直接管理などなどである。最後に、世界中の草の根のイニシアチブを見てみよう。まとめてみると、こうした出来事や行動から、古いものを突き破ってでてきた新しいシステムが見えてくる。

第4章　持続可能な社会のための一〇原則

一九九九年十一月末のある雨の日、亀の着ぐるみを着た環境保護主義者と全米トラック運転手組合の組合員が、腕を組んで街頭を行進する姿があった。「シアトルの戦い」として知られるようになったこの異例の事件は、WTOの交渉担当者を立ち往生させ、この強大な国際機関の勢いを止めた。普通ならありえないこの組み合わせに一万人が合流した。「シアトル連合」と命名された学生、宗教活動家、女性活動家、自営農民、医療活動家、先住民、経済的公正を求めるグループなどさまざまな国からやってきた人たちである。

それまでは何のつながりもなかったグループが出した何千ものパンフレットに目を通してみると、興味深いパターンのあることが分かった。そのグループがどのような特定の組織あるいはどこの国に属していようと、核となる原則としてある決まった言葉が何度も出てくるのだ。

本書の著者たちほぼ全員がシアトルにいた。まず、シアトル・シンフォニー・ホールで開かれた大掛かりな「グローバル化に関する国際フォーラム」討論会に出席し、その後、街頭にも出た。私たち全員が核となる原則の共通性に注目した。

すべてのグループをつなぐ最大の共通項はおそらく民主主義という言葉だろう。この言葉にもっと深い意味を持たせようとして、それぞれが異なる形容詞を付け加えていた。生命系民主主義、参加型民主主義、新民主主義、民衆民主主義などなど。

民主主義の次には環境の持続可能性という言葉が来て、それもまた関連する言葉で説明されていた。そして今、どのグループも反グローバル化の主要原則として地域化とサブシディアリティ（地方主権主義）もあげている。

シアトルをはじめ方々で配られた資料や宣言集を熟読する中で、組織化の原則として一〇の言葉が繰り返し出てくることを知り、「企業によるグローバル化反対」とか「グローバルな正義を求める」という言葉で表現される運動の基盤を理解し始めたのである。このような原則の共通性が増しつつあるからこそ、何千人もの多士済々のリーダーがいて、何百という重要課題と取り組むてんでんばらばらのグループをひとつの運動と呼べるのである。

これらの原則は、経済のグローバル化を促進する原則と著しい対照をなす。経済グローバル化の原則は幅が狭く、多くの人と環境を犠牲にしてごく少数者の役に立つ。経済成長こそIMF、世界銀行、GATTおよびこれを引き継いだWTOの中心目標となってきた。国際貿易と資金フローの拡大それ自体が目的とみなされてきたのである。

第1章で述べたように、過去半世紀を支配したイデオロギーは、自由貿易と投資が繁栄をもたらし、そのことが民主主義をもたらすというものであった。このイデオロギーはハリー・トルーマンからジヨージ・W・ブッシュに至る米国大統領の宣言の指針となり、とくに一九八〇年代以降世界中のリーダーの政策発表の指針にもなった。

企業や政府のリーダーが今繰り返し唱えている呪文は、グローバル経済の中で生き残るために、政府は規制を緩和し、外資導入に最大限有利な環境を作れ、労働者の権利と環境の保全を犠牲にしてもかまわない、というものである。カウンシル・オブ・カナディアンの議長モード・バーロウの言葉を借りれば、「国家を超えた企業が企業国家を出現させた」。

いまや、すべての人にとって健全で持続可能な社会を作り出すときである。健全で持続可能な社会が権力を託す諸制度は、人びと、社会、自然が長期にわたってよい状態を保つことに役立っているかを軸に、それぞれの実情を評価し、社会を構成するすべての人に平等に権限を配分する。こうした社会はその基本的な質、つまりそこに住む人すべてが安心して暮らせるかどうかで評価される。持続可能な地域や国は基本的ニーズ（食物、住居、飲料水、エネルギー、教育、健康、政治的参加、そして文化など）を自力で十分満たせることを目指し、その社会の構成員一人ひとりの生活や市民的自由を保障し、そしてその社会の一員であるという自覚とアイデンティティを持たせるのである。

核となる一〇原則

持続可能な社会を真に達成するためには、あらゆる国際的、国家的、地域的な経済政策のルールと制度が以下に述べる基本的な一〇原則に則ったものでなければならない。

一　新民主主義

シアトルに結集した驚くほど多種多様な市民社会が掲げたスローガンは、民主主義という簡潔なものであった。人びとが結束して自分たちの地域や権利を守ろうとするとき、また選出した議員たちに説明責任を課すとき、民主主義は生きたものになる。過去二十年間、各国政府は主権をあらかた国際的企業の手に移譲してきた。本書の著者たちは企業優先の政府から市民や地域社会優先の政府への転換を提唱する。地方レベルでは比較的容易だが、政府のあらゆるレベルでの転換が不可欠である。ブラジルのルラ、アルゼンチンのキルチネルを希望の持てる例としてあげたい。二人は政府レベルの転換という任務を課せられて選ばれたのだが、その成功はこの転換をなしうるかどうかにかかっている。

ところどころで新民主主義および生命系民主主義という言葉を使うのは、民主主義を選挙のことだと思っている人が少なくないからである。民主主義にとって公正な選挙はもちろん不可欠であるが、世界中の市民団体が始めたダイナミックな運動、民主主義運動に新しいエネルギーと意味を吹き込みつつある運動にもっと焦点をあてたい。とくに南の国には、資源に対するコミュニティの支配権を獲得することに的を絞った運動がある。北では、企業の政治献金の撤廃や、政府の政策課題における人権問題重視に向けて努力している運動がある。

説明責任は生命系民主主義にとって中心をなす。決定の結果から直接影響を受ける人たちがものごとを決める場合を見てみよう。たとえば、ある地域社会がそこにある森の管理方法を決定する場合、森を恒久的に生かすことを優先して考えるであろう。森は住居のすぐそばにあり、地域が治水給水を依存する流域も近いとなれば、自分や子供たちの安心した暮らしがその森の存続に係っているからだ。しかし、外国企業の手に管理運営の決定権がある場合はそうはならない。重役たちは何千マイルも離れているところに住んでいるし、その上、株主への短期的な利益還元が法的な至上命令となっている。株主の方も彼らがこういう企業の株を持っていることを知りもしないし、ましてその森の場所に至っては、言うに及ばず。こういう状況においては、重役たちは森の伐採によって得られる直接的な利益しか考慮しない。彼らはその決定によって他人が洪水や土砂崩れ、地域給水の破壊などで苦しめられようと、そんな犠牲に目を向けようともしないし、まして責任も負おうとはしない。健康、労働、環境に対する基準や外国貿易・投資における規制は、遠く離れた都会の密室の中で企業ロビイストたちによって決められるとき、利益を得るものたちだけの声が取り上げられ、その決定によって犠牲をこうむるものたちはその場に呼ばれもしないし、彼らの利害はなんら考慮されない。

　新民主主義というのは、物事を決めようとするとき、その結果生まれるコストを負担する人たちに投票権を与えようとするシステムを作り出すことである。同時に不在所有権者の権利と力を制限し、決定権を持つものには、その決定によって他人に害が及ぶ場合はその責任を確実に負わせようとするものである。グローバル経済を支配している企業、すなわち市場で公開取引され、限定的にしか責任を負わない企業は上の二つの条件に違反している。というのは、それらの企業は極端な不在所有権方式を制度化しており、また企業は株主の名においてさまざまな行為をしながら、それによって他に害が及んでも株主には責任を負わせないようにしているからである。そのような制度は持続可能な社会の要件にまったくふさわしくないものだ。

この本では、市民が組織し始めた「新民主主義」運動の例を多数紹介している(とくに第4章、第7章、第8章を参照)。こうした運動が起こった状況がさまざまなように運動も多種多様である。チリの田舎で七六家族が作った漁業協同組合といったコミュニティを基盤にした小さな運動もあるし、地域や国全体に広がる大きな運動もある。スペインのモンドラゴン協同組合、バングラデシュの(今では世界各地にある)グラミン銀行、ブラジルの土地なし労働者運動がその例である。

市場経済の破綻から生まれた運動もある。二〇〇〇年十二月、IMFモデルの危機に端を発しアルゼンチン全土に広がったいわゆる水平主義運動がその例である。民主主義の危機に直面して国民の抵抗を強めるための暫定的プロセスもある。一九九八年、企業主導の多国間投資協定に対する対案を求めて組織された、カナダ人調査会などである(ボックスJ参照)。さらに、ボリビアのコチャバンバの水をめぐる運動のような、市民にとって死活的資源に対する企業の横暴な管理を止めさせ、あるいは交代させる市民運動がある。

他にも先住民が自分たちの生活、土地、資源に対する自治を復活させようとしている運動が多数ある。他のコミュニティと一緒になって、種や他の自然資源に対する集団的権利を主張する運動もあるし、「持続可能なチリ」(ボックスK参照)のような、どのような将来を目指すかという討論に何千人も巻き込む運動もある。

こうした運動はいずれも、「みんなにとって良いこと」を促進するために、人びとを組織し思い切って行動することで、自分たちの暮らしや資源の管理権を主張しているのである。

ボックスＪ

カナダの市民アジェンダ

トニー・クラーク（ポラリス研究所）

「偉大な社会運動はすべて強烈な想像力によって火がついた」。こう言い放ったのは、一九九八年、ＯＥＣＤの多国間投資協定（ＭＡＩ）決裂を受けてカナダ全土で行なわれた市民による調査会の参加者である。

一九九〇年代後半、パリのＯＥＣＤ本部で行なわれたＭＡＩの密室交渉は、カナダにおける市民活動の発火点となった。米加自由貿易協定とそれに続くＮＡＦＴＡ（北米自由貿易協定）以来、なにもましてＭＡＩは企業のグローバル化への大規模な抵抗とグローバル化の失敗とを象徴するものとなったのである。一九九八年、カナダ政府がこの失敗から何も学ぼうとしないと分かると、カナダ最大の公益団体である「カナダ人会議」（カウンシル・オブ・カナディアンズ）はその機会を逃さなかった。

一九九八年秋、カナダ人会議は全国規模の約四〇団体と協力して、八都市で公聴会を開催した。「ＭＡＩの査問：市民はオルタナティブを求める」と題された連続公聴会を行なったのは、国内で名を知られ、グローバル化についても精通している個人をふくむ委員たちであった。

公聴会に先立って広く配布された「市民ハンドブック」には、グローバル経済を組織するオルタナティブな方法について想像力を刺激する内容が盛り込まれていた。民主主義の三つのＲ（rights- 権利、rules- 規則、responsibility- 責任）に立ってグローバル経済を再編成する必要を強調しつつ、ＷＴＯ、Ｉ

MF、世界銀行といった機関の実績を評価する市民による報告カードも挿入されていた。委員たちがカナダ国内を巡回する間に、数百の市民団体が報告を提出する一方、数千の市民も報告カードに記入して提出した。

公聴会では次々と証人が立って、グローバル経済を変革する基礎となる新しい組織原則の必要性を強調した。その原則とは次のようなものである。

・国民が有する民主主義の基本的権利を認める。国連人権宣言、国際人権規約（経済的、社会的、文化的権利、市民的および政治的権利）に明記された権利である。

・共有財産と遺産を守る。食料安全保障、労働基準、環境保護、文化の保全、公共サービス、公益事業、きわめて重要な資源、基本的人権など、人びとの暮らしや権利を左右するものである。

・持続可能な地域のコミュニティをつくりあげる。そこでは地方の資源や人材を活用して、生態系が許す範囲内で地域、地方のコミュニティのためのモノづくりとサービスの提供が優先される。

・各国政府の政治主権を取り戻す。国の発展のために経済・社会・環境面の目標を設定する権力、および多国籍企業にそうした優先事項を受け入れさせる能力を取り戻さなければならない。

・市民による民主的管理を改めて明確にする。貿易・投資・金融に関する国際的な政策立案に市民が有効にかかわれるような、新しい参加型民主主義の形態が必要である。

市民による調査の最終報告にあるように、グローバル経済を再編して人びとの民主的権利に役立たせ、地球を生き延びさせることとなると、想像力に不足はない。公聴会に先立ってグローバル経済変革のための青写真や綱領などはいっさい提示されなかった。その代わり、人びとは個人としてまた団体としてそれぞれの意見や提案を出して議論するよう求められた。こうした過程を通じ多くの独創的な案が出された。

・多国籍企業を抑制する。企業活動に対し厳しい審査を要求することで、企業が十分に説明責任を果たすためである。

・NAFTAやWTOといった貿易協定を再交渉する。議論のある領域の交渉を再開し、満足できる結果が得られなければ破棄条項に訴える。

・外国投資を規制する。その国の発展に見合う目的や優先順位に役立たせるためである。

・金融市場での投機を管理する。「減速装置」方式をとりいれて資金の流入や流出を規制する。

・資本逃避の脅威を抑制する。各政府が多国籍企業との交渉に際し建設的な戦略を開発し、またオルタナティブな資本として年金基金の戦略的活用を奨励する。

要するに、市民による調査によって、グローバル経済を変革する提案づくりのプロセスが始まり、人びとを結集させ、民主主義とコモンズの返還要求をはじめる地盤ができたのである。ここに参加する市民活動家にとって、これはカナダのみならず全世界に新しい民主主義運動を作る重要なステップである。

しかし、カナダ人会議はこれが一回で終わる活動ではないことにすぐに気づいた。市民のアジェンダづくりは現在進行形のプロセスなのである。また、グローバル経済に焦点をあてるだけでは充分ではなく、国や地方レベルで経済政策や意思決定の構造を変える提案や戦略を同時に打ち出していく必要がある。加えて、社会を変革するための市民アジェンダづくりは一つの団体の会員だけにとどめるべきではない。さまざまな市民団体やグループとの幅広い連合の下で行なわれてこそ、このプロセスは有効なものとなるのである。

それゆえ、カナダ人会議は特別委員会を設置して、カナダ社会の変革をめざすアジェンダづくりに向けた三カ年から五カ年の行動計画の作成と実施にあたることにした。この計画は、ローカル、国、国際の三方面での変革アジェンダ作成をめざした。アジェンダづくりをカナダ人会議は単独で行なったのではない。それどころか、持続可能なチリ・プロジェクトやインドのパンチャヤット運動、ブラジルの大都市ポルトアレグレの自治体が始めた市民による予算プロセスなど、他国の実験から学ぶ段階から始まった。このようにして市民アジェンダはグローバルな市民運動づくりに刺激され、またその一端を担うものとなったのである。

二　サブシディアリティ（地方主権主義）

経済のグローバル化は、何よりもまず地方の決定権を奪い、地域社会と地域経済の権限剥奪をもたらす。しかし、この地球に住むかなりの人びとは、今なお地方で、コミュニティの中で暮らしをたてている。小規模農業、地元市場、地産地消などなど。このような伝統的なシステムによって、人びとは経済的安定と食料の安定供給を自らの手で維持できてきたし、自分たちの社会と文化をもはぐくんできたのである。先進国においてでさえ、暮らしの大部分は地方の生産活動によって成り立っていた。経済グローバル化はこのようなシステムを急速に破壊し、その代わり国際企業に支配された輸出主導の経済を促進している。こうして、地域の暮らし、地域での仕事、地域の自立が崩壊していく。

地方を尊重し、サブシディアリティの原則に従う新しい規則と機構を作り出す必要がある。すなわち、地方で執り行なえる決定や行動はどんなものであれ、地方で行なうべきであり、地方レベルで持つことのできる決定権はどんなものであれ、地方で持つべきである。地方で担えない行動が必要とされるときのみ、決定権と行動は次の上のレベル、たとえば地域、国、最終的には世界レベルに移行すべきである。「地産地消」政策と地域への資本投下を法制化すべきである。経済機構は経済的・政治的権力を下方に移るように、すなわち、グローバルな方向でなく地方に向かうように作られるべきである（ヨーロッパでは、IFGメンバーやその他が、グローバリゼーションを見直し、地域経済を守り再建することにもっと力を入れるべきだと要求し、それが初めて政治的勝利を得た。一九九九年には欧州議会の英国緑の党のメンバーが「地方をまもれ、地球規模」で地方化への道を、というマニフェストを掲げて選ばれた）。

サブシディアリティは主権在民という概念を重んじる。言い換えれば、正統の権威とは民主的な意思の表現を通して、民衆から出てくるものだということである。したがって、遠く離れた行政機関の権限は、より身近な地方レベルの権限を補助するものサブシディアリーないしそれに従属するものとなる。そこでは市民が直接係る機会が広がる。自分たちの決めた結果に責任を持とうとする人びとにできるだけ近いレベルで決定がなされれば、それは的確なものとなる。自立した地方経済に関する事柄のほとんどは、当然の事ながら地方の人びとや機関に任される。地球温暖化のような問題は、地球規模でのまとまった行動が必要とされるので、必然的に国際機関という大規模な関与が求められることになる。

サブシディアリティの原則は、本来的に住民やコミュニティや国がもっている、民主的に自主決定する権利を認める。ただし、他者がもつ同様の権利を犯してはならない。この権利は次の三つの条件によって保障される。

(a)資本と生産手段に対する所有権が地方や国にあり、その管理ができること、(b)地方や国に規則制定の機関があり、中央にある機関が地方の目標達成を支援できるようなシステムが確立していること、(c)基本的なニーズをできる限り地方や国の資源で自給自足できること。地域の所有権や政治的な権威、そして自立性が強化されればされるほど、外部への依存や搾取にさらされることも少なくなる。競争に勝ったものだけが、仕事、市場、お金、さらにグローバル経済システムの中心である天然資源などすべてを獲得するということは減るか無くなるであろう。しかし、それは孤立することではない。持続可能な社会は、よき隣組になるのである。すなわち、すべての人びとと、貿易や文化の交流をし、技術・情報の共有をしながら、協調的で平和的な、そしてお互いに有益な関係を築きあげようと手を差し伸べるのだ。

持続可能な社会形成にとってサブシディアリティの原則は核になる部分なので、本書の第6章でこのテーマを取り上げ、詳しく論じる中でこの問題に関する豊かな議論の一端を見ることにしよう。

三　持続可能な環境

地球上のあらゆる命が生存していけるかどうかは、地球の生命維持システムが損なわれずに持続するかどうか、さらに地球の生物多様性が維持されるかどうかに掛かっている。経済システムが長期間持続していくためには、そのシステムが、人びとの真に必要とするものを満たすものであることが絶対的な条件である。同時に将来世代が自身のニーズを満たす能力を奪ったり、地球上の自然生命の多様性を減少させたりしないことが必要である。ゆえに、持続可能な社会というものは、どんな形にせよ、次の三点を保証しなければならない。(a)資源の再生が間に合わないほど資源開発をしない、(b)再生可能な代替物が使用可能になるのを待たずに資源を消費しない、(c)汚染物質の排出や廃棄はそれが無害化していく速度に合わせる（国内総生産の成長率、または富の増加は適当な基準ではないし、どちらかというとさまざまな不均衡を表すといってもよいかもしれない）。これらの条件を少しでもないがしろにすると、未来の住民やコミュニティの健康と地球の生命は危機にさらされる。

残念なことに、経済のグローバル化は本来的に環境に有害である。なぜなら、グローバル化が進めば進むほど、上に述べた基準の反対方向に行ってしまう。物の消費はこれまでになく増大し、資源を莫大に浪費し、海洋や土地や大気への汚染物質の投棄・排出は膨大な量になる。前に述べたように、グローバル化の最大の特徴である輸出主導型生産というのは、決定的に有害である。世界中での輸送活動、化石燃料の使用、冷凍と包装などの増大をもたらし、さらにダム、港、道路、空港、運河、パイプラインなどコストが高く環境にも有害な新しいインフラを必要とするからである。農業の分野では、工業化された輸出農産物生産への切り替えによって、土壌汚染や水汚染、農薬汚染、そして遺伝子組み換え植物による遺伝子汚染がもたらされる。そして、グローバル化を進める国際官僚機構のもとで、グローバル化は生命の源ともいうべき水のような資源までも商品化し民営化を進める。また、大気や海洋のようなグローバル・コモンズ（世界共有の財産）を汚染物の投棄場のように扱い、国が自らの環境や健康の規則を決定するのを妨げる。さらに、農民や先住民に工業型農業を押し付けて、先祖伝来の土地から追い出し、土地と親しく付き合うというそれまでの考え方や生き方をぶち壊す。グローバル化は死をもたらす蚊やその他の生物などの侵入種を広める主要な媒介者である。さらに、生物多様性を均質性とモノカルチャーに置き換える。そして、規制されない企業権力に直接奉仕する。

上記の行動のどれをとっても持続可能なものはない。そのほとんどが本来的に環境に有害なものである。あらゆる面で手順ややり方が根本的に変わらなければ、問題は解決しないだろう。

一九七二年のストックホルム人間環境会議と一九九二年の地球サミットの議長を務めたモーリス・ストロングは、環境保護主義者であると同時に根っからのビジネスマンだが、この人ほど問題をはっきりと見通ししていた人は他にいない。著書『Where on Earth Are We Going(いったい私たちはどこへ行くのか)』で彼はこう書いている。「環境というのは単に一つの問題ではなく、他のすべての問題が変わらなければ、解決されないという類のものである。環境破壊とは、現代の産業文明が優先順位をつけるやり方や、産業文明そのものを進めるやり方から生じたひずみが、形になって現れたのである。グローバル化はこれまでにないスケールで新しい富を増やしたが、一方で産業資本主義の勝利者と犠牲者の間に大きな断層を生んでいる」。

われわれが今後、方向転換しようとするのであれば、といっても気候温暖化などをはじめとして、すでに危機が現れている以上、いますぐに、システムを作り変えねばならない。その新しいシステムとは持続可能な環境を保持していくために欠かせないルールを遵守するものである。われわれはすでにゴールを見据えている。現在主流となっている価値は企業の利益と富の増大を最高のものとし、持続可能性をほったらかしにしているものであるが、そのような価値を逆転するシステムが、今最も必要とされるのである。それが破壊に対する処方である。地球とすべての自然システムが生き残ること、それが基本であり、かつ妥協できないものである。

ボックスk

持続可能なチリ

サラ・ラレイン

アウグスト・ピノチェトが国民投票で政権の座を追われ、チリがより民主政治に向かって再建にとりかかってからすでに十年以上たつ。しかし、民主的に選ばれたチリの政治指導者たちは、不公平で持続不能な社会に肩入れするような政策をもっぱら支持し続けている。チリはマクロ経済の成功のモデルとしてよく引き合いに出されるが、独裁主義的に実施されたネオリベラリズムによってもたらされたこの「成功」が、環境、貧しい人びと、共有の財産にどういう意味をもったかについて、チリの多くのNGO、研究者、市民社会グループは深刻な疑問を投げかけてきた。

深まる懸念に応えて、政治生態学協会（IPE）、全国エコロジカル行動ネットワーク、ボリバリアナ大学は、一九九七年、「持続可能なチリ」プロジェクトを立ち上げた。このプロジェクトは一年半にわたって多数の市民団体や教会、研究者とともに、社会的平等、環境の持続可能性、強固な民主主義に基礎をおく持続可能なチリという市民アジェンダをまとめる活動を続けた。それに加えて、チリの各都市で開かれた数多くのワークショップには、五〇〇人以上の市民社会のリーダーがそれぞれのコミュニティを代表して集まり、各地域で直面している持続可能性に関する問題についての実態調査を詳しく報告し、具体的な提案を練り上げた。

この過程を通じて参加者たちは、貧困、不公正、富の不均衡な配分、自然資源の搾取、公害、制限された民主的制度などが、チリの持続可能性を深刻に脅かしていることを明確に示した。市民アジェンダにはチリ市民の関心と優先課題が盛り込まれ、数多くの改善策を提案している。その範囲は、所得の再分配、軍事費削減、国の環境法及び漁業法の改正、銅生産の安定から、ピノチェト政権が制定した一九八〇年憲法の改正、人権侵害の加害者を免責するために作られた恩赦法の廃止、全国青年プログラムの立案にまでおよぶ。また、先住民の土地・水資源の登記制度や土地・水利権のための監視機構の設置、先住民の水源所有者に対する免税、先住民の権利保護に関するＩＬＯ一六九号条約の批准など、先住民の土地と水を守るための提案も含まれている。

市民アジェンダを煮詰めていく過程で、チリ全土のさまざまなグループが一つに集まり、市民社会の強化につながった。このアジェンダの目的は、チリ全土で市民や政治家を交えた討論や対話のたたき台になることである。「持続可能なチリ」プロジェクトの活動家たちは、この市民アジェンダが公共討論に役立つだけでなく、人びとの社会的政治的意志を結集し、持続可能性を基盤とする新しいチリ社会をつくるために、そこに盛られた提案を具体的行動に移す道具として使われることを願っている。同じような活動が、「持続可能な南米大陸南部地域」計画の下で、ブラジル、ウルグアイ、アルゼンチン（二〇〇二年）でも進められている。

出典：「持続可能なチリのために：変革のための市民アジェンダ」（サンチャゴ、持続可能なチリプログラム、一九九九年）を翻案。

種が全体としてもつ生得権は、昔から継承されてきた共有の資源であり、みんなで等しく分け合うべきものである。この共有の財産である資源は三種類に分けられると思う。

四　共有の財産

一つは水、土地、空気、森林、漁場であり、すべての生物の生存はそれらに依存している。二つ目は文化と知識であり、われわれ人類が集団で創り出して来たものだ。最後は、公共サービスという非常に現代的な共有財産であり、それらは政府が、すべての人びとのための基本的ニーズ、とりわけ公衆衛生、教育、社会の安全、社会保障というようなニーズに対処するために行なうものである。このような共有財産としての資源のすべてが、企業による民営化と商品化にさらされている今、厳しい状況におかれている。

これら三種類の資源は一体となって、すべての富の源泉を形作っている。つまるところ、この資源がなければ生命も文明も存在しない。健全な社会は、天然資源の有効活用を増大するために、あるいは人類共有の文化や知識の集積のためになされた個別の貢献は認めもし報いもするが、同時に、個人が地球上の自然の富や知識の根底にあるものを創りだしたものではないことを認識している。

共有財産の所有権が個々人の生活権を守るために使われるところでは、共有財産資源を使用する如何なる権利にも、それに見合う道徳的義務があり、すべての人の利益のために管理しなければならない。同様に、このような権利をいくつ持っていても、他人が生来有する共有財産を平等に分配される権利を侵してはならない。個人あるいは企業が、水や種子の品種や森などの基本的な共有財産資源を独占したり、他人のニーズを排除するようなことは許されるべきではない。

このような共有財産資源はグローバル経済の中で別個に扱われるべきだとする考えは、ではこうした資源をどう管理するかをめぐる大議論に発展する。本書の第5章はこの議論に割かれている。

五　多様性

数十年前までは、家を離れてどこかほかの場所へ行けば、建物や風景が変わり、言葉も暮らし方も着るものも価値も違うのが当たり前だった。今日では、フランスやインドの農民や映画制作者、およびその他の国ぐにの何百万という人びとがそのような多様性を維持しようと闘っている。世界中の何万というコミュニティは、これまで地元のさまざまな資源をうまく管理してきたのに、いまや企業主導のグローバル化によって管理が出来なくなってきている。なんといっても、地元で、誇りを持って、楽しく健康的に暮らすためには、文化、生物、社会、経済の多様性は欠かせないのである。

多様性は、生きているシステムに活力を与え、弾力性を持たせ、それを変革していく力を生み出すためになくてはならないものである。人間の社会にとっても言うに及ばず、人間の経験や潜在能力の豊かな多様性は、「文化の多様性」に反映される。「文化の多様性」は、ある種文化的遺伝子プールを形成し、これまで以上の高いレベルの社会的、知的、精神的な完成へと駆り立てる。さらにそれは自己認識、共同体意識、存在意義を生み出す（ボックスLとMを参照）。「経済の多様性」は、弾力性に富み、安定的で、効率の良い、自立的な地方経済の土台であり、その経済は人びとや共同体や自然のニーズを満たす。「生物の多様性」は、自ら調整、再生する複雑な生態系のプロセスに欠かせないものであり、とどのつまりすべての命と富はそこから流れ出てくる。

グローバル企業は多様性を忌み嫌う。非効率で不安定で、何よりも利益の減少になるからである。文化を同質化し、経済を専門化し、利益を生まない種を除去することで、コストを削減し市場管理を強化しようとしている。このような企業は大規模化や管理費の削減から利益を得、さらに人びとやコミュニティが、企業が儲かると考えて売り出す製品やサービスに依存すればするほど利益を上げる。これまで個人のアイデンティティの原点であった地方文化が企業の商標に取って替わられる。かつて、地域社会は地元の企業で、地元の労働力と資源を使って自らのニーズを満たし、生活をたててきたのに、いまや、自分たちの労働力や資源をどんなところにであれ、売らなければならなくなっている。その売る先が自分たちの関与できない遠くはなれた企業であっても。「生物の多様性」の消失によって生物の生命力は弱まっている。そのため、高価でたいがいは有毒である肥料や農薬の使用にこれまでになく頼ることになる。人びとやコミュニティはかつて自然が無料で提供してくれたサービスを、お金を出して買わなければならない。こうして企業や遠くにいる不在株主は利益を手に入れる。

多様性は企業利益には邪魔かもしれないが、健康で、環境を破壊しない、活力あるコミュニティにはなくてはならないものである。

ボックスL
文化の多様性：先住民族がさまざまな異なる存在として留まる権利

ビクトリア・タウリ＝コルプス（政策研究と教育のための先住民国際センター）

地球上には今も約三億人の先住民がいる。固有の文化は五〇〇〇以上、言語の数は六〇〇〇に及ぶ。国連環境計画によれば、世界に残された文化的多様性の大半が先住民の文化である。

しかし、経済のグローバル化は、私たち先住民の生存を脅かしている。それは同時に私たちの森や原野の生物多様性に対する脅威でもある。グローバリゼーションとは実に、私たちを五百年にわたって従属させてきた植民地化の続きなのである。かつては刀や銃が私たちの抵抗を抑え、土地を取り上げてきた。またさらに植民地支配者たちは、国の法律や制度、学校や教会などを用いて、私たちの先祖たちが自らの文化を見下し、先住民としての誇りを否定するように仕向けたのだった。グローバリゼーションを進める勢力は、今日でもなお、私たちの権利、政治・経済および文化・知識を、時代遅れで非現実的かつ空想的と決めつけている。しかし、私たちを攻撃する真の理由は、この地上に残された最後の豊かな土地、豊富な資源と豊かな生物的・文化的多様性を持つまさにその土地を、私たちが居住・占有しているからなのだ。私たちが存在し続けることが、グローバル勢力の「進歩」を阻むからなのだ。

先住民の世界観は「母なる大地」を敬い、生命の尊さを崇敬することにある。自然との相互依存、諸民族間そして世代間で自然の賜物を分かち合うことを信じている。森、水、土地などの共同所有を伴う共同のアイデンティティを持っている。これらは個人主義、私的所有、近代化そしてグローバル資本主義の対極にある。

先住民にとって自分たちの領土や祖先伝来の土地を守ることは何にもまして重要であり、私たちのアイデンティティの原点である。この土地こそ先祖たちが歩き回り、私たちに遺したことのすべてを学んだ場所、私たちが自然との関係を築き、互いに社会的な絆を培ってきた場所なのだ。それゆえ私たちは文化的一元化やグローバリゼーションに抵抗する。

私たちの土地や資源を奪おうとする圧力によって、世界中で火が燃え上がることになった。WTOの貿易自由化のルールを盾に、企業は私たちのコミュニティに急速に侵入しつつある。コロンビアのウワ族は自分たちの土地で進められている石油開発と闘っているし、ルワンダとブルンジのピグミー族は木材の伐採権をめぐって闘い、フィリピンのイゴロット、マンヤン、ルマドなどの部族は先祖伝来の土地での採掘と闘い、サラワクのペナン族、カナダのクリー族、チリのマプチェ族はいずれも世界銀行のダム計画と闘っている。そしてこれらはほんの一例にすぎない。

しかも彼らは、私たちの鉱物、木材、水、生物多様性だけでは満足せず、今度は私たちが共有する知識と私たちの遺伝子さえほしがっている。企業は先住民固有の土地の隅々に入り込んで、私たちが改良を重ねてきた種子や、森の植物が持つ美容や薬学の効能に期待をかけている。この知識を自国に持ち帰り、私たちの植物に特許権を取るのだ。この「生物的海賊行為(バイオパイラシー)」は私たちの体内にまでおよび、遺伝子構造にまで触手をのばしている。つまり、理由も告げずに私たちの仲間から血液のサンプルを秘密裡に収集しているのである。名づけて「ヒト遺伝子の多様性プロジェクト」だそうだが、私たちは「吸血鬼プロジェクト」と呼んでいる。バイオパイラシーはWTOの「貿易関連知的財産権協定」によって合法化されている。この協定の下で、個人や企業が私たちの伝統的な信仰や慣行を無視して、生命の形態に特許をかける権利を保証しているのだ。

私たちは先祖から土地は聖なるもの、動植物はわれらの親族だと教えられ、それらを次世代のためにしっかりと守っていく義務があることを教えられた。画一化に対する私たちの抵抗、自決権、異なった多様な存在としてとどまる権利は支持されなければならない。先住民の価値、宇宙観、生活様式および慣習法と対立する法的文書は、いかなる外部機関からも押し付けられてはならない。これらはWTOや

ＩＭＦや世界銀行が決定する事項ではない。私たちは先祖伝来の土地に住む先住民として、自ら決定を下す権利、存続する権利をもとめて闘う。

自らを守るために闘う重要な方法の一つは、国連人権委員会の参加国に働きかけ、「先住民の権利に関する国連宣言案」を採択させることである。しかしさらに重要なことは、世界中のすべての先住民たちに、固有な民族としての自らの権利について自覚を促すことである。この宣言が掲げる四五項目はすべて等しく重要であるが、ここではそのうちのいくつかにスポットを当てよう。

・先住民は自決権を有する。この権利によってわれわれは、政治的立場を自由に決定し、経済・社会・文化面での発展を自由に追求する（第三条）。

・われわれはみずからの固有のアイデンティティと特質を維持し発展させる集団的・個人的権利を有する。それには、自らを先住民として名乗る権利、また先住民として認められる権利も含まれる（第八条）。

・われわれは自らの文化的伝統や習慣を実践し、活性化させる権利を有する。それには、過去、現在、未来を通じて存在してきたわれわれの文化遺産を維持し守り、発展させる権利も含まれる。具体的には、考古学的・歴史的遺跡、人工遺物、デザイン、儀式、技術、視覚芸術、公演芸術、文学などである。同様に、われわれの自由意思ではなく、インフォームドコンセントなしで、あるいはわれわれの法律や伝統や習慣に反して、奪われた知識、宗教、精神的財産を取り戻す権利を有する（第一二条）。

・われわれは自らの政治・経済・社会システムを継続発展させる権利、自らのやり方で生存と発展を享受する手段を確保する権利、あらゆる伝統的その他の経済活動に自由に従事する権利を有する。

自らの生存と発展のための手段を奪われた人びとは、正当な補償を受ける資格を有する（第二一項）。

・われわれは伝統的に所有し、占有かつ使用してきた土地、領土、水、沿海との間に固有の精神的、物質的関係を持っている。われわれはこの関係を維持し強化する権利を有し、またこの点に関して未来世代への責任を負う権利を有する（第二五条）。

・先住民には、自分たちの文化的・知的財産を完全に所有し管理し保護することを認められる資格がある。また、独自の科学、技術、文化的表現を管理、発展、保護するための特別措置を講ずる権利を有する。この中にはヒトその他の遺伝子資源、種子、医療、動植物相の特性に関する知識、口承伝説、文学、デザイン、視覚芸術および公演芸術などが含まれる（第二九条）。

・われわれは伝統的な医薬品と医療行為に対する権利を有する。これにはきわめて重要な薬効植物、動物、鉱物を守る権利も含まれる（第二四条）。

・われわれは土地や領土を所有、開発、制限、利用する権利を有する。そこには土地全体の環境、大気、水、沿海、海の氷河、動植物その他の資源など、われわれが伝統的に所有し、占有し、利用してきたすべてがふくまれる。またこの権利には、われわれの法律、伝統、習慣、土地の所有権システムや資源の開発・管理のための制度が、全面的に認められることへの権利もふくまれている。国家は保護条例を設けて、このような権利に対する干渉、譲渡、侵犯のいかなる動きをも封じなければならない（第二六条）。

・先住民はみずからの土地や領土やその他の資源の利用に関し、優先順位や戦略を定め発展させる権利を有する。その権利には、これらに影響するプロジェクト、とりわけ土地の開発や利用、鉱物や水その他の資源の搾取に結びつくプロジェクトを国家が認可する際は、事前にわれわれの合意、インフォームドコンセントを得るよう、国家に要求する権利もふくまれる（第三〇条）。

・われわれは各国とその後継者との間で交わされた既存の条約、協定その他の建設的な取り決めを、当初の精神に沿って承認し順守し強化する権利、および各国にこれらを履行させ尊重させる権利を有する。あらゆる方法をもってしても解決できない紛争や対立は、当事者すべての合意を得て法的資格をもつ国際機関にゆだねられるべきである。

国連宣言案にはここにあげたほかにも多くの内容が盛り込まれているが、いずれも私たちの文化と土地を守る取り組みにふさわしい出発点である。この宣言案は一九九四年に「少数民族の保護と差別撤廃に関する国連小委員会」において採択された。しかし、国連人権委員会では今日にいたるまで、複数の政府の反対によって採択にいたっていない。最大の反対国は米国政府である。国連の上部機関で採択されていないものの、われわれはすでにこの草案を先住民の権利を守るための国際的な基準・枠組みとして使っている。いわばこれは先住民族の国際的慣習法となりつつある。一九九七年に成立したフィリピン先住民権利法はこの宣言案をほぼ踏襲している。

グローバルな正義を求める世界中の友人たちに、この宣言案を採択するよう国連加盟国に働きかけることをお願いしたい。また、先住民の権利を守り、この宣言案を全体的な枠組みとして用いるための国内法制定を支援して欲しい。グローバリゼーションと画一化に対する闘いの中で私たちがなしうる最大の貢献は、私たちの文化的、生物的遺産の多様性を、そして私たちが培い継承してきた多様な世界観や政治・経済システムを、守りさらに発展させていくことであろう。

六　人権

一九四八年、世界中の政府は国連世界人権宣言を一致して採択した。「衣食住、医療、及び必要な社会的施設等により……健康及び福祉に十分な生活水準を保持する権利、並びに失業の場合は保障を受ける権利」などを核とする権利がこの宣言で確立された。この宣言を基に、その後数十年にわたり世界の政府は二つの国際人権規約の話し合いを続けてきた。政治的・市民的権利と経済的・社会的・文化的権利である。

過去半世紀以上、人びとは自国政府に対しこれらの権利の促進を迫ってきた。今日の人類の発展にとって、これらの権利は、当初のときと同じく、今も中心をなすものである。貿易や投資の目的は、生活の質を向上し、核となる労働権や社会的権利、その他の権利を尊重することでなければならない。

従来、米国その他の富裕国で人権が議論される場合、市民的・政治的権利が中心だった。政府がこれらの権利を保証することは当然の義務であるが、経済的・社会的・文化的権利をも保証すべきである。この主張にはいくつかの重要な含みがある。たとえば、第5章で説明するように、すべての人は清潔で安全な水を得る権利があると私たちは信じる。したがって、水は市場価格で売るために商品化ないし民営化されるべきではないし、安全な水の供給は政府の義務であるという結論になる。政府の多くが腐敗し説明責任を果たしていないことは認めるとしても、民間部門の方がこうした権利を保証できるという結論にはならない。むしろ、あらゆるレベルで政府に対し説明責任を果たさせようという決意は強まるばかりである。

人権の原則は第二の原則であるサブシディアリティと相容れないという意見がある。地方社会の中には、女性性器切除とか性差別に反対する権利の侵害など、実際に人権を侵害している社会がある、というのがその理由である。二つの原則がぶつかる場合は、普遍的人権が、そうした権利を侵害する地方の権力者の主張に勝つべきである。

七　仕事、暮らし、雇用

国連世界人権宣言は、すべての人に「働く権利、仕事を自由に選ぶ権利、正当で好ましい労働条件を得る権利、失業から身を守る権利」を保証している。世界の人びとの大半は、フォーマル部門（統計に示される部門）以外のところで働いて家族の生計を立てている。先住民社会では誰もが生計を得る活動に参加しているが、その活動は国や世界の市場には統合されていないことが多い。農村地域ではほとんどの人が土地で暮らしを立てているが、たいがいは定収入には結びつかない自給農業や小規模な事業に従事している。都会では、貧困国の人びとのほとんどが決まった仕事や収入なしで何とか暮らしている。いずれの場合も、企業のグローバル化は大多数の人びとを助けるというより、それまでの誇りを持ってきた暮らしから引き離している。持続可能な世界に到達するためには、農民を土地から、漁民を沿岸生態系から追い出そうとするグローバル化政策を転換させることが必須である。

国連世界人権宣言は、またすべての人に「労働組合を結成し加入する権利」を認めている。過去八十年間に国連国際労働機関（ＩＬＯ）は一〇〇以上のＩＬＯ条約を練り上げ、労働基本権の確立を推し進めてきた。しかし、そのＩＬＯが同時に、今日約三〇％の労働者が失業しているか、深刻な不完全就業状態であると指摘している。働いている労働者でもその多くは、過酷で低賃金で危険な条件のもとで働いている。企業主導のグローバル化に対抗してもっとも活発に社会的に活動している運動のひとつは、労働組織であり、それは世界中の一億人以上の労働者を労働組合に組織している。さらに一〇〇万人以上がインフォーマル部門（行政による保護・規制をうけず、公式統計に反映されない部門）の組合に参加している。このような運動は、労働基本権を守る闘いに根ざしており、既存の経済に替わる経済を作り出す要《かなめ》となる社会運動である。

よって、持続可能な社会は、フォーマル部門の労働者の権利を守ると同時に、インフォーマル部門として認知されるようになったところで生計を立てている人、さらに仕事のない人やほとんど仕事につけない人びとが必要とする生活の糧にまで心を配らなければならない。

八　食の安定供給と安全性

住民の食料が十分足りていれば、そのコミュニティや国は安定している。国内で自給自足できればなおさらである。人びとはまた安全な食べ物を必要とするが、安全な食物は年々減少してきているのが現状である。

今日世界で最も力のある市民運動の一部は、グローバル化した工業型農業という怪物と闘っている。少数の企業が食料や種を独占的に支配し、何百万という農家、何千万という人びとの食料の安定供給と安全性を脅かしているのだ。国際貿易ルールは工業型農業モデルに有利に働き、地元で消費される主要作物を生産している小規模農家を、急速に離農に追い込んでいる。グローバル工業型農業は小規模農家を土地から追い出し、農薬と機械化による単作農業に転換させ、環境や社会の多大な犠牲のもとに、輸出用の奢侈品を生産しているのだ。一方、バイオテクノロジーは環境と健康に新たなリスクを多数もたらす。

新たな貿易ルール作りに当たって心すべきは、農業においては食の地産地消が最優先されるべきだということである。地域自立の食糧生産と健康で安全な食べものの確保は基本的人権とみなされるべきである。新しい食料システムの考え方の鍵となるのは、より近い地域と貿易し、長距離輸送が必要な高価な輸入品への依存を減らすことにある（第6章参照）。

九　公正

現行のルールの下で進む経済のグローバル化は、金持ち国と貧乏国との格差、国内では金持ちと貧乏人との格差、さらに男女間の格差を広げている。その結果生まれた社会的混乱と緊張は世界中の平和と安全にとってもっとも大きな脅威となりつつある。国家間での、また国内での公正さが増せば、民主主義と持続可能な社会は強化されるだろう。

金持ち国と貧乏国の間に広がる格差を減らすためには、まず貧乏国の不当な債務を帳消しにすることである。また、現在の国際統治機構を、世界的公正さを運営原則の中に盛り込んだ新しい機構に置き換える必要がある。

国内で生じている不公平についていえば、現在の支配的体制に重大な欠陥があることからきている。市場がお金持ちの欲求にのみ応じ、支払うすべのない人びとの最も基本的なニーズさえまったく無視する体制である。収入や所有が極端に不公平な場合、経済資源の配分にゆがみが生じ、大金持ち以外のほとんどのものは実質的に民主的参加からはじき出され、制度的な合法性は損なわれて社会的不安が生み出される。

経済グローバル化によって圧倒的に痛めつけられているのは女性である。女性は小規模な食糧生産者の大半を占めており、今なお、世界中の栄養の大部分を賄っている。したがって、大規模なグローバル化農業システムによって打撃を受けている。同様に、ナイキやデルその他の国際企業の組立作業工場の労働者の多くが女性である。そしてほとんどの工場で、低賃金と長時間労働に苛まれている。農業労働者であれ工場労働者であれ、女性たちは家庭では家事や家族の世話をもっぱら担っており、このような労働はほとんど不払いである。そして、世界中にある組立作業ラインという社会的に最下位の地位をもっぱら女性が占めているのに対して、企業のトップや国際官僚は圧倒的に男であり、男女差別賃金をますます押し広げている。

経済グローバル化推進論者は、巨大な富を貯めた人びとは貧乏人から何も奪っていないと主張するが、まったく腹立たしい限りだ。金持ちがたくさん肉を食べるようになり、その肉を提供する家畜を養育するために穀物市場が激変する。すなわち、これまで入手できていた穀物が貧乏人の手には入らなくなる。その結果、飢餓が起こる。銀行が家族経営の農場を抵当流れで処分し、輸出用作物を作る企業に売る結果、退去させられた家族は生計手段を奪われて、土地なしの労働者とか劣悪な条件で働く労働者といった社会の片隅でしか生きられない存在にされてしまう。彼らが生産するものと言えば、自分たちが到底買えないような輸出用製品だ。金持ちが贅沢な二つ目の、三つ目の、さらに四つ目の家を買えば、土地と家の値段は釣り上がり、金のない人びとは路上に追い出される。山林を丸裸に伐採して利益を得るもののために、下の里に住む人びとは洪水で家や作物を流されてしまうことになる。金に飽かせてエネルギーを浪費するものたちのために、バングラデシュであれどこであれ海岸の低地に住む何千万という人びとは、暴風雨で命を落としたり土地を追われることになる。金持ちの蓄積した富は、なんら貧しい人から奪ったものではないという考え方は、金持ちにとって都合のいいものだが、とんでもないことだ。

環境的には限界に来ているのに、ますます人口過剰になる世界において、いかにして富裕層の限りない物の浪費を抑え、いかにしてすべての人びとの基本的ニーズをみたしていくか、人類は苦痛に満ちた選択を迫られている。

公正は社会の健全さにとって欠かせないものであるから、健全な社会は底辺を引き上げ、トップには天井をおく。その一方で真の機会の平等と、報奨と公正のバランスを維持するよう努める。百年前、有名な金融業者J・P・モーガンは、彼自身高潔な人ではなかったが、企業のトップは最低賃金労働者の二十倍以上の収入は手にすべきではないと主張していた。他のところで触れたように、二〇〇〇年の米国では企業トップは労働者平均賃金の四百五十八倍もの収入を得ている。工業労働者と農業労働者双方の収入を改善するためには採るべき政策はあまたある。さらに、企業トップの過剰な収入をもたらす原因を取り除くための実際的な提案もたくさんある。

持続可能な社会にとって要となるものは、社会正義と公正である。国家間、国内、民族間、階級間、男女間で広く行なわれる公正さである。

一〇 予防原則

企業主導の科学・技術・革新が環境や社会や政治に未曾有の影響を与えている時代に、私たちは生きている。これまでにない技術革新が、それがもたらす結果などを前もって考慮されることはほとんどなく、また民主的に評価されることなく進んでいく。しかもその技術のマイナスの結果を修復するにはすでに手遅れのことがたびたびある。二十世紀は、思いつくまま上げても自動車、化学製品、プラスチック、原子力、航空旅行、テレビ、コンピューター、生物兵器、宇宙開発、さらにごく最近にはバイオテクノロジー、ナノテクノロジー、そして無線通信などを世の中にもたらした。このような新しい技術は、すでに社会や経済や政治の分野に大きな変化をもたらしている。その変化の多くは有益なものであるが、同時に汚染や環境破壊を引き起こしており、そのことについては決して公には考慮されてこなかったし、それはまた、未来世代に多くの困難、病気、強制移住をもたらすかもしれないのである。もっとも重要なことは、このような革新のどれ一つも民主的なやり方で世の中にもたらされたものではないことである。まして、それがもたらすかもしれない気候の変化、大洋汚染、化学物質中毒、宇宙兵器、世界一極集中通信などのマイナス面はまったく明らかにされなかった。ほとんどのものが、マイナス面については目を向けられず、明らかにされず、また討論もされずに、軍事的もしくは商売上の思惑によって導入されたのである。新しい技術がともかくも説明される場合はいつでも、その効用についてであり、それもユートピア的な言辞でなされることが多いのだ。「原子力は安全でクリーンで無限にある」。「バイオテクノロジーは世界を飢えさせない」。「抗生物質は病気をなくす」。そのマイナス面は手遅れになるまで明らかにされない。

この問題に気づいて、リオ地球サミットの参加国によって調印された一九九二・リオ宣言では、予防原則を国際法として成文化した。「環境を守るために、各国はその能力に応じて予防的方策を広く講じなければならない。深刻な、あるいは不可逆的な危害の脅威がある場合には、完全な科学的確実性の欠如を理由に、環境悪化を防止するために費用対効果の大きな対策を延期してはならない」。

グローバル化国際フォーラム（ＩＦＧ）は、まともで民主的な政策決定のために、このリオ宣言の原則を欠かせないものとして強く支持する。確かに、有害性の「科学的証明」を確立するには長い年月がかかることもある。予防原則は、技術や処理法の推進者に、それが広く導入される前に安全性を証明する責任を負わせる。ことわざにあるように「後悔先に立たず」。また、ごく最近では、問題ある技術についての警告的な言葉に「無罪が証明されるまでは有罪だ」というものがある。

一〇〇％安全性が証明されない限り、予防措置を講ずることと、技術や処理法の推進者側に証明する責任を負わせること、この二つは予防原則に必要不可欠な事項である。さらに、次の二つが重要である。すなわち、疑問がある場合には常に他の選択肢に優先権が与えられること、政策決定のあらゆる段階においてすべての人びとの参加があること、である。

予防原則について異論を唱える人もいるが、多くの国が予防原則を受け入れ法制化し始めている。ドイツとスウェーデンではすでに行なわれているし、オーストラリア、スコットランド、ノルウェー、その他の国でも予防原則を広範に適用している。二〇〇一年二月にはＥＵの執行機関・欧州委員会も積極的な態度を表明した。「環境や人間、動物、植物の健康に害を及ぼすかもしれないという懸念に合理的な根拠があるとき、同時にデータが詳細なリスク評価を阻むとき、予防原則は危険管理戦略として政治的に受け入れられている」。しかし、ああ！ すべての国において、というわけではない。

たとえば、米国が温暖化防止に関する京都議定書を拒否しているのは有名である。温暖化の原因が人間活動であるとは科学的に証明されていないと言うのだ。非常に偏狭で危険な考え方だ。さらにまた、ＥＵが人工成長ホルモンを使った牛肉製品の輸入を禁止しているのはＷＴＯ規則違反であると訴えている。それらの製品は癌の危険性を増大するという疑いがもたれているのだ。このような牛肉製品の禁止はそれ自体が、ＥＵによる予防原則適用の表明なのだ。

他にもＷＴＯが重大な問題を引き起こしている分野がある。ＷＴＯ規則では、安全規定は「リスクアセスメント（危険性事前評価）」に基づかねばならず、それは、政府が新しい技術や技法を禁止する場合、その危険性を明確に証明する必要があることを意味する。そのような明確な証明がない場合には、予防手段は「不法な貿易障壁」として位置付けられ、撤回されうる。前述のホルモン含有の牛肉について、ＥＵはまだ明確な証拠を得ていなかった。もし、そのようなＷＴＯ規則が一九五〇年代にあったとしたら、米国食品医薬品局はサリドマイドの使用を禁止することができなかったであろう。サリドマイドはそれが認可され広範に使用されていた多くの国（ヨーロッパの国ぐにも含まれる）で重度の奇形の赤ちゃんを誕生させた原因であり、その有害性が最終的に証明されたのは三十年後であった。

米国には、予防原則とは言ってはいないが、予防原則を事実上適用している法律は少なからずある。クリーン・ウォーター法、環境保護法、労働安全衛生法、一九九〇年汚染防止法などであるが、いつの日かこれらの政策は、ＷＴＯ規則によって挑戦を受けるかも知れない。それなのに米国はこの同じＷＴＯ規則を使って、他の国の予防原則に対し脅しをかけている。ホルモン牛肉に加え、最近起きているケースは、遺伝子組み換え輸出食品、ポリ塩化ビニールの玩具に含まれるフタル酸塩、それにある電子技術に関するものである。

世界的に予防原則を受け入れ採用することは、非常に大事なことである。それによって、市民は、自らが民主的に選んだ代表者を通して、自分自身や自然環境がどのような危険にさらされるのかについて学び、判断し、どう扱うかを決める権利を持てるからである。国際貿易機関はリオでなされたように、原則を法制化して文書化するべきであり、すくなくとも、ある国がその原則を適用するのを制限するような立場を取るべきではない。

一〇原則をグローバル化に適用する

ここに述べた一〇の原則は、企業グローバル経済の諸機関を駆り立てている原則と正反対のものである。企業グローバル経済の強力なシステムは企業自身を否応なく次のような行動に駆り立てる。共有財産を私有化し独占する。ごく少数の人間に、それも自らの決定が人びとの幸福や地球の環境に与える影響についての法的説明責任を負わない人間に、力と権威を集中させる。生きるか死ぬかの競争をして、それによって大勝ちした組とそれ以上の大負けした組を生み出す。外部へ無責任なコストを押し付ける。文化や生物や経済の多様性を破壊する。そして人間と環境の健康を死に至らしめるような危険を無視する。いまこそ、企業グローバル化機関が振るう力を殺ぎ、もっぱら人びとと地球のニーズに応える機関とルールに置き換えるときなのだ。

私たちは、どのようなルール、奨励策、政策、機関が持続可能な社会を支えることができるかを決定する際に、基本となるものとして整理した一〇原則を提案する。これまでのグローバル化に関する議論はほとんど国際貿易と投資に集中してきたので、持続可能な社会のためのこれらの一〇原則が、どのようにして国際貿易と投資のための原則にもなりうるか検証するのは適切であろう。以下は、米国の多数の宗教団体が呼びかけて作った「貿易と投資に関する異宗派間作業部会」が出した声明の抜粋で、この主題に関する考えをいくつか示している。

・国際貿易・投資機関はあらゆるレベルで民主的政府の持つ正当な役割を尊重しなければならない。市民社会と協力して、政府は国民の発展と繁栄に関する政策を決定することができなければならない。このことはあらゆるコミュニティと国が民主的に自主決定する権利を尊重することであり、それには、他のコミュニティや国とも協力して、どのような条件で他者と貿易するのか、他者の投資を受け入れるのかを決める権利も含まれる。このような決定は住民すべての幸福に深く影響を及ぼすので、あらゆるレベルの政府や人びとがかかわる形で、ガラス張りの民主的手順を踏んでなされなければならない。利害関係者の中でも最弱者層が参加することが特に重要である。

・国際貿易・投資機関はグローバル・コモンズを保護し、人権、それに労働者・女性・先住民・子供の権利を尊重し、その地位向上を図らねばならない。地域社会が地域の天然資源を保護しながら使用し、環境を破壊しないように人びとのニーズを保障していく権利は尊重されねばならない。社会には人びとの利益を守るルールが必要である。あらゆる人間活動がそうであるように、国際貿易・投資は上記の目的に合うよう適切に規制される。それも関係する国やコミュニティの民主的に選ばれた政府の手でなされるのが好ましい。貿易と投資について国際協定はどのようなものであっても、そのような地域や国の法律を生かすようにしなければならない。

・最後に、あらゆる国際協定は持続可能な社会の創出を目指すものであるべきだ。このためには、過去の行為を変えて行かねばならないが、それについては後続の章で詳しく述べられるだろう。

まさに今、新しいアプローチをするときなのだ。

ボックスM

文化の多様性——画一化に抗する国の権利

モード・バーロウ、カナダ人協議会

「私は我が家が八方塀で囲まれていたり、窓が塞がれていたりするのは願い下げだ。世界中の文化が自由自在に家の中に吹き込んできてほしい。とはいえ、私の足を吹き飛ばされたくはない。」　―マハトマ・ガンジー

ラテンアメリカ、アジア、太平洋諸国、アフリカそして先進国では、企業主導型グローバリゼーションの結果、若者がナイキのスニーカー、ギャップの服、最新のCD、マイケル・ジョーダンのTシャツ、

野球帽など世界を支配する経済大国で人気のある消費財を欲しがるようになった。ハリウッド映画、グローバルな音楽産業、テレビ、そして大量販売用の書籍が画一的文化を押し広げている。世界中で、北米企業文化が地域の伝統、知識、技術、職人技および価値観を破壊している。この地方文化に対する暴行が、世界各地の先住民居住地の破壊と結びつくとき、その影響は甚大なものになる。

科学技術はまた単一文化と単一言語を広めている。米国で使われているコンピュータは他の全世界を合わせた数より多い。ウェブサイトの八〇％が英語だが、全世界で英語を話す人は一〇人に一人もいないのである。いたるところで、インターネットは教育のある者とない者、男と女、金持ちと貧乏人、若者と老人、都会と農村を分断している。

多くの国で、経済のグローバル化が感性を鈍らせ、画一化をもたらしているという感じが広がり、グローバル化勢力に対抗して文化の多様性とこれを守る権利を求める闘いが、生物多様性を守る闘いにおとらず重要になっている。欧米の価値に支配される世界的な文化の均質化と、巨大な米国型複合娯楽産業がもたらした生活様式に対する懸念は、世界中の政府や国民の間で深まるばかりである。

文化を最も豊かな遺産とみなし、文化なくしては先祖も歴史も魂も存在しないとする社会は少なくないし、とりわけ先住民はそうである。文化の価値は金銭に換えられず、商品化することは文化を破壊することである。文化は鋼鉄やコンピュータ部品のような単なる製品ではないという思いは世界中に広がりつつある。多くの国が資金提供や内容規制その他の公共政策を通じて、自国の芸術家や文化を奨励し、また独自の知的創造のために一定の場を確保しようとしている。これらを手本にして、地方の文化表現を促進しようとしている国もある。

これに反して、娯楽産業複合体は文化をビジネスとみなす。それも世界貿易機構（ＷＴＯ）のような国際貿易協定によって積極的に発展させるべき巨大ビジネスである。この産業は巨大電気通信会社、映画会社、テレビ網、ケーブルテレビ会社、インターネットを結びつけ、出版、映像、放送、ビデオ、テレビ、ケーブルと衛星放送、メガシアター用映画製作、音楽録音と配給そしてテーマパークが複雑に絡み合ったウェブ（世界規模の情報ネットワーク）のなかで機能する。

国連の『人間開発報告（一九九九年）』によれば、大量生産される米国の大衆文化は、この国の最大の輸出産業である。米国のエンターテイメント、メディア、情報産業をつなぐ非常によく組織された巨大な連合ができており、諸外国の文化的保護政策に対抗する一種の共同戦線をはっている。タイム・ワーナーやディズニーのような企業は、連邦議会やホワイトハウスにいる有力者と親しい関係にあり、政府に協力を惜しまないし、その見返りとして政府はそれら企業の利益保護については積極的な姿勢を示す。

長年にわたって米国務省は、さまざまな貿易救済策を講じて、国や地方が自らの文化を守るために制定したルールを一貫して打ち破ってきた。近年、さらに多くの国々が自国の芸術家や文化的産業の保護政策を講じていることから、このたたかいは一段と激しさを増している。

二〇〇〇年初、米下院委員会で当時の米通商代表シャーリーン・バーショフスキーは、それまでになく断固として、貿易協定を使って米国の企業エンターテイメントの利益を促進すると言い切った。「わが国はオーディオ・ビジュアルや電気通信など、米国企業が大きな商業的利害をもつ広範な分野に対する提案を検討中である。わが国の企業はＷＴＯにさらに肩入れすることによって、主たる受益者たる位置を保つのである。」この発言は文化のもつ矛盾をはっきりと示している。多様性を推し進めながら、どうやって知的創造物や芸術の自由な流れを維持できるのだろうか。

この論議は、既存の政策や計画を維持する国の権利にとどまらない。

根本的には、われわれの社会が発展するにつれて新しい芸術を発展させたり、ほかの文化を翻案したり改正する権利をめぐる論議である。世界的に広く採用されている対策は概して保護主義ではない。たいていの市場は他の文化的プロダクツに対して開かれているからである。選択の道をそなえるための施策であって、その文化的プロダクツの洪水の中から、市民が自分自身の現実を反映する書物や雑誌、映画、サウンドを見たり聞いたり読んだりできるようにするのが狙いである。要するに、まさに文化的多様性についての論議なのである。

世界各地で市民社会運動が広がるにつれ、文化界も生存をかけて国際的連携を発展させつつある。二〇〇〇年九月、文化の問題に関心があるＮＧＯのグローバルネットワークがギリシアのサントリーニで会議を開き、『文化の多様性のための国際ネットワーク』（ＩＮＣＤ）を立ち上げた。三〇カ国以上から一六〇を超える団体がこのネットワークに賛同し、声をあげていくことを誓った。

文化関係者の間では、こうした新たに出てきた問題に対処するため新たな国際法となるべき文書をつくるべきだという意見が少なくない。そうした信念にたって、二〇〇二年三月、ＩＮＣＤは「文化的多様協定」草案を提出した。この協定を成功させるには貿易協定と同等の地位を持つ必要がある、とＩＮＣＤは考えている。付随的であってはならないのである。この条約は、すべての国と国民にとって文化的多様性を保持することが重要であると認め、文化に関わる取り組みのみを盛り込み、各国が多様性を促進するために用いる基準を設定するはずである。新たな憲章のもとでの異議申立てや争いは、通商官僚ではなく文化の専門家によって判断が下される必要があるだろう。

この条約は自ら限定する権限を持つべきである。ある国にとって重要な文化問題であっても、他の国にとってはそうでないことがあるからだ。こうした定義付けは後に変更を認められるべきである。将来いかなる文化的表現方法が現われるか予測できないからである。

（注：本稿はゲリー・ネイルに負うところが大きい）

注：ゲリー・ニールに特別の感謝を込めて

第5章　コモンズをとりもどす：グローバル化してはならないもの

　ほんの二十年ほど前まで、世界には、経済グローバル化の手の及ばないところが広く存在していた。世界の人びとは大部分が、自分達の住む土地にあるもので生活し、外部の市場にはほとんど頼っていなかった。多くの農村地帯では、モンサント社やカーギル社の私有財産としてではなくコミュニティ全体の財産として、種子が交換されていた。世界中で三億の先住民族の人びとは、地球規模での交易活動とはまったくかかわりを持たずに暮らしていた。市町村の上下水道のほとんどは、地方政府かコミュニティが管理していた。ソ連邦、東ヨーロッパ、中国の経済活動の多くは世界市場とは連動していなかった。ほとんどの発展途上国が、銀行業、保険、その他決定的に重要な経済への国外からの投資を制限していた。株式市場はほとんどが国内的なもので、世界全域をターゲットとする投資家は参入できなかった。グローバル企業はこうした領域すべてに入り込もうと躍起になっていたが、国や地方政府や地域社会はしっかりと防壁を守り続けた。

　いますべてが変わってしまった。ロナルド・レーガン、マーガレット・サッチャー、ヘルムート・

コール、その他各地の同調者たちによって導入された市場原理主義のもとで二十年がたち、境界は崩れ去った。ベルリンの壁の崩壊のように、CNNテレビの衝撃的な映像によって世界中の茶の間で目撃されたものもあり、一九九三年のNAFTA締結、一九九四年のWTO発足決定のように、市民側の猛反対にあいながらおきたものもあった。企業による統制が地球全体へ拡大することをめぐって、地域レベルで起きた闘争もあった。コチャバンバ市の市営水道事業をベクテル社の手から守ろうとしたボリビア労働者・小農民の断固とした闘い、自分達が守り育ててきた種子に対して知的財産権を主張したカーギル社やモンサント社に対抗するインド小農民の苦闘などがそれである。ここ二十年の間に、世界企業は多くの国家政府の強力な支持をえて、あらゆる場所のあらゆる市場への権利を強引に主張した。そして今日彼らの手は、実質的にすべての分野・領域に及ぶようになった。世界各地の辺《へん》鄙《び》な農村社会さえ例外ではない。

企業によるグローバル化が生活と環境のすべての面に蚕食してくるのを、止めなければならない。これが、本書の著者たちを結びつけている最も重要な視点の一つである。私たちは、グローバル化に関する議論全体をこの視点から捉え直したいと思っている。私たちは、世界の社会的経済的生活には、経済グローバル化のプロセスからはずすべき領域がたくさんあると信じている。どういう領域が、経済グローバル化のどの側面から守られるべきか、この章ではそれを選ぶためのたたき台を提案する。

グローバル化に関する議論全般を通じて、ある種のモノやサービスは商取引の対象にしてはならないという合意は、ある面ではすでに存在している。例えば世界中の政府は、有害廃棄物の取引を禁止する国際条約を結んでいる。同様に、絶滅危惧種の売買を禁ずる世界条約もある。そして性産業に売られる女性の国際的人身売買に反対する世界的な運動が、勢いを増しつつある。

そして今私たち国際グローバル化フォーラム（ＩＦＧ）はこの議論の範囲を広げて、このような破滅を招くモノにとどまらず、伝統的にコモンズと呼ばれてきたものについての人びとの権利と国の義務をも、商取引の対象にしてはならないものの中に含めたいと思う。

この章で、私たちは世界中のコモンズについてのさまざまな概念を見渡し、淡水・遺伝子コモンズ・共有地・その他といったコモンズに対して、経済のグローバル化が現在どういう脅威をもたらしているかを一つひとつ詳しく説明していく。ついで現代のコモンズという概念を紹介する。これは人びとから託された神聖な任務、すなわち一定の主要なサービスの遂行という任務を実行するのに政府が果たす役割のことで、かつてはコミュニティや家族の手中にあったこれらのサービスは、次第に国民国家の手に渡りその一部とされてきたのだ。公共の利益とはまったく異なる優先順位で動いているグローバル企業にこれらのサービスを売り払うのは、これら現代のコモンズへの重大な侵害であり、現代のコモンズの多くは決して商品化されてはならないものなのだ。私たちはまた、現代のコモンズとは人びとの普遍的な権利とサービスとの管理を任された政府の義務でもあることを論じ、最後に、経済グローバル化の最悪の側面からコモンズをどう守れるか、いくつかのアイデアを提唱する。

私たちはこの提案が、多くの分野に関わる複合的な議論が始まる口火になればと願っている。これが最終的な回答だというつもりではない。

コモンズとは何か

ここ数十年の間に経済のグローバル化は大きく推し進められたが、その大部分は、あらゆるタイプの自然資源を強引に開発し市場に出そうとするグローバル企業によってもたらされたものだった。世界の自然資源はすでに開発されつくし、深刻な様相を呈しているが、その中で企業は、まだ手付かずに残されている自然界とそして人類の知識の蓄積のすべてを、何から何まで商品の形態におきかえようとしている。

伝統的に手をふれ てはならないとされてきた生活領域は、いまや金銭化された活動、個人所有、そして世界貿易の対象とみなされている。この領域とは、思い出すことも出来ないほど昔から、共同財産あるいはすべての民族と地域共同体の共有遺産として受け入れられ、数千年来現在に至るまですべての人が分かち合うために存在しているさまざまな領域であり、コモンズとして知られてきたものだ。

この中でもわかりやすいのは、私たちが吸う空気、飲む水、世界の海とさまざまな野生生物と多様な植物相、あらゆる生物が次の世代へと引き継ぐ遺伝子、人類の知識と知恵の集積、共同体内に脈々と伝わる相互扶助システム、地域社会が次回の種まきに使う種子、広場、共有された言語と文化、そしてさまざまな先住民族にとっては、数千年にわたって共同で作業してきた共有地などだ。

コモンズのあるものは豊かな自然からの贈り物で、人と地球の生存にとって欠かせないものだ。こうした贈り物をたたえるための数知れない儀式、それらに損害を与えないための規則やタブーは、ほとんどの文化に見られる。新しいコモンズもある。このなかには例えば放送電波の周波数帯やインターネットが含まれる。ずっと昔からのコモンズもある。アフリカ、ヨーロッパ、アジアの共有牧草地、民間伝承、そして文化的人工物のようなものだ。

地球規模のコモンズと考えてよいものもある。大気、海洋、宇宙、そして、領有権の主張者がいない南極大陸と月。コミュニティのコモンズと考えられるものもある。公共スペース、共有地、森林、遺伝子プール、薬用植物に関して地域に受け継がれている創意工夫に富んだ知識、そして地域社会が数世紀をかけて開発してきた種子。

カリフォルニア州トマレス・ベイ研究所のジョナサン・ロウは、あらゆるコモンズに共通する特徴点は、それがすべての人のものであるということだと指摘している。コモンズに対して独占的な権利を持つ人は、昔から誰もいなかったのだ。私たちは共同でコモンズを受け継いでいる。コモンズは私たちの共有の相続財産だ。コモンズは「私たちの生活にとって、国や市場よりずっと基本的なものだ」とロウは言う。そしてさらに「呼吸に適した空気、生命豊かな海、自由に使えるきれいな水、活気に満ちた多様な生物群。こうしたものの無い生活を私たちは想像できない。こういうものはあって当たり前と私たちはいつも思ってきた。コモンズとはいつでもそこにあり続けるものなのだ。世代から世代へと永遠に、すべての人の手に届くものとして」と続けている。

この章のもう少し後で、私たちはさらにもうひとつの種類のコモンズを提唱しようと思う。「現代のコモンズ」だ。健康、水の浄化と給水、教育、情報など、いずれもかつては地域的な土着の小さなコミュニティ内で非公式に行なわれていたもので、その後国に吸収され、いまや民営化の瀬戸際にある種々の公共サービスがこれにあたる。

現代の国民国家は、自国民の集団的安全保障も担うようになっている。これはかつてこれほど技術志向でもなく移動も多くなかった世の中で、地域社会が担っていた分野である。その意味で、私たちは、目に見えてわかりやすい軍事的役割だけでなく、現代国家が提供する義務のあるその他さまざまな安全保障について議論する必要がある。一九四八年に世界人権宣言が採択されて以来、国連は、基本的人権を明確に定義するよう各国政府を支援してきた。各国政府は、食の安定供給と同じように生存に欠かせないものとして、基本的人権を守ることを義務付けられた。文化の多様性を守ることもまた基本的な義務であり権利である。世界的な貿易システムのなかの何であろうと、こういう根底的な優先事項を弱体化させることは、決して許されてはならない（現在、WTOをはじめとする貿易諸協定には、私たちがここで現代のコモンズの一部として提唱しているこうした基本的な諸権利を守ろうとする国ぐにに、真っ向から対立する要素が数多く含まれている）。

さまざまなタイプのコモンズをすべて厳密に分類するのは難しい。いくつかの分野にまたがるものが多いからだ。例えば、河川水（複数の地域や国にまたがる流域もある）、生物多様性（一地方についてのこともあれば、国全体としての場合もある）、放送周波数帯（ローカル放送、全国放送、国際放送）、そして、生命の遺伝子構造。同じように、毒物、武器、その他コモンズを破壊する商取引に対する防衛策も、国レベルと国際レベルの両方が必要になる。

しかしここでの論考の目的は、ひとつの中心原則を広く提案することだ。その原則とは、どんな世界的貿易機構も、以下に述べる基本概念を認め従わなければならない。それは、人間活動のすべての分野が、その貿易機構の中央集権化された諸規則に従わなければならないわけではないということ、またいかなる種類の世界貿易もしくは投資にも、または貿易と投資を支配する規則にも、決して含まれてはならない分野が数多く存在する　ということだ。

このような複雑な問題は、国際的貿易システムに関する議論からははずされるのが常だ。議論が集中するのは、新しい資源、規模拡大、そして利益に関してだ。しかしいかなるかたちであれ社会的もしくは環境的な持続可能性を手に入れようとするならば、こうした問題に取り組まなければならない。共同のスペースはどうすれば効果的に保護できるか。有効な具体的手段が現在何か存在するだろうか。どのようなあたらしい方法が提案できるだろうか。コモンズ、共有遺産、政府のサービスのうち、決して商取引にゆだねるべきではない領域、少なくとも地域あるいは国の主権を侵害するようなグローバルな協定の権威のもとに置かれるべきではない領域は、どのように定義されるだろうか。近代社会における国民国家の義務とはなんだろうか。例えば毒物、武器、麻薬などのように、そもそも国際貿易の対象として扱うこと自体があまりにも危険な品物はなんだろうか。ある種の交易にはタブーを設けるべきだろうか。

脅かされるコモンズ

コモンズを商品化し、私物化し、「囲い込まれた」形にかえようとする動きは、数世紀にわたって続いている（この問題の歴史については次節「コモンズの伝統」を参照）。現在の状況では、この動きを主に推し進めているのはグローバル企業と、それらへの奉仕の度合いをますます強めつつある世界官僚機構だ。新たに登場したグローバルな貿易金融官僚機構に助けられて、企業はまだ手付かずの領域でのチャンスをものにしつつある。それは企業を肥やすエサになりうるなどとは、ほとんどの人が考えても見なかった領域である。いくつかの例を挙げよう。

淡水コモンズへの脅威

そんなことは考えられないと思われるかもしれないが、全人類にとって生存の基礎である共有の世襲的財産、淡水の個人所有権を認め、商品化、輸出、取引を認める道が開かれつつある。水は地球上のすべての生き物が必要とする、共有の、かけがえのない、しかも限られた資源ではなく、新しいコンピューター部品や車のタイヤと同じ普通の商品だと言わんばかりだ。

世界中多くの地域で、河川、湖沼などの淡水に対する権利がベクテル、ヴィヴェンディ、その他巨大多国籍企業に売られつつある（潰れる前のエンロンも、こうした水取引の主役の一人だった）。これらの会社は、飲み水の一杯ごと、灌漑水の一リットルごとに利用者に料金を請求し始めた。料金を払えない人びとは、自分自身も家族もその土地も、渇きを癒せないままになっている。そして、そういう人はたくさんいる。

世界中の私企業は、淡水とは、開発すれば利潤の得られる、最後の広大な手付かずの自然資源だと考えている。彼らは、モード・バーロウとトニー・クラークがその著書で青い黄金《ブルーゴールド》と呼んだものの取引をすぐにでも始められるように、水と水サービスの管理権をすばやく手中に収めつつある。水はまさしく一時代前の黒い黄金《ブラックゴールド》、すなわち石油と同様の重要性を持つものになりつつある。

企業が攻撃的な勢いでこの過程を推し進められるのは、NAFTA（北米自由貿易協定）もWTOも、水は取引可能な商品であると定義しているからだ。ひとたび蛇口を開けてしまったら、つまりどの国のどの州どの地方自治体であろうと、どんな協定であれ、水もしくは水供給サービスを民営化するとの協定をひとたび結んでしまったら、その蛇口をしめなおすのは企業の権利の侵害になる。WTOには、輸出規制によって水の輸出を妨げることを禁止する特定条項が含まれている。NAFTAには、将来見込まれる利潤の喪失にたいして政府を提訴する権利を企業に与える条項が含まれている（NAFTA第Ⅱ章）。この条項は、例えば政府が水の輸出をとめようとしたときなどに適用される。水道サービス事業もまた、新たなサービス貿易に関する一般協定（GATS）において、「環境サービス」と呼ばれる新しいカテゴリーのもとに商品と規定される予定になっているもののひとつだ（これに関しさらに詳しくは後述の「現代のコモンズを脅かすもの」の節を参照）。

ひとたび水が私有化され、商品化され、自由市場で取引されるようになれば、水を手に入れることが出来るのは、水を必要とするすべての人ではなく、金を払う人だけになる。一般に理解されているのとは反対に、現在世界の淡水の大部分は、企業による工業化された農業と、コンピューター産業におけるコンピューターチップ製造のような製造部門で使われている。飲用や小規模農業のために残されているのは、比較的わずかなのだ。

いまや全世界でおよそ四億六〇〇〇万人が私的な水企業に依存して暮らしている。一九九〇年にはこの数はわずか五〇〇〇万人にすぎなかったのに。しかしこれと同じスピードで、水の私有化に抵抗する動きも成長しつつある。淡水コモンズへのアクセスと淡水コモンズの管理とは、基本的人権であると要求する、力強いグローバルな市民運動がおきている。以下、世界各地で起きているこの運動のいくつかを簡単に紹介する。

アルゼンチン

一九九三年、世銀は融資の条件としてアルゼンチンに上下水道事業の民営化を要求した。世界最大の水企業スエズが、子会社であるアグアス・アルヘンティナス社を通じて事業を自分のものにした。民営化の経費一〇億ドルの九七%が、世銀、IMF（国際通貨基金）、その他の融資機関によって資金提供され、住宅用水道の料金は八八・二%値上がりした。一九九七年、スエズ社は約束どおりのサービスの向上と拡大がなされていないと告訴された。さらに二〇〇三年には、同社が管理する下水の大部分が完全な処理をされておらず、同社は未処理の下水をアルゼンチンの河川に廃棄したとして告訴された。ブエノスアイレス市の七地区で、給水された水は「飲用に適さない」ことが明らかになった。数千の市民がこれに抗議して道路を封鎖し、議会による監視と民営化契約の取り消しを求めた。

ボリビア

アルゼンチンと同様、世銀は一九九九年、債務軽減の条件の一つとしてボリビア第三の都市コチャバンバの水道を民営化させた。ベクテル社がその子会社、アグアス・デ・トゥナリを通じて契約を手にし、水道料金をなんと二〇〇%も値上げした。文字通り一夜のうちに、月収わずか六〇ドルの家族が月二〇ドルの水道料金請求書を突きつけられることになった。時をおかず、「水と命を守るための共同行動」とよばれる新しい抵抗組織が創られた。はじめ政府はベクテル社の擁護にまわり、時には度を超した暴力行使さえ辞さなかった。しかし抵抗があまりに広がり強まったために、二〇〇〇年四月、ベクテル社は計画を放棄した。けれども同時にボリビアに対して、「失われた収益」分として二五〇〇万ドルの訴訟を起こした。その根拠は、NAFTAの規定をそのままならったボリビア―オランダ投資条約の投資規定である（これは係争中で、結果はまだ出ていない）。この間、労働者、市民、地方公務員たちは地域管理システムをつくり、利益ではなく利用権を重視したやり方で三年以上にわたって水道会社を自主運営し、成功している。ボリビアのこの経験は、同じような成果を求めているほかの国のいくつものグループに大きな励ましを与えている。

南アフリカ

一九九四年にアパルトヘイト体制は終焉を迎えたが、体制移行に要する経費の一助とするため、南アフリカは世銀とIMFからの融資と条件とを受け入れた。それは国の水道事業の民営化を「助言する」ものだった。その結果生じた料金値上げは、二〇〇一年だけで一〇〇〇万の家庭が水道を止められるという事態を引き起こした。何百万人ものタウンシップ（貧困地区）の住人たちは、生活用水として未処理の川の水をそのまま使う以外に方法がなく、あちこちでコレラが発生し一四万人以上が罹患した。大きな勢力を持つ民衆運動「反民営化フォーラム」が今、民営化を終わらせすべての人への安全な水の供給を再開するよう要求している。

インド

インドの三つの州、ケララ、マハラシュトラ、ウッタル・プラデシュでは水不足が深刻化している。コカコーラ社が自社施設周辺の地下水資源を過剰に使用した結果だ。コカコーラ社はまた廃水を地中に捨て、残されたわずかな水を汚染した。農業・飲用に適した水を失った村人たちは、数マイルも離れたところに水を求めなければならない。タミル・ナドゥ州のシバガンガイでは、他地域の村民の経験をふまえて、コカコーラ社工場の建設計画を止めようとする住民組織がつくられている。インド全域で何千もの人びとが、コカコーラ社は隣人としてふさわしくない、この国から出て行くべきだ、自分でそれを証明してしまったではないかと、声を上げている。

カナダ

企業は貿易協定の規定をたてにとって、国が自国の水資源を管理する権利を直接脅かしている。水資源の豊かなカナダはそうした挑戦状をつきつけられた最初の国ぐにの一つだった。一九九八年、サン・ベルト・ウォーター社は、ブリティッシュコロンビア州からカリフォルニアへ大量の水を輸出する契約を取得した。しかしブリティッシュコロンビア州の市民たちは、自分たちの州からの大量の水輸出の禁止をもとめ、キャンペーンを張ってこれに抗議し成功した。悪名高い「第Ⅱ章」投資条項・協定のン・ベルト社は、ＮＡＦＴＡを根拠に自社の権利を主張した。州レベルでの阻止をくらったサ保護を持ち出したのだ。もしサン・ベルト社が勝てば、ブリティッシュコロンビア州が水輸出の禁止を撤回するか、あるいはカナダ政府が自国の水を守る権利のために二億二〇〇〇万ドルを会社に支払うか、どちらかにしなければならないだろう。この後、二〇〇三年七月に、バンクーバーでは市民たちが政府に迫って、市の水道事業の民営化計画をやめさせている。

米国

米国の水道事業の八五%は今でも公共事業である。グローバルな水企業はこの状態を変えようとして、財政難にあえぐ市を経費削減とサービス向上という約束で釣り上げようと躍起になっている。その攻勢に屈したところもいくつかある。しかし、米国での民営化反対運動は広がりつつある。運動は、すでにこれら同じ会社と戦ってきた世界各地の活動家たちと直接手を取り合ってすすめられている。最近の成功例の一つは、カリフォルニア州ストックトンでおきた。二〇〇四年一月、判事はストックトン市に対し、ＯＭＩ―テームズ社との水の民営化契約を取り消すよう命じた。事態を憂慮した市民たちが、全世界規模でおきている水道民営化の破壊的な影響の証拠をそろえて提訴したことを受けたものだ。判事は、市が水道事業民営化のリスクについて環境学的な審査を行なわなかったのは、カリフォルニア環境質法に違反しているとの判決をくだした。

世界的な抵抗運動は大きくなっている。二〇〇四年一月ニューデリーでバンダナ・シバは、ポラリス研究所、カナダ人評議会、パブリック・シティズンとともに、六三カ国からの活動家を集めた会議を主催した。会議は、「民衆の世界水運動」をたちあげた。「地球の水を盗む行為をやめさせる」ための国際連帯である。参加者は、各地での水をめぐる闘いについて国際的な協力体制を固め、また行動の指針となる枠組みをつくりあげることを誓った。この枠組みの中には以下の諸点が含まれる。(1)指針となる根本原則は、「水は命である」ということ、(2)国連の場で、水は基本的な人権のひとつであることを再確認し、淡水に関する国際協定づくりを進める。(3)利潤追求を目的に公共の水が企業の手に渡ることに抵抗する、(4)企業が地下水を盗むのをやめさせるキャンペーン、および、企業が地域社会から水を取りあげることを奨励している国際貿易のルールの拒否、(5)破壊的なダムや河川水路変更プロジェクトに対する反対運動を強めていく、(6)商業主義による淡水コモンズの破壊に替わるものとして、地域社会がそれぞれの地域に適した持続可能な水の管理法を発展させ、採り入れ、水財産管理能力をたかめていくよう、地域社会に権限を与える。

遺伝子コモンズを脅かすもの

私物化と開発の対象になりうるとは、ほとんどの人が考えてもみなかったもうひとつのコモンズが遺伝子コモンズ、すなわち地上のすべての生命をつくっている無数の基本パーツだ。しかしこれもまた、いまや遺伝子工学を通じて組み換えの対象となり、特許を取れる商品に変えられてしまっている。アース・アイランド研究所の故デイビッド・ブラウアーはかつて遺伝子コモンズを、「地上に残された唯一の手付かずの未開地」と呼んだが、もはやこれは真実ではない。森林と同じように、遺伝子コモンズも手当たりしだいの商業的介入の危機にさらされている。農業にみられるように、いくつかの分野ではこのプロセスはすでにかなり進行していて、第三世界の農業活動家たちはこれをバイオパイラシー〔生物海賊行為〕と呼んでいる（コラムN参照）。

国際技術評価センターのアンドリュー・キンブレルによると、「いま企業は、金銭的に価値の高い植物、動物、そして人の遺伝子はないかと地球を隅々まで探し回り、あたかも自分の発明品であるかのようにそれらの私的所有権を主張しようとしている。すでに数千に及ぶ遺伝子特許が企業に与えられていて、これらの企業は今やあらゆる生き物の特許をとって、それを私物化することが出来る」。

こうした活動のほとんどは、生命科学産業によって行なわれている。モンサント、ノバルティス、デュポン、パイオニアなどの企業は、ＷＴＯのＴＲＩＰ協定（貿易関連知的所有権協定）によって膨大な恩恵を与えられてきた。この協定はこれらの企業に対して、遺伝子操作を行なえば植物や種子の品種の特許をとることができると認めているのだ。そうした品種を何世紀もかけて発達させてきたのは土着の農村社会であって、各農村はお互いに自由に植物や種子を分けあっていたにもかかわらず、そしてそうすることが彼らの文化の核心をなしているにもかかわらず、今や彼らは種子の使用に当たって料金を支払わなければならない。

グローバル企業は、この貴重な遺伝子素材は小さな共同体に占有されるべきではなく、世界全体の手が届くものでなければならないと主張する。実際、企業はグローバル・コモンズという用語を使うのだが、それも、素材に対する自分たちの独占的な特許権を確認するまでのことだ。ひとたび自分の特許権が確認されると、コモンズを守ろうという議論はすべてうち捨てられる。そしてそのかわりに企業がもち出してくるのは、自分たちこそが特許によって、これらの遺伝子素材の占有を許されるべきだ、研究用の投資分を回収するチャンスを得るためであり、それが全人類の利益のためだという議論である。

遺伝子素材へのアクセスと特許取得の権利をものにするのにとりわけ熱心なのは、製薬会社だ。会社の意を受けた連中は世界中をめぐり、密林や田野での伝統的な土着の処方を探索している。彼らはまた、ある種の病気に対して自然の抵抗性を持つ遺伝子を発見できないかと、チャンスがありさえすればどこででも、土着の人びとの血を採り「口腔粘膜」をこすりとっている。たいていの場合、何のためにそんなことをするのか、その発見や特許からどれほどの利益が得られそうかは明らかにしないままだ。今、先住民族の人びとの間では、政府が開発計画を持ち込む前、そして企業が進出を許される前に「前もって知らされ自由意志で合意するインフォームド・コンセント」の権利が、主要な国際的要求のひとつになっている。

南アフリカで、グローバルな製薬会社の管理下にある高価な特許薬の代わりに、国内で開発された低コストのＡＩＤＳ薬を許可するため、ＷＴＯのＴＲＩＰ協定を、適用しないという決定を、製薬会社は拒否した。ここにグローバル製薬会社のシニシズムがよく表れている。世界中で激しい抗議が巻き起こってはじめて、特許保有者たちは南アフリカのＡＩＤＳ患者のための価格引き下げに同意した。しかしこれ以外のすべてのケースで、ＴＲＩＰ諸規定はいぜん効力を持ち続けている。

各コミュニティで数百年数千年にわたって開発されてきた、種子、薬、その他の遺伝子素材は、いつでもコミュニティ管理の下にあるべきものだと本書の著者たちは信じている。外部者によるこれらの物質の使用に関しては、すべての関連事項についての十分な議論が尽くされた後に、それぞれのケースに応じての公正で対等な交渉に基づいて合意がなされるべきだ。

ボックスN
コモンズから企業の特許へ

バンダナ・シバ（科学・技術・環境研究財団）

ＧＡＴＴ（関税・貿易一般協定）のウルグアイラウンド交渉の間に、米国はＷＴＯ（世界貿易機関）をとおして自国の特許制度を世界に押し付けることに成功した。そこで重要な役割を果たしたのが米国企業である。貿易関連知的所有権協定（ＴＲＩＰ）草案を作成し、ロビー活動を展開したのである。モンサント社のスポークスマンが語ったようにこのロビー活動で、「世界貿易に携わる産業と貿易業者は、患者、診断専門医、医師という役回りを同時に演じたのである。

ＴＲＩＰは米国型の知的所有権法（ＩＰＲ）を世界標準にしただけでなく、生き物と生物多様性を特許権の設定が可能なものに含めることで、非常に重要な倫理的、道徳的な境界線を取り払ってしまった。自ら生まれる有機体や生き物はこうして定義しなおされ、特許権所有者が発明し作り出した機械や人工物と同列に扱われるようになってしまった。実際は、企業は研究室でほんのちょっと手を加えただけに過ぎなくても、「発明」と再定義するにはそれで十分だと言うのだ。そして知的所有権法と特許権は、特許権所有者に独占的権利を与え、他の人たちがこれらの「発明」を作ったり、使用したり、販売したりすることを禁じた。たとえ、もともとの種子が地域の農民によって開発されたものであっても。その結果、農民が種子を保存することは、神聖な義務から企業の「財産」を盗む犯罪行為へと定義しなおされた。種子やその他の生物多様性を独自に所有する慣習は、すべて切り崩されてしまった。生命資源の特許権に関するTRIP第二七条三(b)項は、そもそもライフサイエンス企業が自分達を正統な「生命の統治者」だと確認するために設けたものだ。

ライフサイエンス企業はいまや遺伝子、植物、動物、種子すべてが特許の対象だと主張する。チバガイギーとサンドは合併してノバルティスとなった。ヘキストはローヌプーランツと共にアベンティスを立ち上げた。セネカはアスティアと合併した。デュポンはパイオニア・ハイブリッドを買収した。モンサントは現在、カーギルシード、デカルブ、カルジーン、アグラセタス、デルタ・アンド・パインランド、ホールデン、アスグロウ各社を所有している。作付けされる遺伝子組み換え種子全体の八〇パーセントがモンサントの知的財産である。同社はまた、綿、カラシ、大豆など広範な種子の特許を所有しているが、それらはモンサントが発明したものでも創り出したものでもない。インドや東アジアの農民達が、自然の生物多様性をパートナーとして親密に協力しあいながら、何世紀もかけて改良を重ねてきたものである。

生き物に特許権を設定するというこのやり方がどれほどよこしまなものか、具体的にあげてみよう。

倫理に反する：現行のIPR法は種子、植物、羊、牝牛、ヒトの細胞系統を、モンサントやノバルティス、イアンウィルムート、PPLなどの企業が創り出した「知的活動の産物」に分類することを認めている。これは、有機体が本来自らの力でつくられることを否定する主張である。いのちは生まれてくるのであり、特許権所有者の発明品や創作物という地位に貶《おとし》めることは論理的にできない。私的財産として所有されることはできない。なぜなら、生き物は単なる遺伝子鉱脈ではなく、私たち人間と生態系を共有する身内だからである。

種子の保存と分かち合いを犯罪行為にする：知的財産権を通して企業を種子の所有者と認めれば、種子を保存し、地域の仲間と分け合う農民はどろぼうということになる。モンサントは実際に探偵を雇い、こうした窃盗行為の疑いのある農民を追跡し裁判にかけている。

生命資源に対する海賊行為（バイオパイラシー）を奨励する：こうした特許を通じて生物多様性や先住民の知識を盗むことを、南ではバイオパイラシーと呼んでいる。バイオパイラシーは三つの方法で南を収奪する。

・はるか昔から積み重ねられてきた知識でさえ、新案だ、発明だと虚偽の主張をでっち上げる。バイオパイラシーは知的どろぼうだ。第三世界の人びとの創造性と知的資源を強奪するからだ。

・希少な生物資源を企業の独占的支配下に置き、地域社会や先住民医療従事者を収奪する。バイオパイラシーは資源どろぼうだ。人類の三分の二を占める最も貧しい人びとが拠り所としてきた生物多様性を奪い取るからだ。

・独占的市場をつくりだし、実際に創意工夫を重ねてきた人びとを、地域や国内、国際的市場から締め出し、正当な分け前を得られないようにする。ＷＴＯルールはＴＲＩＰのもとで、この組織的な経済窃盗行為を防ぐのではなく、強者を守り、犠牲者を罰するのだ。米国がインドに仕掛けた紛争で、ＷＴＯはインドに特許法の改正を迫り、外国特許権を根拠に外国企業に排他的市場取引権を与えるよう求めた。これらの特許権の多くがバイオパイラシーに基づくものであり、ＷＴＯは実質、特許権を通して海賊行為を奨励しているわけである。

ＴＲＩＰが南の生物多様性と南の人びとの多様性の権利にもたらす結果は、いずれ過酷なものとなるだろう。特許権が設定された農産物、薬物、畜産物を自由に生産、再生産することは誰にもできなくなるだろう。小生産者の暮らしは脅かされ、貧しい人びとは自分たちの資源や知識を利用できず、健康や栄養の必要を満たすことができなくなるだろう。特許品を利用するには使用料を払わなければならず、無許可生産には罰金が課せられる。借金はふくれ上がるばかりである。

インドの農民、伝統医療従事者、貿易業者は地域や国内、国際市場でのシェアを失うだろう。例えば、米国政府は最近、カレラ、ジャムン、ブリンジャルに含まれる抗糖尿病物質にたいする特許権を、二人の在外インド人、オンカー・Ｓ・トマーとクリパナタ・ボラーおよび彼らの同僚のピーター・グロニスキに与えた。糖尿病を抑えるこれらの物質の利用は、インドでは昔からだれでも知っている日常薬であった。その医学的利用についてかなり以前に『インドの富』『インドの薬草概論』『インド薬草学』などの権威ある書物に記されている。

バイオパイラシーの下で企業の発明だとする虚偽の主張が一、二件にすぎなければ、何かの間違いと言うこともできるだろう。しかしながらバイオパイラシーはいたるところで行なわれているのだ。ニーム、ハルディ、ペッパー、ハラル、バヘラ、アムラ、マスタード、バスマティ、ジンジャー、カストール、ジャラムラ、アマルタス、ニューカレラ、ジャムンといった植物種はすべて特許権が設立されてしまった。これは根の深い構造的問題であって、個別対応の戦いではなく包括的な変革が求められている。

バイオパイラシーが起こるのはインドの知識がきちんと文書にされていないからだ、という意見があるが、まったく事実に反する。インドではその土地固有の知識は体系的に文書化されていて、それこそが実は、海賊行為を容易にしているのだ。たとえ地域社会に口伝えで広まった民衆の知識であっても、共同で蓄積された知識だと認められる価値がある。米国でこうした知識が知られていないからといって、企業のバイオパイラシーを発明と言い換えることを許してはならない。

第三世界の貧しい人びとが、将来にわたってバイオパイラシーから被る犠牲は莫大であろう。なぜなら、南の人びとの三分の二が生物多様性の無償の利用に頼って、生計を維持し必要を満たしているからである。インドでは種子の七〇パーセントを、農民が保存し分け合っている。治療の七〇パーセントが、地元の植物からとった薬物を用いて行なわれている。企業が特許権を利用してこれらの遺伝子資源を盗み、統制下に置くとき、貧しい人びとは直撃を受け窮乏化する。

出典：バンダナ・シバ「自然と南の民衆を相手にした戦争」、サラ・アンダーソン編『南の視点：グローバリゼーションとWTOが第三世界に与える影響』所収（サンフランシスコ、IFG、二〇〇〇年）

共有地を脅かすもの

世界中にある何百という文化では、私的・個人的土地所有という概念は許しがたく受け入れがたいものだ。どの大陸でも、先住民や農業共同社会の間では、土地の共有、つまり土地所有制など存在しないことが、伝統的な慣行であり信念である。この世界観はこれら数百万の人びと、その文化、農業、経済的、政治的、精神的慣習の根本をなしている。南米およびアジアの小農民の農業共同体、またどこであろうと先住民族のコミュニティでは、個人または法人が法律に基づいて広大な豊穣な土地を自分の支配下におさめ、数千年にわたりその土地を分け合ってきた人びとから奪い取るということは、まったく理解の範囲を超えたとんでもないことなのだ。

米国先住民活動家のウィノナ・ラ・デュークは、彼女自身が所属するオジブウェイ族の文化には二シュネイブ・アキン（nishnabe akin）という言葉があり、それは「人びとがその土地に所属する」という意味をもつと指摘して、先住民族の人びとの間における土地所有の問題を説明している。これは、土地の所有に関する西洋の考えとは正反対の考えかたであり、また、人間と土地とはお互いのきずなによってむすばれ、相互に義務を負っているという数多くの教えの中心にあるものだ。

これとは対象的に、国際的な銀行や企業による新しい貿易協定や政策は、そうした相互の合意による権威はなんであろうとすべて非合法化し、私的所有権を強化して、土地の購入開発をさらに容易に行なうことが出来るようにと仕組まれている。たとえば米国はメキシコとのＮＡＦＴＡ交渉で、マヤ族とうもろこし栽培農民の伝統的なエヒドスをメキシコが解体するようにということを具体的要求の一つとしている。このエヒドスとは、エミリアノ・サパタに率いられた一九〇〇年代初頭の農民革命が成功したのち確立した、共同土地所有のシステムだ。

コモンズの「囲い込み」の歴史の大部分は、地球全域での共有地の私有化の歴史だといえる。ほとんどのところではこのプロセスはあまりにも進んでしまっていて、おおやけに議論されることなどまずないくらいだ。しかしこの状況は、ブラジルの土地のない農民の運動（「土地なし労働者運動」）や世界各地での同じような大衆運動が、土地は水と同じように生存の基盤であるという原則のもとに抜本的な土地改革と再分配を要求するようになってから、変わりはじめている。

放送電波の私有化

電磁波は自然からのもう一つの驚くべき贈り物だ。宇宙空間からそして地球から放射されるこの波動エネルギーは、地球の生態系の一部であり、複雑で高度に入り組んでいるが、あらゆる植物、動物、人間の生命の健康と進化に直接影響を及ぼす部分である。ガンマ線、X線、紫外線、赤外線、可視光線、ラジオ・テレビの周波数における短波・長波、無線ラジオと電話、レーダー波、マイクロ波、(その他にも多数) などのすべては、電磁波のスペクトルの中で決まった位置を占めている。わずかここ数世紀の間に科学によって評価され理解されるようになった電磁波スペクトル (EMS) は、確かにある種のグローバル・コモンズとしての質を備えている。放射エネルギーという未開地とでも呼べるだろうか、そのいろいろな側面は、というよりその利用は、それぞれの国民国家によって幅広い規制を受けている。およそ規制というものはすべての人に奉仕するためであることが多いのだが、電磁波の場合、規制は現在、グローバル企業のためにある。

この稿の目的に焦点をあわせるため、私たちは電磁波領域のなかのほんの一部分である放送電波が占める周波数帯、つまり世界のコミュニケーションの基盤をなすラジオとテレビを主として取り上げる (放送と、そしてまたもう一つ別口のコモンズであるインターネットに関連する諸問題の大部分は、第8章「もう一つのオペレーティング・システム」(2)でずっと詳しく扱われるはずだ。しかしコモンズをより包括的な視野で捉えるなら、その一部としての放送スペクトルについてここでも簡単に触れておくのは、意味あることである）。

　放送周波数コモンズの使用についての政策は、各国によって大きく違っている。ある国ぐには、放送コモンズは国民から信頼して任された義務の一部であると捉え、その「公共サービス」面つまり公教育と公的情報提供の可能性に最大の重点を置いて、私的商業的所有に対してはごく限られた割合だけを認可してきた。これはヨーロッパのいくつかの国ぐに、とりわけイギリス、フランス、ドイツ、スカンジナビア諸国でみられ、これらの国ぐには、非商業ベースの公共の利益のための利用に重点を置いてきた。カナダとニュージーランドでも似たような姿勢がとられてきた。イギリス、フランス、ドイツでは、ラジオ・テレビ放送のほぼ半分が、非商業ベースの、公共の利益ための、公的資金によるものである。サッチャー－レーガン時代に放送のすべてまたはそのほとんどを民営化しようとする大きな圧力があったにもかかわらず、こうした状況だ。

　ヨーロッパの例とまったく正反対なのが、専制政府や一党独裁政府による放送コモンズ全体の占有である。東ヨーロッパ、そしてアジアと南米の一部では、明らかに最近までこうした状況だった。もっともこうしたところではそのほとんどが、いまや商業化の方向に急速に動いている。放送電波の周波数帯全体を、私的企業に譲り渡してしまった国ぐにもある。要するに、信託財産の管理人として何らかの意味ある役割を果たすことを放棄したのだ。

　米国ではどうかというと、これは放送に限らず他の多くのコモンズについても同じなのだが、両方の姿勢が入り混じっている。当初、つまり時代をさかのぼること一九二〇年代には、民主的で公的なサービスとして放送を利用しようという方向に直観で向かっていたものが、二十世紀後半にはその気運を失い、いまや急速に逆方向に向かっている。

一九三四年の連邦通信法（ＦＣＡ）は、初期放送システムの公開放送電波に秩序をもたらすという名目で作られた。自由にアクセスできた放送電波は、時を追うに従って込み合ってきて雑音だらけだったからだ。この法に従って、特定の周波数の使用許認可を出す権限を持つ連邦通信委員会（ＦＣＣ）が創られた。非常に民主的だった放送電波へのアクセスを守ろうと多くのグループが積極的に闘い、一九三四年の通信法は、すべての許可証取得者は公共放送電波を「公共の利益、便宜、必要に役立つように」使わなければならないとはっきり規定した。同法はまた、放送周波数の所有権は売り物ではないと明記していた。放送電波は従来どおり公共の所有物であり、ＦＣＣがその管理受託者の役割を負っていた。

（後年商業放送認可のためにつくられた公共サービス基準の中には、公正主義というものがあって、認可取得者に対して、環境、公衆衛生、労働基準など異論の多い問題については、双方の意見を放送するように義務づけていた。そしてすべての放送会社は、毎年業績審査を受け、公共の利益になるよう仕事をしてきたことを証明しなければならなかった）。

しかし、残念なことに、放送は貢献度が高いはずだとして、その見返りに、米国のライセンス取得者はびた一文払わずにすんだのだった。そればかりかライセンス取得者は、放送時間を売って広告を取り利益を得ることを許可された。後年これが厄介な、しかもとてつもない力を持つことになろうとは、テレビのなかった一九三〇年代には確かに考えられなかった。さらに、商業放送業界とその兄弟分である広告業界とが大きな力と規模をもち、民主主義の過程と公共政策にかつて何者もなしえなかったほどの大きな影響を与え、社会の情報と文化の流れを決める有力な因子になるということも、そのときはまだわからなかった。

一方、営利目的でない「教育的な」放送局は、着実に強まっていく商業的利益の力に対抗して生き延びるために苦闘した。彼らは放送産業の辺縁部分、営利事業側がまだカバーしていない周波数帯の範囲で活動した。一九二〇年代にはAM放送を、次にFMラジオ、さらに後にはUHFテレビを開発した。しかしこれらの周波数帯でも利益があがりそうだとみるやいなや、商業放送会社は政治力を使って支配権を握ろうとした。それでも一九六〇年代には、リベラルな民主党政権の下で、連邦議会はついに一九六七年の公共放送法を通過させた。これにより公共放送機構（CPB）、次いですぐに公共放送サービス（PBS）とナショナルパブリックラジオ（NPR）が設立された。しかしこれらは最初から大きなハンディを背負っていた。

ヨーロッパの公共放送システムの一部、たとえばBBCのようなものとは違って、米国での公共放送サービスに対する公的資金の投入は、それが商業システムの真の競争相手にならないよう、あわれなほど少なかった。公的資金は年々減らされ、現在では公的資金は公共放送の約一〇％をまかなうに過ぎず、ヨーロッパの公共放送に比べるとずっと少ない。

一方で営利放送企業は魅惑いっぱいの広告収入にたいしてますます敏感になり、歴代の政府と議会に、規制のほとんどを取り除くよう圧力をかけた。その対象には放送の公正の原則さえも含まれていた。放送会社はまた、ひとつの地域ラジオ市場で、また全国どこのラジオ市場でも、もっと簡単に独占放送権や地方放送局の買い上げをすすめていけるように、規制緩和の圧力をかけた。一九八三年までに、約五〇のメディア複合企業が米国の放送メディアの半分を支配するまでになった。一九九三年には、わずか二〇の企業がメディアの半分を支配するにいたり、今日ではその数は一〇社になっている。これらの企業体はそのほとんどが、世界のメディア全体のおよそ七〇％を支配している巨大企業で、なかでも際立っているのが、タイムワーナー、ディズニー、そしてフォックスである（メディアの集中については、第8章でさらに詳しく取り上げる）。

一九九六年の電気通信法の通過（これはクリントン‐ゴア政権がメディアの大立者たちの支持を得るために強く推進した結果だ）、より新しくはFCCと議会による二〇〇三年の裁定（同じ理由で、ブッシュ‐チェイニー政権が強力に推したもの）は、悪かった状況をさらにずっと悪化させた。メディア研究者で活動家であるイリノイ大学のロバート・マクチェスニーは、一九九六年の法を「今世代における最も重要な連邦法」と呼んでいる。法案を強く支持した企業メディアはこの問題をほとんど報道せず、ビジネス面の片隅でちょっと触れただけとだった。これは予想できたことではあったが、この事実が法案の重要性をさらにはっきりと示している。「一九九六年電気通信法全体が目的としたのは、通信業界すべての統制を取り除き、情報の主要な流れと通信システムとがどの方向に向かうのかを、公共政策ではなく市場によって決定されるのを許すことだった」とマクチェスニーは言う。一九九六年の法令と二〇〇三年FCCの裁定とによって、すでに巨大なものになっていたメディア企業は、地域的にも全国的にもその放送権の範囲を途方もなく拡大することが可能になり、一つの会社がほとんど管理規制にひっかかる心配無しに、複数の地域市場を完全に支配し、そして米国の視聴者全体の五〇％に影響を与えることができるようになった。公共放送の経営のためとしてもともとは代価を払わず手に入れたライセンスは、今や数十億ドルの価値をもつようになっている。

このように、もともとは公共のコモンズとして成文化されていた放送電波は、米国では今はほぼ完全に私物化されている。PBSのような公共放送機関でさえ、実質上は民営化されている。連邦政府からの資金があまりに削られたため、資金の提供先を私企業に求めるしかなくなっているからだ。そして私たちは今、これらの「公共」チャンネルで正真正銘のコマーシャルが放映されるのを目にしている。一方FCCのほうは、公的な信託受託人かつ管理人としての役割の大部分を放棄してしまった。国民は今でも法的には放送電波を所有していることになっているが、信託受託人が公共の利益を浪費していることは明らかだ。

こうしたことの結果、メディアが提供し人びとが受け取る政治的文化的ものの見方は、大幅に均一化された狭いものになり、番組内容は全般的に無意味で表面的なもの、まあ言ってみれば「低レベル」になり、「信託管理者」のほうは自由放任不干渉の態度をとるようになった。例外は、時たま画面に裸の乳房がチラッと写った写らないといった場合で、FCCが一般の人びとを「守る」ために介入するのは、ほぼこのケースに限られている。

この米国での状況は、他の国には当てはまらない。他の国ではほとんどが、放送コモンズに対する信託義務をもっと真剣にとらえてきた。ところが今WTO内では、さまざまな異なったあり方を均一化し、ほぼ画一的で完全な民営化を進めようとする圧力が、急速な勢いで高まっており、すべての国がこの圧力に直面している。例えば、もしWTO内でGATS（サービス貿易に関する一般協定）交渉が成功したなら、自国内のローカル局や全国放送局を買い占めた巨大なグローバルメディア企業による海外向け投資のスピードをおとす規定を作ることは、どこの国にとっても今よりずっと難しくなるだろう。営利を目的としない公的資金による放送がまだ存在するところでは、それがどこであろうと、そういう放送のために電波の一部を確保する規定を作ることも、同じように難しくなるだろう。実際WTOの新しい規約のもとでは、そういう公共サービス提供部門へ公的資金を導入することは、すぐさま「違法な補助金」もしくは「不公平な貿易慣行」だと分類され禁止されるだろう。「公共放送サービス（PBS）」と「ナショナルパブリックラジオ（NPR）」は、その価値に対する個々人の評価はさておき、公共の利益に奉仕するために、またはこれ以上の商業化を防止するために企画された放送局として、まだある程度の保護を受けているが、それがなくなるかもしれない。そしてほどなく同じことが、すべての国の公共放送で起こる可能性がある。そして、わずか八社がテレビ・ラジオ放送のすべてとその他のメディアの大部分をすでにコントロールしているこの世界は、さらに中央集権化した情報統制を経験することになるかもしれない（このテーマについては、第8章でもう一度触れる）。

汚水槽として利用されるグローバル・コモンズ

所有権と私有化がコモンズへの唯一の脅威というわけではない。地球規模のコモンズがグローバル企業の活動のための格好の無料のゴミ捨て場や汚水槽として使われている例も、実際にある。

大気、海洋、そして宇宙でさえ、石油、エネルギー、海運、そして有害産業によって、廃水、廃棄物の格好の捨て場として好きなように使われ、危険なほどに汚染されてきている。自動車、船舶、石油産業について言えば、技術そのものが排出物を大気中に放出することでなりたっている。

このような汚染が、地域的なコモンズや一国の領土内で起きた場合、例えば煙突からの放出や河川への流出が地域的なものである場合には、それについて具体的に何とかしようとする政府機関が存在する。それらの機関がそういう活動をきちんと規制しているということではなく、往々にしてきちんとやってはいないのだが、少なくともその問題を担当する官庁と、市民が苦情を持ち込んでいける場所は提供している。

グローバルなコモンズとなると、そういう機関はほとんど存在しない。ここ半世紀の間に、なんらかの汚染規制を適用しようという努力がいくらかはなされるようになった。地球の温暖化についての京都議定書、オゾン層破壊物質についてのモントリオール議定書、国連海洋法条約、残留性有機汚染物質に関するストックホルム条約などの多国間環境協定（MEA）は、グローバル・コモンズへの打撃をコントロールしようとする努力のあらわれだ。いずれも、強力な政治的抵抗、実効性のない規制制度、貧弱な強制力などに悩んでいる。それでもなおMEAは、人類と地上のすべての生物のためになるような状態にコモンズを保つという集団的権利を、一つひとつ具体的な事例に即して、国際社会が理性的に認めるための、一つの希望になっている。

しかし、そうした協定が実際に企業活動を制限する方向に動き始めると、WTOは、グローバルな貿易活動を最優先するために自らの権威がすべてに優先すると主張して、それらの協定を無効にすると脅しをかけることができる。これはひとつの重要な問題点である。例えば二〇〇一年十一月、ドーハ（カタール）で開かれたWTO閣僚会議でWTOは、MEAに対する自らの優位性を成文化しようという意向をあからさまにした。それは、数世代にわたる努力を実質上完全に消し去る可能性をもっていた。

この問題に対しては、MEA以外の解決策もすでに提案されている。その中にはさまざまな信託（トラスト）協定が含まれる。そのような協定では、コモンズのあるものは、未来のために信託された、明らかにすべての人びとの所有に属する物ということになるだろう。これに手をつけようとすれば非常に面倒な許可手続きを経なければならないだろうし、そうすれば少なくとも問題の発生を遅らせ、また発生以前に問題が見えてくるようになるだろう。

悲しむべきことに、私たちがここでとりあげたようなコモンズに対する脅威の例は幾百となくある。それはすべて、地球全体で増大しつつある、まだ残された昔ながらの領域への開発の圧力を反映している。しかし幸運にも、そういう侵略・破壊に対する一般民衆の抵抗もまた大きくなっているのだ。これ以上破壊を続けさせないために、新しい方法と手段を見つけるか、作り出さなければならない。

コモンズの伝統

世界中ほとんどどこでも、場所や文化によってさまざまな違いがあるものの、コモンズという伝統は長い歴史を持っている。ここにあげるのはそのいくつかの例である。

ヨーロッパ

ヨーロッパでは、コモンズという概念は少なくとも千五百年前にさかのぼる。それは、村落共同体のすべてのメンバーが共同使用する土地と資源とを指していた。その中には、動物を放牧する牧草地、河川や湖沼から得られる水、そして人びとが生活をささえるために使う野原や森が生産する物すべてが含まれていた。

ヨーロッパには、コモンズの概念が正式に成文化されている地域もあった。もっとも際立った例は、古く紀元五二九年にユスティニアヌス法典として成文化されたローマ法の公共信託原則で、これは、「次に述べるものは、自然法により、人類すべての共有物である。空気、流水、海、したがって当然ながらその海岸」と言った当時の皇帝の言葉をうけたものだった。

その後千五百年以上の間、公共信託原則はさまざまな場合に適用され、現在でも特定の事例でヨーロッパ全域その他の地域で、「コモン・ロー（慣習法）」として登場する。もっとも最近の例がハワイである（これは、自然の河川水に対する先住民族の権利に関する訴訟が先住民側の勝利に終わったもので、提訴の基礎となったのは公共信託原則だった）。

サンフランシスコの学者でジャーナリストでもあるマーク・ドウィーによれば、この原則はヨーロッパの「政治的風潮のいかんにしたがって、盛衰を繰り返した」。封建領主や王たちは、時には村の放牧地や湖沼河川からの水を専有するために武力を使ったが、「リベラルな貴族たち」の例も数多く、彼らは湖、森、野原に公共信託原則を適用して農奴や平民の使用に供したのだった。

十一世紀、フランスには「公共の本道と支道、河川と泉、牧草地と放牧地、森、荒地、岩山は、領主によって所有されることはなく、また、そこに住む人びとがいつでも利用できるようなやり方以外のやり方で維持されることもない」と定めた法律があった。ドウィーによれば数世紀のち、スペイン国王アルフォンソ十世は、従来の公共の所有物のリストに港湾を付け加えた。一二一五年イングランドで、ユスティニアスの原則はマグナカルタ（大憲章）に改めて成文化され、敗北した国王ジョンはラニーミードでこれを受け入れざるを得なかった。この協定は、いかなる王といえども、人びとが生計を依存しているコモンズをその人びとから取り上げてお気に入りの伯爵・公爵に私的な狩猟・漁労権を与えることは出来ない、と規定している。「川や森から下層民を遠ざけるために作られていた柵や堰はたたき壊され、イギリスのコモンズは、平民のすべてに生活の手段を提供した」とドウィーは書いている。

十七世紀になっても、北米、中央アメリカの植民地政権は、イギリス、フランス、スペインのさまざまな公共信託原則を自分たちの植民地のコモンローとして採りいれた。そしてドウィーによればその理念は米国の起源である一三の植民地にも受け継がれ、「各州政府の、共有地に対する主権とその自治的な管理責任」を保証した。古代法典の一文をそのまま自分たちの憲法に書き入れた州もあった。例えば次に記すのは、ペンシルバニア州憲法に現在も書かれているものだ。

人びとは、きれいな空気、汚染のない水、環境の自然的、景観的、歴史的、美学的な価値に対する権利を持つ。ペンシルバニアの公共の自然資源は、今後の世代をも含んだすべての人びとの共有財産である。これらの資源を信託された受託者として、当コモンウェルスはすべての人びとの利益のためにこれらを保護し維持するであろう。

同じような憲法を作った州は他にも三州ある。ケンタッキー、マサチューセッツ、バージニアがそれで、ヨーロッパの法典と同じ言葉を使って、現在でも自らを「コモンウェルス」と呼んでいる。

にもかかわらず封建制ヨーロッパのあちこちで、コモンズは時とともに衰退していった。地域間の交易が発展するにつれ、そしてことに羊毛に対する大きなヨーロッパ市場の出現とともに、領主や商人はさらに多くの共有領域、なかでも土地を私有化して、自分たちの供給能力を確実にし拡大しようとするようになった。彼らがますます多くの領域の囲い込みに成功するにつれて、小農民のコミュニティは、かつては当然のように受け取っていた資源に手が届かなくなり始めた。自給自足の可能性はより難しくなった。地元市場で生産物の売買も行なう自営農民としてやっていける者より、「小屋の住人」――小さな家内手工業品製造者――になるか、大地主の下で、かつては皆で分かち合っていた土地での日雇い仕事を探す小農民が、ますます多くなった。

十九世紀初期のイギリスの囲い込み条例は、歴史上初めて、コモンズ（共有地）から狩猟採集によって食物を得ることを違法とした。私有財産権が優位に立った。数百万の零細農民たちもまた土地を追われた。そして産業革命の到来とともに家内工業も衰退し、人びとには、土地とかかわりを持たない工場労働者になる以外に選択の余地はほとんどなくなった。小農民はこうしてプロレタリアートへと変わっていった。

主流派の経済学者の中には、コモンズのこのような私有物化は、所有権を確立させ、したがって資源を搾取から守る力を確立するひとつの方法だと、正当化し評価する者たちがいる。しかしこれは本質的には、分け合っていた共有資源の略奪であって、この正当化のしかたは二つの重要な事実を無視している。第一に、コモンズに頼って生きている人びとは、ほとんどいつでもそのコモンズの素晴らしい管理者であり、しかも数世紀にわたってずっとそうだったのだ。実際コモンズがその力を十分発揮し存在し続けるためには、コミュニティ全体が、コモンズがもつ生活維持に役立つ効能だけでなくその価値評価をも分かち合い、保護保全に協力することが基本だった。第二に、コモンズを囲い込み私的な使用のために専有した人たちは、ほとんどの場合、外部の人間、不在地主で、これらの資源を未来のために育て、保存し、世話をすることに個人的に献身することなど、まずなかった。主流派経済学者たちがどう主張しようと、彼らが私的所有を求めたのは資源を出来る限り早く搾取するためであって、資源を救うためではない。それどころか多くの場合、彼らは資源を略奪し汚染した。

法人組織による所有とさまざまな私有財産権が進展するにつれ、「所有」はいっそう抽象的なものになり、資源そのものから切り離された。資源は次第に、量をはかることの出来る物質的なモノとしての関係性の中だけで理解されるようになった。例えば、森林はもはや、コミュニティを維持する機能や、内部にはぐくむ生物多様性や、もしくは霊的なかかわりの中で評価されるのではなく、かわりに、開発の機の熟した「木材の集積」になった。私たちが今日直面しているのはこうした状況、しかもそれが最も増強されたかたちなのだ。

先住民族のコミュニティ

ヨーロッパ以外の地域ではコモンズというような用語はあまり知られていない。けれどコミュニティによる共同使用、そして共有資源の保護という概念は、どんな社会においても基本的なものであり、その社会に固有のものとして存在し、理解され、尊重されていた。

世界各地の先住民族の間では、政治的、社会的、精神的価値の事実上すべてが、自然界のもつ価値体系や教えと伝統的に非常に深く結びあっている。そのためそうした社会では、この両者は切り離すことが出来ないと言われているほどだ。じっさいこれは、ヨーロッパ人が理解するような、共同社会におけるコモンズというような問題ではない。それ以上に、すべての生物は人も植物も動物も直接かかわりあっていて、同等で、それぞれの資質が十分発揮されるようなかたちで存在する同等の権利を持っている、ということなのだ。経済的、政治的、精神的な教えのすべてが、この根源的な関係に根ざしている。

したがって、侵略者側の社会が、実際に先住民を虐殺しなかったとしても、土地と自然へのこの伝統的な関係に対する先住民の深いかかわりを切り崩し破壊しようと大変な労力を注ぎ込んだことは、驚くにあたらない。それが、望みの資源をうまく手に入れるための唯一の道だったのだ。

先住民の人びとは、さまざまなやり方で自分たちの土地から引き離された。そうした企ての中で主要な位置を占めたのは、自然とともに自然の一部として調和の中に生きる必要について昔から伝わる物語や教えはもちろんのこと、伝統的な宗教的価値観と宇宙観も掘り崩そうとする、攻撃的な試みだった。南北米大陸、太平洋諸島、アフリカ、これら地域全域での宣教師たちの行動は、こうした文脈の中でよく知られている。宣教師たちは伝統的な価値体系を、人と自然に対するより階層的な新しい見方へ、そして私的所有という個人主義的な概念へと移行させるのに主体的に手を貸した。米国でもオーストラリアでもその他いたるところで、「再教育」もまた重要な役割を担った。若者たちは強制的に自分たちの伝統的なコミュニティから引き離され、先住民族の言語や教えを許さない寄宿舎に入れられた。その結果一種の自己嫌悪が生まれ、それが土着の文化や彼らの伝統である集団的な経済的価値観の土台を崩していった。

同じように重要だったのは、例えば裁判所の認定による正当な土地所有権を要求するというような法的手段だった。先住民の社会は伝統的に、自分たちを土地の「所有者」とは考えず、コミュニティ全体が土地の一部をなしていると考えていたので、土地の「権利証書」や「所有権」はまるで不条理なことだったのだが、それに対応するよう要求されたのだ。侵略側の社会と土着の社会との係り合いの歴史は、法的な策動によって、如何にして先住民たちが、かつて集団として享受していた数百万エーカーもの土地から引き離されたか、という話であふれている。移動させ引き離すというこのやり方は、今日までも続いている。とくに米国で。

わけてもそのひどさに驚かされる最近の例は、米国議会がアラスカ先住民権益措置法（ANCSA）をつくりあげたことだ。先住民の土地権が取り消されたことなど一度もなかったアラスカで、この法律はその権利を保障するのだと喧伝された。実際にはANCSAは、伝統的なやり方で土地を享受する先住民の土地とのかかわりや権利を消滅させる、最後のステップだったのだ。アラスカ先住民に土地所有権を与えたとか、もっと単純に要求に応じて「先住民の所有権」を認めたのではなく、アラスカの土地が分割されて先住民企業に作り変えられ、所有権を与えられた先住民の重役たちが経営するようになったのだ。これらの法人企業も他のあらゆる会社と同様に生き残るためには自分たちの森林を伐採したり鉱物資源を開発したりする必要があった。先住民自身によって行なわれたものではあっても、こうした企業活動は彼らがそれまで持っていた固有の価値観とは相反するものだった。つまり、より大きな社会の側から見れば、望む結果は達成されたのだ。共同社会がもっていた自然との関係は搾取的な関係と置き換えられ、グローバル企業を肥やすための新しいかいば桶が準備されたのだった。

コミュニティが所有する原住民の土地に対する侵略は、地球的規模であらゆる大陸で起こり、今日も続いている。そして、人と自然の間の伝統的な相互関係の破壊という段階から深刻な社会の崩壊にいたるまで、さまざまな恐るべき結果を引き起こしている。

共有地と資源の所有をめぐるこうした圧力につきものの価値観の衝突は、一九七八年イロコイ民族(the Hau de no sau nee)の手で出版され国連先住民族会議に提出された冊子「覚醒への呼びかけ」に、非常によく描かれている。以下に紹介するのは、ここからの短い抜粋である。

世界の人びとの大多数は、西洋の文化あるいはその伝統にルーツを持ってはいない。世界の大多数にとってのルーツは自然界にある。そして優位を保つべきなのは、自然界であり自然界の伝統である。

……

原始のさまざまな教えは、生命を創り出し維持しているすべての精霊たちに対して、われわれは大いなる尊敬と、愛情と、感謝の念をあらわすべきだと命じている。人がこうしたさまざまなものを敬うことをやめ、感謝をあらわすことをやめたとき、すべての生命は破壊されるだろう。

……

今日に至るまで、われわれがなお手にしている領土は、創造者からの贈り物である木々、動物、その他に満ち溢れている。これらの場所ではわれわれはいまなお、母なる大地から滋養物を受け取っている。何千年も昔、世界のすべての人びとは、同じような生き方、宇宙と調和した生き方を信じていた。［しかし］西洋文明として知られている生き方は死の道程にあり、その文明が抱える文化は、実行可能な答えを持たない。

……

われわれの土地を植民地化したインドーヨーロッパ系の人びとは、生命を創り出しそれを支えているものへの敬意を、ほんのわずかしか示してこなかった。これらの人びとはずっと昔に、天地を敬うことをやめてしまったのだとわれわれは思う。大気は濁り、河川には毒が盛られ、木々は死に、動物は姿を消しつつある。気象体系さえ変わりつつある。われわれの古来の教えは、もし人類が自然の法則に介入するならこうしたことが現われるだろうと、われわれに警告していた。

……

伝統的な先住民は、西洋文明におけるプロセスを逆転させる鍵を握っている。われわれの文化は、世界で最も古く、ずっと存在し続けてきた文化のうちの一つである。われわれはこの場の霊的な保護者である。われわれはこのメッセージを伝えるためにここにいる。

アジア

地球上のどこでも、伝統社会は、北米のイロコイ族の指導者たちによって述べられた価値観と似たような価値観を共有している。「母なる大地」のような概念は、野原や森との、上下関係のない、所有被所有に基づかない、共同体をつくるもの同士としてのつながりに対する信念と結びついて、今も大地と直接的なつながりを持って生きるすべての民族に見出すことが出来る。

今日のインドの大多数の人びとは、森林居住民、農民、漁民、治療師、家畜所有者として、国の生物学的な資源からその生計の手段を得、生存の必要を充たしている。医療、農業、漁業における現地固有の知識体系が、彼らの食物、健康、そして文化的必要性に応えるためのもっとも主要な基盤である。こうした伝統的な社会では、森や野原の生物多様性と、食料・医療のための植物の利用法に関する歴史に残るような革新が、だれか個人またはどこかの家族の私有物とみなされたことなど決してなく、すべての人が利用できるコミュニティの資源とみなされてきた。誰も排除されることはありえないし、国だろうがほかのどんなに強い経済力を持つ存在だろうが、コモンズのいかなる側面も、生物学的にであれ知的にであれ、その使用を独占することはできない。

現在インドでは、コモンズをめぐる精力的な闘いが展開されている。インド人口の大多数にとって今日に至るまでずっと生存の基礎となっている、生物学的コモンズ（土地、森、水）だけではなく、知的コモンズをめぐっても同様である。これは、数世紀にわたって農村が収集を続け自由に分け合ってきた知識の累積、そして食料や薬にするための植物の品種の開発において彼らが成し遂げてきた、新しい工夫や方法のことだ。世界規模のバイテク（生物工学）企業や製薬会社は、猛烈な勢いで知的コモンズのなかのこうした実例の特許権をとり、その共同使用を妨害し、自分たちの目的のためにそれらを私物化しつづけてきた。その侵害の程度は、インド農民、先住民、小農民コミュニティの激しい怒りを呼ぶまでになり、文字通り数百万の人びとが街頭へ出て、こういうことをする権利を企業に認めているWTOのTRIP協定に抗議するようになった。

生物学的コモンズ、知的コモンズを管理するコミュニティの権利は、法律上、独自の権利体系として認められている。これは特許権に相当するが、一個人よりもむしろコミュニティにその根があると認めるものだ。この法体系は「使用権」を基盤の一部とするが、これは農民や労働者が、放牧地、水、生物多様性など自らの生存維持のために必要とする資源を使用する権利を保証するものだ。使用権というシステムは本来的に持続可能であり公正である。一人の人間が肉体的に出来ることには物理的限界があるからだ。したがって労働に対する報酬にも、資本や私有財産とは異なって限界があるのだ。

生物学的・知的権利をめぐる、そしてWTOのTRIP協定に反対するインド農民の闘いは、インドにおけるコモンズ囲い込みの、痛みに満ちた長い歴史の末におきたものだ。インドにおける山林伐採とコモンズの囲い込みが始まったのは、インド森林法によって政府が、森林を「未測量」地または国家使用のための「保護区」と宣言する権限を手にした一八六五年だった。これによって、いわゆる森林の科学的管理が始まったのだが、その実態は、人びとから森林を奪い去りそれを私有可能な商品にかえる、長期にわたる一連の動きの第一歩だった。かつて森林資源を生活維持の基礎としてきた小農民コミュニティは、食料の代わりにインディゴ（染料の藍《あい》）を栽培し、塩のために税を払うことを強制された。彼らは、森林や聖地と同様に、食料、燃料、家畜用牧草地に対する使用権も急速にむしばまれていくのを経験した。これが、のちの彼らの貧困化の主要因であった。グローバルなバイテク企業が彼らの持つ共有地権をさらに侵食することに対する抵抗は、その貧困化から直接生まれたものだった。

現代のコモンズを脅かすもの

先進国では、地域社会が政治経済の中心だった時代や、資源が共有されていた時代を思い起こすのは難しい。過去数世紀にわたって、世界の広い範囲でおきた政治的、経済的、技術的進化は一体となって、経済活動をますます専門化、工業化させ、経済的社会的自立の度合いをますます減少させ、そして教育、交通機関、医療、環境保護、安全、十分な食料・住居・仕事の確保など、人びとが要求する共通の基本的ニーズとサービスの提供は、市、州、県、中央政府などの有力な中央集権化した政治単位にますます依存するようになった。

今どこの政府も、こうした項目に対する責任は自分たちにあると認めている。しかしその責任をどの程度しっかり果たせているか、そのレベルは国によってさまざまだ。カナダ人とデンマーク人は、少なくともここ最近までは、自分たちの政府は良くやってきたと考える傾向にあるが、ロシア人とビルマ人はそうは感じていないかもしれない。ほとんどの政府のこれらの課題に関する成績は、均一ではない。うまく行っている面もあればだめな面もある。例えば米国では、経済と衛生の面ではおおむね高い成果をあげているが、医療と交通に関する対応は非常に劣っており、しかもこれらのサービスの行き届き方は極端に不平等だ。モード・バーロウの近著『利潤は解決をもたらすか』には、世界中でおきている医療サービスの漸進的な崩壊に、世界銀行、ＩＭＦ、ＷＴＯとそれらの市場開放政策が及ぼしている衝撃的な影響が詳しく述べられている。また、どんな私企業が利益を得てきたかが年代を追って記されている。これらの政策が採用された二十年間は、世界中の貧しい人びとに、不平等な医療サービスと医療危機という遺産を残した。

国連世界人権宣言は、それぞれの国が当然遂行すべきサービスに加えて、政府には一定の基本的人権、宗教的政治的自由、そして正当な賃金で人間としての尊厳をもって意義ある仕事につく権利を保証することが政府に期待されている、と強く主張する。実際、国連宣言は地球上に住む人のだれもが「市民権を持つ権利を受け継いでいる」と主張しており、この市民権の中には、医療サービス、教育、仕事が含まれる。そればかりでなく、どの政府にも、たとえ国境を越えてでも、自国の市民の一人ひとりの基本的人権を守る義務があるのだ。このような主張はまた、政府には、こうしたサービスを遂行するための、そしてこれらの基本的権利を弱めようとする試みに対抗してそれを保証するための、自分自身の能力を守る義務があるということを意味している。

本書の著者たちは、これらのサービスや保護は「現代のコモンズ」という資格を持ち、かつては地域社会が果たしていた共有財産に対する責任を国が担うようになったと考える。権力がよりいっそう地方へ戻されることを、私たちは支持するが、それでもなお、伝統的コモンズと現代のコモンズに対する地方の管理権保護には国が決定的役割を持つだろう。しかし今や、こうした責任の遂行がグローバル経済制度によって大きな脅威にさらされているのだ。

企業と世界官僚機構からは各国の政府に対して、ほとんどの公共サービスを民営化し商品化するよう大きな圧力がかけられている。グローバル企業は公共サービスを、市場価格で私企業により供給される、歯磨き粉、車、不動産サービス、もしくは映画のような商業活動と同じカテゴリーに入れようとしている。

しかし、基本的な必要と権利とを提供するという政府の神聖な信託協定と、生産物、娯楽、商業的サービスを、私的に契約によって供給することとの間には、大きな違いがある。企業を動かすのは、利潤と成長とを要求する階層的な価値体系だ。企業が健康、教育、水、または食の安定供給の提供者として食い込んでいけば、こうしたサービスは市場価格を支払える人びとだけに届くことになるだろう。それの出来ない多数者は、要するにシステムから落ちこぼれることになるだろう。だから私たちは、経済状態の如何にかかわらずすべての人びとに供給するという義務から政府を切り離すいかなる行為も、阻止されるべきであると主張したい。

同様に、政府は、これらのサービスの私有化を政府に要求する世界官僚機構のどのような試みに対しても、政府は活動家に劣らず抵抗し、最終的には禁止にもっていくべきなのだ。今現在進行中のサービス貿易に関する一般協定（ＧＡＴＳ）の拡大をめぐるジェノヴァでのＷＴＯ交渉が、ぴったりの例である。

もしＧＡＴＳ協定が成立すれば、市民の根本的な権利であり政府の義務であるとして私たちがここに挙げてきたサービスのほとんどは、GATSの新規約のなかに含みこまれるだろう。言い換えれば、企業は、現在まで各国内部での国内サービスとされてきたもののなかに商業的な足場をかため、それを操業する権利を得るだろう。そのなかには、医療、高齢者ケア、子どものケア、水の浄化と給水、教育、刑務所、国内の鉄道および航空輸送、公共放送、公園、博物館と文化施設、社会保障と福祉プログラム、そしてありとあらゆる公共事業が含まれる。第1章で言及したように、米国やカナダではエクソンモービルが公共放送を運営し、三菱が社会保障を運営することになるかもしれない。フランスではディズニーがルーブル美術館を運営するかもしれないし、ドイツの医療システムはエンロンかワールドコムが動かし、シェル石油が日本の鉄道とおそらく育児の責任者にもなりうるだろう。こうした成り行きは非現実的なものではない。すでに述べたように、米国の巨大企業ベクテルはつい先ごろまで、ボリビアの水道事業のかなりの部分をまさに運営しようとしており、貧困層に対するその価格のために、あわや革命を引き起こすところだったのだ。

「経済的、社会的、文化的権利に関する国連人権規約」には、教育と健康への権利が含まれている。すべてのサービスの中でこれらの分野は、GATS協定を推し進めるグローバル企業にとって、もっとも儲かる可能性を秘めたものになりつつある。全世界での教育への出費は現在二兆ドルをこえ、医療への出費は三・五兆ドルを超えている。グローバル企業はまさに、公的な教育および医療システムの取りこわしを狙っているのだ。すでに彼らはロビー活動により、全ヨーロッパをふくむ四〇以上の国ぐにをGATSのリストに載せることに成功している。

市民にサービスを提供するという政府の義務は、遠からず、どこか離れたところにある企業が請求する料金で人びとは子どもを学校や医者へ行かせることが出来るかどうか、という問題に格下げされることになるかもしれない。

私たちは、どのような世界協定も、政府と市民との信託協定に強制的に介入する力を持ってはならないと考える。


締約されようとしているＧＡＴＳ協定のほかにも、基本的な社会プログラムとサービス、そして食と健康に対する基本的な権利を脅かすものは、もちろんたくさんある。第２章で私たちは、世界銀行とＩＭＦの構造調整プログラムについて論じた。開発のための融資や負債軽減の対象になるため、数十もの開発途上国が地域の人びとを犠牲にして多くの社会プログラムを放棄し、利潤追求型の外国企業が進出してこれらのサービスを商品化し私有化することを許可せざるを得なかった。

私たちはまた、ＷＴＯのＴＲＩＰ協定についても論じた。この協定によりグローバル企業は、人びとやコミュニティのものである遺伝子遺産について知的所有権を主張し、農業の役割とそのあり方を定義しなおすことが出来るようになる。グローバル企業は、農民が、種子、肥料、殺虫剤、除草剤を彼らに依存するようにしてしまい、農業と農業が維持してきた共同社会的な生き方に対して支配力をふるいつつある。構造調整プログラムもまた、自国の農業を輸出志向の特殊品生産に転換すること、その過程を加速させるグローバル企業の参入を許すことを各国に要求して、農業におけるこうした変化に大きな役割を果たしてきた。このために農民たちは、かつては自分たちのコミュニティのために食糧を生産していた土地を追われ、飢えが広がり、人びとの流出が増加している。

食の安定供給は最も根本的な人権のひとつだから、どんな政府も、社会的安定と国民の健康のために欠かせないひとつの基盤としてこれを確保することに関心を持っている。ということは、いかなる開発銀行も貿易協定も、どんな国にたいしてであろうと、自分の国を傷つけてまで農業生産システムを改造し、外国の参入と投資を許し、または海外からのより低価格の食料を自由に流入させるよう要求する権利を与えられるべきではないと、私たちは信じる。もちろん、正当な条件があればそうした参入を許可しようという国はあるかもしれないが、それは強制されたものであってはならない。

文化の多様性と統合性もまたコモンズの一部ととらえることができ、国によって守られるべき根本的な権利だと十分に論証できる分野だ。これもまた現在、世界的な貿易諸協定によってさまざまに脅かされている。社会的、宗教的、文化的なさまざまなグループ、さらに先住民族のグループが、その慣習、信条、人工物、芸術表現を保持する権利は、国内、各国間、そして世界での多様性を維持するために、決定的な意味を持っている。固有の民族的文化表現が、メディアや芸術的創造物を介して外国から支配されることを防止しようとする国民国家の努力にも、このことは適用される。多くの国ぐに、わけても映画とテレビ産業を自国の手に持ち続けることに深い関心を持つカナダとフランスは、その固有の文化を守る権利を保持するために、精力的な闘いを続けてきた。

現行のWTOの貿易法規では、文化は「内国民待遇」、「最恵国待遇」、そして量的制限の禁止を含む協定の統制のもとに置かれる（WTOのこれらの規定はどれも、外国のメディアおよびその他の文化的製品に対して国ぐにの門戸を全開にするもので、力では及ばない現地の文化表現は、ダメージを受けることもしばしばである）。WTOの場では、成立当初から、文化をめぐるクレームが何件か提出されており、そのすべてが、自国の文化産業を守ろうとする国の権利を制限する効果を生んできた。最も意味深いのは一九九七年の決定で、これにより米国は、カナダが自国の雑誌産業を保護するのをやめさせることに成功したのだった。米国の雑誌はすでに、カナダのニューススタンドで手に入るもの全体の八五%を占めていたにもかかわらずだ。当時の米国通商代表シャーリーン・バーショフスキーは、この決定は、カナダやその他の国ぐにが自国の映画、書籍、放送産業を保護しようとする時、これに対抗する有用な武器として役立つだろうと言った（第4章のコラムM参照）。

米国がそうした強硬姿勢をとっているのは、カナダに対していささかでも免除措置とったら、それがほかの国ぐに、ことに文化の保護が争点として浮上しつつある開発途上国へのマイナスの前例になると思われるからだ。こういう保護策を弱体化させようとする試みは、シアトルのＷＴＯ閣僚会議で失敗したのだが、それで問題が片付いたわけではない。ＧＡＴＳ、ＴＲＩＰのどちらの協定もテレコミュニケーション部門、すなわちインターネット、デジタル・電子商取引領域、公共放送、特許、トレードマーク、そして著作権法に、直接的な強い影響を与えるだろう。このすべてが今討議の対象になっている。これらは除外されるべきである。

まとめると、私たちが主張するのは、これまでに述べてきた領域のすべてにおいて、国民国家とコミュニティは、グローバルな貿易協定やＷＴＯやＩＭＦのような多国間制度によって統制を受けるべきではないということだ。これらの領域での取引は、国あるいは地域による意志決定プロセスだけにゆだねられるべきだ。そうすることによってのみ、各国はその市民の共通の利益のために行動し、市民に対する自分の義務を全うすることが可能になるだろう。

コモンズを復活させるための三つの提案

ワーキング・アセッツ社の元社長で現在カリフォルニアのトマレス・ベイ・インスティチュートの重役であるビジネスマン、ピーター・バーンズは、コモンズは「宇宙の暗黒物質」のようなものだと言う。「いたるところにあるのに私たちは見ていない。私たちが見る唯一の経済的物質は、ドル印がついてきらきらしているものだけだ」と。

別の言葉で言うと、コモンズとして今でも機能している自然や日常生活のさまざまな側面――流れる淡水、大気、公共市場、生物多様性、海洋、インターネットなど――の大部分は、経済的計算の中に組み込まれていない。企業と世界官僚機構が、早晩確実にそうなるようにと私有化と囲い込みを通じてさかんに圧力をかけているにもかかわらず。

バーンズによれば、「二十一世紀にとっての大きな挑戦は、まず第一にコモンズを目に見えるようにすること、第二にそれに対し相応の敬意を払うこと、そして三番目にその敬意を、私有財産と対等の公有の財産権と法的機関との形に結実すること」だ。なにはともあれ。

つまり中心目標となるのは、公共コモンズの力を少なくとも市場の力とバランスを保った位置におくこと、それから、その重要性、実現可能性、保存のシステムをさらに強める戦略を工夫することだ。

この節で私たちは三つの分野において提案をする。このそれぞれの分野では、私的所有の力と公共コモンズの力の間の均衡を改善するための作業がすでに進められつつある。第一の提案は、世界貿易金融諸機関の権威とコモンズに対する支配力を小さくすること、第二の提案は、多国間環境協定（MEA）と、コモンズのために活動する国際機関の権威を増すこと、そして第三の提案、この点については後にバーンズがさらに詳しく述べるはずだが、コモンズを効果的に保護しその権威に力を付け加えると思われる幾つかの信託合意を、吟味し強化することである。

以下に提案の内容を示す。

一　コモンズに対して世界貿易諸機関が振るっている力を逆転させ、コモンズの一定の側面を貿易システムから除外する

世界貿易の諸機関は、現在商品化されておらず私有化されていないコモンズへの侵略促進に、巨大な役割を果たしており、その役割はさらに大きくなりつつある。決定が差し迫ったサービス貿易における一般協定（GATS）についてはすでに述べたが、その取り決めは、現代のコモンズである各種サービスを国民国家が保護する力を掘り崩してしまう。この中には、水道事業、公共放送、教育、福祉、文化、そして防衛と軍事のシステムさえも含まれる。これらすべては現在、一定程度の公共信託の保護、あるいは管理運営法規のもとにあるが、それらがはぎとられ、私的管理下におかれることになるかもしれない。第二の要因となるのが、浮上しつつあるWTOの投資諸規定である。これによってグローバル企業は、好きなように共同社会に入り込んで地域や国のコモンズの財政統制と管理とを手中に収める能力を、増すことになるだろう。

三番目は、世界銀行と国際通貨基金の構造調整プログラム諸政策で、ローンの条件として、種々の

サービスと地域の公共コモンズを私有化するよう各政府に要求することが多い。そして四つ目の問題点は、ＷＴＯを京都議定書や生物多様性条約などの多国間環境協定（ＭＥＡ）より優位におき、地球コモンズを護ろうとするそうした協定が企業志向の貿易ルールに従うよう要求する、ＷＴＯ自身の最近の主張である（ＭＥＡについては次の節で論じる）。

以下に述べる意見や提案は、世界官僚機構がコモンズに対して振るっている力を弱めるための効果的な仕組みと規定を提唱し、また、コモンズの領域のうちグローバルな貿易システムに組み入れてはならない部分はどこかを示すものである。

貿易協定の権限は、狭く限定されなければならない。

問題がコモンズ、代々伝わる自然資源、国内サービスについての国の選択権の保持、または基本的人権にかかわる場合、世界貿易に携わる官僚機構と国際的な財政機関は、州や国の政策の決定についてうんぬんする権限を持つべきではない。貿易および投資諸協定は、国や州の政府に対し規約を押し付けてその達成を要求したり、あるいは不履行に対し罰則を科すことによって、以下の行為を強要することを許されてはならない。すなわち、コモンズもしくは公共サービスの残された分野を民営化または商品化するよう要求すること、または、それらの分野を外国からの投資と競争のために開放するよう国に強いること。

共同所有の資源と公共サービスに関する決定は、地域もしくは国が行なうべきものである。

共同所有の資源と公共サービスに関する決定は、サブシディアリティ（地域主権）の原則によって、関係する地方や国に任されるべきである（第6章参照）。地域のコモンズは地域のコミュニティが扱う領分である。国のコモンズは、国の民主的政策決定のプロセスのもとにおかれるべきである。世界的なコモンズは、持続可能性と公平なアクセスという問題に関する多国間協定によって取り扱われるべきである。地方か、国か、地球規模かのいずれかを問わず、いかなるコモンズも、多国間貿易協定によって取り扱われるべき課題ではない。基礎的な公共サービス——医療と病院、水の管理と供給、自然資源の利用、教育、輸送、公共放送、農業と食の保障、文化、社会保障、福祉、軍、警察、そして刑務所——の所有、管理、操業をめぐる決定は特に、多国間貿易および投資諸協定から、確実に除外されるべきである。

これらの資源および公共サービスの運営を民営で行なうよう契約することが、公共の利益であると決定する国やコミュニティがあるかもしれない。確かに時には、土地、種子、水をも含むある一定の共有の伝承資源の管理、配分、供給に、私的所有や市場が一定の役割を果たすこともある。しかしあくまで、公正な価格、公平な利用権、質、公的な資産管理を保証する、実効性のある、民主的に責任を問える、公的規定の枠組み内において、という限定つきである。そしてそういう場合も、これらの事柄を決定するのは、ただしく地方または国であって、私的商業的利益の増大のみに関心を持つ世界貿易および投資体制によって定められる余地はまったくない。同様にいかなる国際協定であろうと、きれいな水のような生活と健康に欠かせないサービスと資源への公平なアクセスから、個人またはコミュニティを排除する結果を生むような行動をとるよう、地方または国の司法に命ずることは、容認できない。

生命と人の生存の根本にかかわるものは、私有化もしくは独占化されてはならない。

コモンズの一定の側面、つまり生存の基礎となるような分野は、私有化されたり貿易協定の支配を受けたりしてはならない。これには、大気、淡水塊、生命の遺伝子的また分子的構成単位（人ゲノムを含む）が含まれる。私的資金による研究で創造された、明らかに特異な性質を持つ植物変種の種子に一定期間特許を与えることは、許容できるかもしれないが、自然に発生した種子や、地域社会や公的資金で行なわれた変種研究により開発された植物変種の種子を特許化することは、許されるべきではない。

生命には、特許権をとったり、その他の方法で独占したりしてはならない分野がある。

ここに含まれるのは、現在実際に一部私有化され取引されてしまってはいるが、企業の特許権やTRIPが提案しているような独占的所有権の下に、決しておいてはならない生命の一定領域である。現在のところこの中には、遺伝子、種子、植物品種、そして動物の交配が含まれる。例外として、私的資金による交配計画によって作り出された、明らかに他のものとは異なる植物または動物の品種に対し、独占的生産、販売への一時的な権利が認められることはありうる。しかし、普通原則は「生命に特許はない」である。例えばＡＩＤＳ薬のような生命維持のための薬剤に対する特許の規定についても、考え直す必要がある。価格が公正に決められること、そしてそれを必要とするすべての人が経済的資力にかかわり無く利用できることを保証するために。

有害であり非常に危険と認めた品物を、輸入あるいは輸出しないことをそれぞれの国が選ぶ権利は、護られなければならない。

一定の有害物質の取引は、国際協定によって禁止されるのが適切だろう。

国には当然、健康と安全への脅威を与えると考えられるある種の品物の輸入または輸出を禁止する権利がある。その中には、遺伝子組み換え生物（ＧＭＯ）、毒物、武器、中毒性の薬物、また、現行の貿易協定が禁輸の対象に入っていないタバコとアルコールも含まれる。現在取引されている商品のあるものは、環境、公衆衛生、安全、平和、そして地球規模のコモンズに対して非常に危険であり、それらを完全に禁止する国際協定を制定することが適当といえるだろう。その候補となるのは、有毒廃棄物、核廃棄物、絶滅危惧種、地雷、そして性産業労働者だ。そうした問題はしかし、貿易専門機関や貿易投資協定によってではなく、これらのテーマだけを限定して課題とする国際フォーラムと協定によって、適切な形で扱われるべきである。

二　MEAとその他の国家間の保護条約の力の及ぶ範囲と強制力を強める。

現時点では、地球コモンズのある分野についてそれを有効に保護できるのは、唯一国連の多国間環境協定（MEA）だけだ。この中には、国連気候変動枠組条約の京都議定書、オゾン層破壊物質についてのモントリオール議定書、国連生物多様性条約、国連海洋法条約（海洋法に関する国際連合条約）、一九六七年の宇宙条約、南極条約（一九五九年）、ストラドリング魚種および高度回遊性魚種に関する国連協定、残留性有機汚染物質に関するストックホルム条約、そして趣の変わったところで、国際電気通信連合（それぞれの国に無線周波を割り当てその使用を監督する）、などがある。

二〇〇一年のドーハ閣僚会議においてWTOは、これら多国間協定よりもWTOルールを優先すべきだと主張したが、その主張が通っていたら、全ての協定は直接土台を掘りくずされていたかもしれないという。WTOによれば両者の規定の間に対立があるときには、WTOの規定がMEAの規定に勝つのだと言う。ということは、環境担当相ではなく貿易担当相が、資源利用の最終決定権を持つということだ。つまり、世界の共有資源がどうなるかは企業利益が決定するということだ。そうした企業利益そのものが、環境コモンズを急速に破壊しているというのに。WTOのこのポリシーを誰も反対をせずに放っておくなら、これは地球環境のガバナンスにとって破滅的なものになり、地球コモンズを守るために現在存在するもっとも効果的なメカニズムを弱めることになるだろう。

国際社会と、MEA協定を確立するための外交闘争の先頭に立ってきた各国政府（多くは第三世界の国ぐに）は、WTOが引き起こしている潜在的な危険に十分対応し切れていないか、その危険をつかみきれていない。一方一部の国際NGO、とりわけIFGは、この問題に対処するための充実したプログラムをすでに開発している。しかし、MEAを守るために生まれる新しい政治的な連携は、それがどのようなものであっても、環境団体の連合という枠を大きく超えて、地方の貧しい人びとの運動、農民、先住民、漁民、その他、生活をコモンズに頼る人びとを含まなければならないのは明らかである。広い範囲でこうした人びとの運動を含めると、めんどうな問題を抱え込む可能性もあるだろう。例えば先住民族グループの間では、土地の所有は伝統的に社会の共同所有であって、商品化されないものだが、MEAや信託合意のなかには、例えば京都議定書の二酸化炭素取引、また市場ベースでの適用を含むある種の信託合意のように、自然のプロセスを商品化しているものがある。それでもなお、すべてのグループは、WTOではなく国連が、MEAの運命と力量を定める討論の場となるべきだという要求を軸に、手を結びつつある。

先住民問題の解決に向けた重要な一歩は、先住民の権利に関する国連宣言案を批准することだろう。ここには、先住民の権利と保護が非常に明確に表示されている。この決議は、最終的には、MEAを含むすべてのほかの国際条約と同じ地位を獲得するべきものだ（第4章コラムLも参照のこと）。

私たちがもっとも力を注がなければならないのは、MEAの強制力を強めることだ。WTOは、どの政府だろうと規則に逆らった政府に対して、政治的制裁を課す実効的な権限を与えられているが。多くのMEAにはそうした力はない。バランスを取り戻さなければならない。また今日のMEAは国家間の複雑な交渉の結果の産物で、取り扱う分野の全体をカバーしていない場合がある。例えばすでに見てきたように、京都議定書には多くの抜け穴がある。さらに、コモンズの危険にさらされた分野全てに、対応する協定が存在するわけでもない。にもかかわらず、ＭＥＡは現在のところ、環境のガバナンスとして最も可能性のある国際モデルだ。

最後に、ＭＥＡ官僚機構はその定款の中に、ＭＥＡの諸規定はＷＴＯなどの世界貿易団体によって作られるどのような規定よりも優先すると明確に断言する一文を組み入れなければならない。すでに、生物多様性条約のなかの生物安全性議定書には基本合意の中にそうした文言が含まれていて、これは必ずやＷＴＯとの痛烈な闘いを引き起こすだろうと思われる。これは各国政府とすべてのＭＥＡ官僚機構の側からしかけ、そして勝たなければならない闘いである。

ＭＥＡのこうした限界を少しでも取り除くため、世界環境法廷のような拡大統治機構を提案している役人、学者、活動家たちもいる。例えば、一九九七年から二〇〇三年まで英国政府の環境相をつとめたマイケル・ミーチャーは、地球環境コモンズへの危害に関する問題を処理する「最高の法的権威」としてのそうした法廷が実現可能であると、強力に主張する。ミーチャーによれば、「(この法廷の)法的な行動の根拠となるのは、世界環境憲章ということになるだろう。その憲章は、生物圏が自然本来の機能が許す範囲内で営みを続けることを認めるならば、満たされなければならない生態学的条件を特定するものである」。加えて私たちは国連環境計画(ＵＮＥＰ)を強化しなければならないと、ミーチャーらは言う。この計画が効果的なものであるためには、三点の根本的な変革が必要だ。(1)ＵＮＥＰは、各国政府の寄付により十分な資金を得るべきである。この寄金は各国ＧＤＰ(国内総生産)の一定割合を算定基準とする、(2)少なくとも環境相レベルで機能する必要がある。そして環境相は単に話し合うだけでなく、すべての国に強制力を持つ具体的な決定をする。(3)少なくともＷＴＯに匹敵する権威を持たねばならない。最後に、規定違反への制裁や処罰は、コモンズの更なる破壊を実際に抑止できるだけ十分にきびしいものでなければならない。

三　近代の信託モデルの適用

ピーター・バーンズは、地域的な、また地球規模でのコモンズを長期にわたって保護するための最も実際的な形態は、さまざまな信託モデルだと言う。少なくとも、国内法やＭＥＡのような国際的な協定や条約が不適切だとわかった部分ではそうだ。バーンズによれば、信託は何世紀にも渡って成功裏に機能してきたものであり、その基本的なルールをみれば、これは今日保護に実効力を持たせ、公共資源を市場による略奪から安全にまもる道具として、最適なものである。

信託は、例えば前出の節で述べた公共信託モデルのように、国が引き受ける場合もあるだろうし、指定された受託者のいる独立した機関でもありうる。いずれにせよ、管理人もしくは受託者は一定のルールに従わなくてはならない。例えば、信託の受託者責任を放棄しない、信託受益者のために変わらぬ献身を持って仕事をする、今の世代を未来の世代よりも優遇しない、別の委任条件が定められていない限り保護された資源の枯渇を予防する、運営はいつでも透明で説明責任が果たせる、などが、その条件の一部になる。こうした基準によって運営される信託は、ふつう短期の利益を最大にしようと企てることが目標となる企業とは、構造的に正反対のものになる。実際企業法の規定は、企業の経営幹部たちが第一義的価値を利潤におき、資源の保護あるいはコミュニティの福祉などの価値はまずまったく含めないことを強要しているのだ。ここでは、まず最初に公共信託原則に注目し、その後さまざまな別のモデルを、それらが有効に機能した例をあげながら、みて行くことにする。

公共信託の原則

これは、コモンズにおける人びとの利益を守るという、国または政府が本来持っている義務にかかわるものだ。そのコモンズが、水、空気、生物多様性、森、その他、生命に欠かせない資源である場合は特にそうだが、この中に、公共教育、公共放送、輸送機関など、私達が現代のコモンズと呼んできた諸相を含んでも良いだろう。

先に述べたように、公共信託（Public Trust）の原則はローマ時代にまでさかのぼる起源を持ち、中世を通じてフランス、スペイン、イギリスまで継続し、大憲章（マグナ・カルタ）のなかに成文化された。ヨーロッパでは公共信託原則は、いわゆる平民が、土地、水、森、その他がもたらすみのりを享受する権利を認めるだけでなく、政府や王は法律上公共の土地を所有することは出来るけれど、それは公共の信託に基づき、公衆の共同使用を守る義務を負って行なうものだと規定していた。マーク・ドウィーによると、国家の財産という概念はここに生まれた。「統治権とともに出現したのが、国の受託責任という避けられない義務であって、この概念は今日でもこの原則のあらゆる面に明示されている。」しかも、ドウィーによれば、「政府はそうした公共信託の義務を、どのような私的グループにも譲り渡すことは出来なかった」。

公共信託原則は、北米の植民地時代を通じて実効力を持ち続け、実際、現在も米国内でも他のどこでも、コモンローとして認められている。ドウィーはこれが適用された例を多数あげている。例えば、十九世紀のニュージャージーの漁民たちは、河口、海岸ぞいの牡蠣《かき》繁殖場の私有化に抵抗した。彼らのコミュニティは、数世紀にわたってそこから自由に食料を集めていたのだ。そうした河口や繁殖場が私有化された場合、共同の使用を締め出すことが出来るかどうかが、法的に問題となった。この訴訟は最終的に米国最高裁判所に持ち込まれ、米国で公共信託原則が成文化されたことはなかったにもかかわらず、最高裁は牡蠣繁殖場の使用は公共信託原則のもとに保護されると結論した。十年後、カリフォルニア州最高裁は、水における所有権とは「液体それ自体よりも、その利用によって得られる便宜からなる」と裁定した。言葉を変えていえば、一般の共同利用は保護されるのだ。

「一八九二年に、こうした問題すべての大基準となるような例が生まれた」とドウィーは報告する。「イリノイ中央鉄道対イリノイ州の訴訟で米国最高裁判所は、一州の立法府は、航行可能な河川湖沼の水面下の土地の所有権を、私的関係者に譲り渡してはならないと判決をくだした」。水とその下の土地は、「州民のための信託物件である」と裁判所は宣言した。「州民は、湖沼河川を自由に航行し、その上で商売を行ない、その中で魚をとる自由を持つことになるだろう。私的関係者側から妨害や介入を受けることなく」。

公共信託の原則に訴えたその後の裁判の中には、有名なモノ湖の判決がある。カリフォルニア州最高裁は、その開発が干潟に、また報告者ドウィーによれば、干潟だけでなく「湖、河川、河床、野生生物生息地、そしてレクリエーション」に損傷を与える恐れのある場合、モノ湖からの河川を私的開発に使用するために水路変更することは出来ないと裁定した。公共信託原則は、ニューヨーク州ハドソン川渓谷に関係する最近のケースでも適用された。数十年にわたり川に隣接する土地に膨大な量の有毒物質を捨ててきたゼネラル・エレクトリック社が、河川水への影響を理由に、とうとう土地の私的所有権を剥奪されたのだ。公共信託判例法は、信託によって人びとのために州が保有する潮力資源と湿地には、個人所有の土地も含まれるとした。公的な受託人は、これらの土地における公共の権利を法的に放棄することは、決してしてはならないのだ。ハワイのワイア・ホール水路に関する決定でも同様の論理が使われ、州には先住民族の水に対する権利を守るべき義務があることを明言している。

つまりローマの公共信託原則は、生きており、しかもきちんと機能している。もっとも所有権の最優先を唱導する右派の人びとは、チャンスがあるごとにこの原則に攻撃をかけ、それどころか自分たちの利益になるようにこれを使おうとしている。例えば、ドウィーがあげるある裁判では、「テキサスに本拠を置くある石油会社がカリフォルニア州での原油掘削許可を拒否されたが、国産石油はいまやこれまで以上に、社会全体にとって水のように不可欠のものだと論じて、その決定をくつがえそうとした」。このケースは係争中になっている。

「生態系の保全は、すべての州において、公共信託権として確立される［べきものだ］」というのがドウィーの見解である。それでは、公衆の不動産所有権を認める原則をもって、「時には目には見えないもっと大きなコモンズのすべての局面」に対応できるのだろうか？　ドウィーは、そうした「公共信託に関する訴訟は、コミュニティの強力な行動主義と人びとへの教育が伴った時にのみ、成功の可能性がある」と言う。

新しいトラストのためのアイデア

ピーター・バーンズが提唱するのは、公共信託の原則がかつてそうであったようにコモンズを守ることのできる、近代化された信託機関の構想である。それが達成されるためには、多くのＮＧＯおよび公務員サイドからの社会的圧力が高まらなければならないと彼も認めている。しかしそれでも、この信託モデルは、企業と肩を並べうる法的位置を占めるようになる可能性がある。

信託には十分な融通性があって、それぞれ異なる目的のために幾通りにも形を変えてデザインできる。どのような形であるにしても受託人の一番大切な義務は、先に詳しく述べたように、公共の利益のためにのみ活動すること、資源を枯渇させないこと、オープンなやり方で行動すること、などなどである。こうした基準はすべて、現在のような市場要因による資源管理とは、あるいは国による資源管理とさえ（国は往々にして商業的利益から恩義を受けている）、相対立するものだ。

たとえば、ある種のコモンズでは、最も侵襲の少ないかたちに限って利用を許可するように信託をデザインすることもできる。未開地域や公園などの場合である。持続可能な利用が出来るタイプのコモンズに焦点をあわせた、コモンズを先細りにしないような、別の信託様式も可能である。漁業、河川、森林、そして大気については、この形の信託が適している。ビジネス言語を使って言うなら、「獲得目標は」「資本を食いつぶすことなく、収入だけでやっていくこと」だと、バーンズは言う。慣習法の先例のひとつが「沿岸権者原則」で、かつてイギリス、そして初期の米国の河川で広く適用された。これは、河川に隣接する人びとが、水質を悪化させたり水量を減少させることなく、水を所有ではなく利用することを許可した。この一例が、パシフィック・フォレスト・トラスト（訳注：カリフォルニア州サンタローザに本拠をおく。一九九三年に活動を開始）で、この環境団体は個人の森林所有者から保護林地役権を買いとっている。森林所有者はそれ以降も木の伐採を続けることができるが、その活動は、過剰伐採、生態学的に有害な行為、そして開発を防止するよう厳しく制約される。

また別の種類の信託では、枯渇しないコモンズの無料無制限の利用が許されるだろう。例えば、そう、インターネットのようなものだ。さらに別の形の信託、枯渇しうるけれど非常に価値の大きい資源に関するトラストでは、最高利用限度枠を先に決め、そうした利用から得られる使用料は、すべて公共の利益のために使われるようにすることが出来るだろう。この最後の例には、アラスカ・パーマネント・ファンドがあり、ここを通じて現在、すべてのアラスカ人は石油と天然ガスの賃貸契約からの年毎の配当を受け取っている。残念ながら、こうした合意の否定的な面は、人びとに、石油の消費増加を支持する動機づけをしてしまうかもしれないことだ。

もう少し問題点の少ない例の一つに、カリフォルニア州のマリン郡農地トラストの成功がある。これは、都市部の無秩序な拡大と開発に脅かされた農業地帯が田園地方の特徴を持ち続けるように、計画されている。トラストは、公的、私的資金を使って小規模農家から保全地役権を買い取る。これで、農地としての土地使用が続くことが保障され、おそらく農民が農業を続け、自分の小さな農場を所有し耕作し続けるだろうということが保障される。同様に、オレゴン水トラストは、かつて配分された用水権、水利権を取得し、健全な環境のために川や小川の水量を増やすのにそれを使っている。

バーンズのお気に入りの例は、自分で起こした「スカイ（空の）・トラスト」モデルで、（第7章のエネルギーシステムでも論じられている）、ここでは地球コモンズの一つである大気圏が、汚染物質廃棄場として利用されるのをコントロールするためのグローバル・トラストのなかに入れられている。バーンズによれば、「スカイ・トラストの前提となるのは、空はすべての人のものであり、次に来る諸世代のために委託されたものでなければならないということだ。スカイ・トラストが要求するのは、汚染者が、世界の全市民を代表する受託者から高額の排出許可を購入することだ。信託の収入は公共の目的のため、あるいは均等配分による市民への割戻しとして使うことが出来る」。アラスカ・パーマネント・ファンドで行なわれているように。スカイ・ファンドとアラスカ・ファンドの違いは、信託受託者が非常に高額の使用料を課し、しかも生態学的な限界を反映して厳しい使用最高限度を設定することだ。こうすれば、現在こうした汚染物質廃棄のために一銭も払っていない汚染者は、かなりの額を支払わなければならなくなるし、そうなれば、汚染源となる製品、例えば自動車や煙突のある工場群でつくられる製品などの価格も、上げざるを得なくなるだろう。こうして汚染は抑えられ、汚染原因の製品の消費も抑えられる。その一方、使用料から最終的に得られた資金はすべて、人びとの間で分配されるか公共の目的のために使用される。

もちろん、問題が残る。今のこの現状からここに述べられたような状況へ、私たちはどうやったらたどりつけるのか？　市場の力だけが命運を決定するという現状から公共コモンズの一部を効果的に引き離すようなさまざまなモデルを、つくりだそうという政治的意志は、どこに存在するだろう？　こういう点については、人びとの激しい怒りと組織的政治的な圧力が不可欠だ。しかし信託モデルは、実現可能なオルタナティブを示すチャンスを提供している。一方でこれらのモデルは、難しい状況の中で、つまり民営化、急成長、企業の政治的優位など、問題の根となっているすべてのものの係わり合いの中で、妥協的解決案を達成する一助にもなりうる。

つまるところあらゆる方面に歩を進めなければならない。地球的・地域的そして現代のコモンズを、グローバルな貿易システムから断固として取り除くことが力をあわせてとりかかるべき第一の点である。コモンズの活力を強化し市場の力から引き離すためにMEAの力を維持し拡大することがきわめて重大となる。そして、さまざまな形のトラストもまた、問題に食い込んでいく手段になる。

第6章　サブシディアリティ――権力をグローバルから取り返す

経済をコントロールする手段を従来の国や州・県、その下の自治体、地域社会、先住民社会から取り上げ、地元にはいない大企業や官僚など、グローバルに機能している権力機関の下に置けば、社会のすべてのレベルが利益を得る。これこそグローバル化弁護派の自負ないし賭けである。しかし、先の各章でみたように、実際はそうではないし、だからこそこれだけ多くの人びとが怒りをもって抗議しているのである。

グローバル化の親玉たちは相変わらず、基本的に経済イデオロギーに駆り立てられている。彼らは地域の状況や意識という日常的現実から離れたマクロな視点で働いているのである。自分たちの考えや理論を実行可能かつ納得できるものであるかのように、あたかも彼ら自身が専門の予言者、新たな中央集権的体系の管理者であるかのように売りこむ。アジアの金融危機、ロシアの金融危機、ブラジルの経済瓦解の危機、アルゼンチンの経済破綻など、目を剥くような崩壊をあまた引き起こしてきたにもかかわらず、自分達のやり方をいまだに称賛している。グローバルに見れば貧困、飢餓、不平等、従属、無力化が増大していることは言うまでもない。もろもろの理論はうまくいっていないし、うまくいくはずがないのである。そこで得をしているのが、主としてこうしたプロセスをもたらしたグローバル企業と経済エリートだというのも意外ではない。

これまで見てきたように、グローバル化モデルの手口は、経済および政治活動のコントロールを地方からはずすというものだが、そのやり方は歴史的に地域社会や地域は国が担ってきた権力、決定、選択、機能を組織的に奪い取ることである。グローバル化のもう一つの手口は無名性である。これに対して、経済取引に顔の見える信頼関係を取り戻すことが、地方主義の重要な価値である。

主権を地方から剥ぎ取って遠方にいる官僚の手に措くと、地方政治もまた遠方の官僚のルールとやり方に適合するよう作り直さなければならない。それまでは比較的自立して、そこに住む人びとの利益第一に動いていたコミュニティや国は、大がかりで非民主的、説明責任を負わないグローバル機構に不本意でも従う存在に変えられてしまうのである。

他方、世界中の何百万もの人びとはいまも毎日働きにでかけ、従来通りの小規模で自分の腕で稼ぐ暮らし、土地に根ざした暮らしを守ろうと努めている。実際、南か北か、貧しいか裕福かを問わず、どこのコミュニティであれ地方経済が土台なのである。ポール・クルグマンといった伝統的エコノミストでさえ、米国の都市のほとんどは、サービス経済の拡大によって地方に根を下ろしていると認めている。ところが、こうした地方経済の活動は絶えざる攻撃にさらされている。大規模なシステムが突如その範囲を広げ、参入してくるばかりか、そうしたシステムに頼る度合いが強まっているのである。そうした予想もつかない変転をあげてみると、遠距離輸出市場、価格や為替の変動、各国政府の債務利子の支払い能力、国際的資本フローや商品の専門特化などに関する決定の中央集中などがあげられる。これらの決定は、民主的プロセスをまったく無視してワシントン、ジュネーブ、ブリュッセル、ローマ、東京にある権力機関で下されるのである。地方レベルでは、コーヒーやトマト、油、小麦、米の値段といったごく身近な問題が、はるか彼方の不可解な要因によって左右される。一般的な労働者の賃金だけでなく株や証券といった金融資産も、地方の条件によって決まる頻度は減る一方であり、その代わり金融業者や企業がつくる経済ネットワークの操作に従って変動する。

しかし、もっとも影響を受けているのは、悲しいことに、民主主義そのものであり、あらゆる民主的制度なのである。

民主主義の基礎は、自分達の暮らしに影響する重大な決定には人びとの参加があるべきだという考えにあるとすれば、基本的な暮らしの決定をはるか遠くの地、とくに民主的参加や開放性、説明責任、透明性を嫌悪する場に移すならば、民主主義の死を招く。人びとが自分たちのために何かをやれるのが地方経済の活動だとすれば、人びととの手でなされることではなく、人びとに対してなされるのがグローバル化である。われわれはすでにこのプロセスに向かう道の果てに来てしまった。今こそ方向転換をすべきである。

サブシディアリティを理解する

問題はグローバル化にあるとすれば、地方に戻るというのが論理的必然である。もろもろの状況を再活性化し、地方のコミュニティが自分たちにとって好ましい経済的・政治的進路を決める権限を取り戻すことである。グローバルモデルが重視するのは、専門特化した生産、比較優位、輸出指向型成長、モノカルチャー、国境を超えた企業制度の方向に沿った経済・文化・政治形態の均一化である。このモデルに従ってあらゆる制度を構想する代わりに、その正反対のことを大事にしながら制度をつくり直さなければならない。

この一八〇度の転換のために積極的役割をもつ原則が「サブシディアリティ」（地方主権主義）という概念、である。つまり選べるところでは地方を優先させるという原則である。実際には、サブシディアリティとは、すべての決定は、決定を下せる統治機構のうち、一番下のレベルで下すことを意味する。グローバルな健康危機やグローバルな汚染問題は国際的協力の下での決定が必要な場合が多い。しかし、経済・政治・文化の問題は、国際的な決定ではなく問題によって国、地域、地方レベルで決めることができる。権力は上昇志向ではなく下を重視するよう努力すべきである。決定はその影響をもろに受ける人びとに近いところで下されるべきである。生産、労働、市場を地方でまかなえる場合はそうすべきであるし、それが達成できるルールを作る必要がある。もちろん、国際間や域内、地域間の貿易は存続するだろうが、それはあくまで最後の手段であってシステムの目的としてではない。

すべてのシステムを長距離貿易に役立つことを意図して作るのではなく、地産地消を強調すべきである。つまり、経済活動の距離を「短くする」こと。食料マイルや石油供給マイル、通勤距離をそれぞれ短くするのである。技術もまた、グローバルに機能する巨大技術ではなく、地方管理に役立つものが選ばれるべきである（本書の著者らが選ぶとしたら、原子力と石油ではなくソーラー、風力、小型水力、小型電力そして節約である。輸出市場向けのグローバル化した工業型農業ではなく小規模の地方農業と地方市場を選ぶ)。工場も操業を続けるべきだが、あくまで「立地した場所で売る」という政策の範囲内に止め、投資と資本はあくまでコミュニティに根を下ろし、絶えずリサイクルし、かつ地方レベルで管理されるべきである。

こうした自力更生がアウタルキー(国家レベルの自給自足経済)を意味するのではないことを明確にしておきたい。健全な地方経済の多くは輸出入を続けるが、品目は数百におよんでもそのコミュニティの存続にひびくものはひとつもない、という主張はじゅうぶん説得力がある。(米国の)ノースダコタ州の電力部門がいい例である。ノースダコタの住民が電力自給をのぞむならば、大規模な風力発電所をつくるべきだと主張する声がある。そこで、風力発電機を輸入に頼らざるをえないとわかると、地元で風力発電産業を開発するかもしれない。そうするとしても、金属や部品を輸入に頼ることになりそうだ。かくして、終わりのないプロセスが続くわけだが、輸入代替のプロセスによって、経済は着実に多様で健全かつ自立した方向に向かうのである。

水、土地、生物多様性、地元の知識など、コモンズの存在が判明したところでは、その全体をコミュニティの財産として残すべきである。土着の活動や実質上貨幣に関係のない活動が行なわれていれば、正統な経済形態として尊重し、奨励されるべきである。それらはグローバル企業や市場には役立たなくても、人びとやコミュニティに本当のサービスを提供しているのである。もはや個人や企業の富が目標なのではなく、コミュニティの自立、公衆衛生、公正、説明責任、民主主義が目標となるべきである(この問題に関しては第4章参照)。

このような反転、つまり意識してグローバルよりもローカルに味方することは、世界最大かつ最強の諸機関にすんなり受け入れられないことははっきりしている。それらはすべて、大規模なグローバル体制、長距離の供給ライン、貿易拡大、極地化した権力に依存しているからである。こうした形態は、いわば諸機関のイメージの中で作られたものであり、また最大限の利潤の機会を提供する形態でもある。しかし、世界中の市民社会や一般国民は、自分自身の選択を明白にしつつあり、それは再び地域コミュニティに権限を与える方向へ進むことなのである。農民、労働者、組合、小企業、消費者団体、農民組織、エコロジスト、人権活動家そして有効な民主主義を求めるすべての集団は、すでに方向転換に向けて動き出している。こうした人びとや集団は拒否されはしないだろうが、その速度を増すためには助けが必要である。

こうした人びとが拒否されない大きな理由は、地元の小規模なオルタナティブ経済と関係がある。すでに見たように、小規模オルタナティブはすでに、人びとが必要とするモノやサービスの大半を費用効果の高いやり方で生産している上、さまざまな動きを見ると、その役割は今後拡大すると思われるからである。とくに目立った動きをあげてみよう。

・流通コストが生産コストに比べて相対的に増大しつつある（つまり、食料の場合のように、産直によって安い産物をつくる機会が生じている）。
・石油価格が上がることでグローバルな輸送コストが上昇し、これまで外部化されてきた実質コストが反映されるようになり（第７章参照）、さらに環境消費税（グリーンタックス）も導入されている。

・ニッチ・マーケティング（隙間市場。潜在需要に対応する小さいが収益性の高い市場）はますます、地域の消費者を知り尽くしている地域生産者を大事にするようになっている。
・モノからサービスへの移行は本質的に地元ビジネスを大事にする。
・コンピューターとインターネットの成長によって、自宅の地下室を含めてどこからでも複雑なビジネスがやりやすくなっている。
・大企業は概して中小企業よりも職場として働きにくい。
・テロの脅威が増し、グローバル企業という怪物から離れて、地方の自立に戻る重要性が増している。

ここで述べているような変遷と一致する主要なグローバル制度の変化については、本書の別のところで取り上げる。たとえば、権力が集中しているブレトンウッズ諸体制や、企業構造、エネルギー・輸送・農業など社会の基本的なオペレーティングシステムなどで起きている望ましい変化である。ここでは、「ガバナンス（意思決定のプロセス）の規模」および経済・政治権力をコミュニティと国に呼び返すプロセスといった問題を考えてみたい。

ローカルに通ずる道

政策のすべてにおいて地方（ローカル）の利益を第一にするという差別主義によって、グローバル化への流れを逆転させようとするのが地方化（ローカリゼーション）である。状況によるが、「ローカル」とは国家の中の下位集団として定義される。同時に、国家そのものを言う場合もあれば、複数の国家から成る地域集団のこともある。いずれの場合であれ、特定の目標に適した最低限の単位に権力を委譲するという考えである。

地方化をもたらす政策とは、コミュニティや国家による経済の民主的統制を拡大し、グローバルな制度から取り戻す政策である。こうした政策によって、国や地方政府、コミュニティは経済を取り戻し、可能な限り多様性をもたせ、コミュニティの暮らしを再び安定したものにすることができるだろう。つまり、できるだけ持続可能な開発形態を保証する方法によって、国としても地域としても最大限の自立を達成できるだろう。

（ひとつの否定的意見。地方化が万能薬でないことはわかっている。地方化は民主主義や平等や人権を保証するものではないし、その可能性を高めるだけである。コミュニティが小さいほど、権力の源へのアクセスや肯定的結果を得るチャンスを人びとに与えられる。しかしながら、地方レベルでさえ冷酷な日和見主義の例が少なくないことを、歴史は示しているし、現にフランスのナショナルフロントといった極右政党支持派やオーストリアの（ネオナチ派の）ホルヘ・ハイダールなど、警戒すべき動きもある。グローバル化が民主主義的なエンパワメント（少数派への権限委譲）に向かうチャンスをまったく与えないことは確かである。小規模の体制のほうがチャンスは大きい。この点については後で述べる）。

地方化に向けて動き出すには、社会で想定されていることを完全に変える必要があるだろうし、長い時間とさまざまな段階が求められるだろう。しかし、われわれの頭をそちらに向けるために、すでに出されているいくつかの点を上げておきたい。これらはコリン・ハインズ『ローカライゼーション：グローバルマニフェスト』、マイケル・シューマン『ゴーイング・ローカル』および、ジェリー・マンダー／エドワード・ゴールドスミス共著『グローバル経済』の中でヘレナ・ノーバーグ＝ホッジが担当したローカル化の章などで取り上げられている。

国内（ローカル）経済を守るために使われていた保護手段を再導入する

伝統的な保護手段としては、関税、輸入割当て、投資制限と規則、医療・労働者・環境に関する非関税障壁、投資基準などがある。国の政府が設けたこうした保護手段はひとつのこらず、ＷＴＯその他の官僚機構が制定したグローバル貿易ルールの直接の標的となっている。その意図は地方の権威や自立維持の能力を弱めることにある。

補助金政策の変更

現在、インフラ開発とくに大規模なエネルギー、輸送、通信その他の大規模開発計画と並んで、汚染をもたらすなどの外的コストに莫大な補助金を出している国は多い。こうした政策を全面的に転換して、地元市場のための小規模有機農業、小規模のエネルギー・輸送インフラ（太陽熱、風力、小規模水力その他、バス専用車線、歩行者と自転車用施設）ならびにコミュニティ銀行、開発・融資資金など重要なローカル企業を大事にすべきである。地方自治体は地方の補助金をふるいにかけて、地方の所有権や地方の輸入代替品をテストすべきである。こうした補助金には、融資、融資保証、公債、資本活用などがある。この種の補助金計画はさらにふたつの必要条件による得点がある。すなわち、正式に通知され入札されること（密室取り引を防ぎ、透明性を持たせるため）、また実績本位であること（約束どおりに仕事をすれば減税になる）ことである。

企業活動に新たな統制を加える

国内であると地域であるとを問わず、製造業、銀行業その他のサービスが立地した場所で商売するという政策なども、新たな統制のひとつである。地元住民は以下の事柄を要求する権利をもつべきである。すなわち、企業役員会の構成を変えて労働や環境その他地元の利害関係者をふくめること、他の事業とくに他地方にある事業を買収する企業の自由に制限をもうけること、企業の移転や資本の動きをきびしく制限すること、企業に普通の市民と同じ権利を与えつつ責任を問わない法人法をなくすこと、犯罪責任から株主をまもる有限責任の放棄、公的透明性の必要などなど（企業の法人格および有限責任法については、第９章でさらに詳しく取り上げる）。

資本と投資の基盤をコミュニティにおく

地元で得た利益はほんらい地元にとどまるべきである。外部からの直接投資は、地元の条件や必要に適した場合にのみ許されるし、歓迎される。カナダの労働界がスポンサーとなった投資基金（ＬＳＩＦ）は資本を根づかせる方法の模範を示している。ＬＳＩＦは、労働問題や環境に配慮した、しかもその州で地元が所有する事業だけに年金基金を投資している。ＬＳＩＦが成功した鍵は、政府がこうした基金に金を出す人びとに税制面で優遇措置をとる能力をもっていることにある。公的年金基金や公共事業体の黒字分の選択的投資にも、非常に大きな可能性がある。さらに、地域での利用を目的にした新しい地域通貨システムも望ましい。この章の後半で再度、資本と投資の問題を取り上げたい。

課税政策の大幅な改革

環境税の導入とならんで資源税を増額することも、森や水や鉱物など自然資本の採取や消耗に対して必要である。こうした税金は、企業が行なう開発活動の本当のコストを正確に反映するだろうし、現在は政府の補助金によって外部化されているコストを企業に負わせることになるだろう。その他に投機的な金融取引に対する「トービン税」の導入などもありうる（現在こうした取引が非課税であるため、その量が増え、多大な害を招いてきたのである）。税制上の優遇措置が、地方の中小規模の事業にくらべて大規模な事業体に対して寛大な傾向にある現在の政策も再検討すべきである（現在、大企業は投資減税と資産圧縮特別勘定を享受して中小企業に損害を与えているが、この二つも廃止すべきである）。こうした税制改革で得られる収入の多くは、地方化への移行を財政的にささえる一助になりうる。

住民がもっと政策立案に直接参加できるようにする

参加が増せば公正と多様な視点を確保できる。これは地方化の第一の特徴であり、直接民主主義のレベルが高まる可能性をもたらす。

国際的な援助と貿易ルールの方向転換を行なう

こうした変化に影響する国内政策もまた、グローバル経済よりむしろ地方経済の再建を助ける形で修正されるべきである。とくに、これは向上したグローバル大の情報・技術の移転を通じて行なうべきである。自立した地域こそが、他国のパートナー地域が自立するために必要な資本、技術、政策、経験を行き渡らせるにはうってつけであることが分かるだろう。これは開発のためのパラダイムや開発援助とは根本的に異なる。

新しい競争政策をうちたてる

現在、ＷＴＯやその他の官僚組織に反映されているグローバルな競争政策は、グローバル企業にとっての競争の機会を広げ、地方や国内の領域への侵入が進む一方である。地方化政策の下では、存続するグローバル企業は、すべての地方投資ルールを遵守しないかぎり、現行のような進出はできなくなるだろう。その投資ルールには、資本もあくまで地元資本とするという条件も含まれる。だが、ローカル企業の間では、イノベーションを刺激するために、競争が活発化するだろう。ローカリティーは、市民が地元でできたものを買うよう（強制ではなく）奨励する権利を有するべきである。ローカルでラベルをつけることを許可すべきであるし、政府がローカルの品やサービスを選んで購入することも認められるべきである。

社会に密着した地方経済のリニューアルを奨励する

グローバル化の推進によって、どこのローカル地域も、ローカルな環境・社会的価値を奨励する実行可能な手段を奪われてしまった。ローカルな質や文化、住宅や暮らし、持続可能なライフスタイル、安全で健康的な環境に関するローカルの計画に注目すべきだとすると、これは由々しき問題である。土地利用や都市計画の区画問題から、大規模融資、開発トラスト、クレジットユニオン（協同組織金融）、地域輸送システム、地域リサイクル、地域自力更生計画、および全体的な方向転換に必要なさまざまな保護活動にいたるまで、すべてのことに目を向ける必要がある。オルタナティブなシステムの価値を十分理解し、人に伝えられるよう、教育制度の改革もゆるがせにできない。

投資と金融

ローカルな経済システムの実現可能性について、このシステムを稼動させ、革新的システムであり続けるに足る資本をどうやって見つけるかということも同様に重要である。ローカル経済では、コストの概念がグローバル経済とはまったく異なっていることは明らかである。実績の成否をはかる基準は、ＧＤＰやＧＮＰといった従来の経済成長率ではなく、もっと本質的な社会や環境面の特徴が土台になるのであって、その中には森林を伐採しないことがもたらす価値や、安全保障や軍事支出に巨額のドルをつかわない価値（この支出はＧＤＰとして計算される）が含まれる。逆に、地方経済で不払い労働や貨幣に換算されない側面、すなわち私的な介護、家事労働、自給自足の暮らし（バーターが土台のこともある）、個人や企業の富よりむしろコミュニティの自立を目標として掲げること、などにプラスの価値を与えるのである。

しかしながら、資本と投資という要因は長い間に重要な役割を演じると見こまれることから、これらを取り上げる必要がある。そうしたシステムを機能させるために研究されているいくつかの考え方をあげてみよう。

資本

前項で触れたように、地方化の主唱者はローカル資本にこだわる。資本が逃避したため、十分存続できたはずなのに衰退してしまった地域社会はひとつやふたつではないし、これを防がなくてはならない。そのためには次のような措置が考えられる。為替管理の再導入、銀行と金融機関の規制を改め、逃避するより地方に投資したほうが大きな利点を得られるようにすること、非常に厳しい「減速措置」（スピードバンプ）を導入して、投資機会を狙って資金を移動させる投資家を罰するとともに、自分の資金のかなりの割合を輸出することを阻止する。融資政策によるマネー作りをしようとする銀行には、一〇〇%の準備金を義務づける。トービン税の類を導入して投機的投資や資金の頻繁な移動が引き起こす不安定を抑制する。債権購入のマージンを引き上げる。デリバティブの利用を制限し、そうした契約を行なう銀行に対し裏付けとなる現金や流動資産を準備するよう求める。

政府もまた地域密着型の銀行に預金して、その拡大を支援することができるし、そうすべきである。

新たな地方経済の資金調達のためにさまざまな二次的市場を新たにつくることができるし、そうすべきである。また、どこの経済でも貯蓄の大半が株式に行くことから、地方での投資を奨励する刺激策や助成金が非常に重要である。こうしたタイプの地方のイニシアチブにとって非常に興味がそそられるものの中に、意見を同じくする地方自治体がコンソーシアム（事業遂行連合）を作ることだと、マイケル・シューマンは示唆している。コミュニティへの再投資がいい例である。一つのコミュニティが一〇〇％地元資金で再投資すれば、ポートフォリオ（有価証券明細表）に地理的多様性を獲得できないことははっきりしているし、これはリスクが大きい。ひとつの解決策は、いくつかの自治体が地元資本を九〇％にすることをめざし、残りの一〇％はほかの資金を投入することである。これによって、すべての資金が地方ビジネスを支援するだろう。自治体連合をつくってフェアトレードを促進する場合も同じことが言える。この連合体は地方通貨のための手形交換所として機能できるし、生産や流通のために規模の大きい経済を必要とするモノの製造ネットワークを柔軟につくることができる。

税制

税制改革に関しては、資本逃避と投機を減らし、公共部門が払うべきコストでこれまで外部化されていた分を取り戻すことを中心にすでに論じた。大規模な事業に対する優遇措置の撤廃や、エネルギー使用や自然資本に対する増税の必要にも触れた。

その他の重要な税制改革として、労働に対する課税を減らすことがある。労働課税は企業が減税対策として人減らしをすることを助長するという好ましくない結果をもたらしてきた。その中には支払給与税（従業員に支払われた賃金・給与総額をベースとして雇用主に課される税）、所得税、社会福祉税、付加価値税その他がある。

資本利得税は、とくに短期の所有財産に対しては、増額されるべきである。生産的労働をベースにした所得税には、投資間のマネーの動きをベースにした受け身の所得に比べてはるかに有利な優遇措置をはかるべきである。

脱税を厳しく制限するため政府がやれることはいくつかある。企業財務、とくにグローバルな税金の支払いの有無について公開を迫る、国内およびグローバルな税金の抜け穴をふさぐ、タックス・ヘイブン（低課税率や非課税など税制上の特典の多い国・地域）に罰則を与え、最終的に排除する、国税の支払いを免れるための企業内での財務移転（たとえば移転価格）を監視し抑制する、ダウンサイジング（規模縮小）やリロケーション（移転）に対して課税措置を取るなどである。

投資の新ルール

グローバル化した金融と投資の現行ルールは、地域社会にとって必要なこの二つの管理を、地域社会からはずすことを奨励している。資本をほとんど完璧に移動自由にすることは可能だし、そうすれば最大の利潤が得られるところへいつでももっていける。第2章で触れたように、自由貿易の最初の師匠であるデイビッド・リカードとアダム・スミスは資本の移動に反対したのだが、資本の移動によって地域社会は経済と優先課題を変更せざるをえなくなり、外国資本の投資を誘致し、ついで構造調整計画から苛酷な融資条件にいたる後ろ向きの拘束にしばられることになったのである。

サブシディアリティとローカル化は、この定式を逆転させ、外国投資よりもローカルな直接投資を重視し、優遇する必要がある。それでも外国投資が求められる場合は、地域社会がその条件を管理すべきである。目標はすべての利益地域社会の方に向け直すことにある。食、地方での生計手段、サービス、地方の都市開発、小規模エネルギー、輸出ではなく国内、地方市場向けの製造業などなどである。例えば、政府は地域から立ち去る企業に違約金を課すこともありうる。現行の政策では、企業の移転費用を棒引きにしている自治体が少なくない。

地方直接投資に味方する

コリン・ハインズは外国投資家のためのオルタナティブな投資コードを提案しているが、その中には次のような新規定が含まれる。優遇措置はかならず地方直接投資に与えられること。これによって最恵国待遇のようなWTO規則は方向転換する。最恵国待遇はローカルの優位性を法的に奪い、投資家に著しく依存する道を整えたのである。新規定の下でも投資は奨励されるが、適正な賃金の地方雇用を増やすとか、地方の生活の質を高めるために役立つという結果がもたらされる場合に限る。すべての投資家は、基本的人権の尊重と環境保護を最優先課題にしなければならない（最恵国待遇：相互に合意した通商上の待遇より、より有利な待遇を他国に与えた場合、その待遇を無条件に相手国にも適用すること）。

既存の法律は地域企業の外国人や不在の所有者を優遇しているが、こうした法律は数年の間に後退すべきである。

オルタナティブの投資コードの規定では、国や地域社会が実績コードを義務づけることを明確に認めるとしている（これも現行のWTOルールとは正反対である）。すなわち、すべての製品について一定の率の国内コンテント、地方コンテントが含まれていること、人事に一定の地方採用を義務づけるだけでなく労働・環境基準を守ること、地域のニーズに応える企業を不公平な外国との競争から守ること、地方で作られる製品を優先させることである。

貿易協定やブレトンウッズ制度が押しつけている政策を逆転させる方策として、この他に以下が考えられるだろう。

・投資家が約束を破った場合、コミュニティが結果的に没収できるルールを作るには、ある程度の幅が必要である。こうしたルールが濫用されないためには、投資が実施される以前に広範囲の没収規則を課す権利がコミュニティにはある。すでにある企業には数年の猶予が与えられる。

・政府は外国投資家が母国へ持ち帰る資本と利益の額に上限を設けることもできる。市民団体や自治体は、この投資コードに違反する投資家を提訴する権利を与えられるべきである。こうした問題をめぐる裁判手続きはすべて、公開かつ透明でなければならない。

長期地方投資を奨励する

資本の移動を難しくする状況が生まれ、責任ある行動を義務づけられるようになれば、これまで直接外国投資家が手にしてきたチャンスや利点は少なくなり、直接地方投資に方向転換して、資金をコミュニティ内部で循環させるという目標に近づくだろう。
地方長期投資への転換を促進するため、以下の措置が役立つにちがいない。

・長期の地方投資に対して大幅な税遇措置を与え、（とくに外国投資家の間の）急速な資本移動には厳しい税的処罰を設けること。
・国内・地方レベルで、中央銀行が地方銀行の組織や収益性に直接影響をおよぼしうる権限を与え、地方の開発を目的とする地方投資を促進する。国の政策として、市場規制の強化を奨励し、小額融資のための小規模銀行を設立し、クレジットユニオン（信用組合）や地域通貨（LETS）、大規模企業を小規模の分散化した地域所有の経営体に分解する場合の税優遇措置などをもっと重視すべきである。中央銀行は地域に密着した銀行の公定歩合を引き下げることもできる。
・資本にとって銀行・証券法や国・州の所得税からの隠れ蓑となっている在外の銀行センターを閉鎖する。国の銀行制度は、在外資本の移転の引き受けを禁じられることになるだろう
・地方銀行の長期貯蓄には高い利子を提供するよう促し、地方銀行が地方プロジェクトの開発資金を増やせるようにする。

サブシディアリティ批判派への反論

グローバル化という怪物が立ちはだかり、ユートピア的ビジョンがひろく喧伝される中で、中央集

権とは反対の、ローカル中心の行き方を主張する人びとは、そうしたオルタナティブな解決の道の実現可能性について、きびしい批判や不信感にさらされやすい。

すでに述べたように、グローバル化の支持者にいわせると地域システムはグローバルな政治機構の前進に比べて民主的ではない。地方統治が民主主義、人権、平等、よいガバナンス（意思決定のプロセス）を保証しないということについて、われわれに異論はないことはすでに述べた。地方統治が権威主義的、抑圧的さらには残忍であった事例を持ち出すこともやぶさかではない。にもかかわらず、意思決定のプロセスと経済の規模を小さくすることで、つまり人びとが権力の源に近づくことで、民主的に参加する機会や期待が現在のモデルよりもはるかに大きくなるのである。世界中にその例は多々ある。先住民社会で、小さな地域社会で、ブラジルのポルトアレグレやクリチバのような大都市でそうした例が見られる（詳しくは第7章参照）。これに対して、グローバル化は民主主義をまったく公約しない。グローバル化が実際に保証するのは巨大企業による不在管理であり、その企業はそれ自身の経済的利益のためだけに行動するよう造られ、圧倒的多数の人びとが日々の暮らしで直面している状況などに何の関心もないのである。したがって、実際の選択は、はるか離れた都市から管理する企業主導の体制を許すか、権力を地方に戻すような形態を強化しようとするか、どちらを選ぶかなのである。地方には民主主義と平等をめざす機会、地方の社会や環境状況への関心がいまも存在している。警戒を怠ってはならないが、本書の著者たちにとっていずれの選択が望ましいかは明らかである。

人権を定義し支持することに関しては、諸国間の適切な国際協定の領域であって、近年、南アフリカの白人の人種差別主義政権を転覆するのに一役買った類の制裁を加える力は十分に備えている。国であれグローバルであれ、サブシディアリティが一段と高い秩序のルールをめざす役割を構想していることを忘れないでほしい。こうしたルールはごくわずかで、あくまでも合意に基づくことを主張しているだけである。とくに、ローカルの行動を制限する場合はそうである。南アフリカで適用されたような制裁は今日では非常に導入が難しい。というのもWTOルールによってそうした制裁はほとんど禁止されてしまったからである。実際のところ、新たなFTAA協定や数年前に提案され、活動家たちがたたかって退けた多国間投資協定（MAI）の蒸し返しでは、こうした制裁ははっきりと禁止されるにちがいない。MAIに含まれる要素の多くは、WTOが提案している新たな投資協定を含めて他の協定に再浮上しつつある（こうしたルールが二十年前にできていたら、ネルソン・マンデラは今も獄中にある公算が高い。人権保護者としてのグローバル主義者とはこの程度だ）。

その他の地方化批判は、基本的にグローバル自由貿易がもつさまざまな理論上の利益の繰り返しである。すなわち、富が貧困層に「トリクルダウン」（少しずつ浸透）するだろう、価格は下がるだろう、市場における（製品の）多様性が拡大するだろう、などなど。第一点、すなわちグローバル化が人びとを貧困から救い上げるという点については、間違いであることは悲劇的なほど明々白々である。本書の第2章で説明したように、グローバル化の利益は実際には超富裕層に浸透（トリクルアップ）している。国内でも国家間でも貧富の格差は広がる一方である（IFGが出した特別報告『グローバル化は貧困層を救うか』にはこの現象に関するデータが豊富に収録されている）。グローバル化で製品が多様化するという点については、一部の種類の製品や一部の社会階層にあてはまることであって、たとえば外国車やデザイナー衣服、外国産チーズや食肉を選ぶ範囲が広がることは確かである。しかし、多くの場合、地方化によって製品の多様性は拡大するのである。クアーズというビール一種類よりも一〇〇〇の小規模醸造所があるほうがいいし、トマトやポテトも工業化された単作品種よりもさまざまな品種があるほうがいい。いずれにしろ、単純に家族に食べさせようとしている大半の人びとにとって、製品の多様性は抽象概念である。一方、すべての人が影響を受ける文化の多様性や生物多様性は、グローバル化モデルによって積極的に押さえ込まれている。

グローバルな市場では確かに、競争が存続している部門に安い製品が持ち込まれることもある。これは自由貿易のルールの下で、外国の農産物や工業製品が、時には低価格で自由に入ってくることが奨励されているからである。しかし、こうした安い価格はグローバル化がもたらした新たな効率を意味するものではない。輸出ダンピングを意味する場合が多い（国内の生産過剰が高い国内価格や高利潤を脅かす時に起こる）。巨額の直接補助金や、インフラ開発の補助金、工業モノカルチャーが招く環境・社会コストの転嫁という奇怪な補助金などがもたらした安値でもあるが、これらについてはすでに述べた。結局は納税者やふつうの人びとが支払うことになるこうした補助金コストが、商品輸入の価格にそのまま含まれていたら、安くはならないだろう。だが、たとえ安かったとしても、消費者がスーパーでわずかな金を節約することを期待して、国や地域社会が経済の活力や結合力を犠牲にするのは果たしてよい社会政策だろうか。これはとくに食料必需品の生産についていえることであるし、環境や文化面での恩恵も大きい。われわれは安ければいいとは考えない。実際は、今日ローカル企業はもっと価格を安くできるかもしれないし、ローカル銀行は利子を下げることができるかもしれない。にもかかわらず、どちらもそうなっていないのは、大企業や大銀行のマーケティングの影響力が優勢だからである。
いずれにしろ、こうした活動はすべて、比較優位という不明瞭な理論を土台にしている。比較優位という考え方によると、経済システムの活力は、輸入国がその代金を、その国が生産面で比較優位に立つ品目を輸出することで得た収益で払えるかどうかにすべてかかっているという。実際には、この整然とした方程式はめったに成り立たない。輸出市場は変わりやすく、不安定で、あてにならないことがある。輸出価格が暴落し、比較優位理論が失敗したため飢餓に直面している国はひとつやふたつではない。

中小企業はたいてい賃金が低く、手当ても少ない上、組合もほとんどない、と断定して地方化に反対論を唱える人たちもいる。実際はそうでないことが多い。時がたち、小さい会社が成長すると、初期に雇われた従業員はたいてい、大幅に給料があがり手当ても増す。一〇〇ものミニ工場を統制するのは巨大な一本の煙突よりも難しいという議論もある。その通りかもしれないが、規制をなくしてしまう大企業の政治的影響力と、地域の煙突を正しく判断できるのはふつう地域住民だという事実を測りにかけてほしい。最後に、地域によって恵まれている地域とそうでない地域がある、と主張する向きもある。その通りである。したがって、メカニズムの再配分が必要なのである。

国であれ地域社会であれ、そこに住む人びとが自分で食料を生産できれば、安全保障が拡大することは明らかである。少なくとも市場の特異性とは無関係に生き延びることが保証される。その他の必要品も、グローバル市場に参入する前にできるだけ多様に製造できればいい。社会は製品について安値を見出すことを目指すべきではなく、すべての人のすべての必要が十分に満たされ、不安定なグローバル市場の一部となって崩壊することのない体制下で満足のいく安定した暮らしができる道を見出すことにおくべきである。人びとが自分の手で食料をつくり、必要な品を製造し、暮らしの条件を決めるならば、価格の問題など関係ないのである。

第7章　基本の仕組み（オペレーティングシステム）(1)

第4章で私たちはあらゆる経済活動の基準にすべき一〇の原則を挙げた。民主主義、サブシディアリティ、持続可能な環境、コモンズ、多様性、人権、持続可能な暮らしと雇用、食糧の安定供給と安全、公平、予防原則である。

こうした原則を基準にすることで、グローバル経済の基本的な骨組みを形成するさまざまな機構の中に私たちが望む変革の道筋をつけることができる。もう官僚機構とグローバル企業は自らの価値観で活動してはならない。彼らは経済成長と企業利益を優先し、本当に重要な社会と環境の基準を考慮しないのである。

しかし、現在、市民や国民国家は官僚機構と企業によって自身のために行動する力を奪われているのだが、問題は官僚機構と企業にだけあるのではないことを認識しないのなら、議論は不完全であろう。官僚機構と企業は、社会を実際に動かす組織、とりわけエネルギー、農業、食糧、輸送、製造業といった最も重要な経済部門の一部なのである。

こうした部門のそれぞれで生産と流通の基準、あるいは形態が採用されてきたが、そうした基準は、私たちが社会の基準にすべきだと提案している価値の根幹と敵対しているということに驚いてはならない。実は、それらはもっと大きなグローバル化を進める勢力に完全に一致していて、さらに言えばその勢力と同じ基本的な価値観をふりまいているのである。こうした基準はすべて、グローバル経済という一つの統合された巨大構造の一部分であって、私たちの国やコミュニティも影響を受けている。世界の主要なオペレーティングシステムの大半を作り直さなければ、もっと持続可能な国際構造を作ることはできないのである。

私たちの社会のあらゆる経済オペレーティングシステムの完全な分析をすることが本書の目的ではない。それは別の日にとっておこう。けれども、本章と次章で六つの重要な要素を検証する。今までに述べた四つのシステム、つまり、エネルギー、農業、輸送、製造業は、現代社会で日常の経済生活を営むための最も重要な構造である。

次に、現在、社会が総合的な実績の評価をするために用いる測定法や指標、そして最後がメディアである。私たちが最終的にあらゆる経済活動を支配することを望んでいる新しい価値体系を反映するためには、全世界にはりめぐらされた官僚機構と同様にこうしたシステムをすべて変革しなければならない。

私たちは、今後数年かけて、この課題を追求する中で、世界中の草の根組織を直接巻き込み、問題を広く展開し、「具体化」にひと役買うつもりである（第7章の終わりに、すでに変革達成に向かっている二つの草の根組織の取り組みについての記述がある）。

エネルギーシステム

あらゆるグローバルな経済活動の中で、エネルギー源の採掘から廃棄物に至る現在主流のエネルギーシステムほど社会的、環境的、政治的に有害なものはない。しかし皮肉なことに、エネルギーシステムほど満足のいくような転換が短期間に可能で、また、非常に利用しやすい代替システムが存在する分野もない。

今日世界のほとんどの地域で、とはいえとりわけ西側先進国ではあるが、新しいエネルギーの生産は、大規模水力発電や原子力発電で補われている地域もあるものの、石油、石炭、天然ガスといった化石燃料に基づいている。エネルギー生産は世界的に高度に集中している。例えば石油の場合、一握りの巨大石油企業と、産油国間の少数の国際的生産カルテルが、世界の供給量と価格のほとんどを支配している。グローバルな貿易と金融の官僚機構は化石燃料を他のあらゆる燃料よりも優遇しており、化石燃料よりもずっと適していて効率がよく、環境的にも社会的にも政治的にもずっと害の少ない、実行可能な多くの代替システムには不利になる法律や政策を作り続けてきた。

ブレトンウッズ体制が現在受け入れている、化石燃料の代替システムは巨大水力発電用ダムと原子力だけである。両者とも化石燃料システムと同様に、大規模集中型の性質を本質的に持っているので、エネルギー生産プロセスはグローバル企業だけが支配するのに適したものになる。また両者とも環境的社会的な大惨事を招く可能性が強い。だから代替システムになる可能性は両者ともほとんどない。

名前を挙げられるエネルギーシステムのどれにも環境に関わる問題がある。そうした問題はよく知られているのでここで繰り返す必要はたぶんないだろうが、次のことだけを言っておこう。それは、私たちの時代の重大な危機として特に不気味に立ちはだかっているもので、化石燃料によるエネルギー生産から直接生じたもの、つまり急速に起きている壊滅的な気候の変化のことである。これは世界の多くの問題の中で、もっとも今すぐに注目しなければならない問題である。というのは、すぐに検討しなければ持続可能な未来の社会を達成する努力はすべて水の泡になり、人類や他の生物は生存の危機に瀕するからである。にもかかわらず、国民国家は化石燃料によるエネルギー生産に世界中で総額三〇〇〇億ドルにものぼる驚異的な額の補助金を出しつづけている。米国だけでこうしたエネルギーシステムに年二〇〇億ドル以上直接補助金が支払われている。しかし、この数字すら、化石燃料システム全体にかかる費用を網羅できそうにない。そこには環境が受けた驚くほどの被害や、往々にして腐敗している産油国だけでなく、攻撃を受けやすい供給ラインを守るための軍事計画に対する莫大な投資が含まれるのである。イラク戦争のような実際の戦争はいうまでもない。

化石燃料システムには多くの環境的、社会的、政治的な危険があるにもかかわらず、とりわけ途上国で、主要国際金融機関は化石燃料や他の大規模エネルギーシステムの推進派や積極的な投資家に一貫して報いてきた。

ジム・バレットとダフネ・ウィシャムが書いた政策研究所（ＩＰＳ）の報告によれば、世界銀行は一九九二年のリオデジャネイロ地球サミット以降、一二六億ドル分のエネルギー生産に融資してきた。その中には五一の石炭・石油・天然ガス発電所と二六の炭鉱が含まれている。こうした事業からはプラントの耐用期間中に三八〇億トンの二酸化炭素が排出される。これは一九九六年の世界中の国ぐにの総排出量のほぼ二倍である。一方で、代替となる再生可能なエネルギーシステムへの融資は世界銀行のエネルギー予算の三%以下である。一九九二年から一九九八年の間に再生可能なエネルギーの二十五倍以上の予算が化石燃料プロジェクトに費やされた。環境保全プログラムに関しては、高い割合を占める大規模化石燃料開発から手を引くことになり、短期間で安価で行なえるようなシンプルなプログラム(例えば、一国を白熱電球から蛍光灯に替える)はたくさんあるにもかかわらず、世界銀行はまったく融資しなかった。世界銀行のプロジェクトから直接恩恵を受けるのはグローバル企業である。彼らは融資契約の九五%を与えられてきた。グローバル企業は環境保護からは何も儲けられないのである。

米国の海外民間投資会社(OPIC)と米国輸出入銀行(EX・IM)は、税金を使って途上国における米国の商業活動に補助金を与えている輸出保険機関(ECA)であるが、化石燃料を基盤にしたエネルギープロジェクトに何十億ドルもの融資をしてきた。IPSによれば、一九九二年から一九九八年のEX・IMとOPICによる石炭、石油、天然ガスプロジェクトへの融資は累積で二三二億ドルに達するとのことである。最終的に、こうしたプロジェクトからはプラントの耐用期間中に二酸化炭素が二九三億トン排出されるだろう。イギリス輸出信用保証省も同じようなことをやっていて、インドやインドネシアなどの巨大プラントのほかに中国の火力発電所をも支援してきた。それは実質的には、シェル、アモコ、三菱、エンロン、テキサコのような企業に補助金を与えてきたことになる。

ほとんどの場合、多国間開発銀行は、再生可能なエネルギープロジェクトを無視し、全体的なエネルギー消費を減らすことが可能な、生産と消費を地方で行なうシステムを壊していく。このように、グローバル化によって増えるエネルギーの要求に対応して化石燃料開発に力を入れることにより、世界銀行と他の開発機関は率先して地球温暖化を加速している。

地球温暖化という危機のもっとも重要な要因は、こうしたグローバルな開発と金融官僚機構あるいは石油生産カルテルや石油企業だけではなくて、先進諸国なのである。米国は化石燃料を世界で最も多く消費しているだけでなく強く推進しており、有意義な改革には率先して反対してきた。地球温暖化に関する京都議定書で大要が述べられた非常に穏健な改革にも、他のほとんどの国が支持したのにもかかわらず、調印することを拒否したのである。

現在米国は人口が世界の総人口の約四％にすぎないのに、世界の石油生産量の約二五％を消費している。石油は米国の自動車などの燃料集約型輸送機関のために惜しげもなく使われているのである。その結果、米国は遠く離れた国からの海上輸送に依存するようになった。特に顕著なのは世界の石油確認埋蔵量の二五％を有するサウジアラビアへの依存である。腐敗したサウジアラビア政権や他の中東の石油資源を軍事的に守るために一年にほぼ二五〇億ドルから三五〇億ドルの費用をかけている。一方、代替となる再生可能なエネルギーシステムに転換することによって外国の石油への依存を減らすための米国内の格好の機会は、政府、とりわけ石油企業と親密なブッシュ政権によって、あまりにも非現実的だとか費用がかかるとかで阻止されてきた（戦争はちがうらしい）。

学者や批評家たち、特にロンドンに本部がある新経済財団（ＮＥＦ）は、アンドリュー・シムズが書いたレポート『環境戦争の経済』で次のように主張した。西側先進国はすでに世界の化石燃料供給量のうち自分たちの割り当て分を使いすぎており、また「大気圏コモンズ」内での割り当て分を大幅に超えて大気を汚染したので、途上国に対して金銭の債務と同様の「環境債務」を大量に負っている。この主張に多くの南の国ぐには賛成し、京都議定書のような協定によって北の国ぐにのエネルギー消費を大幅に削減しなければならないと主張するようになった。けれども実は、南の途上国は自分たちの発展を妨げてきた植民地時代の搾取を埋め合わせる時間を与えられるべきなのである（また、石油に基づく環境債務に加え、北は約五百年間にわたって南の生物多様性を破壊してきたことで南の国ぐにに対して大きな債務を負っていると、南の国ぐには主張している。これについては第5章のボックスNを参照）。

地球大気圏コモンズという概念は、ワーキング・アセッツ社の設立者であるピーター・バーンズが展開したものである。著書『空は誰のものか』でバーンズは一つのシステムを提案している。世界のあらゆる市民に、認定された大気の「所有権」を与えるシステムである。そのシステムでは、商業的な目的で参加者が大気圏を「利用」することができるかとか、どの代替エネルギーがよりよいかとかを市民は決定する権利がある。おそらく今日の基準では微量とされるようなレベルであろうが、何らかのレベルの大気汚染に対して許可が与えられた場合、営利目的の団体はこの権利に対して高い料金を支払わなければならない。そして、こうした料金は国家によって、最終的にすべての市民一人ひとりに平等に還元されることになるのである。これによって、エネルギー開発に対して補助金が出され、責任を負わない現在の状況を転換し、現在のエネルギーシステムを押さえる力を創り出すことができると、バーンズは主張する。

石油を基盤にしたグローバルな経済で、構造上もっともやっかいな問題は、生産者と消費者の間に本質的に存在する、長くて、非常に無防備な供給ラインであろう。

石油は必然的に巨大タンカーで大洋を渡り、いくつもの国にまたがる高速道路をトラックで運ばれるか、あるいは何千マイルもの、環境が壊れやすい原野や先住民の土地に設置された、攻撃を受けやすいパイプラインで運ばれる。また、こうしたパイプラインはいくつかの国民国家にまたがっているが、それらの国ぐにには政治的軍事的に情勢が多様で、パイプラインの保護の程度もさまざまである。どの輸送方法であれ、最近の石油戦争をはじめとして地政学や環境の面で大きな問題が生じる可能性があり、実際、これまでに問題が起きてきたのである。最悪なのは、石油は揮発性が非常に高い上に、供給ラインが非常に長いため、格好の攻撃目標になりやすいことである。例えば、コロンビアでは現在三者間の戦争が起きており環境は荒廃しているが、ジャングルを通る石油パイプラインはそれぞれの勢力に四〇〇回以上爆破された。数年前アラスカでは一匹狼のガンマンがアラスカパイプラインをライフルで撃ち、脆弱な凍土に三五〇〇バレルの石油を流出させた。他の輸送方法に関しても、タンカーが大洋や海岸に積み荷の石油を流出させ、野生生物を殺したり、デリケートな水生環境システムを破壊した多くの例を読者はご存じだろう。このように供給ラインが非常に長いために、環境の浄化費用に対する助成金だけでなく、軍事的に防衛するための巨額の費用も必要となる。こうした補助金の費用は原油価格にはっきりと反映されない。

最後にもちろん、二〇〇一年九月十一日、ジェット燃料の揮発性がテロリストの選択を完璧にしたことを誰も忘れることはできない。ハイジャックされた航空機がジェット燃料を運び、恐ろしい結末をもたらしたのだ。ニューヨークとワシントンDCへの攻撃の次は何百億ドルもの費用がかかったアフガニスタン戦争だった。そしてさらに何百億ドルもがアフガニスタンの復興と米国の防衛に毎年必要となる。そしてもちろん、九月十一日は米国のイラク攻撃を正当化するために使われ、最終的に何千億ドルもの費用がかけられることになる。石油への依存に含まれる全体の取引額を計算する際に、こうした費用をいくらか含めるのはまったく正当である。

有望な代替エネルギーシステム

もはや地球上でこのような持続不可能な状況が続くわけがない。つまりどのような理由であれ、それはまさに、自分たちの利益のために国家と国際機構の介入維持を求める、石油企業自身がかけている巨大な圧力なのである。化石燃料を基盤にした経済に本質的に存在する社会、環境、安全保障に関する問題を考えると、こうした形のエネルギー生産が現在まで生き延びたのはまったく不思議なくらいである。

原子力発電への依存をやめることができると、すでに表明した国は多い。原子力発電も世界の何百万人もの人びとの健康や安全に不必要な脅威をもたらしている。

・イタリアは、チェルノブイリ事故後、国民投票による原子力発電に反対する採択を受けて、一九八七年から一九九〇年の間に五基の原発すべてを閉鎖した。
・スウェーデンは、国内電力の半分を原発で発電していたが、一九八〇年の国民投票に従って一二基の原発を徐々に閉鎖すると発表した。一つ目の原発は本書が出版される時には、すでに閉鎖されているだろう。二つ目は二〇〇三年までに閉鎖されることになっている。新しい電力はエネルギーの節約と風力発電が主になる。
・ベルギーは二〇一五年から二〇二五年の間に原発七基を徐々に閉鎖すると一九九九年に発表した。国内電力の約六〇%が原発で発電されている。
・オランダは二〇〇三年までに二基の原発を閉鎖することになっている。
・ドイツは国内電力の三〇%を賄っている一九基の原発すべてを二〇二一年までに閉鎖すると二〇〇〇年に約束した。風力発電が原発に取って代わる。

今、エネルギー基盤を完全に転換するために必要な技術は、ほとんどがすでに利用可能である。私たちはエネルギー効率を何倍にも高めることができるし、それで補えない部分には再生可能な資源をさまざまに組み合わせて利用することで、すべてのニーズに対応することができる。それには例えば、太陽光発電、バイオマス発電、地熱発電、小さな川や水路での小規模水力発電、マイクロガス発電タービンがあり、もっともすぐにできて重要なものは風力発電と水素燃料システムである。水素燃料システムは自動車、トラック、飛行機、船などのあらゆる輸送手段に直接利用できる。

こうした代替技術には、開発が困難なものも、難解なものもない。実際にすべてがすでに多くの場所で使われている。例えば、デンマークではもはや、総電力の一五%が風力発電で賄われている。米国の宇宙開発計画や他の多くの軍事計画では、すでに水素と太陽光発電システムによって電力が供給されている。ドイツではBMWがガソリンエンジン車よりもずっと効率の良いガソリンと水素の共用エンジン車を作り、販売している。日本ではマツダがロータリーエンジンの燃料を水素に転換しようとしている。二〇〇四年には準備ができるだろう。ダイムラー・クライスラー、フォード、ホンダ、トヨタ、GMも燃料電池車を開発している。また、エイモリー・ロビンスが運営する重要なテクノロジー・シンクタンクで研究機関でもある、ロッキーマウンテン研究所は燃料電池車の元祖と言うべき「ハイパーカー」を設計した。これは安価で、ガソリン車とほとんど同じ安全性と性能があり、水素を燃料にして、ガソリンエンジンでの一リットルあたり四二キロメートルの燃費に匹敵する経済性を実現するとのことである(ロビンスの著書『ハイパーカー:材料、製造、政策の密接な関係』参照)。

水素は石油が持つ地政学的な問題もなく、不足することもない。実際、宇宙にもっとも多く存在する元素で、水から直接転換することができる。風力発電で作る電力を用いて電気分解によって水から取り出したり、天然ガスから改質することができる。そのプロセスは比較的シンプルで、後部排気管から出るものは水だけなので大気を汚染せず、これを支配できるような国際カルテルはない。

米国風力発電会社の創設者で元社長のアルビン・ダスキンは、現在サンフランシスコに本部がある「石油基盤経済転換のための委員会」を主宰している。彼は燃料電池への転換を促進するために奇抜ではあるが実行可能な提案をした。米国のモンタナ州、ノースダコタ州、ミネソタ州といった北部平原の州に「風のサウジアラビア」を作るというのである。ダスキンは次のように言っている。こうした州には「米国の全輸送部門を二十年以内に石油から燃料電池に転換する」ためにあり余るほどの風が常に吹いている。これを実現するには政府の援助がほんの少しだけ必要だろう。「それは現在米国が石油の供給を守るために戦争や安全保障に費やしている費用に比べればほんのわずかである」。

予想されていたことだが、ブッシュ政権の考え方は異なっている。二〇〇三年に、大統領は燃料電池への長期的な転換という考え方に口先だけで賛成する一方で、転換を成し遂げるには天然ガスや石油の供給者に莫大な補助金を与えなければならないと力説するつもりだと述べたのである。従って、大気に関して言えば純益はゼロだが、ブッシュの仲間の石油会社は棚からぼたもちである。また、石油の供給元を守るために米国はますます戦争をするので、それを助けて忙しく働かなければならない戦争請負人も大もうけだ。

しかし、他の国ぐには非常にまじめにすべての新しい考え方を採用していて、特にヨーロッパやカナダではすばらしく進んでいる地域もある。

ヨーロッパ

イギリス政府は地球温暖化に関しては米国とはっきり異なる政策をとっており、産業に対して多数の奨励策や圧力などのさまざまな手段を講じて、二〇五〇年までに全体の炭素排出量を少なくとも六〇％削減する計画を公表した。ブレア首相もスウェーデンのパーション首相と共同で、すべてのＥＵ諸国は同様に六〇％の削減目標を採用することを提案した。すでにＥＵの政策立案者はヨーロッパ内の排出量取引制度および、設備基準の改善、需要側の管理、バイオ燃料の導入、フッ化ガス規制による排出削減を導入する意欲的な立法協議を開始した。これは将来すべてのEU諸国が採用を義務づけられる。

ロックフェラー・ブラザーズ財団（ニューヨーク）のマイケル・ノースロップが二〇〇三年に書いたレポート『温室効果ガス排出削減のための戦略成功例』には、現在ヨーロッパや他の国ぐにで行なわれている国ごとの取り組みがさらに多く掲載されている。例えば、ドイツはすでに排出量を一九九〇年レベルよりも一九％削減した。現在ドイツ当局者は二〇二〇年までに四〇％削減するとの見通しを語っている。また再生可能なエネルギーの開発も急いでいて、最近約一二〇〇メガワットの電力が得られる新しい風力発電施設を建設した。ドイツ政府は旧型エネルギー機器の改良、エネルギー効率の向上、再生可能なエネルギー発電、創意工夫に富む製品開発製造のための資金調達計画を立てている小規模企業者や自家所有者に対して低利で貸し付けたり、補助金を与えた。そうすることで、ドイツ経済はさらに強くなり競争力が増すと、ドイツ政府は考えている。

ノースロップのレポートには、スウェーデンも二〇五〇年までに温室効果ガス排出量五〇％削減に向けて取り組んでいると書かれている。フランスの目標は二〇五〇年までに七五％削減で、デンマークは二〇一〇年までに二一％の削減に取り組んでいる。デンマークはまた、大規模な風力発電施設を北海とバルト海沿岸に新設する計画をたてている。そこで二〇三〇年までに国内電力の半分が発電されることになる。アイスランドは、二〇三〇年までに現在化石燃料で発電している電力を「すべて」燃料電池に置き換える世界で最初の国になるという取り組みを始めた。そして、オランダも同様に温室効果ガス削減のための詳細な五十年計画をたてている。

カナダとオーストラリア

一方、大西洋を越えたカナダでは、ワールドウォッチ研究所の創設者レスター・ブラウンの報告によると、デイビッド・スズキ財団（バンクーバー）と気候行動ネットワークが二〇三〇年までに炭素排出量を五〇％削減する注目すべき計画を作成したとのことである。また、カナダでもっとも人口が多いオンタリオ州のオンタリオ・クリーン・エア同盟は二〇一五年までに石炭発電プラントを廃止する計画を公表した。ブラウンによれば「現在計画はカナダの三大政党すべてに支持されている」。

ノースロップはマニトバ州の例を挙げている。マニトバ州は温室効果ガス排出削減を「総合経済開発計画の最重要項目」にしてきた。一連の法律を制定して、短期および長期の排出量を削減し、エネルギー源から石炭を除去し、エネルギー効率を高めるための資金を増額し、エタノールをガソリンの代役にすることを奨励し、風力発電や地熱発電を開発し、環境にほとんど影響を及ぼさない水力発電を導入し、輸送部門で燃料電池への移行を開始した。また、オンタリオ州やサスカチェワン州と一緒に、全国クリーンエネルギー網の開発アセスメントを行なってきた。それは、長距離送電線を経由して、風力と環境に影響をほとんど及ぼさない水力で発電した電気を国中に配ることができるものである。「こうした活動を通して、何千もの新しい仕事が生まれ、たった十二年か十五年で排出量ゼロの経済になるはずだとマニトバ州は考えている」とノースロップは書いている。

カナダ政府はこうした努力を積極的に支持している。最近、温室効果ガス排出削減のためのアイデア開発の補助金用として二億五〇〇〇万ドル（米ドル）を自治体に拠出した。すでに一〇三の市や郡が温室効果ガス削減決定を発表した。一方、トロントは世界の都市で初めて一九九八年レベルよりも二〇％削減することに取り組んだ。エネルギー効率を高めることで、一年に二七〇万ドル節約することができるのである。

同様の行動はオーストラリアでも取られている。人口の三分の二をかかえる一七五の地方自治体が、温暖化防止に取り組む都市プログラムに参加している。この中で四二の自治体はすでに地域の削減計画を実施している。ノースロップによれば、「これは世界で最もペースの早い取り組みである」。二〇〇二年の中間報告でオーストラリアは七八〇の活動を挙げた。その中には建物の改良、街灯のエネルギー効率の向上、車のエネルギー効率の向上、メタンガスの回収、環境に配慮した商品を購入する運動などが含まれる。一方でビクトリア州は六〇以上の施策を導入した。こうした施策によって二〇一〇年までに排出量を七・五％削減することが期待されている。

このような地方自治体レベルでの活動は現在世界中に拡がっているようである（私たちはこの章の終わりで米国の同様な活動をレポートするつもりである）。

明らかに変化は起きている。ブラウンは「電気と水素は現代社会のエネルギーのあらゆるニーズに応えることができる」と述べた。また、同じくワールドウォッチ研究所のセス・ダンは「水素の未来」という論文で一世紀以内に化石燃料から水素へほぼ完全に移行すると述べている。もっとも地球の気候を救いたいのなら、もっと早く移行すべきだと主張されるはずであるが。元カリフォルニア州エネルギー長官タイ・キャシュマン博士は「世界の人びとが情報を得さえすれば、地球の気候を不安定にする化石燃料の時代は終わるだろう」と述べている。また、元エネルギー会社社長のアルビン・ダスキンは次のように言っている。「早期の転換を唯一制約するものは水素の生産が石油の生産よりも費用がかかると推測されていることであるが、石油の供給者を守るためなどの戦争にくり返し使われる軍事費や、流出した石油の除去などにかかる環境的な費用を無視することはできない。こうした費用をガソリンの値段に加えれば、もうすでに水素はずっと安いはずである。ともあれ費用をどう計算しても、数年で水素の単価はガソリンよりも低くなるだろう」。

憂慮する科学者同盟（ＵＣＳ）はノーベル賞受賞者、故ヘンリー・ケンダル博士によって設立され、マサチューセッツ州ケンブリッジ大学に本部があるが、その包括的なレポート、『エネルギー革新：環境浄化への道筋』の中で、化石燃料から将来のエネルギーに移行するための必要な方法について徹底的な分析を始めた。将来のエネルギーとは、現行のエネルギーに固有の政治的、環境的、社会的にさまざまな害を持たないエネルギーである。ＵＣＳはすでに述べた代替システムのほとんどを推奨する以外に、膜技術の発展、新型ガスタービン、総合的に環境に配慮した建物の設計についても言及した。それらが利用されれば、化石燃料にも原発にもほとんど依存しなくてすむことになる。また、全面的な増税や料金値上げをせずに、エネルギー効率を高め、温室効果ガス排出量を減らす費用を再配分することができる非常に革新的で新しい税金戦略も提案している。

他のよく知られている税金のアイデアには、いわゆる化石燃料に課す炭素税とあらゆる国際的な金融取引に課すトービン税のようなものがある。後者が採用されれば、それによって得られる資金を化石燃料経済からの離脱に直接充てることができるだろう。三十年前、エネルギー生産税額控除が太陽光発電や風力発電への重要な転換を始動させる手助けをしたことを思い起こそう。けれども、石油価格が急落し、レーガンが政権につくと、すべては変わったのである。もう一度今、それを復活させねばならない（訳注：二〇〇四年九月復活。二〇〇五年九月まで適用される）。

今までに述べたこと以外に、ほんの少し努力して直接エネルギーを節約するだけで、こうした転換に大きな貢献をすることができるのである。新経済財団のアンドリュー・シムズは、さまざまな危機の時代に多くの国ぐにでエネルギーが大規模に節約され、大きな成功を収めてきたことを指摘する。例えば第二次世界大戦中、イギリスは化石燃料使用量を八〇％減らし、その上大きな戦争をしたのである。米国も歴史上、エネルギー節約が国家の最優先事項になった時に同様な成果が現れた。現在は当時と異なり、消費を増やすことが国家の目標である。最近ドイツ、日本、スウェーデンなどの国は、ライフスタイルをほとんど落とさないでエネルギー消費を徹底的に削減してきた。実際にこうした変化が、新たに安定した国内民主主義システム内で起これば、さらに穏やかで健康的な生活がもたらされることが可能になるだろう。

すべての電気と輸送のための新しいエネルギー源をこれまでに述べたように組み合わせて使うようになれば、すぐに以下のような良い結果が得られるであろう。

・温室効果ガス（地球温暖化ガス）の排出量は二十年で少なくとも三〇％削減され、その後もっと削減される。

・石油の長距離海上輸送はお金がかかり、環境的な災害をもたらしてきたが、それに依存しなくなる。
・腐敗した非民主的な政権や巨大産業カルテルが徐々に衰える。
・オイルショックは世界的な経済危機をもたらすが、その発生率が減少する。
・産油国および彼らと顧客を結ぶ供給ラインの防衛に多額の軍事費用がかけられてきたが、それが削減される。
・もっと労働集約的で地方レベルの代替エネルギー分野で新しい仕事が生み出される。
・酸性雨はもちろん、大気汚染と土壌汚染の主要な原因がなくなる。
・先住民の土地には往々にして石油があるために、彼らは搾取と侵略の目標になってきたが、彼らへの影響は小さくなる。
・事故やテロリストの攻撃にさらされる危険性は少なくなる（ほとんどの専門家は、超高層ビルに衝突したのが水素エンジンのジェット旅客機だったら、まったく爆発しなかったと思っている）。

化石燃料からの移行が実際的で実行可能であり、また、望ましいものである理由を述べたレポートや書物は最近数多くあるが、本書で引用したレポートは、そのうちのほんのわずかである（さらに詳しく知るには本書の最後の資料を参照）。必然的に環境・政治・軍事面で由々しき難問を抱え、大企業や政治的な権力を持っている者たちを利するエネルギーシステムにいつまでも虜になっている理由は、もはやないことは明らかである。環境、人びとの安全、民主主義に永久に恩恵を与えるエネルギーシステムに転換するための技術とノウハウが、私たちにはある。

こうした転換を政治的にもっと実行可能にするために、多くのNGOといくつかの政府機関は持続可能なエネルギーに関する国内法の草案を配布しているし、また、転換の際に政府とともに活動したり政府を指導する独立した国際機関を設立するために、国際条約の草案も提案している。より包括的で、広く知られている法案の中に、ニューヨークに本部がある、環境のための地球資源行動センター（GRACE）が準備した国際持続可能エネルギー基金法のようなものがある。草稿全文は二〇〇二年八月に、ヨハネスブルグで開かれた持続可能開発に関する世界サミットで発表された（www.gracelinks.org参照）。基金が設立されれば、世界の二〇億もの貧しい人びとに対する持続可能なエネルギープログラムは支援を受けることができ、化石燃料に対する政府補助金の段階的廃止で生み出されたお金がプログラムに資金として融資されることになるだろう。こうした基金が設立され、国際的な金融機構と政府の輸出信用機関の化石燃料に対する貸し付けが廃止されたらどれほど影響があるか想像してほしい。

マイケル・ノースロップは、州や地方自治体の住民の方が国の政治家よりも進んでいることが多く、特に米国ではそうであると述べている。「温室効果ガス排出量を多くの場合、国際協定の提案と同レベルかそれ以上削減するために州を含め地方レベルで本格的な運動が始まったことを示す証拠が増えている」。彼は米国の草の根団体、市町村、州の活動、さらには企業の活動についての総合的なリストを提供している。そうした団体は連邦政府が行なっている以上の活動をしているのである。以下はこのリストから抜粋した例である：

・ニューイングランドの六州はカナダ東部の五州とともに、地球の気候変動を防ぐために、温室効果ガスの排出量を七〇から八〇%削減することに合意した。

・カリフォルニア州は、世界第五位の経済規模を持つが、自動車の許容炭素排出量を京都議定書の基準以下に大幅に削減した。また、建築条令を改正し、家庭用電気器具にエネルギー効率基準を作り、エネルギー効率をよくするための州の基金を増やし、太陽光発電や風力発電システムに税額控除制度を設け、国内で最初の温室効果ガス排出量データ登録所を設立した。また、国内最大の州立エネルギー研究プログラムを作り、クリーンエネルギー技術を外国に輸出するユニークなプログラムを開始した。カリフォルニア州のプログラムは非常に有効なので、ブッシュ政権はそれを攻撃し、カリフォルニアの法律を無効にするような新しい連邦法を作ろうとしている。

カリフォルニア州のサンフランシスコとオークランドといった都市も同様に熱心に取り組み、エネルギー必要量の四〇%を新しい再生可能なシステムに短期間で切り替えさせ、再生可能なエネルギーのインフラを市独自に建設した。

(サンフランシスコ環境委員会元委員長ランディ・ヘイズの報告によれば、その他に市が義務づけた計画は、二〇一二年までに二酸化炭素排出量を二〇%削減し、二〇二〇年までに廃棄物をゼロにすること、および二〇三〇年までに再生可能なエネルギーの発電量を一〇〇%にすることである。サンフランシスコでは再生可能なエネルギーとエネルギー効率プロジェクトに対する一億ドルの市債の発行が議会で通過した。それにより世界最初の「水素都市」プログラム、サンフランシスコ湾岸地域での最初の潮力発電プロジェクト、米国で最初の予防原則条例が作られ、市の施設での遺伝子組み換え食品の使用禁止、市の公園での有毒物の使用禁止、ヒ素で処理された木材の使用禁止、水銀温度計使用禁止が実施された。ヘイズは現在オークランド市で、同様の新しい施策を実施するために活動している)

・ニューヨーク州は二〇二〇年までに一九九〇年レベルよりも温暖化ガス排出量を一〇％削減し、二〇一二年までに州の発電量の二五％を再生可能な資源による発電にする目標を発表した。また、すべてにわたって温暖化ガス排出量を削減するためにカリフォルニア州の厳しい自動車排出量基準と一連の税額控除、奨励策を採用した。

・マサチューセッツ州は、発電所からの炭素排出量を規制する国内で最初の法律を採択し、エネルギー効率を高めるための再生可能なエネルギー信託基金を設立し、新たなガス電気水道事業のための二酸化炭素相殺プログラムを設け、あらゆる環境保護とエネルギー効率を高める施策を計画している。

・ニュージャージー、コネチカット、ペンシルバニア、メイン、ニューハンプシャー、ロードアイランド、バーモントの各州は、包括的で長期に渡るクリーンエネルギープログラムを開発している。

・一二の州はクリーンエネルギー州同盟を結成した。太陽光発電や風力発電技術、燃料電池などの技術の生産を加速させるために共同戦略をとって、活力あるクリーンエネルギーの国内市場を作り出すことを目指している。この同盟はパートナーとしての投資家を求めている。

・四〇の州で電力量の新しい測定規準が導入された。それによって家庭で太陽光発電、風力発電、燃料電池など再生可能なシステムで発電されたエネルギーの余剰分を他の場所で使うために電力会社に売電することができるようになった。再生可能なシステムに投資したいと思う家庭のコストが減少した。

・都市と郡のレベルで一四四の自治体は、エネルギー効率を徹底的に高めるプログラムと旧型装置の改良などのプログラムに加えて、温室効果ガスの大幅な削減に取り組んできた。例えば、オレゴン州ポートランドは一九九〇年以降公共輸送を六五％増やし、リサイクルを五五％増やした。また、住宅と公共の建物のエネルギー効率を高めるために官と民の提携が生まれた。市は、こうしたエネルギー効率プログラムによって公共事業と住民は一九九〇年以降三億ドル以上節約したと見積もっている。

ノースロップのレポートには、病院、宗教団体、大学など、同様な取り組みをしているコミュニティの革新的な計画だけでなく、自治体や州の例がさらに多く載っている。ノースロップは次のように述べている。特に目を引くのは、こうした活動は非常に費用効率がよく、利益を生み出すことさえできることで、「とりわけ企業と都市はエネルギー効率プログラムで直接費用の削減を実証することができるだろう」。

また、大企業の中には政策を変更しているところさえもあるという明るい兆候もある。例えばデュポンは一九九〇年から二〇〇〇年までに温室効果ガスの排出を六七％削減し、一九九〇年レベルからトータルで七五％の削減を目指している。ノルスクカナダは一九九〇年レベルから五四％削減し、二〇〇五年までには七五％削減すると予測している。スイス・リーは二〇一三年までに「温室効果ガスニュートラル（温室効果ガスの増減に影響を与えない）」になると宣言した。他にも、英国石油公社、イケア、ストラエンソ（フィンランド）、アルコアアルミニウム、シェルインターナショナル、シナジー、ヌオンの努力は注目すべきである。これらすべての企業がこうしたプログラムによってコストが大きく削減されたことを報告しているのは、とても期待が持てることである。

温暖化阻止に関心がある米国インディアンの指導者たちと米国の一五〇都市が新しく連携して、二〇〇四年三月に発表した取り組みは非常に印象的である。グレートプレーンにある二三のインディアン居留地では、二〇〇ギガワットくらいの風力発電ができそうである。「電気、ガス、水道事業政策に関する部族間会議」は再生不可能なエネルギーシステムから風力発電への転換を助けるために、「持続可能性のための地方政府」のメンバーである米国の一五〇の都市と一緒に活動していると言う（先住民の活動家ウィノナ・ラ・デュークによる注目すべき新しい報告、『先住民、権力、政治：子孫のための再生可能な未来』には、エネルギー資源植民地として使われている米国のインディアン居住地の歴史と、地域で管理される再生可能なエネルギーシステムのためにそうした状況の転換を目的とする現在の運動が記録されている）。

こうした草の根運動の例はもっと大きな次元から見れば微々たることであるが、大衆が目覚めていることを意味しているのである。そして重要なことは、米国に実際に行動を取らせることである。米国以外の世界の国ぐにには米国抜きで行動しようとしているが、州レベルでの温室効果ガス削減運動が連邦の政策策定と結びついて強くなれば、化石燃料からの転換はもっと早まるだろう。

輸送システム

前節で私たちは国際的な輸送インフラが拡大したことの意味を簡単に述べた。それらはグローバル経済に役立つように建設され、悪い結果を多くもたらしている。輸出品の生産が自由貿易の重要な特徴なので、それにともなって海上輸送、高速道路輸送、航空貨物輸送、鉄道輸送などが大幅に増え、それに呼応して輸送インフラはますます開発されていった。輸送インフラには新しい高速道路、港、空港、運河、パイプラインがあり、原野や珊瑚礁、先住民の土地、農村に作られることも多い。注目に値するさまざまな社会問題が起きた例もあるが、環境問題もきわめて重要で、その最たるものは地球温暖化が劇的に加速されたことである。

三つの主要な輸送方法

三つの主要な輸送方法を簡単に検討しよう。

海上輸送

海上輸送は一九五〇年代以降十倍以上に拡大した。主に経済のグローバル化によって商品輸出が増大したからである。海上輸送は商品貿易出荷量の九〇％以上を占めている。この産業は一年に燃料を一億四〇〇〇万トン以上消費し、海洋を汚染し、野生生物を殺し、二酸化炭素を排出する。とりわけ問題になるのは、ほとんどの海上輸送が非常に質が悪いことで知られる石油「バンカーC」を燃料にしているので、海洋をひどく汚染していることである。多くの専門家は次の十年で海上輸送は二倍になると予言している。

航空輸送

航空機で運ばれる貨物は海や陸を運ばれる貨物よりも少ない。市場に商品を運ぶ手段としてはもっとも効率が悪い。にもかかわらず、航空貨物は輸送部門でもっとも成長を遂げている。ボーイング社は二〇一七年までに航空貨物は三倍になると予測する。それは環境にとっては悲惨な結果をもたらすだろう。第2章のボックスDで述べたように、航空機で荷物を運ぶと、同じ荷物を同じ距離、船で運ぶ場合の四十九倍もの燃料が使われる。さらに悪いことに、航空機の排出ガスは高い高度で出されるので、温室効果に対する排出ガスの影響は最も大きい。

飛行距離と新しい空港の増加によってグローバル経済下では貨物輸送だけでなく、飛行機で旅行するビジネス客や観光客も飛躍的に増加することになる。一九八〇年から一九九六年までの間に海外旅行の観光客数は二億六〇〇〇万人から五億九〇〇〇万人になり、ほとんどの人が飛行機で旅行した。こうした成長にともなって、増大する旅行客のための旅客インフラが発達した。未開の土地に新しいホテルやゴルフコース、マリーナが開発され、高速艇やオフロード車が使われ、歓楽街やレストラン街が建設されたりしている。しかし、世界にはこうした観光客にまったく来てもらいたくないところもある。先住民が農業や漁業の伝統的な持続可能な生計手段から離れた場所に追い出されることが多いからである。その中には生活できなくなる人たちもいれば、金持ちの外国人観光客のためのメードやウェイターやベルボーイになる人たちもいる。文化は壊滅的な影響を被る。新しいエコツーリズムもできたが、問題はあまり改善されていない。けれども現在先住民のコミュニティの中には、なんとか自分たちで管理できるかもしれないと思って妥協しようとしているところもある。

トラック輸送

経済がグローバル化したので陸上貨物輸送も飛躍的に伸びてきた。例えば、ヨーロッパでは、国境を越えるトラックの往来が三倍になった。一九七〇年に四〇〇〇億t・km（トンキロメートル）だったのが、一九九七年には一兆二〇〇〇億t・kmになったのである。グローバル経済の下で農業が輸出向けの工業的な生産に変わるにつれて、「フードマイル」つまり食料が供給地から消費地まで移動する距離は大幅に伸びて、何千マイルも運ばれることが多くなり、環境には大きな負担がかかっている（次章の「農業と食糧のシステム」参照）。例えば一九八六年から一九九一年までに、食料が運ばれる距離はそれ以前よりも一九％増大したが、食料の総出荷量は八％増加しただけだった。

一九九四年に米国でトラックが州間幹線道路を走った総距離は二九一〇億キロメートルで、都市間の幹線道路を走った総距離は約一兆四四〇〇億キロメートルである。

こうしたトラック輸送の驚異的な増加に対応するために、世界中で莫大な数の高速道路網や鉄道網が新たに建設されている。ヨーロッパの市場をさらに統合するためにEUだけで新しい高速道路が一万二〇〇〇キロメートル建設されている。同様な構想が世界中で進んでいる。

世界中で使われる石油の約六〇%が輸送活動に直接使われており、この数字は年々増加している。

補助金

政府の補助金がなかったら、輸送事業がこのように成長することはなかっただろう。さまざまな政府が輸送部門へ何千億ドルもの補助金を支払っている。私たちがすでに述べたように、化石燃料生産に対しては、石油企業に対する税制優遇措置も含め、世界中で直接的な補助金として一〇〇〇億ドルが支払われてきた。こうした補助金のおかげで原油価格は比較的低く安定しているのである。しかし、世界中の政府が道路、鉄道、空港、港などの輸送インフラに投資するお金を輸送部門に対する補助金に加えると、石油企業に対する直接の補助金はむしろ少ない。こうしたとてつもない額の補助金を公共大量輸送システムや代替輸送計画に向ければ、多くの問題が解決するにちがいない。そうならない理由は、グローバル企業が政府や国際的な官僚機構を支配する大きな力を持っているからである。

グローバル化モデルのあらゆる様相とほとんど同様に、輸送産業の特徴はあらゆる部門が少数者に独占されていることである。世界の自動車とトラック生産の約六五%を自動車会社一〇社が占め、ガソリン生産の約八〇%を石油会社九社が占めている。米国に本部がある政策研究所によれば、世界の上位一〇〇の経済組織（巨大企業と国民国家が含まれる）のうち一二が石油会社か自動車会社である。

こうした企業はグローバルな規模の有利さを示している。それは優遇ルールや、WTOのような国際経済官僚機構の政府への自由な介入によって拡大されるのである。

地球の健康と都市生活の質を向上させるために最も重要なことは、国際的な長距離輸送の量を減らすことだと主張できよう。この目標を達成するには大規模な輸出指向型グローバル経済を優先する現在の優先順位を意識的に転換し、そのかわりにサブシディアリティの原則を適用するしかない。つまり、地方経済を重視し、地方の資源と労働力を用い、何よりも地方の共同体の利益になるようにすることである。これまでに述べたように、私たちは国際的な貿易をなくそうと言っているのではない。国際貿易は最初の選択肢ではなく、最後の選択肢だと言っているだけである。地方のニーズを地方で満たすことができない時のためにとっておくべきである。このサブシディアリティへの意識的な転換によって最終的に輸出入事業の衰退が早まり、輸送量が減って、あっという間に地球の大気と気候、生態系と生息環境に恩恵がもたらされることになるだろう。またそれは地方経済の復活も意味する。現在のグローバルな輸送インフラ整備に対する補助金を節約し、それを地方のニーズに合うインフラの整備に使うならば特にそうなるだろう。さらに、このようになれば、グローバルなエネルギー会社や石油会社の勢力と、こうした状況から生じているある種、地政学的な問題は、小さくなっていくだろう。

マイカー

どんな輸送手段にもそれぞれ固有の問題があるが、その中でもクルマはもっとも大きな影響を与えている。これまでに現代社会が行なった最悪の決定は二十世紀になる時に自家用車と内燃機関の概念を受け入れ、その後それを賞賛し、それに補助金を与え、それに合わせてあらゆる生活を設計したことであるのは明らかなはずだ。

途上国ですら、クルマは毎日生活をする上でなくてはならないものになった。都市の環境はクルマに対応すること、つまり交通渋滞がない道をみつけたり、駐車したり、スピードを調節したり、危険がないように運転したりすることが中心となってきた。そして未だにその影響は衰えない。世界資源研究所によると、一九九〇年にすでに五億八〇〇〇万台の四輪自動車が走っており、二〇一〇年までにほぼ八億台になるとのことである。

自動車会社は貧困国においてでさえ、クルマを持つ喜びはそれが社会的な成功の絶頂だからというイメージを作って非常にうまく宣伝してきた。米国では二十世紀初期から中期にかけて、自動車会社は他の国でしたのと同じように政府に働きかけ、特に軽鉄道のような非常に実用的で持続可能な輸送システムを破壊し、高速道路と新しいインフラ、それに自動車用の設備を整備させた。特にカリフォルニア州、とりわけロサンゼルスやサンフランシスコで顕著だった。サンフランシスコ湾岸地域全域を走っていたすばらしい軽鉄道システムは廃止され、二十年後に新しく非常に建設費がかかった湾岸地域高速鉄道システム（ＢＡＲＴ）に替わったが、全域を網羅してはいないし、運賃もずっと高い。現在米国では都市の旅客輸送システムは九〇％以上が自動車主体である。

自動車はポスト産業革命時代の最も重要な技術で、世界中の生活を再編し、都市を今私たちが暮らしているような状況に変えてきたのである。

クルマが持つ問題は、それを動かす燃料や、効率よく操作する方法にだけあるのではない。実際、体重七〇キログラムの人間をたった一人運ぶためだけにガソリンを大量に燃やし、鉄鋼やゴムなど何百もの材料で作られた九〇〇キログラムもの重さがある大きな物体よりも効率の悪い技術が他にあるだろうか。しかも、クルマから派生する問題はそれにとどまらない。

石油への依存はさておき、クルマの製造は、乏しい資源を他のどんな工業製品よりも多く使う。今や高速道路とコンクリート舗装道路は先進国のほとんどあらゆる地域に存在する。それ以外の地域もほぼ同じである。クルマの騒音は無人の荒野にさえあまねく響きわたり、社会全体に耳鳴りがしているようだ。クルマはスモッグ、酸性雨、鉛中毒、オゾン層の破壊などさまざまな種類の汚染をもたらす。廃車による廃棄物は有毒なことが多く、その問題も危機的な状況である。それはとりわけ、自動車会社がまだ買ったばかりのクルマを買い換えるようにしつこく宣伝し続けるからである。

世界の非常に多様性に富んでいた都市がクルマのせいで急速に同質化してきている。メキシコシティー、ロンドン、マニラ、バンコク、ローマ、パリ、アテネ、サンパウロ、東京、マドリード、ジャカルタがそうである。これらの都市はニューヨークやシカゴ、ロサンゼルスのように、のさばるクルマ、混雑、スモッグ、騒音、交通事故の危険によって急速に破壊されている。『住みよい都市』に掲載されているローガン・パーキンズのレポートによれば、米国だけで一年に五万人以上が自動車事故で亡くなり、そのうち五分の一が歩行者である。世界中で都市は共通して住みにくく、人間無視の社会になってきているのである。こうしたことすべてから得をしているのは少数の巨大自動車会社と石油会社である。こうした会社は実際に、何十年にもわたって代替システムに反対してロビー活動をしたり、あるいは代替システムを破壊してきたのである。

エコシティー

最近、一連の重要なエコシティー会議が開かれた。都市地域が、現在の趨勢であるスプロール現象によって起きた輸送システムや他の環境的社会的な問題に取り組もうとしているのである。スプロール現象とは、住民がたいていクルマを使って長距離を移動しなければならないような、生活機能が分離される場所に住宅が建設されていくことである。仕事場は家から一〇〇キロメートルも離れ、買い物はすべてどこか別の場所でしなければならず、公共の場もほとんどない。

すでに、輸送システムの見直しにあたってこうした試みの先駆けとなった都市がある。ブラジルのポルトアレグレやクリチバ（ボックス〇参照）が特に有名だがその他に、コペンハーゲン、ストックホルム、オレゴン州ポートランドなどがある。いったん民主的なプロセスが実行に移されれば、解決方法は複雑ではなく、現行のシステムよりも安価で共同で快適に利用できるという利点を持っている。その目的は明らかで、うるさくて危険でガソリンを食う世界的に主流の輸送技術の影響を減らし、その代わりに（一人あたりの物質とエネルギーの消費に関して）もっと効率のよい公共輸送機関を作ることである。こうした輸送機関には長距離移動向けの高速度鉄道、都市向けの軽鉄道や速く行ける専用レーンを走ることができるバス、個人の近距離移動用にとても重要な自転車の組み合わせが含まれる。タクシーもこれに加えることができる。長い目で見ればクルマを使うよりはるかに安い。あるいは、融通の利く小型乗り合いバスやシャトルサービスを利用することもできる。そうすればクルマに慣れた生活もとうとう終わりが来るかもしれない。

ボックスO

エコロジカル都市クリチバ

サイモン・レタラック（『エコロジスト』誌）

大近代都市を完全に持続可能にするのは、ほとんど不可能に近いが、環境・生態面ですばらしい成果を遂げた都市の実例がある。その一つはドイツのフライブルグ。もう一つはブラジルのクリチバである。ポール・ホーケンとエイモリー・ロビンス、ハンター・ロビンスが彼らの著書『自然資本の経済――「成長の限界」を突破する新産業革命』で説明しているように、ヒューストンと同程度の人口を持つ都市クリチバは、ジャイメ・レルネル市長に率いられて抜本的な変革を行なった。

街中に歩道ができ、何万もの花々が植えられた。低所得者向け住宅は職場、小売店、娯楽施設の近くに建てられ、学校、クリニック、各店舗は、最小限の移動で済む郊外に建てられた。新しいバスが作られ、バスレーンが整備されて、抜群の効率のよさと信頼性、快適さ、高速性をもち、かつ完全に市の自己財政でまかなわれる公共交通機関として、今や通勤・通学者の四分の三に利用されている。また自転車通勤者は一六〇キロメートルに及ぶ快適な自転車専用レーンを利用している。この結果、クリチバは交通渋滞とは無縁になり、ブラジル一のクリーンな都市となった。さらに、年二七〇〇万リットルものガソリンを節約している。

大きな公園が新たに一六カ所作られ、何万本もの樹木が植えられた。個人の庭であろうと森林地帯であろうと、樹木や緑地の保護と増加を図って規則や税優遇措置が設けられ、その結果、市内の緑地スペースはこの二十五年間で、一人あたり約〇・四六平方メートルから約五四平方メートル（約畳三四畳分）に拡大した。クリチバは市として、五〇〇社を超える無公害産業を募った。これらの企業は現在、市全体の仕事の五分の一を請け負っている。ごみの減量、再使用、再利用（リデュース、リユース、リサイクル）の促進のために、各企業は自分たちの固形廃棄物の処理を敷地内で行なうことを義務付けられている。実際、ほとんどすべてのものがクリチバではリサイクルされる。とりわけ市民の発案によって、現在七〇％の世帯がリサイクル可能なものを分別し、週に三回の路上回収に出しているからだ。その結果、ごみ埋立地の使用が目覚ましく減少し、それとともに地下水汚染の怖れも減少した。また自分達で食べたり、売ったりする食物を育てるために、世帯単位で郊外に菜園の区画を持つことができる。市は薬用植物の自家栽培の指導さえも行なっているのだ。そして環境教育は年少時から始まり、一般の教育カリキュラム全体を通じてその一部として組み込まれている。こうして、住むのに至極快適で、おそらく世界のどこより生態学的に持続可能な都市が作られてきたのである。

しかし地球上のどこに住んでいようと、市民を鼓舞するかのような人物が市長の座を勝ち取って、自分たちの市を大変革してくれるのを待つ必要はない。すでにずっと以前から、さまざまなグループの人びとがともに、自分たちを取り巻く持続不可能な世界とはかかわりなく、エコロジカルで持続可能な生き方を追求していこうと決めている。このような運動の一つとして近年現れたのが、ブラジルの土地無し労働者運動（ＭＳＴ）で、このグループは、同国内で最大でもっとも活発な社会運動の一つである。ジャン・ロチャが述べているように、彼らが占拠している土地では、多くの人が有機農業を行ない、協同組合を立ち上げ、牛乳、果物、小麦粉などの農産物を作り出している。サンパウロではMSTの移住者は、牧場経営者による長年にわたる森林伐採が引き起こした土壌侵食を食い止めるために、何千本もの苗木を植えている。アマゾンでは焼畑式農業の影響を阻止するため、マホガニーや、ヤボランジなどの在来種を植え始めた。MSTはさらに、南部の大農場が違法に作付けしている遺伝子組み換え大豆に対して反対運動を組織し、またMSTの学校では、環境への意識を育てている（MSTについてさらに詳しく知るには第8章の「民衆のオルタナティブ実践」を参照）。

さらに世界の都市で、都市の一部あるいは全部からさまざまな程度で自動車を閉め出す実験がすでに始まっている。アムステルダムでは市の中心部のほとんどでクルマは完全に排除されており、運河のはしけに加えて自転車、軽鉄道、商業用の軽トラックが許可されている。コペンハーゲンでは全交通手段の三二%が自転車である。そして、西側先進国の至る所で自転車に乗る人たちは、しばしば「クリティカルマス」（訳注：一九九二年サンフランシスコの自転車愛好家が始めた市民運動。社会を変えるために必要な人数という意味）の旗をかかげて、自転車に乗ってデモをし、自転車専用道路、自転車を持って公共交通機関に乗れることなど、自転車に便宜をはかることを要求している。

ワールドウォッチ研究所のレスター・ブラウンは、水素エネルギーや太陽光、風力エネルギーを扱う産業と同じように自転車産業は近いうちに大きく成長すると予言する。「自転車は全く環境を汚染せず、土地をあまり使わず、始終座っていることが多い社会でとても有効な運動になるので、将来自転車への依存は拡大するだろう」「一九六五年頃は自動車の生産台数と自転車の生産台数は基本的にほとんど同じだったが、今日では自転車の一年の生産台数は自動車の二倍以上である。先進工業国の中でオランダとデンマークが率先して行なっている都市交通モデルがある。そこでは自転車が支配的で、世界中に自転車の将来の役割の意味を示している」。

しかし、残念なことに変則もある。中国のような地域では自由市場経済活動が始まると同時に、そして特に今、WTO加盟を認められたこともあって、今までに述べてきたもう一つの世界へのステップとはまったく反対の経験をすることになるだろう。グローバルな自動車メーカーは生産設備を賃金の安い中国へ移転し、税制上の優遇措置や他の便宜を強く求め、主流の交通手段を自転車からクルマに転換させたいと思っている。こうした圧力はベトナムにもかかっている。

もちろん、クルマへの依存を低くするために長期的に効果があるのは、都市環境をすべて設計し直して、ロサンゼルスやロンドン、バンコクのようにこれ以上都市が拡大しないようにすることだろう。こうした改造を行なうためのよいアイデアはとてもたくさんある。究極の目標は移動しなければならない距離を小さくすることである。別のところでちょうど商品が生産地から市場に移動しなければならない距離を小さくしようとするのと同じように。

新しく出てきたさまざまなアイデアの中に都市の中のミニ都市、つまり大都市の中の都市を再び活気づけようというアイデアがある。これは、かつて何世紀も存在していたが後に大都市と合併した小さな都市を再建する効果的な試みである。例えばロンドンはリッチモンド、ハムステッド、ストラットフォード、ケンジントンのようなたくさんの小さな町を合併した。ニューヨークはブルックリン、チェルシー、ブロンクスなどを合併した。東京も同様にかつては独立していたさまざまな町を合併してきた。今考えられているのは、そこにはすでに何でもそろっていて、仕事、公園、商業地域、住宅、娯楽施設があり、野生生物さえいるミニ都市を設計することである。都市を平面ではなく三次元として考えることが必要である。その中には、高いビル、広くない道路、気持ちの良いみんなで使える空間や市場の点在、都会の庭園、それらをとりまくもっと広い空間がある。カリフォルニア大学バークレー校の都市環境学部長リチャード・レジスターは次のように言う。「高いビルと人ごみのダウンタウンはスモッグや有毒廃棄物、貧困、あるいは伝染病のように否定すべきものではない。正しい考え方で、そして環境的にうまく調整して、高い建物が数多く建てられれば、解決される問題も多い。例えば、農業と自然のための土地が残される。エネルギーも節約できて、環境を汚染しないか、ほとんど汚染しないような歩行とか、自転車など簡単に利用できる交通機関が奨励される。簡単に利用できるあらゆる種類の多様な商業・文化・社会施設が作られる。そして、都市の中にさまざまなレベルの太陽光温室や屋上庭園を作り、実のなる街路樹を植え、水路を復元し、多様な生物を再生することができる」。

また、レジスターは著書『エコシティー、バークリーの生態都市計画』で次のように述べている。「移動することではなく、留まるという観点で考えよう。すなわち、お互いの近くに素晴らしい場所を作るという観点で考えることである。交通は不便な場所に行くために必要である。少なければ少ないほどよいのである。必要な交通が少なければ少ないほど、生活や環境は健康なのである。都市の中にさまざまな機能が設計されていれば、通勤は最小限に抑えられ、地方に行ったり、遠くに行くのは特別な時だけにとっておくことができる」。

宅地が無秩序に拡がった低い建物が連なる都市をやめて、歩道、サイクリンググロード、公共交通、都市庭園、復元された水路、リサイクルの徹底、環境的に適切な建築材料やエネルギーシステムの使用を重要視するような、立体的で、もっと高い、高密度な環境にすることが、現在世界中の何百ものコミュニティで議論されている。こうした考え方は都市計画における「中央から地方への権限委譲」のような例で、環境的にも社会的にも有害な交通システムへの依存から脱却し、焦点を変更して、サブシディアリティの概念を促進することを示している。

レスター・ブラウンは次のようにまとめている。「地球の生態系と協調する経済は、今日の地球を汚染し、崩壊させ、ついには自己崩壊する経済とは全く正反対である。今日の経済とはすなわち、化石燃料を基盤にした自動車中心の使い捨て経済である」。

製造システム

この五十年間の発展で重要なことは、グローバルな生産システムに組み込まれた世界中ほぼすべての国の製造プロセスが、いまだかつてないほど強く結びついてきたことである。グローバルな生産システムはどんどん複雑になり、地理的に拡大してきたが、それを支配しているのは比較的少数のグローバル企業である。世界中の製造業には、アパレル産業、自動車製造業、造船業などさまざまな部門で、何億もの人びとが従事している。しかし、どの生産ラインでも、個々の国のラインはさらに大きな「グローバルな組み立てライン」の一つの歯車にすぎなくなってきた。

生産の最初から最後までを担う国はほとんどない。例えば米国で、繊維、自動車、エレクトロニクス、食品製造など多くの工業は、長い製造プロセスの一部として成り立っている。そうした製造プロセスでは、バラバラの部品が世界中を船で運ばれ、さまざまな国のさまざまな場所で加工され、組み立てられて、最後に、原料があった場所や作られた工場から何千マイルも離れた市場で販売されるのである。例えば、一台の車が一六カ国ほどで生産された部品を組み立てて作られていることもある。大きなアパレル企業はふつう何十もの国の何百もの製造工場を下請けにしている。すでに論じてきたように、こうしたシステムが必要とする国際的な海上輸送量は、それ自体、社会的にも人の健康や環境の面でも大きな脅威をもたらしている。

国内で最初から最後まで生産することができた伝統的な地域システムから生産がこのように転換していくにつれて、国内の政治のあり方や国民主権は大きな影響を受けてきた。グローバル化の下では、国の法律はＷＴＯの貿易・投資ルールに従属して制定される可能性がある。それはグローバル企業がこうした新しいやり方で効率よく操業できるようにするためである。こうした生産の転換は労働や環境にも影響を及ぼしてきた。

この新しい生産システムは、世界の労働者にとってさまざまな点から見て不利であることがわかる。グローバル化を進める法律によって企業が移動しやすくなり、今では製造業者が国から国へ自由に移動したり、資源や生産設備に自由に投資するので、あらゆる国のあらゆる産業の労働者はかつて強い力があった国内の労働組合が持っていた交渉力をいくつか失った。労働組合が弱体化したことは二〇〇四年の米国大統領選で非常にあらわになった。企業がかつて国内にあった職種の一部を外国に出す、国際的な「アウトソーシング（外部調達）」の問題は特に情報通信、保険、製造の分野で顕著であるが、そのために米国で過去数年間に非常に多くの人が失業したという怒りの声があがったのである。グローバル企業に比べて労働組合が弱くなるにつれて、労働者は他の国の労働者との賃金競争に巻き込まれ、あらゆる場所で賃金や労働条件の下降スパイラルが起きた。グローバル化した製造システムの下では、たいていは何千マイルも離れたところで管理されているグローバルな組み立てラインで仕事を得ようとしている人びとがいるので、労働者の「既得権の返還」や賃金の譲歩を認めよという圧力に労働組合は日々脅かされている。実際に、国内に強い労働組合があると、グローバル企業がまったく入ってこなくなることも多い。というのは、労働組合を認めないような国が他にたくさんあるからである。最終的に企業と労働者の力が以前よりもずっとアンバランスになり、極端に低賃金の労働条件や不当労働行為に抵抗することがどんどん困難になる。しかし、世界的な正義を求める運動が起き、労働者をひどい条件で不当に働かせるアパレル産業や履物製造業などの企業に反対するキャンペーンを通して労働組合や労働者の運動を支援している（IFGのたくさんの仲間達は、フォーカス・オン・ザ・グローバルサウスによって組織された会議の中で、労働とグローバル化の問題に関するもっと徹底的な調査に参加している。この組織は世界中の労働組合とNGOの指導者達が結集したものである）。

第6章でサブシディアリティの原則について述べた。それは権力と経済活動を地域に移すものである。サブシディアリティによって、少なくとも生産システムの不正義をいくらか正すことができる。このシステムの中で力が不均衡になるのは、製造をしているのが透明性も説明責任もなしに操業する、大規模で、国境のない企業だからである。第9章で述べるように、もっと地域に根ざした企業であれば、労働者は顧客でもあって、隣人でもあるという事実に向き合わざるを得ないだろう。それはグローバル企業とはまったく異なっている。

しかし、もし、民主主義と労働者の権利が現在のグローバルな製造システムに直接影響されるのであれば、もっと広い背景で考えなければならない。その上、現在のグローバルな製造プロセスは地球上のすべての生命と持続可能性にも直接の脅威を及ぼしている。この章の残りの部分でこうした問題に焦点をあてることにしよう。

一九八一年、レスター・ブラウンは、持続可能な社会とは将来世代のチャンスを損なうことなくニーズを満たすことができる社会だと定義した。同様の定義は、環境と開発に関する世界委員会のブルントラント報告で提唱された。この定義によれば、現在の製造プロセスは目指すべき方向とまったく反対の方向へ社会を動かしているのである。

現在、グローバルな製造と生産のプロセスで毎年二二〇〇億トン以上の資源が消費されている。すべては地球の「自然資本」である海洋、森林、植物、平野、土壌、鉱山や他の生物多様性の様相から取り出されたものである。

今日の標準的な生産活動とは資源を地球のあらゆる場所から集め、加工し、使用可能な製品にして、世界中をあちこち輸送することである。材料は生産サイクルの中の採掘時や製造時に高い割合で廃棄され、輸送時にも廃棄される。そして完成品も高い割合で廃棄される。私たちはこうした全体の過程を「取って作って捨てる」サイクルと呼ぶ。

物理学者フリッチョフ・カプラは最近の著書『隠れた結びつき：持続可能な暮らしのための科学』で生産システムが現在のようである必要がない理由についての包括的な理論を述べている。体系的活動という新しい概念は、地球を枯渇させず切れ目なく続く有益な循環で、現在作りだされている廃棄物のほぼ一〇〇%をさらに経済活動をするための原料に変える可能性を持っていると、彼は主張する。この新しい考え方によれば、さらに工業生産をするため、あるいは、廃棄物が有機物であって適切に処理されていれば、リサイクルして自然自身のプロセスに戻すための、「すべての廃棄物は食材である」とのことである。

カプラなどが提案している新しい考え方の多くは、製造業に適用されたような、サブシディアリティがもっとも重要であるという考え方とまったく一致している。さらにもっとローカル化され、民主的で、コミュニティ志向のシステムができれば、現在のグローバルシステムに本質的に存在する社会的環境的な落とし穴に落ちずにすむことができるだろう。

以下に挙げるのは、持続可能な製造プロセスを進展させるために新たに提案された原則である。

かかった費用をすべて原価に入れること

森林や表土の減少、海洋資源の乱獲、土壌や川や海への有毒廃棄物の垂れ流しについての算定の仕方は現在二つあって、どちらも誤解を招きかねない。一つ目は、資源の枯渇と採掘は国民総生産（GNP）と国内総生産（GDP）に対するプラスの評価である。というのは、これらは経済活動の増加の指標であるからである。しかし実際には、マイナスの要因だと判断されるべきである。というのは、長期にわたって社会自身を存続させる能力が減少するからである（本章の最後のこの問題に関する議論「測定基準」を参照）。二つ目は、こうした資源の枯渇や有毒物垂れ流しのせいで浄化や再生の費用が非常に多くかかるのだが、こうした費用は常に外部に転嫁される。つまり、こうした費用を作り出す企業は費用を支払わないのである。納税者が政府の浄化プログラムを通じて支払うのである。これは企業が政府補助金を無駄遣いしているということである。従って、天然資源関連企業の利益が何十億ドルになっても何ら不思議はない。彼らの資源は本質的に無料だからである。

企業は自分たちの企業活動から生まれる社会的費用も支払う必要がない。例えば、有毒物を発生させるプロセスや汚染物質が原因の医療費、農地や森から追い出された人びとの生活保障などである。外部に転嫁された費用を本来の場所に戻し、企業の営業費やバランスシートに計上したり、製品価格に組み入れることこそ、地球や人間やコミュニティに関する影響や費用を本当に測定するための唯一の変革だろう。

しかし、ブッシュ大統領は、有毒物スーパーファンド（訳注：有毒廃棄物が捨てられた場所の浄化と廃棄のために作られた米国政府の信託基金で、調査や浄化を環境保護庁が行ない、汚染責任者が特定されるまでの間、費用はこの基金で賄われる）の対象になった現場の何十億ドルにもなる浄化費用の分担を、米国政府はもはや企業に要求しないと述べた。またもや納税者が支払うのである。そうしなければ、環境はまったく浄化されない。悲しいことにこうしたやり方は米国ではお決まりのことであり、他の国でも同様である。

かかった費用をすべて原価に入れるようにすることが、社会的にも環境的にも持続可能な社会の重要な要素である。

ループを閉じよ：廃棄物をゼロに

今新しい産業モデルが開発されている。自然の基本的な仕組みの原理をまねて、もはや「取って作って捨てる」サイクルではなく、全体のシステムとして生産に取り組み、廃棄物をゼロにしようとするものである。これは「クローズドループ・システム（完全循環システム）」と呼ばれることもある。フリチョフ・カプラは次のように言っている。「『廃棄物と食料は等しい』という原理は、工業によって製造されるすべての製品や材料も、製造過程で生まれる廃棄物も、いつかは何か新しいもののためにならなければならないという意味である。持続可能なビジネス組織は『企業のエコロジー』に組み込まれるだろう。そこではどんな企業から出される廃棄物も他の企業にとっては資源なのである。このような持続可能な産業システムではそれぞれの企業から出る物はすべて、製品であれ廃棄物であれ、システムを通じた資源の循環として認知され、扱われるだろう」。

さらにカプラは述べる。「これがどんなにラディカルな取り組みであるかを理解するためには、私たちは現在のビジネスが自然から採取した資源のほとんどを捨てていることを理解しなければならない。例えば、紙を作るために木から植物繊維を取る場合、森林を根こそぎ伐採するが、利用する量はたったの二〇から二五％で、残りの七五から八〇％は廃棄物として捨てている。ビールの醸造所は発酵用の大麦や米から成分の八％しか抽出しない。ヤシ油はヤシの木のバイオマスのたった四％である。そして、コーヒー豆はコーヒーの木の三・七％である」。

エコロジーに配慮した新しい「企業グループ」はすでに世界の多くの地域で生まれており、例えばヨーロッパでは一九九〇年代にグンター・パウリが設立した、「ゼロエミッション研究構想（ZERI）」のような組織によって活発に推進されているとカプラは言う。「ZERIは自然をモデルにして廃棄物という概念そのものをなくそうとしている」。つまり、物質の消費を実質的にゼロにすることで汚染や資源の枯渇をほとんどなくそうとしているのである。その上、ごみの焼却や投棄が原因の健康問題も大きく減らすことができる。

エイモリー・ロビンス、ハンター・ロビンス、ポール・ホーケンは二種類の廃棄物、つまり生物学的廃棄物と工業的廃棄物を区別した。生物学的栄養素は常に自然に戻して微生物に食べさせ、土壌を自然に豊かにしなければならない。多くの製品、例えば包装材料は今や地球の固形廃棄物の約半分を占めているが、生物分解性の材料に転換させることができる。一方で、工業的な栄養素は回収して工業的なサイクルに戻すように設計すべきである。「製造過程から出たものはすべて堆肥にして自然の栄養物にするか、あるいは『工業的な栄養素』に再生するべきである」と彼らは言っているが、言い換えれば、自然に戻すか、次の製造サイクルの原料（「食料」）になるようにするかのどちらかなのである。産業廃棄物投棄の必然性などないのである。というのは、あらゆる廃棄物はシステムの基本設計の一部として新しい資源に組み入れるべきだからである。完全循環モデルを使えば、捨てられる材料も、有毒物の投棄も、風下を汚染する煙突や排気管もなくなるだろう。これはお金がかかるとか、難しいように聞こえるかもしれないが、世界中の多くの地域で既に有効に適用されている全体的なシステム技術の一形態で、大産業になりつつある。

米国では一九九六年にいわゆる再生産業が全体で五三〇億ドルの利益をもたらした。耐久消費財のさまざまな部門の中にはそれよりも収益の少ない部門もあった。他の多くの国ぐにも企業がこういう方向に向かうように奨励策をとっている。ドイツも日本も、製造業者に対して製品や製造プロセスに「永久に」責任を持つことを求めている（訳注：日本の製造物責任法では、損害賠償の請求権は、製造物を引き渡した時から十年となっている）。ここで述べたブッシュ大統領の政策とは正反対の政策である。そして少なくともバーゼル条約という国際協定で、有害廃棄物の国境を越える移動が禁止された（米国は調印を拒否している）。どちらにせよ、廃棄物の再利用を含んだ体系的設計を奨励することによって、廃棄物のあらゆる輸出を禁止すべきである。

ZERIはすでに、世界中の非常にさまざまな状況の国で五〇以上のプロジェクトのイニシアチブをとってきた。コロンビアのコーヒー農家との活動でその方法を説明しよう。

世界の市場で最近コーヒー価格が暴落したのでコーヒー農家は非常に困っていた。しかし、コーヒー農家は今までにコーヒーの木の約三・七％しか利用せず、残りの大半を排液やカフェインで汚染された堆肥として捨てていたので、これは廃棄物を有効利用するチャンスとなった。コーヒーのバイオマスは、熱帯のキノコを栽培したり、家畜を育てたり、有機肥料を作ったり、発電したりするのに有効に活用できるのである。

カプラは次のように説明している：「コーヒー豆を収穫する場合、収穫した後のコーヒーの木はシイタケというキノコ（高価な珍味）を栽培するのに利用する。キノコの残存物（プロテインが多い）はミミズ、牛、豚に食べさせる。鶏はミミズを食べる。牛や豚の糞はバイオマスや活性汚泥になる。活性汚泥はコーヒー農場や周りの野菜畑の堆肥となる。バイオマスから作られるエネルギーはキノコの栽培プロセスで使われる」。

そして、グローバルなコーヒー市場に集中するのではなく、地域の農民は地域で使われるための生産のほかに、農産物や家畜を利用して収入源をいくつか生み出すことができるし、コミュニティに新しい仕事を作り出すこともできる。シイタケだけが輸出用に栽培されている。全体的な成果は環境にも地域社会にも利益をもたらしている。高額な投資もいらないし、生計が輸出市場の変動に左右されないので農民は生計維持が可能になる。

さらにカプラは述べる「典型的なZERI集団の技術は、小規模で、地域主体である。生産現場は消費地に近いので輸送費用は格段に下がる」。

ポール・ホーケンはナミビアのツンウェニ醸造所の系統だった取り組みを興味深く紹介している。ここで作られているのはこの地域のモロコシから造るビールで、ここにしかないビールである。一日に三回、排水と工場廃液が工場から流し出される。廃液は近くの豚小屋にざーっと流れて豚小屋の汚物を「バイオダイジェスター（訳注：家畜のふん、野菜くずなどを、バクテリアの力で発酵させ、液体と固体の有機肥料、メタンガスを発生させる装置）」に入れるのに使われる。その結果ハエは発生しなくなり、豚にも清潔で心地よい環境が作られる。工場の排水に含まれる苛性ソーダが酸性の堆肥を中和する。一方で固形廃棄物や穀物カスはキノコの栽培に使われる。これは新しい高価な作物の生産に役立つだけでなく、栽培プロセスでリグノセルロースが炭水化物に転換され、穀物カスの経済的な価値が高められる。残留物の中にはその後、豚に食べさせるものもあるし、最終的に豚のタンパク源になるミミズの飼育のために取っておかれるものもある。その間に、バイオダイジェスターは醸造所の燃料コストを下げるのに役立つメタンガスを作る。また、バイオダイジェスターから出る少しミネラルを含んだ水は藻類を育てるのに使われる。これも家畜に食べさせることができる。藻類の生えたため池から水は養魚池に流れる。この高いレベルの栄養素が入った芳醇な水のおかげで、もう魚のえさを買う必要はない。その後、こうした養魚池から流れ出た水は灌漑に使えるのである。

生産サイクルにおける廃棄物の一〇〇%削減の他に、この例で重要なことはあらゆる段階で廃棄物を利用することでコストが削減され、新しいプロセスや生産物に「食料」が供給され、雇用が増えることである。また、地域社会内で小規模経済活動と、それから得られる利益の完全な循環が促進される。

自然資本への再投資

完全循環システムが普遍的に確立するまでは、地球資源が枯渇するので製造業は継続した活動ができなくなるという事実から逃れられない。皮肉なことに、製造方針が資源の積極的な補充へと転換すれば、それを試みる企業は実際に儲かることがわかっている。というのは、長距離供給ラインへ依存するよりもずっとコストを下げられるので、長期間にわたる供給が確実になり、事業は必ずうまく行くからである。

最近の例に、発電プラントから出る炭素排出量を相殺するために植林している電力会社がある。ニユーメキシコ州の牧場経営会社はニュージーランドのいわゆる経営集約型循環放牧を採用した。これにより、家畜を転々と移動させるので、一カ所に長く放牧しすぎるということがない。産業化される前の平原に住む動物の群れの自然の行動を模倣したやり方である。カリフォルニア州では、米作農民が収穫後耕地を水浸しにして、一時的な湿地を作る。それは何百万もの野生の鳥たちを助け、地下水を再び満たし、土地を肥沃にするためである。さらに、農民はわらを燃やさないで、梱《こり》にして売ることができる。というのは、わらはケイ素を大量に含むため、建築材料として使うことができるからである。

とりわけこうした会社は、資源を補充する方式をとれば利益は増大することが多いとわかっているが、実践している会社は今あまりにも少なく、政府はこうしたやり方に十分な奨励策をとっていない。おそらく経済活動がもっとローカル化されるようになれば、こういうやり方の影響はもっとはっきりするし、容易に経験できるようになり、地方のコモンズはコミュニティの経済基盤であるので、こうした環境面でも財政面でも有効なやり方がもっと実践されていくだろう。

製造規模の変化

エネルギー、輸送、農業のシステムが変化すれば、システムは地方経済ともっとうまく適合し、遠距離の供給ラインや市場での売買、運送に伴う資源の無駄遣いはなくなるだろう。また、生産と製造を地方で行なえば、環境と民主主義の目標のためにもなる

ポール・ホーケンはイタリアのエミリア・ロマーニャ州の最近の変化について次のように述べてい

る。「一九七〇年以降、輸出指向経済に合わせた大規模生産企業は手痛い損失を被ったが、小規模企業が驚くほど成長したので損失は埋め合わされた」。この地域には四〇〇万人が住み、三二万五〇〇〇の会社が登録されている。小規模で職人的な会社と地方の労働組合、政府、同業組合が一緒になって協力し、共同で材料を購入したり、サービスをしたり、市場に参入したりした。一方でまた、共通の基準を制定し、品質保証も行なった。

こうした活動を通じて小規模製造業者はさらに努力して、「企業グループ」を、資源を共有する「同業者間ネットワーク」にしたのである。これまでお互いに競争してきたさまざまな会社が、共通の利益のためと、地方の市場に入り込もうとする巨大な外部の企業の規模や大きさと効果的に戦うために団結したのである。

技術的な規模の変化

大規模技術は、大規模投資と大規模経営を必要とする。それらは判で押したように、不在経営者によるグローバルな所有と経営であることが多く、コミュニティや民主的な経営の仕方とはまったく相容れないような原則で操業される。製造がもっとコミュニティを基盤にして小規模に設計されるとしたら、あらゆる技術的なシステムとインフラを適切に設計し、規模を決めなければならない。材料の再利用、リサイクル、再生のための地方のインフラは必須で、同時に、小規模で融通のきく製造プロセスのニーズに合った規模で操業される、太陽光発電、小規模発電、風力発電、地元向けの水力発電を含む地方のエネルギーシステムに力を入れる必要がある。

経済活動のあらゆるレベルで技術の型と規模の変化が必要である。きわめて重要な問題は常に、その技術が大規模操業に適しているか、あるいは地方や家庭での利用とコミュニティを基盤にしたシステムにもっと適しているか、であるべきだ。こうした基準によると、原子力発電や石油の長距離供給のようなエネルギー技術は、前に名前をあげたような地域のシステムが一位になるようなエネルギーシステムのリストでは最下位になるだろう。同じことは輸送技術や農業技術でも言える。

技術的な規模の変化には、環境を汚染した者は自分たちが生じさせた損害を償わなければならないという原則が伴うべきである。もう知らん顔をさせてはならない。そして第4章で述べた予防原則をあらゆる技術的な調停に適用しなければならない。すべての技術は無罪が証明されるまで、有罪の可能性があると推定されるべきである。これは現在の基準の逆転である。

保険で補償される範囲は予防基準にとってきわめて重要な指標である。もし保険会社が責任を負うことを拒否したら、それは危険で持続不可能であるという明らかな印である。現在、例えば、原子力発電、遺伝子技術、大規模化学製品生産に特有の危険はすべて外部に転嫁されてきた。保険会社は一定の金額を超えた損害の補償を拒否するので、政府と納税者がすべての危険を引き受けているのである。とりわけ原子力や遺伝子技術産業は法律によって保護され、自分たちの製品が起こす可能性がある事故の補償をまったくしなくてもよい。現在、保険会社自身が政府に「再保険」産業（保険会社に補償をする会社）の一定の額を超える過失の補償を援助するよう求めている。

政府がとてつもない大事故のリスクを負うことに賛成する論拠は、損害があまりにも大きいので、どんな企業や保険会社もそれを補償できない可能性があるということである。例えば、原子力発電所の事故の補償費用はおそらく何千億ドルにもなるだろう。しかし、どんな産業プロセスからも大事故が起きるリスクがあり得るのなら、予防原則を適用しなければならない。それは、改革され、権力が分散され、ローカル化された経済システムの中心的な論理の一部である。リスクが犯罪者の財力を越えているなら、操業を許可してはならない。

環境保護に適したモノの購入（グリーン購入）

その他の役に立つ変革は、地方政府があらゆるレベルの経済活動で環境保護に役立つ製品を購入したり、環境に好ましい製品を購入するプログラムを積極的に推進することだろう。こうしたことをすると、ＷＴＯや世界銀行やＩＭＦの現在のルールに直接反対の立場をとることになる。これらの機関はどれも、地方の優先を認めないし、例えば、持続可能な方法で収穫された森林の生産物に対してエコラベルをつけるといった、環境的に持続可能な製造プロセスを優先することすらも認めない。

最後に注目しておきたいのは、リサイクル、廃棄物ゼロ、小規模製造、地方管理など、ここで挙げた原則の多くが、途上国ではすでに標準的な経済活動であり、地方レベルでかなりの成功をもたらしていることである。こうしたシステムが大問題となってきたのは、ひとえにグローバル官僚機構がグローバル企業に味方して伝統的地方生産をほりくずそうとしていることと、グローバル工業生産は本質的に持続可能ではないからである。

測定基準

本章ではこれまで、私たちの社会の重要な経済システムのうち、三つのシステムについて述べてきた。エネルギー、輸送、そして製造である。私たちがシステムを選択する際に受ける企業グローバル化の支配力を打破するためには、社会にどのような変革が必要かを皆でよく考えるためである。私たちは社会がもっと民主的で平等で環境が持続するような方向に進むために役立つ、いくつかの変革について議論した。本章の最後に、関連する問題について議論しよう。こうしたシステムの成果と社会全体の経済実績を測定する方法についてである。

驚くことではないが、国内総生産は現在、私たちの成果を計る最も重要な単位であるが、企業主導によるグローバル化の包括的な目標との一致という観点から、成果を計る指標である。しかし、私たちが社会としてどのように発展しているかを判断する他の方法は、すべて脇に追いやられている。国内総生産という指標は私たちが進んでいる方向は良くないのに、良いと私たちに思い込ませる、企業グローバル化の強力な道具となっている。別の基準で見れば、私たちはうまくいっていないのである。

国民総生産（GNP）と国内総生産（GDP）

GDPはその前に使われていた国民総生産に代わって一九八〇年代中頃から使われるようになった。本章の少し後の部分で、その重要な違いに立ち戻ることにしよう。

両者とも第二次世界大戦の時代に端を発する。当時米国の経済学者は、国内の生産力が戦争に必要な生産量を満たすために高くなっていく速度を測る方法を見つけようとしていた。GDPは当時そうした目的のためには有効な測定法であったが、引き続き適用されると、本章でこれまでに述べたあらゆる問題を悪化させる、事実をゆがめた分析と結論につながっている。

GDPが社会の実績を計る一つの経済基準は、あらゆる経済的生産の総計の市場価値、すなわち、フォーマル経済において、資源が商品に転換されて売られる価格、そうしたプロセスに従事する活動、そしてその他のすべての有給サービスや活動である。想定ではGDPが増えると社会はより裕福になるとしている。GDPが大きくなれば、社会は発展し、国民は幸福になる。政治家はGDPの増大を公約して立候補し、ほとんどの国内機関と国際的機関は成功の基準としてGDPを用いている。

しかし、このシステムは不幸にも無効である。というのは、それは間違ったものを測定し、測定すべきことを測定しないからである。森林の伐採、山頂の露天掘り、有毒ごみ廃棄場の建設、こうしたものすべてはGDPではプラスの指標として示される。同様に、軍事用機材や戦闘、刑務所の建設、戦争、犯罪（そしてそれを防ぐために使われるさまざまな資源）の増加や自然災害後の再建もプラスになる。

大洋を越えて運ばれる商品の長距離輸送は良いことだとされている。というのは、生産から、港、船積み、配達と経済活動のさまざまな面にプラスになるからである。地方で消費するために地方で生産すると、長距離を輸送しないので（環境への影響もほとんどない）生産性が低いとされる。GDPにあまり貢献しないからである。

無償の家事労働、病人や老人の世話、コミュニティでの自給自足的な食料栽培のような活動は女性が担うことが多いが、GDPには貢献しない。お金がほとんど移動しないので、算定してもらえないからである。土地や森林や他の自然のままの土地を生物多様性保存地域として所有し続ける決心をする場合も、同じことが言える。これはGDPにプラスになる活動だとはっきり見えない。森林を育てたり、銅鉱山を開発したり、農業を機械化したり、住宅を開発すれば、GDPは増大するのである。

デイビッド・コーテンは次のように指摘する。経済や社会の健全さの基準としてGDPを使うことは「個人の健康が改善されたことの指標として、胴回りが急に太くなったことを取るのと同じくらい意味がない。こうした基準を適用して社会の経済的な優先課題を決めたので、経済的優先順位と資源の配分をひどくゆがめることになってしまい、そのおかげで世界は社会的環境的に崩壊の一途をたどっている」。

ジェリー・マンダー、エドワード・ゴールドスミス編『グローバル経済が世界を破壊する』に入っている「進歩の新しい測定法の必要性」という論文で、著者のクリフォード・コッブとテッド・ハルステッド（当時彼らは「進歩の再定義」という、GDPを先頭に立って批判していた組織に所属していた）は次のように指摘した。「GDPは従来の経済学の世界観を統計的にまとめ上げたものである。基本的に、生産されたものは『すべて』プラスと決めてかかっている。費用欄のない元帳から作った決算書である。つまり、経費と利益、生産的な活動と破壊的な活動、持続可能なものと持続不可能なものの区別をしない。足し算はするが引き算はしない計算機である。市場で起きたことすべてを人間にとって利益だとするが、金銭の交換の範囲外で起きたことはすべて、人びとの幸福にとって重要であるにもかかわらず無視する」。彼らは次の様に結論する。「別のやり方で測ることは『価値判断』をすることになる可能性があると、経済学者はたいてい言う。しかし、こうした判断を拒むことこそ、実際は価値判断しているということなのである」。

算定されないものを勘定に入れることの重要性

GDPは有益な非貨幣経済活動を排除するだけでなく、（企業にとって）都合のよいように、現在および将来の成長にかかわる活動の実際の費用を社会に押しつける。私たちが最も不安に思うことはGDPが自然資本の枯渇を説明できないことである。表土、鉱物資源、森林、河川、海洋生物、大気といった自然資本が減少するとあらゆる社会の未来は疲弊する。元世界銀行役員でメリーランド大学のハーマン・デイリーはこうしたGDPの欠陥を嘆き、自然資本は世界中のあらゆる実質的な富の基本であると指摘する。

コッブとハルステッドは次のように同意する。「木材会社が昔からあるセコイアの森林を伐採すれば、木材の市場価値によってGDPは上昇する。しかし、森林の損失に含まれる経済的、環境的、社会的費用は考慮されない」。GDPは実際に資源の過剰使用を枯渇ではなく収入として扱うので、すべての経済の長期的な健全さについて判断しようとする際に、驚くほど大きなゆがみが生じる。

同様に、食料生産活動では、小規模でローカルな有機栽培システムから工業型農業への切り替えにともなって、農薬の使用や化石燃料や長距離輸送が増加してきた。すべてはGDPの数値を増やすものである。しかし、それらは健康に重大な影響を及ぼし、あらゆる種類の病気の原因となる。けれども、驚くことに、こうした健康への影響もGDPのプラス要因となる。医者にかかった費用や病院のサービスや救急車、医療機器、薬などの費用が増大するからである（農薬や石油の使用によって生じたごみは除去を必要とするが、これには高額な費用がかかる。こうしたものもGDPにプラスとなる）だから、GDPの観点から見れば、公衆衛生上の問題は良いことであって、悪いことではないのだ。

とりわけ、高所得国家で経済成長（GDPの増大）にかなり大きな割合を占めるものは、ミネラルウォーターのようなものの販売である。これは実は飲用水のきれいさや安全性が低下したためである。もう一つの例は、これも社会の悪い傾向といわれるものを補償するためのセキュリティーシステムに対する需要の増加である。

GDPが説明するゆがんだ世界では、堅固で安定した家族の生活すら経済には何も貢献しない。しかし、離婚は弁護士費用がかかるし、たぶん少なくとももう一つの新しい家庭では、家具や日用品を整えたりしなければならない。つまりGDPにはプラスになる。自分自身の子供を産む女性はGDPに貢献しないが、代理母に子供を産ませれば、料金がGDPに加算される。弁護士や医者や他の仲介者への手数料や料金もそうである。家にいて、自分たちの子供を世話する父親や母親はGDPにプラスにならない。仕事を持っていて、子どもをデイケアサービスに預ける親はプラスになる。まったく何度も言いすぎるようだが、GDPは実際には社会的あるいは環境的な悪化を測る値であって、進歩を測るものではないのである。

同様に、鉱山会社には数えきれないほどの例がある。それらの会社は先住民の土地で、表土を削り、土地の水を有毒物で汚染し、河床に大量の岩を捨てて、金や他の鉱物を掘り出した。人的損失と自然の損失は莫大になるはずで、その土地の人びとの生計手段の源は将来の何世代分も破壊された。けれどもGDPは鉱石の販売による利益とそれを掘る費用だけを加算する。

軍事的な行動は最高の例である。戦闘用機材、兵士の給料、兵器体系に関する大学の研究など、すべてがGDPに加算される。けれども社会の安定や安全がなくなることも確かである。いったんこうした武器が実際に戦争で使われたら、社会は大きく破壊され、その後、再開発や再建築が必要になる。しかし、一連の行為は最初から最後までマイナスであるが、またもGDPにはプラスである。こうした行為が原因の死も破壊も汚染もまったく評価されない。だから戦争になりそうな国は、結果として、経済的により健全であると推定されて、投資と他の金融利益が増大するかもしれない。

第三世界と貧しい人びとに対するGDPの偏見

GDPの指標は毎年経済成長を測る際に役立つように作られている。そして、ほとんどの経済学者は、成長は世界の最貧国や最貧民の生活を向上させるのに不可欠だと主張する。私たちはこの仮定は誤りで、人を惑わせると信じている。GDPのプラス要因が実際には環境を劣化させているので、貧しい人びとは壊滅的な影響を被っている。というのは、貧しい人びとが依存している森林、土地、水、生物多様性といった資源を減らし、彼らの自給自足的な生活をする能力を低下させ、人びとをますます貧しくするからである。どんな場合でも、GDPは成長によって「誰が得をするのか」について何も明らかにしない。これはきわめて重要な問題である。

GDPは、基本的な食料、保健サービス、水、住宅建設、教育、職業訓練などといった実際に貧しい人びとに役立つ可能性がある商品やサービスの生産と、嗜好品、ホテル、ゴルフコースといった金持ちのための贅沢品の生産の区別をしない。このことはGDPが社会実績の指標として役立たない、さらにもう一つの点である。貧しい人びとが収奪されるのはあまりにも当たり前のことなので、高度成長期の間に実際に収奪が増加することはない。なぜなら、そうした成長はたいてい生産資源を組織的に社会の弱者から、金持ちの有力者に移すことでもたらされるからである。このことは低所得国で今日共通の経験である。大半の開発計画は、世界銀行や地域の同類の開発銀行からの借り入れであることが多く、貧しい人びとが生計を依存する土地を開発用地にしたり、ダムや観光リゾート、工業型農業や大造林、住宅開発などの利用に転換する計画を含んでいる。こうした計画は土地を失った人びとではなく、すでに裕福な人びとに恩恵を与えるように作られている。こうしたプロセスを通じて、生産資産の管理は資本を所有する階級に統合され、さらに土地を追われた人びとが賃金労働者予備軍となるので賃金は押し下げられる。経済成長とGDP指標の論理によってこうしたすべてのことが進歩とみなされる。

このことを数字がはっきりと証明している。IFGの最近のレポート『グローバル化は貧しい人びとを助けるか?』の中の、エコノミスト、研究者、学者、ジャーナリストの著作からの一〇〇以上に及ぶ引用によれば、世界で成長が最も加速した三十年間(一九六〇年から一九九〇年)に、国内および国際間の富裕層と貧困層の差は非常に拡大したことがわかる(第3章ボックスG参照)。こうしたデータの情報源の多くは実際にグローバル化による急速な経済成長を推し進めてきた機関であり、その中には世界銀行、IMF、国連やCIAさえも含まれる。

GDPには直接南に及ぼすマイナスの影響がもう一つある。南では生産の多くはコミュニティと家庭の共同作業や交換といったインフォーマル部門と、自給農業で行なわれる。どれも国の会計元帳には記載されない。こうした活動は目に見えないのでその結果、最終的に開発機関に門戸を開くことになる。そうした機関はもっと「生産的な」経済アプローチが必要だと主張できる。それは例えば、資本集中的なインフラ整備、農業の機械化、ハイテクな組み立て作業のようなものへの外国投資を増やすことである。こうしたことはすべてGDPの目的にあった数字を生み出し、発展の幻想をふくらますかもしれないが、伝統的な経済や文化、自立システムを直接衰えさせる。地方の事業のための小規模金融サポートのようなものなら、世界銀行の開発の数字のために派手にお金を使うよりも小額で、地方の人びとにははるかに役立つだろう。

最後に、一九八〇年代半ばに起きた、さらにもっと巧みではあるが狡猾な市場操作について述べよう。公式な測定システムが国民総生産（GNP）からGDPに変更された時だったのである。クリフォード・コッブとテッド・ハルステッドによれば、この変更により「多国籍企業の貢献を誇張する根本的な転換が起きた。古いGNPのもとでは多国籍企業の利益は企業の本社がある国のものだと考えられた。もし、グッドイヤーがインドネシアに工場を持っていたら、そこで生み出される利益は米国に含まれる。けれども現在では、GDPのもとで、利益は『米国に環流されるとしても』インドネシアの数字に含まれる」。

この変更は巧みな戦略で、あたかも南が豊かに成長しているように思わせる。実際には多国籍企業は北の投資家のために利益をさらっていたのである。南の国ぐにには何も残らない。コッブとハルステッドは次のように言う。「突然、多国籍企業は文句なしにありがたいものに思えた。……グローバル化による社会的環境的な犠牲をさらにもっと社会的環境的に隠蔽することになった」。

何が問題であるかを判断すること

最近、ダウ・ジョーンズ平均株価指数や日経平均株価指数のような指標を用いる傾向がある。そうした指標は最も経済を注意深く見るのに適した指標だとされて、GDPと置き換えられている場合もある。また、テレビやラジオ局が一時間ごとに市場の変動をかなりの解説をつけて報道する国もある。しかし、株価は人間の幸福を計る上でGDPよりも重要な指標ではない。株式の所有者は世界でもほんのわずかで（米国では半分くらいの人たちが持っているが）、一九九〇年代後半、企業のスキャンダルが次々と暴かれ、株式バブルが崩壊したように、株価と実質的な価値の間にはほとんど関連はない可能性がある。株価が上がれば、株式を持っている人びとの財力は持っていない人の財力に比べて大きくなるが、生産力がそれに対応して増大しなければ、成長の不公平の源になり、社会にとってほとんどマイナスである。

しかし、私たちは新しいもっと良い指標を作り出そうと努力を重ねてきた。これは問題となっていることがらをもっと正確に計る指標である。カナダ国際持続的発展研究所、環境カナダ、国連開発計画、リディファイニング・プログレス（進歩の再定義）研究所（米国）に話を聞けば、もっと詳しいことがわかるだろう。こうした組織は世界銀行や国連持続可能開発部と協力して、こうした取り組みの包括的なリストを作ってきた。ここでは彼らの提案を簡単に紹介する。

真の進歩指標（GPI）

GDPに替わる指標の中で、カリフォルニア州バークリーのリディファイニング・プログレス研究所が開発したGPIは比較的よく知られている。GPIには現在GDPから欠落している多くの要因が含まれるだろう。例えば、資源の枯渇、環境汚染、長期的に環境が受ける損害、家事労働や市場を通さない売買、余暇を増やすための調整、失業と不完全就業を減らすための調整、所得の分配（システムの中でもっと公平にするための調整、格差の拡大を防ぐための調整）、耐久消費財やインフラの寿命をもっと長くするための調整、防衛費用を減らすための調整（環境汚染管理機器や交通事故の医療費や物質的費用のようなものを増やさずに一定レベルのサービスを維持しようとするもの）、持続可能な投資を増やすための調整（外国人投資家ではなく国内投資家による投資、借金ではなく節約で生まれたお金による投資を推奨）である。

GDP指標と比べてGPI指標の数値は国によってさまざまであるが、一般にGPIは一九八〇年頃まではGDPと連動してむしろ上昇したように見える。その後急激に下降した。GPIは一般に行なわれているGDPの計算法に比べてずっとましである。というのはGPIは、開発にかかる費用や資源の枯渇を勘定にいれないで成長を推し進めた良くない結果を明白にし始めているからである。

コミュニティ会計システム

フィリピンは、経済学者シスト・ロハスの研究に基づいて本当のコミュニティ会計システムを作りだすための重要で中心的な国になってきた。この会計システムは基本の会計単位を企業ではなく世帯としている。多くの場合、個々の企業の利益は世帯やコミュニティの利益と反目しているので、その違いは根本的である。例えば、可能な限り最も低い賃金で、可能な限り最も少ない数の労働者を雇うことで企業は経済的に利益を得る。逆に、世帯は可能な限り最も高い賃金で家族全員を雇ってもらうと経済的に利益を得る。企業は最も高値で製品を売ると利益を得るが、世帯は最も低い価格で買うと利益を得るのである。

多くの投資プロジェクトは企業や個人には非常に利益になるかもしれないが、コミュニティには非常に損失が大きい。例えば、輸出用の森林伐採や、いわゆる輸出用の加工区である。輸出加工区にされると、土地は収用され、地方政府の決定に支配され、税金控除期間が適用され、地方の納税者の負担によってインフラが十分に整備され、地方の水の供給と発電が優先課題とされ、低賃金で労働者を雇うこと以外地方経済とほとんどつながりを持たず、有毒廃棄物で土地や水は汚染される。輸出加工区で操業する企業はかなりの利益を生み出すが、コミュニティが担った費用の埋め合わせをすることなく、利益はすぐに外国へ送られる。

それに反して、コミュニティ会計システムは世帯とコミュニティを基本の会計単位とし、コミュニティの見地から経済活動の費用と利益を評価する。あらゆるレベルでコミュニティを基盤とした会計システムは、経済を、居住地と分離することができず、経済と天然資源基盤の管理に責任がある地方政府と一致するものと定義する。

コミュニティの貸借対照表を見れば資産としてのその土地の天然資源の貯蔵量がわかる。農業、林業、鉱業、漁業、貿易、サービスのような生産プロセスは、資産勘定、会社、家庭の間に流れを作り、資源の枯渇や利益の分配に関して結果を露わにする。森林伐採は関連するコミュニティ資産勘定の減少にすぐに現れる。満たされていない家計のニーズが確認される。コミュニティからの資源の出入りが明らかになる。コミュニティの幸福とその地方のエコシステムの健全さとのつながりが強調される。こうしたことから、投資の決定は一般に行なわれているプロジェクト評価によって出るものとは大きく異なることになる。コミュニティはコミュニティ貸借対照表によって提案される投資の影響をさらに正確に評価し、外部の投資家と協議し、それに応じて利益を交換することができる。

コミュニティを基盤にした会計システムはサブシディアリティの原則を実施するための重要な道具でもある。というのは、これによって地方権力は、貿易と地方での生産とどちらがコミュニティに実際に有利なのかを、もっとはっきりと判断することができるからである。コミュニティはおおむね自力更正の方がよいが、利益をもたらす貿易や外部からの投資にも門戸を開いている。

地域のイニシアチブによる指標

世界中で多くのコミュニティが、地域でイニシアチブをとってコミュニティの社会面や環境面での健全さの指標を集めようとしている。リディファイニング・プログレスは、米国だけで二〇〇カ所以上がそうした取り組みをしていると指摘している。市民を巻き込んで、彼らが住みたいと思うようなコミュニティを重要視するのが傾向である。関係する人間と自然のシステムの複雑さは認識されているので、一つの指標に到達するための努力はされない。選ばれた指標の大半は、自然のシステムと人間のシステムの相互作用を非常に高度に評価したものである。経済的な成長はほとんど含まれない。

例えば、「持続可能なシアトル」が選んだ、社会と環境が健全かどうかの主要な指標は、野生のサケが定期的な産卵のために移動する距離である。野生のサケの状態は地域のあらゆる生命が依存する河川の流域の健全さの基準であるというのがほとんど根本的な認識である。有毒化学物質、森林面積の減少、河川の流れの崩壊、都市化などのすべてが原因でサケの移動距離が小さくなっていくのである。

「持続可能なシアトル」の河川の質の基準は同様に高度である。汚染物質があるかないかのありきたりなテストではなく、底生生物が生態学的に損なわれているかどうかを示す指標として知られているもの、つまり河川の底に住む無脊椎動物の多様性や密度の基準を用いている。こうした生物は、カゲロウ、カワゲラ、ミミズ、イガイと、その他のグループの昆虫や無脊椎動物、つまり魚、鳥、両生類などが食用にしている生物である。水がきれいであるほど、多くの生物が棲息する。

歩行者や自転車が通行しやすい道路の数、郊外の町の公共のスペースの数、燃料消費と自動車走行距離の減少数、ガーデニングをする人の増加数、図書館やコミュニティセンターの利用者数といった指標はすべて都会生活の物理的社会的質に関係する問題を表している。その地方の農家の生産、雇用の集中、コミュニティへの再投資といった指標は、経済の多様性や地方の所有を重視している。公平を非常に強調する時には指標の中に、失業、個人収入の分配、基本的ニーズを満たすために必要な労働時間数、出生時の体重が低い赤ん坊の数、貧困児童の数、大人の識字率、法律的な民族の平等（例えば、人種による逮捕率の違い）を入れることが決定される。

その他の有効な指標や報告を以下に挙げる。

・環境持続可能性指数（環境的な持続可能性に関する二〇の指標を含む）
・生きている地球指数（動物の種やエコシステムの変化の指数を示す）
・エコロジカル・フットプリント（自然資源の消費を評価する）
・持続可能性の羅針盤（持続可能な開発指数を提供する）
・持続可能性の計器盤（政策の業績指数を提供する）
・幸福の評価・持続可能性のバロメーター（人間とエコシステムの幸福を一緒に評価する）

（上記のリストはジェームズ・グスタブ・スペッツの『朝の赤い空：アメリカと地球環境の危機』からの引用）

ここで述べた新しい指標やその他の同様な指標はすべて、社会の幸福は主に経済成長に依存するという主張を認めない。経済の拡大は経済学者、金融業者、企業の幹部といった人たちにだけ利益となる。貧しい人たちが自分のことを言うならば、必要なのは自分たちの生計が依存する土地や水に対する確実な権利、生きていくための人並みの仕事、子どもたちのための保健と教育だと言うだろう。お金が必要だという人もいるだろうが、まずめったに「経済成長と株価の値上がりが必要です」とは言わない。

社会の健全さを評価する最も良い方法は私たちの中の最も脆弱な部分、例えば、子ども、貧困層、高齢者層の状況を示す指標を用いることかもしれない。乳児死亡率が低く、識字率が一〇〇％で、貧しい人たちや高齢者に食糧や住宅が供給されており、犯罪率が低く、投票率が高く、コミュニティ行事の参加率が高ければ、ＧＤＰ、ＧＮＰ、ダウジョーンズ平均株価がどうであれ、おそらく健全な社会だと言えよう。

第8章　基本の仕組み（オペレーティングシステム）(2)

前章で現代社会の三つの主要な、相互に関係のあるオペレーティングシステム——エネルギー、輸送輸および製造——について述べ、四つ目として、それら三つの成功と失敗を測る尺度（これは間違った尺度である）について論じた。私たちはこの四項目について新しい海図を描いた。本章では、さらに重大なオペレーティングシステム、つまり農業とメディアについて論ずる。もっとも、この二つは前のグループほど相互に密接な関係はないが、地球上の随所で決定的な影響を及ぼし、大きな役割を演じている。しかも、両者は大変な危機にあるのである。この二つについてそれぞれ、現在の方向に注目し、是正することは急務だ。

それから、最後に、自分たちの進む道を設定し、地方や地域のレベルで、今とは違う経済と社会の諸活動のビジョンを実行しようとしているさまざまなグループを挙げる。そうした例は、私たちにとってのモデルであり刺激を与えてくれるので、スペースがあればさらに多くの事例を挙げたいほどである。

グローバル化したエネルギーシステムが、世界の環境と地政学的危機の元凶であるとすれば、企業経営による輸出指向の単一栽培へ転換したことは、小規模で多様化し自立した地域に根ざす農業を弱体化させ、土地無し農民や飢餓を増やし、食料の安定供給を脅かす主要因となってきた。しかも、この農業の転換はますます速度が早まっている。大規模農業企業が何十億ドルものカネを使って、議会でロビー活動を行ない、広告し、PRに努め、転換を加速する貿易政策を推進しているからである。そのような企業は、工業型農業は伝統的農法よりずっと効率的で、飢えた世界を食べさせるチャンスをつくると主張する。しかし実態は正反対である。つまり、工業型農業が主張する効率は、莫大な政府の補助金で支えられているにすぎない。これは飢餓の解決というより原因である。

第2章でこの問題にちょっと触れたが、その広がりと重大性を見通すために、本章でさらに細かく検討しよう。世界人口のほぼ半分は、いまも土地に密着して生活しながら、自分たちの主食を栽培し、家族と共同体を養っている。何世紀にもわたって開発した先祖伝来の多様な種子を使っている。また、独自の肥料や、輪作さらに害虫駆除も完成させてきた。水や労働や種子をはじめとして、その地方の共同資産をすべて代々分け合って使って来たのである。社会が生き延びるために必要な生物多様性を維持する点では、模範的であった。国連環境計画（UNEP）のある報告は、こう指摘している。「インドの農民は、二千年以上も耕作して来た土地で四〇種以上の異なった穀物を今でも栽培している。

その間、産出高が減ることも、病害に悩まされることもなかった」(ダレル・ポセイの『生物多様性の文化的精神的価値』から引用)。

同じUNEPの報告は、多くの先住民が一千年にわたって「農業生態学的」アプローチで農業生産をして来たことを引き合いに出している。かれらの農法は、「環境についての知識と理解に立脚しており、効率がよく、生産力が高く、もともと持続可能である。先住民は、灌漑、排水、土壌の肥沃化、霜害防止や病害管理に革新的な技術を駆使して難しい環境に上手に適応して来た」。中央アメリカの例では、チアンパス、ワルワル、タブロンズなどさまざまな名前で知られている独創的農法(訳注:一五~三〇センチの高さの何本もの畝に作物を植え、その間に水を溜める灌漑農法)が、極めて厳しい環境に打ち勝って、生態系に損害を与えることなく、食物供給に成功して来た。それぞれの土地に適した類似の農法が、アフリカや、アンデス地方や南アジアやその他の多くの地方に見られる。

先住民や農民の農法はまた、伝統的な薬草を大切にして来ており、今も世界の大半の人びとに使われている。もっとも今や、それらの薬草は、グローバル企業に漁られ、その専売にされつつある。

UNEPの報告は、「現代農業」は「生物多様性、健康な生態系および食の安定供給に対してだけでなく、先住民や地域のコミュニティにとっても重大な脅威の一つ」になっている、と結論づけている。しかし、小規模の地域農業がいかに成功して来たにしても、グローバル企業や貿易官僚にとって嫌悪の対象であることに変わりはない。

前述したように、ローカルなやり方、小地主や先住民のやり方や家族農業は、グローバル企業のやり方とは両立できない。そこで、小農を衰退させ、かれらを住み慣れた土地から追い出し、工業型農業と不在地主さらに輸出市場向け贅沢品の単一栽培を進めようと、非常に攻撃的な国際キャンペーンが、今行なわれている。しかし、その結末たるや、かつて生存能力があり、自立していた地域社会が、しだいに耕地や家屋やカネをなくし、飢餓に追い込まれているということである。また、機械と農薬漬けによる生産とバイオテクノロジーを重視する工業型農業では、就労可能な仕事はほとんどない。一方、地域の社会、経済、精神の中心であった食物を育てる活動は破壊され、それとともに文化の核となってきたものも滅ぼされる。こういうことは、世界の各地と同じく米国でも起こっている。こうして、かつては自立していた農民が、生きていくために社会福祉制度に頼るか、既に過密となっている都市へ逃げていき、そこで他所からの新参者と少ない工場労働を求めて争うのである。

農業を継続できる農民も、自分たちがきわめて不毛な土地へ押しやられ、輸出指向の大規模土地所有者と封建的ともいえる協定を甘んじて結ばねばならないことがわかる。それらの土地所有者は、供給と生産方法と価格を支配し、低コストで高い利益を維持するために、できるだけ小農から搾り取ろうとするのだ。もっとも重要なことは、これら不在地主は地元の家族やコミュニティのために多品種の農作物を生産せずに、切花、鉢植え、綿花、コーヒー豆、エビ、牛肉、高級野菜あるいは大豆などの贅沢品の単一栽培に力を注ぐのである。そして、こういうモノは大多数の人が満腹している国ぐにへそのまま出荷されるのだ。かつて、何百万にものぼる貧しい家族を養った土地は、今や、飽食している人たちを食べさせているのである。

モンサントやアーチャー・ダニエルズ・ミッドランドのような企業が広告に何十億ドルも使って、こうした輸出を基礎においたシステムこそ、世界への食料供給に役立っていると宣伝し、売り込むことができるのは、なんとも皮肉なことだ。この自由市場の宣伝文句による犠牲者は、世界中にみられる。食糧・開発政策研究所（フードファースト）の報告によると、食料の世界貿易がもっとも加速された過去三十年の間ですら、世界の飢餓は人口増加より早い比率で上昇して来たという。今や、世界には、ほぼ八億の飢えた人びとがいるのである。

事実、多くの国は農産物輸出が旺盛になったまさにそのときに、貧困と飢餓が増加したと言っている。例えば、タイでは一九八五年と一九九五年の間に農産物輸出が六五％増加したが、その期間に貧困ライン以下の人口割合は四三％になった。ボリビアでは、一九八五年から一九九〇年の間に目を見張るような輸出増加が見られたが、それでも田舎に住む九五％の人の一日の稼ぎは、一ドルに満たなかった。フィリピンでは、輸出用の切花の栽培に膨大な土地が提供されたが、それと反対に米やコーンのような主食の耕作面積は減少した。その作物転換で、三五万に近い農村の世帯の家計が崩壊した。フィリピンは、長い間、米の自給国であったが、一九九〇年代の終わりには、米の輸入は十倍に跳ね上がり、生活できない人や飢餓に瀕する人が増加した。

ブラジルでは一九七〇年代に、日本やヨーロッパの家畜飼料として大豆輸出が大幅に増加したが、飢餓人口も人口の三分の一から三分の二に増加した。一九九〇年代にはブラジルは事実上世界第三位の農産物輸出国になったが、一九八〇年から一九九五年にかけて工業型農業による大豆の栽培面積は三七％増加した。しかしその過程で、何百万もの小農が土地を追われたのである。一方、主食である米の一人当たり生産高は、一八％低下し、飢餓と貧困が増加した。

バンダナ・シバはカナダのオンタリオ州キングストンで開かれた民衆地球会議（二〇〇二年）でこ

の状況を総括し、飢餓と貧困の根本原因は今に到って明らかだと述べている。すなわち、「耕作地の喪失と、水や種子や生物多様性のような地域の資源の支配の喪失が一緒になっているのだ。これらはすべて農村社会の土台だが、今やグローバル企業の手に渡ってしまっている」。さらにこう皮肉っている。「米国やその他の富裕な食物輸入国の食の安定供給は、もっぱらその他の国の人たちの食の安定供給の崩壊に依存している」。

ボックスP

WTOは小農に偏見をもっている

デビ・バーカー（IFG）

二〇〇三年九月、カンクンでWTO閣僚会議が決裂した原因は主として、農業に関する合意（AOA）における誰がみても不公平なルールにあった。IMF・世銀が課す融資条件とともに、WTOルールは、貧困、飢餓、離農と農村の生活崩壊を増大させ、世界中の生態系を破壊している。カンクンでは途上国グループがG21として結束し、不公平な農業ルールを取り上げない限り、新たな項目（つまり貿易自由化政策の拡大）の交渉には応じない、と主張した。ルール問題はシアトル以降の懸案であった。

第三世界の農業の苦境は、不公平なグローバル・ルールと直接つながっている。金持国が自国の大規模農場と食糧会社を保護し、補助金を与えることを認める一方で、途上国には市場を開放して安い輸入食品を入れろと圧力をかけるルールである。食糧は貧困国へ原価割れの価格で売られている（つまりダンピングされている）。金持国には輸出補助金を出す余裕があるからである。その余裕がない貧乏国は、極端に不公平な条件を呑まされる。

輸出ダンピング問題にはどこの途上国も共通に直面している。先進国は毎年何百万トンもの多額の補助金を受けて欺瞞的に安値がついた食料品を、途上国にダンピングし、何百万人もが係わる自立的食料経済と農民の生計手段を奪いつつある。例えばメキシコの農民はもはや米国製品（主に補助金を受けたトウモロコシと綿糸）に太刀打ちできない。ハイチとホンデュラスの米作農家は、WTOとIMFのルールの下で関税率を下げたところ、補助金を受けた米国米が突然流入し農業収入を失った。ジャマイカの酪農家はヨーロッパからの補助金付きの安い粉ミルクとの競争に勝てない。米国からの補助金付き綿糸のおかげで、アフリカ諸国とくにマリ、ベニン、ブルキナファソは綿糸市場からはじき出されてしまった。これらの国ぐにで綿糸の価格が、米国の対外援助でもらう資金の二倍も値下がりしたのだ。

こうした例は以下のような複合的な原因で起きている。(1)IMFと世界銀行が課している融資条件と、WTOが途上国に外国の安価な補助金つき食料に対し、関税を引下げないし撤廃をして、市場の開放を義務しづけていること。(2)貧困国が自国農民を守るため輸入関税と輸入割当量を課す権利をさらに縮小するWTOルール。(3)安価に輸出することを可能にする富裕国の補助金を除いて、補助金は禁止するとするWTOルール。

要するに、途上国は食料基盤や農村の暮らしを守る手段を奪われる一方で、先進国や企業は事実上輸出商品への補助金が認められ、貧困国にダンピングしているのである。

WTOの貿易体制の下で、北側先進国はWTO発足当初から補助金を増やすことが認められてきた。一九九五年から二〇〇一年の間に米国の主要四品目のダンピングは急増した。小麦は二三％から四四％

へ、大豆が九％から二九％へ、トウモロコシが一一％から三三％へ、綿糸が一七％から五七％に上昇したのである。ＥＵの農家に直接支払われた補助金も増え、北から南へのダンピングの一因になっている。その結果、貧困国の農村社会が崩壊したことが、途上国を結束させ、カンクンで北の先進国に敢然と立ち向かわせることになったのである。

カンクンのＷＴＯ会議が決裂した後、守勢に立った米国の貿易交渉担当者は、すべての国が補助金の削減と関税引下げを実施すべきだと指摘した。確かにＷＴＯは先進国の補助金削減と関税引下げの予定とガイドラインを示している。しかし、大規模な工業型農場や巨大アグリビジネスのような輸出業者にもっとも利益をもたらす補助金は、議題として取り上げられていないし、一定の主要な北の商品も関税引下げを免除されている（これらは「緑、黄、青の政策」と言われる複雑な仕組みによって保護されている。まさにここに工業型農業企業の影響がはっきりと見られる。その多くはＷＴＯ協定の主要なアドバイザーである）。

何百万もの途上国の農民が貿易協定や国際機関の政策によって壊滅的な打撃を受けている一方で、北の農民もうまくいっているわけではない。二〇〇一年の米国の農民の手取り収入は一九八九年に比べ三六％減った。欧州連合の数字も似たり寄ったりである。イギリスの農業地域での最近の調査では、平均的農民の収入は時給わずか三・六ポンドで、イギリスの最低賃金を下回っている。大規模な工業型農場に太刀打ちできないため米国、ＥＵともに農業従事者は激減している。

主な理由は小規模農家より巨大アグリビジネス企業に恩恵を与えるＷＴＯの補助金制度と、これに並行する北の国内農業政策、つまり米国の「農業自由法」やＥＵの「共通農業政策」（ＣＡＰ）にある。米国の農業補助金は一九九九年代初頭の年平均九〇億ドル（ＷＴＯ発足以前）から年当たり二〇〇億ドルに跳ねあがっている。しかし米国の農家の二〇％で補助金総額の八六％を受け取っている。農家の三分の二

（小規模農家）は補助金をいっさいもらっていない。二〇〇二年、EUは予算のほぼ半分の約五〇〇億ドルをCAPに当てた。米国と同様、補助金を受け取っている農家はわずか二〇％である。

増えつつあるEUの「新規加盟」国の多くは、農業基盤に懸念を抱いている。例えば、ポーランドの小規模農民は二五〇万を数える。近年のEUは大規模農家に有利な政策を取っているところから、その多くは土地を手放し、「将来性のある」大規模農場をめざさざるをえないだろう。

補助金が主要な問題点のひとつとすれば、もうひとつは農産物価格が安いことで、これが北でも南でも何百万もの農民を経済的破綻に追い込んでいる。この問題の根は、グローバル・ルールがもっぱら巨大農業会社の方を向いていることにある。これらの企業は世界のさまざまな農産物を集中的に支配し、グローバルな価格や供給を管理できるのである。今や一握りの企業が、全世界のトウモロコシ、綿、小麦、大豆を商い、同時にコーヒーや砂糖その他の熱帯の特産品も高度に集中化している。農業用サプライ（種子や化学肥料）、食品加工と流通もほぼ独占状態にある。そのため、貧困国の小農民は企業や仲買人や市場の言いなりになるしかなく、自分の作物に公正な価格をつけられない。かつての小農民は地元で消費し分かち合う食料を生産していたが、今や彼らの生活は遠く離れたところにいる勢力に委ねられている。

こうしたプロセス全体が、北でも南でも農民の貧困、土地なしを増加させ、工業型農業による環境破壊、食の安全性や栄養の低下を招いているのである。

国際機関や貿易協定は国際貿易における公平性を確保する役割に徹すべきである。強者よりも弱者を保護する多国間ルールが必要である。説明責任をとらない非民主主義的な国際組織より、ローカルに恩恵を与える国内・国際政策と、公平な貿易の新ルールが早急に求められている。

確立された社会秩序と文化の崩壊は、種族間、異教徒間の反目をも招く。人びとは乏しい土地と資源の争奪戦に巻き込まれるのである。例えば、インドのパンジャブ州では、長い間ヒンドゥー教徒とイスラム教徒は協力的で友好的だった。ところが、一九六〇年代から一九八〇年代にかけて、世銀が後援し企業が推進した化学薬品・肥料と機械を主として使う生産への転換、いわゆる「緑の革命」を強制されたことが一因で互いに暴力を振るうようになった。この生産方式はすでに枯渇している淡水を膨大に使用しなければならなかった。その結果、淡水利用を巡る争いが惹き起こされた。アフリカでも同様の抗争が起きた。世銀が推奨する輸出向け工業型単作栽培が大量の灌漑用水を使うため、資源の枯渇がさらに悪化したからである。

工業型農業は、地球上の乏しい水を世界で最も多く消費する。商業用のハイブリッド(異種や異属間などの交配でできた)大麦の種子は、インドで開発され生産されている伝統的な多種の大麦の二〇倍の水を必要とする。工業型農場へ水を振り向けるのに必要な膨大なインフラは、環境へも悪い影響を与え、化学肥料や殺虫剤は水質や土壌を劣化し、生物種の減少、大気汚染やその他の好ましくない結果をもたらす。イギリスの国際エコロジー・文化協会(ISEC)の刊行物に寄稿したスティーブン・ゴアリックによると、政府の工業型農業用水への補助金は、直接支出か、大きな灌漑プロジェクトへの支払いの何れかのかたちをとっているという。例えば、カリフォルニアのサンホーキン谷のような以前砂漠だった地方で、水集約的単作栽培が促進された。そこでは水利用への補助金がなければ工業型農業が存在し得なかったであろう。

効率性について言えば、産業界がアグリビジネスに提供する隠された、あるいはあからさまな巨額補助金リストを除外してはじめて、グローバルな工業型農業は効率的と言い得るのである。ISECの報告書『食物経済を家庭へ』の著者のヘレナ・ノーバーグホッジ、スティーブン・ゴアリック、トッド・メリフィールドは、工業大国の補助金の長い一覧表を引用している。そのなかには、バイオテクノロジーと化学薬品・エネルギーを集約的に使用する単一栽培の研究・開発および適用のための莫大な資金とともに、輸出推進援助資金が含まれているのである。この報告によれば、多くの政府は、「大規模な農業輸出振興の手段として、殺虫剤や化学肥料の購入資金を助成している」のである。それらの国はたいてい、世界銀行やIMFの方針とグローバル企業の圧力でそうしているのである。例えば一九八〇年代、中国の年間殺虫剤補助金は平均約二億八五〇〇万ドル、エジプトは二億七〇〇〇万ドル、コロンビアは六九〇〇万ドルにのぼっている。パキスタンは、農業総予算の約七五%を化学肥料の補助金に振り向けている。しかし、小規模の有機農法にはほとんど支援はなかった。

工業型農業はさらに膨大な補助金を受けているエネルギーの大量注入にも依存している。農業機械の操作や殺虫剤・農薬生産のためである。最近の推計によると、工業型農法で食物を生産するには、食物の消費から得られるエネルギーの三倍のエネルギーが必要だという。カナダでは一九九〇年と一九九六年の間に農場でのエネルギー使用が九・三%増加した。発展途上国では、一九七二年から一九八二年に至る「緑の革命」の絶頂期に農業生産用エネルギーの総使用量は三〇%上昇した。しかもこれには、輸送、市場での売買あるいは、農産物の包装に使ったエネルギーは含まれていない。

高価なハイブリッド種子、バイオテクノロジー種子、肥料、化学薬品や殺虫剤、トラクターやその他エネルギーをふんだんに使用するシステムを必要とする機械化された現代農法は、世銀、IMFおよびWTOに押し付けられたものであるが、世界中の小農、小作農を絶望的な状況においやった主因でもあった。その結果、負債の増加、飢餓の増大、小農場の放棄となり、さらには、至る所で農場が壊滅した。

加えて、工業型農業の結果生じた環境汚染を浄化する費用は生産にかかった総費用に計上されず、多額の補助金が隠されているのである。浄化の対象は汚染された土壌、河川、入り江、野生動物の棲息地などである。工業型農業は気候温暖化の主犯でもある。それは、遠距離市場への長距離輸送に依存しているからである。西欧の食糧輸入工業国での一皿の料理は平均して、おそらく産地から二四〇〇キロ運ばれてきたものである。こうした輸送距離がすべて、現代の環境と社会の危機の原因となっている。工業型農業からどのようなかたちで離脱するにしても、産地と消費者の距離の短縮はきわめて重大な目標の一つでなければならない。

ISECの報告は、こう述べている。「このようなグローバルな大規模生産者に対する補助金が、小規模の地域密着型の生産者に適切に振り替えられれば、環境に適した公正な食糧経済への転換を後押しできるだろう」。

グローバル化がこの状況を計り知れないほど悪化させたのは、グローバルな貿易・投資ルールがグローバル・アグリビジネスに味方しているからである。WTOルールも輸出業者や商品取引業者への補助金を許したが、南側諸国の特徴である小規模生産者には許さなかった。情況は最大規模の企業に徹底的に有利であった。このような情況と、各国および国際官僚レベルの政策によって、石油をはじめあらゆる産業に共通する企業の合併と集中が農業の分野にも起きたのである。例えば、ETCグループによれば、二〇〇〇年までに穀物取引の五社が、価格を含め世界の穀物取引の七五％を支配するようになった。米国では食肉処理の四社が米国市場の八〇％を支配した（これは一九八〇年の二倍である）。一方、食品小売りの五社が食品小売りのほぼ五〇％を占めている。

こうしたことすべてが小規模生産者や小農を窮地に追い込んでいる。彼らが行なう農業生産のための投入物も流通の販路のいずれも、ごく少数の巨大企業に支配されているからである。自分の家族や地域社会を食べさせてきた農民を土地から意図的に引き離し、環境的に持続不可能な、不在地主による輸出生産に変えようとするやり方は、明らかに不合理であるし、何百万の人びとにとっては悲劇である。「進歩」の名において、家族農業や農村社会が絶滅しつつある。何百万もの人が土地を追われ、ますます膨らむ都市へ移住する。この過程を反対方向に向けるべきだ、しかも、それは可能なのだ（ボックスQ参照）。

ボックスQ
環境を守る農業へ戻る

エドワード・ゴールドスミス（『エコロジスト』誌）

工業型農業は世界の二酸化炭素排出量の二五％、メタンガス排出量の六〇％、亜酸化窒素排出量の八〇％の原因となっており、こうした主要な放出ガスが気候変動を引き起こしている（第2章のボックスF

参照）。今の工業型農業モデルを捨てて、従来の持続可能な農業を追求すれば、こうしたことを大幅に抑えることができる。伝統農業は何世紀にもわたって豊富な食料を提供し、生態系を守ってきたのだ。実行可能ないくつかのステップを見てみよう。

亜酸化窒素

過去数十年の間に熱帯雨林はすさまじい速度で切り倒され、工業型農業による輸出用作物や牛の放牧に転換された。その結果が何百万トンもの亜酸化窒素の排出である。工業型農業の主要素である窒素肥料は亜酸化窒素のもうひとつの主な源でもあり、亜酸化窒素の年間総排出量の一〇％を占める。窒素肥料を用いないやり方は何世紀もの歴史があり、マルチ（根覆い）や堆肥その他のローテクで「農場で調達できる」肥料がふくまれ、健康な土壌や豊かな作物をもたらす。

メタンと二酸化炭素

メタンの排出量が劇的に増えた理由は、水田用灌漑が完備し窒素が投入されたこと、および工業的に飼育される家畜とりわけ畜牛が急増したことである。高蛋白の穀物を飼料として与えられる牛は、草を食べている牛よりずっと多くのメタンガスを排出する。有機肥料と雨を利用する稲田のメタン排出量ははるかに少ない。

二酸化炭素排出の大部分は土中の炭素が空中に出てしまうものである。現代の工業型農業は、森林伐採や湿地帯からの排水、土壌を風雨に曝す深耕、土壌を圧縮する重機の使用、土壌の構造を壊す肥料や殺虫剤の使用、砂漠化を引き起こす過放牧、大規模な単作といったやり方で、これに拍車をかけている。

堆肥やマルチの他、森の樹皮やわらなどの被覆作物（カバークロップ）など土にかえる有機肥料を使えば、亜酸化窒素を減らすだけでなく土中の炭素の放出を防ぐことにもなる。こうした肥料はまた土壌が媒介する病気を減らし、作物の生産力を増す。国連食糧農業機関（FAO）によると、作物の間や近くに木を植えるアグロフォレストリー（農林業）は、土に炭素を最大限に吸収させる効果的手段である。

工業型農業は高度のエネルギー集約農業であるため、二酸化炭素の排出をさらに増やしている。最近のイギリスでの調査結果によると、イギリスとドイツの機械化されていない伝統的農業の石油使用は工業型農業のわずか七分の一である。

現代の灌漑もきわめてエネルギー集約型である。深さ三〇メートル以上の地下水をポンプでくみ上げている場合、とうもろこし栽培のための灌漑に使用される石油は、雨水を利用した栽培に比べて三倍以上である。商業用のハイブリッド種子は遺伝子組み換えの種子と同じく、大量の化学肥料だけでなく大量の水を必要とするため、恒久的な灌漑への依存度は高まるばかりだ。農家が保存している種子は、長年にわたって地方独特の気候や地質に沿って栽培を続けるため開発され選別されてきたので根が深くまで伸び、根の短い商業用種子がとどかない土壌の水分を利用できるのである。

現在灌漑で消費されている水は、世界で使用されている水の七〇％に及ぶ。この数字は二〇年後には二倍になると予想される。その結果起こる水不足はますます私企業化を推し進めることになる（インド東部ベンガル湾沿いのオリッサ州では水の私企業化により値段は一〇倍になり、小農には手の届かないものになった）。

農業が工業化する以前は、多くの地域で効率よく大量の水を必要としないやり方が発達していた。食料生産者の中には今もそのやり方、つまり貯水池や低流量の灌漑などに頼っている人びともいる。これら低コストのローテク方式は、食料増産を促進し、流域を保全する。

工業型農業による生産はもっぱら輸出向けである。言い換えれば、輸送・梱包・長距離保存のための石油使用が大幅に増えているということである。世界の石油消費量の八分の一は輸送に使われている。食品輸送がかなりの割合を占めていることは明白である。

食料を貿易品目としてこうして運搬する必要はまったくない。船は夜間も航行する。一隻は米国からインドへ穀物を運び、別の一隻はインドから米国へ穀物を運ぶ。これを「大規模食料交換」と呼ぶ。この方式は一握りの穀物貿易会社に利益をもたらすが、世界中で食料の安定供給をおびやかしている。食料生産と流通を地方化することは、石油による輸送を減らすための答えのひとつである。

伝統的農業が何世紀にも亘って何百万もの人に十分に食物や繊維を供給してきたとすれば、食料生産をここまで根底から変えてしまったのはなぜか、それも地球環境そのものを脅かす方式に変えつつあるのはなぜか。

世界銀行の報告書は、「小規模自営農は土地・資本・肥料・水といった自分の資源を見事に管理している」という。しかし、続けてこう嘆く。「市場向けに生産し、新しい作物をとり入れ、新たなリスクを引き受けるよう、農民を説き伏せるべきだった。……自給農民が新しい消費需要によって従来のライフスタイルを変えざるをえなくなるまで、新しい（輸出）作物の導入は労働力の面で難しいだろう」。

言い換えると、浪費的な工業型農業企業に利益をもたらすために、うまくいっていた地域農業を破壊し、地球の健康を脅かしているのだ。農薬や水や石油を湯水のごとく使う工業型食料システムを即刻やめて、伝統的で環境面で持続可能なやり方に基づく地方モデルに向かうべきである。これは気候変動を抑制するために望ましいばかりではなく、食料の安定供給と安全を確保し、野生生物その他の種を保全し、生物多様性を維持し、土や水や空気を守る最善の方法でもある。

代替策へ向けての行動と政策

工業型農業のグローバル化の流れを変えようと、世界中で何百万もの人が結集しつつある。インドだけでも数百万の農民が、インドの多様な生物種と種子に対する企業のバイオパイラシー（生物海賊行為）や、遂にはインド固有の品種に対する商業特許取得に抗議している（バイオパイラシーの詳細については第5章を参照）。

この運動には、日本、フィリピン、ボリビア、ドイツの農民も何万と参加しているが、何より重要なことは、意味のある重要な農地改革を要求する第三世界の土地無し農民の運動が国際的に広がっていることである。例えば、ブラジルでは、土地無し農民運動（土地無し労働者運動　MST）によって農民は、一五〇〇万エーカー以上の土地の所有権を実際に勝ち取った。これで二五万世帯を養えるのである。ブラジル政府は、MSTが土地を占拠することを、とくにその土地が休耕地であった場合は合法的だとした。というのは、食べるものも仕事も無く惨めな貧困に喘いでいる何百万の人びとを暴力やテロに向かわせ、病気の蔓延や過密都市の膨張をさらに悪化させるより、土地所有者に補償金を払った方がはるかに安上がりと認めたからである（本章後半の「民衆のオルタナティブ実践」も参照）。

グローバル化する工業型農業に反対する運動も、単に最貧国にとどまらない。西側の工業国でも小農や職人的生産者が、ますます大規模な単作的工業型生産者に味方する生産・流通ルールや基準の犠牲になる一方、小農民の選択権は抑え込まれている。例えばフランスの農民ジョゼ・ボベは、西側諸国のこうしたルールに抗議する国際的リーダーになった。南の運動の指導者はもとより、世界中の厚生担当の役人や環境保護主義者たちが共通の目的をもってボベに合流した。つまり、小規模で多様化した農業と健康によい食料に味方する新しいルールを求めるという目的である。

意味のある変革をめざすキャンペーンは、国際、国内、地方の各レベルで同時進行が必要である。次にあげる六項目の中心的な確信に沿って議論を進めたい。

・食物自給のために土地を利用する権利は、基本的人権である。グローバルな貿易制度によって、あるいは国際貿易のために、地域社会や国家はこの権利を拒否されることがあってはならない。
・小規模所有の農地が、高度に集中した大企業のために維持できなくなることは、環境破壊とともに世界の貧困と飢餓の第一の原因である。
・人びとが今も先祖伝来の土地で暮らし働いているところでは、グローバル市場のためではなく、家族とコミュニティために働きながら、そこに留まれるような奨励策や政策が必要である。土地を奪われたコミュニティの場合は、分配のための土地改革が不可欠である。
・世銀・IMF・WTOなどの国際官僚制度がもつ大規模な輸出指向の単作栽培に傾く見方を覆さえねばならない。小規模農場や先住民の農法を活気づけることこそ奨励されるべきである。こうした農法こそが、地域の人々のための持続可能な使い方を大事にする生物多様性や創意工夫を守るのである。

・解決策はすべて、生産者と消費者の距離短縮に役立たねばならない。
・持続可能な農業の究極の解決策は、何千年も行なわれてきた非企業的小規模有機農業への移行である。

変化のカギとなる八項目

さて、つぎに掲げるのは、必要な変化をもたらすのに役立つ政策と行動のリストの一部である。

1　サブシディアリティに有利な関税と輸入割当を認めること

現在、国際貿易ルールの大半は、輸出生産とそれを支配しているグローバル企業に有利である。これらのルールを、地方生産、地方の自立および食物の真の安定供給を重視するルールに置き換えるべきである。これは取りも直さずサブシディアリティの原理を適用するということである。つまり、地方の消費のために地方の資源を使用して地方の農民が生産を達成する場合は、必ずあらゆるルールと便宜はこうした選択に味方すべきである。こうして、産地と消費者の距離が短縮されるのだ。だからといって、食料品がまったく貿易対象にならないと言っているのではない。輸出が主として生産と流通を推進するのではなく、貿易は地方レベルで供給出来ない商品に限るべきで、それが貿易の存在理由なのである。

地方で生産できる食料の輸入を規制し、富裕国から補助金つきの商品が実際のコストより安くダンピングされるのを防ぐために、新たなルールでは一定の貿易関税や慎重な輸入割当の導入を認めるべきである。例えば、韓国では主食の米は十分に自給出来るので、米国は補助金つきの米国米の輸出のため市場開放を韓国に迫るべきではない。こうした政策は韓国の農民と地域社会の暮らしを成り立たなくさせる一方、米国農民を世界的に不安定な価格システムのなかに無防備に曝すことになる。韓国と米国の双方において、地産地消を強化し長距離食料輸送を短縮する方向をめざすべきである。

2　知的財産権と特許権についての現行ルールの撤回

ＷＴＯは、米国の知的財産権保護のモデルを全世界の国ぐにに課そうとしている。このモデルは、薬草や農業用種子その他のさまざまな特徴を持つ生物多様性に特許を請求するグローバル企業の権利を厚遇している。先住民や地元農民が千年以上にわたって栽培し発展させてきた生物資源でさえ含まれる。これらの地域社会は先祖代々このような植物や種子をコモンズの一部と考えてきたのであり、外部の企業から課せられる所有権や使用料が必要とはみなしていなかった（この問題については、第5章「コモンズをとりもどす」を参照）。

このような新しいグローバルな特許制度は、インドのような国で重要問題となっている。そこには、独自の所有権制度に基礎を置いた特許権、つまり、それぞれのコミュニティで生物多様性に付いた特許権を所有するという制度がずっと続いていたのである。他の国ぐににでも、外部の収奪から自分たちのコモンズを守ろうとする類似の制度がある。インドを先頭に多くの国が、ＷＴＯやグローバル企業の巨大な圧力に抗して自分たちのやり方を守ろうとして戦っている。メキシコでは、地元で長い間成育されてきた先住民の豆類の特許権を取得した米国企業に何千人もの貧しい農民が抗議した。今ではそのコミュニティは、先祖伝来の豆を栽培するために、特許権所有者から毎年何と六九〇〇万ドルの支払請求を受けているのだ！

この問題のいくつかの局面は、ごく最近、重大な事態を引き起こした。南アフリカ、タイさらにブラジルのような貧困国は、安価なエイズ治療用のジェネリック薬品を作るために、知的財産に関するWTOルールを逃れようとしたのである。これらの国はどこも、エイズの犠牲者の大半が極貧者であるため、医療危機がさらに深刻化している。何百万もの人がこの不公正なルールに抗議してデモを行なった。そして遂に、エイズで大儲けしていたグローバル企業と交渉して、薬価の引き下げに成功、落着したのである。WTOもまた、国民の健康維持に必要なときは、各国政府は特許権の障壁を無視してもいいという一時的同意を採択した。しかし、現時点では、WTOは知的財産権についてのルール（TRIP）をまだ手放してはいない。このようなルールを破棄し、地方と国内のコミュニティの必要を改めて確認するルールを認めるべきである。また、公衆衛生の危機に対処するとともに、何世紀にもわたって発展してきた生物多様性の知識や利用法を守るべきである。グローバル企業の利益をローカルな食の持続可能性および国民の健康より優先させることは、道理と正義にもとる。

3　食の規制と基準を地方主体にすること

食の安全という名のもとで、WTOの衛生植物検疫基準（SPS）の適用に関する協定やコーデックス基準（訳注：国連食糧農業機関と世界保健機関の下部組織の政府間機関、コーデックス・アリメンタリウス委員会による食品規格）など、ある種の食品加工を強制する国際ルールがさまざまある。その加工とは、地方や職人的な食料生産者と真っ向から対立し、グローバルな巨大食料企業に味方するものである。その中には、一定の製品の放射線照射、低温殺菌、地方産チーズに対する規格化された収縮包装などがある。

こうしたルールは小規模生産者のコストを大幅に引き上げ、味や品質にも悪い影響を及ぼす。実際、食の安全と公衆衛生に最も脅威を与えているのは、小規模食糧生産者ではなく工業型農場や流通業者である。そこでのやり方がサルモネラ菌による食中毒、大腸菌感染症、食物のリステリア菌などの細菌感染の発生だけでなく、狂牛病や口蹄疫その他の発生を加速しているのである。工業型加工では生産者は食料の品質を綿密に観察出来ないが、小規模生産者や職人は病気の発生をくい止めやすい。皮肉な話だが、ＳＰＳ協定やコーデックス基準は食の安全確保のために有効であると言っているが、食品に残存する殺虫剤（ＤＤＴを含む）の許容度は比較的緩い。そして加盟国の健康・安全・環境基準を不公正な貿易障壁だとして問題にしているのである。さらにＷＴＯは、各国政府による遺伝子組み替え食品のラベル導入を事実上阻止した。こうしたグローバルな統一基準は、グローバル企業生産者のためにという主要目的に申し分なく適っている。食料生産の基準は地方に任せられるべきで、各国は食の安全について高い基準の設定が認められるべきである。

4　農民による販売・供給委員会の設立を認めること

こうした委員会による価格と供給の規制は、現行のＷＴＯやＮＡＦＴＡでは認められていないが、これができれば農民は国内や海外の買い手と団体で価格交渉ができるし、自分たちの商品に対する適正な価格が保証される。NAFTA発効後二年も経たないうちに、安値の米国産トウモロコシが大量に入ってきたため、メキシコのトウモロコシ価格は四八%下落した。政府の価格規制機関がメキシコ国内のトウモロコシ生産者のための価格安定をもたらすことは可能だが、そうした機関はNAFTAによって解体されたのである。その機関がなくなったため、何千人もの農民が土地を売らざるをえなくなってしまったのだ。

5　輸出直接補助とダンピングの廃止

世銀とIMFは貧困国に対し、小農民に補助金の直接支払いをしないよう圧力をかけてきたが、富裕国は相変わらず農業関連企業にかなりの輸出補助金を出している。例えば、米国の納税者に支えられている米国海外民間投資会社は、海外で投資する米国企業に対し倒産しないように保証をしている。IMFの第三世界の国への融資ですら、実質的には米国の農業企業に対する輸出補助金に投入される。このような補助金のおかげで、多国籍農業企業が国の内外でさらに小規模の地元企業を牛耳れるのであり、このことがカンクンで会議が決裂した主な原因でもあった。補助金はまた、貧困国が苦情を申し立てている輸出ダンピングももたらす。こうした輸出補助金政策はやめるべきである。どこの国であれ、補助金を貰った商品をダンピングする権利はない。さらに、小農への低利融資の奨励、国内の種子バンクの設立および緊急食料供給システムといった計画が認められるべきである。

6 WTOはその市場アクセス・ルールの過誤を認めること

南の諸国には当初、北の国ぐにも同じようにするという約束で、WTOに加盟して市場を開放するよう説得された国が少なくない。しかし、南の諸国は市場開放をしたが、北の諸国は主要な製品について途上国からの輸出に対する障壁を保持したのである。これに北の農業生産者が享受してきた技術的優位と富と補助金とがあいまって、貿易体制の不均衡はさらに拡大した。北からの補助金つき輸入品によって、南の全域で農村と自立した暮らしが崩壊し、現在、ナイキの下請けとして低賃金で働いている人びとの多くは、自足できる農村部を追われた難民である。南の多くの人びとはこうした事態に憤りを隠さない。

途上国も平等な立場に立つため、約束どおり市場アクセスを確保しなければならないと強硬に主張する活動家もいる。しかし、輸出モデル自体が基本的な伝統的自給自足農業を破壊するのであるから、行く末は決まっていると考える人びともいる。このような観点の相違から、市民運動家の間に一部意見の食い違いが生まれた。これは、現在状況はあまりに絶望的なので途上国が市場アクセスをしてもせいぜい一時しのぎに過ぎないと考えるかどうか、自立したコミュニティという枠組みに向かって長期的視野に立つかどうかによる違いである。それでもなお、農業を軸とした自立を主張する活動家たちの中には、短期的には南の諸国の多くは北への農産物輸出に依存することを認めている人たちが多い。したがって、植民地主義的な貿易パターンに閉じ込められたと思っている国ぐにが、食料の安定供給と自給に転換するのを助ける転換戦略が必要だと認識しているのである。

国際グローバル化フォーラム（ＩＦＧ）はこの点について何度か討論会を開いたし、今後も続ける予定である。だが、IFGメンバーの大半は、WTOという制度はおそらく持続しないだろうと考えており（第10章参照）、こうした問題やあまり企業指向の強くない官僚機関、持続可能な社会のための一〇の原則に賛成する官僚制であればうまく対処できるはずだと考える。

7 農地改革の促進

農村の土地無し家族や土地が不足している家族を対象にした農地改革は、農村の暮らしをよくする効果があることは歴史が証明している。第二次大戦後、数多くの農地改革が実施され成功した。フードファーストは次のように報告している。「農村部の貧困層にかなりの面積の質のいい土地が分配され、これに家族農業の成功を促す政策が伴うとともに、農村のエリート権力が打破されると、貧困が大幅に削減し、暮らしも改善した。日本、韓国、台湾そして中国の経済の成功は、このような農地改革に由来する面もあった」。

ミグエル・アルティエリと前のフードファーストの共同代表ピーター・ロセットによれば、「われわれの調査が示すところでは、大規模な企業農業に比べて、小農民のほうが生産性が高く効率もよく、広範囲の地域発展への貢献度も高い。安定した土地所有権が与えられれば、天然資源のよき管理人にもなって、自分の土地の長期にわたる生産性を守り、役に立つ生物多様性を保持できる」という。

本格的な農地改革の効果がきわめて高かったので、世銀でさえ、多くの国にみられる再生産資源の著しく不平等な所有権を埋め合わせることこそ基本的条件であり、土地の誤った配分が意味のある経済発展にマイナスに働いているという原則を、不承不承受け入れた。世銀はすでに、第三世界と交渉する際の包括的方針の一部に農地改革を義務づけ始めた。しかしながら、残念なことに実際はロセットが書いている通りである。「世銀がいう農地改革とは、基本的に私的企業化であり市場主導の再分配メカニズムである。ビアカンペシーナ（小農民の国際的連合）やフードファーストその他が要求するものとは程遠いのである。しかし、少なくとも世銀は、農地改革を要求し、その定義をめぐってもう一度闘うことの正当性を認めているのである」。

共有地の私的企業化は、メキシコのエヒード（訳注：共同農場。NAFTA加盟条件としてメキシコは憲法を改定し、エヒードの私有を許可した）ですでに起きているし、現在世銀が推進している政策でもあるが、これが実施されると個人の土地所有権や登記、土地売買計画といったやり方によって、小規模所有地が大量に安売りされるという結果になりかねない。こうした計画の下で土地が売却されないとしても、小規模の保有地が私的企業化されると、コミュニティ管理の意識や、棚田とか小規模灌漑といったコミュニティ型の農法の確立にマイナスの影響を及ぼす。通常のコミュニティのやり方が新たな個人的利益という動機に道を譲り、共同の活動やコミュニティの安定した暮らしをむしばむのである。

世銀のもっかお気に入りの「市場主導の再分配」については、危険が充満していると、ロセットはいう。「土地所有者はもっとも辺境の土地（急傾斜地、熱帯雨林、砂漠のはずれなど）だけを法外な値段で売ろうとすることが多い」と彼は指摘する。こういった土地での営農は、生産性を幾らかでも上げようとして、環境にとって持続不可能な農法になる可能性が大きい。さらにまた、世銀の融資計画のもとで土地購入者に融資が提供されると、貧農は辺鄙な土地で膨大な借金を抱えこむ可能性があり、かくして、数十年前に失敗したさまざまな改革と同じように、貧困の深刻化と土地の劣化を招くのである。加えて、世銀の包括的融資は、殺虫剤や化学肥料による生産やもともと作っていない輸出穀物生産を義務づけることが多い。

ブラジルの市場主導の改革にみられるように、こうした政策はすべて失敗の処方箋となってきた。世銀はそれでもなお、フィリピンその他でその焼き直しをやろうとしているのである。

フードファーストやその他の活動家グループは、この種の土地改革に反対し、本当の意味での農地改革、政府の政策によって全面的に支援される改革をもとめて闘っている。以下のリストは、農地改革を成功させるために決定的に重要な項目としてフードファーストがあげているものである。

・政府が譲渡する土地は債務を負っていないこと。
・女性にも土地所有権と土地使用の権利を認めること。
・良質の土地のみ使用すること（過去の失敗はしばしば劣悪な土地を用いた結果であった）。
・適正な支払い条件、地方の健全な環境技術のためのインフラ整備など、支援政策が充実していること。
・市場アクセスが容易なこと。
・地方エリートの権力を剥奪し、政策や補助金や自己利益追求のための妨害や歪曲ができないようにすること。
・改革は農村部の圧倒的多数を占める貧困層を対象にし、数の上で十分な力をもって政治的影響力をもてるようにすること。

・最も重要な点として、新しい農業経済を国全体の経済開発モデルの中心に据えること。農地改革を福祉とみなす限り、失敗は避けられない。

8　草の根レベルの変革

地方のコミュニティにもグローバル化された農業からの離脱を助ける機会は少なくない。国際エコロジー・文化協会はこうした機会を幾つかリストアップしているが、ところによってはすでに始まっている。

・バイローカル・キャンペーン（地元産品購買運動）。これは地方の食料ビジネスを繁栄させ、地方経済のカネが「流出する」のを阻止する。マクドナルドやウォールマートなどのグローバルなチェーン店の参入に反対する数百もの地域キャンペーンも、ローカルの保護をめざすものである。

・ファーマーズマーケット（農民の直売場）。世界の多くの地域で成功しているファーマーズマーケットは、今や先進国でも見直され支持されている。このマーケットは有機農家などの地方の生産者と消費者を直接結びつける。農家は流通コストを削減して価格を安くできる。

・地方の食料協同組合。ファーマーズマーケットに似た小規模の小売店だが、協同組合の場合は利益を生産者と消費者で分けあう。

・コミュニティ銀行と融資基金。コミュニティの委員会が運営するもので、地域の住民や事業が利用できる資金を増やし、遠くにある企業ではなく近隣で投資できるようにする。このような銀行は、グローバル企業の活動より小規模のローカルな活動に味方する。

・地域通貨。人気が高まりつつあるこのオルタナティブ通貨は、コミュニティの内部だけで使われるので、主軸の通貨を回避し、地域からのカネの流出を防ぐ。地域通貨は地域交換交易システム（LETS）の考え方に似ているが、LETSのほうが大規模な取引形態で、たいていは中央に借り入れ・引き落とし口座がつくられている。成功したLETSのなかで群を抜いているのはバークレー地域交換・発展（BREAD）である。

・アーバンガーデン（都会農園）。都市居住者とくに自然へのアクセスが容易でない先進国の都市居住者が展開している、非常に独創的な活性化運動の一つである。空き地やちょっとした私有地や公園を利用して、都市居住者が自分で有機野菜を栽培している。都会の子どもに食べ物が何処でできるかを教える助けにもなる。所有地でこうした菜園を作っている学校も少なくない。生きていくのに何が必要かを教え、自信と自立心と喜びを与えるのである。

ボックスR
キューバの有機農業

ヘレナ・ノーバーグホッジ／トッド・メリーフィールド／スティーブン・ゴアリック（国際エコロジー文化協会）

ここ数十年の間、キューバの農業に重大な変化が現れた——つまり輸出向け化学肥料集約型単一栽培から地域消費向けの多様性に富んだ有機栽培への転換である。

一九九〇年までキューバのほとんどの農地は、世界市場に向けた大規模な単一サトウキビ栽培に集約されていた（一九五九年のキューバ革命以後はソ連陣営向け輸出）。砂糖から得た利益で、キューバは農業を支える化学肥料や石油と同時に大量の食料を輸入した。一九九〇年以前、キューバは摂取カロリーの約五七%を輸入していた。ソビエト市場の崩壊、米国の禁輸強化に伴い、キューバは殺虫剤・化学肥料の輸入の八〇%減、食料輸入の五〇%減を経験した。これに対し政府は一連の改革戦略を取り、農作物の多様化を図り、化学肥料や化石燃料への依存を減らし、一般人の農業への参入を奨励し、そして国の食料保護を高めた。この戦略には、国が管理する大規模農業を解体し、労働者自身が所有し管理する、より小規模集団農場へ移行すると同時に、農業を基本的な食料の供給へと新たに方向付けることも含まれていた。キューバは農作物の多様化、輪作、間作、有機肥料そして土壌の保護を勧めた。国の農業研究部門では、有機肥料や生物学的方法によって害虫駆除を高め、低投入の環境保全型農法へと方向転換した。燃料不足時には役にたたないトラクターに替わり、雄牛が飼育された。農業就労者の新しい要求に応えるため、政府は土地に留まる人たちに対する農村サービスや奨励策を改善した。政府はまた農作物の直売に関し、価格管理や制約を緩めたため、国のあちこちに新しい農民マーケットが生まれた。

都会菜園もまた重要な役割を果たした。都市農業局の監督の下で、一九九八年にはハバナに八〇〇〇を越える農場ができ、三万人以上が栽培に携わるようになった。農業省は玄関口の芝生を畑にしてレタスやバナナ、豆を植え、省の従業員がここで働いている。こうした都会菜園のおかげで農村部の負担が減り、食料輸送や貯蔵が減ると同時に、都市の作物の質も向上し種類も増えた。

キューバの変革は必要に迫られて行なわれたもので、国の孤立状態が緩和されれば撤退する部分も出てくる可能性があるとはいえ、この経験自体がわれわれにとって励みになる。国家規模で環境にも社会にも優しい農業を営める可能性を示しているだけでなく、政治的意思さえあれば、政府の力でグローバル化した食を地域中心の食に移行し、住民にも地域社会にも環境にも有益な政策を実現できることを立証しているからである。

出典：ヘレナ・ノーバーグホッジ、スティーブン・ゴレリック、トッド・メリフィールド編『食の経済を家庭へ』（ゼッドブックス、二〇〇二年）収録の「方向転換は可能か。キューバの教訓」。

グローバルメディア

第一部で述べたように、経済的なグローバル化の主要な目標は、地球上のすべての場所が多かれ少なかれ皆同じような場所になるべきだということ、つまり、すべての場所をグローバル化することなのである。欧米であれ、あるいはアジアや南米のかつては遥かな土地であった場所であれ、すべての国が同じ好みや価値観、ライフスタイルを持つようになることである。つまり、そうしたことはグローバル企業が市場で売買するために必要なのである。文化でも政治でも生物でも、多様性こそが、拡大し続ける世界の消費者にあらゆる場所でまったく同じものを売ろうとするグローバル企業の効率目標を脅かすものなのである。

ＷＴＯやＮＡＦＴＡ（北大西洋自由貿易地域）のような自由貿易協定、交渉中の米州自由貿易地域などには、こうしたグローバルな均質化をさらに加速させるルールを作り施行するための、具体的条項がもられている。すべての国は同一の、企業が作った基準で商取引を行ない、地方や国の資源、地方の生計や文化、地方の労働の権利や保健の基準を保護するために企業活動を規制してはならないとする条項である。しかし、このようなことは均一化の表面的なプロセスにすぎない。

グローバル化には本当に効率よく中央集権化された計画が作られており、内面の状況を変えることも目標となっている。人間自身、つまり私たちの精神、考え方、価値観、行動、願望を作り直すことである。そうすることでグローバル化によって作り直された表面の状況に一致する単一文化を持った人間を作り出すことができる。その意図は、たくさんの互換性のあるコンピューターのように、私たちの精神や価値が周りの営利企業システムとぴったり合うことなのだ。

この精神のクローン化を担当させられたのはグローバルなマスメディアで、中でもテレビと広告である。映画、ラジオ、音楽産業（そして教育）も間違いなく加えることができるだろう。これらは地球上のあらゆる場所の人びとの心に直接、話かけることができる道具である。思考パターン、心に浮かぶイメージや考え方、そしていかに生きるべきかを理解するための枠組みを人びとの心に刻み込むのである。

今やメディアにほとんど全包囲された時代になった。マスメディア評論家の故ニール・ポストマンはかつてこのように述べた。「私たちが手をこまぬいているもっとも重要な問題は、メディアのとてつもなく大きい力である」。おそらく、問題の大きさと重要性を把握するにあたって、ほとんどの人たちが感じている難しさは、メディアが自身を優しくて親切であるかのように見せていることである。メディアは、おもしろくて、華やかで、ある程度情報を提供し、身近で、毎日の生活の一部になっているのである。

もっとも重要なことは、メディアは透明性という幻想を提供することだ。まるで現実が私たちのところに来る時に通過する中立な窓であるかのようだ。しかし本当は特定の意図を持った特定の人たちに握られている一連の技術なのである。彼らは私たちが経験する現実を選び、創り出し、定義することに深く関わっていることが多く、その後そのような現実は世界中の何百万人もの人びとの脳に直接注入される。

メディアは中立な窓ではまったくなく、政治、文化、経済、社会、環境の問題に影響を与えたり、人びとやコミュニティが直面する本当の状況を十分に把握したり、あるいはそれに対して何をすべきかを決定する際に中心的な役割を務める。そのようなものとして、メディアの本来の機能は民主主義社会の根本に関わるものである。

ここではメディアの状況についての主な三つの見方を検証する。一番目はメディアが世界中で驚くほど集中して所有されていることについてである。つまり、実際には、ほんの一握りの人びとがこうした強力な道具を通して世界全体に言葉を伝えていることを暴露する。二番目はもっとも重要なメディアであるテレビとそのパートナーである広告が、グローバルな意識を形作る主要な道具として、その及ぶ範囲や政治的社会的な影響を一般に正しく評価されていないことについてである。そして、最後に現在のメディアの代わりとなるものについてである。代わりとなるものをさがすために、抵抗運動を育てることに目を向けようと思う。その中には最近非常に印象的だった米国の連邦通信委員会（FCC）に対する反対運動や、メディアシステムの代替としてインターネットの有効な利用の拡大、その他の新しいアイデアのリストが含まれる。

誰がメディアを所有しているか？

今日のグローバルメディアについてのまさに最も驚くべき事実は、メディアを所有し、運営している会社の数がいかに少ないかということである。グローバルメディアの所有の集中の度合いは石油企業の所有の集中に匹敵する。しかし、石油企業とメディアの違いは、石油企業は実体があるものを扱うのに対し、メディアは意識を扱うということである。そうしたことからメディアは、どのように社会が発展するか、そして民主主義がわずかでも生き残れるかどうかを決定する中心的な要素であるかもしれない。

独創的な著書、『金持ちメディア、貧乏民主主義』の中で、イリノイ大学の有名なメディア論の権威、ロバート・マクチェスニーは、国際メディアと国内メディア（米国）の集中についての非常に重要な統計と分析をまとめた。それを読むと、民主主義が将来機能を果たしうるかについて不吉な予兆が感じられる。

マクチェスニーによれば、一九九九年当時は、たった八つの巨大グローバル企業が世界のメディアの七〇％以上を所有していた。すべてのグローバルメディアの、である。テレビだけでなく、新聞、雑誌、ラジオ、衛星放送、ケーブル放送、出版、映画の制作と配給、映画館チェーン、インターネットの主要なアスペクト、屋外広告、テーマパークもである。その後、WTOのルールや各国の国内政策はますます集中の方向だけに進んでいった。

すでにこうした八つの会社は一日単位とか一時間単位であらゆる大陸の何百万もの人びとに話すことができるようになり、現にそうしている。八つの巨大グローバル企業とは、タイムワーナー、ディズニー、フォックスニュース、バイアコム、シーグラム、ゼネラルエレクトリック、ソニー、ベルテルスマンである。最初の三社で八社全体の五〇%以上を所有する。そしてベルテルツマンを除いて、こうした同じ企業が米国内のメディア市場をも牛耳っている。

そして、その一段下に数十のメディア会社がある。これらは、規模は巨大八社ほどではないが、地域やその近辺の市場に集中する傾向がある。例えば、北米には、ダウジョーンズ、CBS、ニューハウス、コムキャスト、クリアチャンネル、ナイトリッダー、ニューヨークタイムズなどがある。ヨーロッパにはキルヒ、アヴァス、メディアセット、アシェット、プリサ、キャナルプリュス、ロイター、クルワー、アクセルシュプリンガーなどがある。

グローバルメディアの市場を少数者が寡占している状況は、ほとんどの国の国内メディアやメディアの各分野にも同じような状況を生み出している。マクチェスニーは次のようにも言っている。「世界の音楽産業は五社に牛耳られている。そのうちEMI以外はすべて、巨大グローバルメディア企業の関連会社である。こうした五つの巨大音楽会社は米国外で彼らの総収入の七〇%を稼ぐ」。同様に米国の巨大映画会社やテレビ番組制作会社は米国外で総収入の約五〇から六〇%を稼ぐ。

こうしたメディアの集中はちょっと見ただけでは簡単にはわからない。というのは、ほとんどの地方の局や外国の支社すらも違う名前で営業され続けているからである。例えば、CNNは実際はタイムワーナーの所有で、タイムワーナーはHBO、コートテレビ（裁判専門チャンネル）、ワーナーブラザーズ映画、シネマックス映画、『タイム』、『フォーチュン』など何百社も所有している。ディズニーはABC放送やESPN（CS衛星放送スポーツ専門チャンネル）、ライフタイム、A&E、ヒストリー、E！エンタテインメントのようなグローバルケーブルテレビのチャンネルなど世界中の何百もの放送網や放送局、他のさまざまなメディア事業を所有する。フォックスニュースは米国のテレビ局を二二と、世界中の一三〇以上の日刊新聞、二三の雑誌社、英国スカイテレビ、アジアスター衛星放送、ラテンスカイ放送など何百社も所有している。

こうした数字の重要性や少数の企業が明らかに世界中の政府の役人や大衆に与えている影響を強調すると、きわめて難しい問題になるだろう。このような状況だとすると、真の民主主義が生き残るための情報が充分自由に流れることができるかどうか疑問に思われるかもしれない。また、環境、社会政策、国政選挙に関係するような重要な問題が放送される時、世論に与えるこうした少数の強力な企業の影響も強調すれば、難しい問題になることだろう。

二〇〇四年の初めに米国で、こうした問題についてのおどろくべき例が明々白々になった。それは米国がイラクに侵攻した約九カ月後だった。フォックスニュースを見てニュースや情報を得た人びと（人口の約四〇％）は、戦争が起きた状況について新聞を読んだり他の放送を見た人びととはまったく異なった見解を持っていることが、全国の世論調査でわかったのである。フォックスニュースは常に強く右翼的な戦争賛成にかたよった報道をしていたので、世論調査によれば、視聴者の八〇％が以下のことの少なくとも一つを信じていた。サダム・フセインとアルカイダのテロリストは共謀していた、大量破壊兵器がイラクでみつかった、世界の人びとの大半はイラクでの米国の行動を支持している、である。そしてこれらすべてを信じている人は、実にフォックスの視聴者の四五％にのぼる。他のすべてのメディアと政府がイラクにはテロリストも大量破壊兵器も存在せず、世界からほとんど支持を受けていないことを認めたのはずいぶん前のことである。

これは人びとの知識がどのくらい大衆メディアの見解に直接誘導されるかを示す何千もの例の中の一例である。この場合、メディアはしばらくの間、戦争政策に対して何の疑問も持たずぞっとさせるほど支持していたが、その後メディアの間にいくつかの異なる意見が出てきたのである。だが、たいていの場合は、異なる意見は出て来ない。反対の見解がない場合、大衆は報道されていること以外をどうやって信じることができるだろうか。メディアが報道する事件はほとんど、視聴者や大衆が直接接触できないような遠く離れた場所で起きるので、大衆は独自に生まれた見解を多く得るために非常に苦心する。現代の世界ではメディアは大衆の知識のもっとも重要な基盤になっている。そして、今日のメディアのうち、世界で最も多くの人びとが情報を得るのはテレビからである。第5章「コモンズを取り戻す」で述べたように、本当の公共テレビ放送はほとんどの国でほぼ廃止されたり、徹底的に減らされたりしており、商業放送のようになって出来合いの娯楽番組を放送したり、ニュースの内容が陳腐になる傾向がある。

ことわざにあるように、「メディアを征するものが世界を征する」。

このように驚くほどメディアが集中した結果から、もう一つもたらされたものは、地方政府やWTOのようなグローバル官僚の政策に影響を及ぼすメディアの力である。そうした官僚機構はメディアの集中を加速するように熱心に活動している。WTOのルールはすでに巨大企業に恩恵を与えており、サービス貿易に関する一般協定（GATS）の現在の交渉の妥結に伴う新しい投資ルールができると、どの国の政府も、地方の国内メディア会社を支配しようとするグローバルメディア・コングロマリットを締め出すのはほとんど不可能になる可能性がある。従って、地方の文化や価値が残る余地はほとんどなくなり、前に述べたように均一化がますます進む。

もっか、私たちの目の前では、一番上のランクと二番目のランクのメディア会社がお互いに競って買収し合っている。グローバルな買収と合併の熾烈な新しいラウンドが展開中である（訳注：一九九九年バイアコムはNBCを買収。一九九五年ディズニーはABCを買収。同年タイム・ワーナーがTBC〔CNNなど人気CATVをチャンネルにもつ〕を買収）。生き残るグローバル巨大メディア企業はますます少数になり、ますます大きくなっている。それらはすべて共通の商業的な価値観と世界観を持っている。従って、現在歴史上最も強力で、世界中に拡がったコミュニケーションシステムが存在しているが、それらを支配しているのはほんの一握りの人びとで、彼らは、人間はいかに生き、考えるべきかをわかっていると思っているのである。

テレビと広告の影響する範囲と力

グローバルメディア企業による集中の重要性を本当に理解するために有効なのは、もっとも重要なコミュニケーションの道具であるテレビと広告の力、規模、影響範囲を説明することである。

最初にさらに驚かせるような統計をいくつか出そう。以前にこうした数字を見た読者もおられるだろうが、テレビの影響を充分に理解するためにあえて繰り返すことにする。最初は米国である。

A・C・ニールセン社の二〇〇二年に発行された『広告時代』の報告によれば、米国の家庭の九九・五％にテレビがあり、人口の九五％が少なくとも毎日テレビを見ているが、これはテレビが非常に好きか、中毒になっている明らかな兆候である。平均的な家庭では一日に八時間以上テレビがついている。誰も見ていない時さえある。平均的な大人の視聴者はテレビを一日に約四時間半見る。八歳から一三歳の平均的な子どもは一日に約四時間見る。二歳から四歳の子どもは毎日ほぼ三時間見る。ここには学校で見るテレビは入っていない（たくさんの広告がこの年齢に向けられている）。カイザーファミリー財団の最近の報告では赤ん坊ですら、テレビから逃れられないことがわかる。というのは米国の親の約二〇％がベビーベッドの隣にテレビを置いているからである。テレビが何らかの催眠効果を持っていることはわかっていて、子どもを静かにさせることができるのである（多くの研究者は、この催眠効果はすべての年代のテレビ中毒者にある程度機能していることを明らかにした。研究では、小さな子どもはテレビに静かにさせられているどころか、テレビを見ている時だけ静かになって、その後異常に活動的になることがわかっている。テレビを見過ぎたせいである）。

こうした統計について考えると、米国の人口のおよそ半数が一日にテレビを四時間以上見ていることがわかる。どうやったらそんなことが可能だろうか。毎晩テレビ漬けだけでなく、週末もテレビにどっぷりつかっている。米国民は今や睡眠、仕事、通学以外のどんな行為よりも長時間テレビを見ている（こうした数字はコンピューターやインターネットが出現しても変わらない。コンピューターやインターネットがしたことは情報機器を使用している時間の量が増えただけである）。米国で、テレビを見ることは人びとが一生で行なう最も重要なことになった。コミュニティの生活、家族の生活、文化と置き換わったのである。人びとを取り巻く環境に取って替わったのである。要するにテレビは人びとが毎日ふれあう環境になったのである。しかし、それは森や自然よりもずっと攻撃的なのである。同様にテレビは文化になった。でもこれはいわゆる大衆文化のことを言っているのではない。大衆文化はどこか民主主義的に聞こえるものだ。テレビは民主主義的ではない。家で見ている人たちはテレビ番組を作らない。受け取るのである。誰も八つの巨大企業を選挙で選んだわけではないし、地方の支社もそうである。巨大企業がその地位を占めている理由は、自分たちの富と、かつてはすべての参入者に開かれ、人びとの財産だと思われていた電波がほぼすべて私有化されてきたことである（第5章参照）。テレビは企業の文化を表現している。大衆の文化ではない。

こうした統計を見ると、私たちの世代はメディアの中に基本的に生活を移動した歴史上最初の世代であると言うのは正しい。つまり、他の人たちや他のコミュニティや自然と直接触れ合わなくなり、まがいものの、再生され、編集されたできごとと触れ合うようになったのである。ニュースもその中に含まれている。私たちは真実かどうかを判断する手段をほとんど持っていない。テレビは「仮想現実」そのものなのである。

奇怪な状況、ＳＦ小説の世界すれすれである。もし、アンドロメダ星雲から人類を研究するために地球に人類学者が送られて来て、米国の上空を飛び回ったら、帰ってからこんなレポートを書くかもしれない。「人間たちは毎晩、暗い部屋にすわっている。じっと光を見ている。彼らの目は動かない。彼らは考えていない。脳は受動的に受容している状態で（重症のテレビ中毒患者）、彼らが今いるところではなく、何千マイルも離れた場所から画像が休みなく脳に注ぎ込まれる。画像はほんの少数の人びとが送っている。そこには、歯磨きやら自動車、銃、血、水着を着て走り回っている人びとなどが映っている。すべてはマインドコントロールの実験のようなものに見える」。まったくそのとおりだろう。

世界的に状況は米国とほとんど変わらない。世界の人口の約八〇％がテレビを見たことがあり、先進国のほとんどが米国と同じようなテレビを見る習慣があると報告されている。カナダ、イギリス、フランス、ドイツ、イタリア、ロシア、ギリシア、ポーランドなどヨーロッパや南米の多くの国では一日に平均三、四時間テレビを見る。日本とメキシコでは米国よりも長時間テレビを見る。世界の大部分で人びとが見る番組は米国や他の西側諸国でつくられたもので、地元の番組はわずかである。

地球上で道路がないところ、例えば、小さな熱帯の島々とか、北の冷たい凍土地方や丸太小屋ですら、何百万人もの人びとが毎晩すわって、ダラスで白人がしゃれた車を運転しているところや、プールの周りに立っているところや、マティーニを飲みながらお互いにだまそうとしているところを見たり、あるいは世界で最も有名なショー「ベイウォッチ」を見ている。テキサス、カリフォルニア、ニューヨークの生活は達成された究極の生活に思えるように作られているが、一方、地方の文化といえば、非常に活力に満ちて生き生きとしているところでさえ、遅れていて、価値がなく、良くないと思えるように作られている。実際は地球上の相当数の人にとって地方文化は活力に満ちているのだ。

テレビを見るという活動は、生活の中の他の行為や価値に急速に取って代わりつつある。あらゆる地域の人びとはまったく同一のイメージを持ち始め、自動車からヘアスプレー、バービー人形、パーム・パイロット（訳注：米国のパーム社製ポケットサイズの小型情報端末）まで同じ商品を持ちたがっている。テレビはすべての人を別の人に変えてしまう。あらゆる文化をクローン化する。オールダス・ハックスリーは、その古典小説『すばらしい新世界』の中で医薬品や遺伝子操作を通じて行なわれる、グローバルなクローン化の過程を予見した。そうしたことは今や現実になっている。しかしテレビもほとんど同じことをしている。メディアの影響する範囲や力のためである。

メディアの力の隠された、あるいは見えない、もう一つの面は、広告の役割と規模に関係があるにちがいない。もちろん、すべての人が広告を知っている。私たちは毎日普通に広告を見ているが、ほとんどの人は広告の力や影響にほとんど気がついていないことが多い。高い教育を受けた人ほど過小評価しがちで、本当に影響を受けることはなく知性が守ってくれると思っている。もしそうならば、企業がたくさんのお金を使っているのは愚かなことである。企業は、大学に行っていようといまいと、人びとが商品を選んだり、それに満足を見いだす際に広告は確かに決定的な影響があると信じて、何千万ドルものお金を出しているのだ。

米国ではテレビの平均的な視聴者は一年にコマーシャルを約二万八〇〇〇本見る。つまり二万八〇〇〇回、実質的に同じことを言って視聴者の中に強く浸透する映像を見るのである。それは歯磨きの広告だったり、自動車やカメラ、化粧品や薬の広告だったりする。けれどもこうしたコマーシャルのそれぞれの意図は明らかである。つまり、人びとに人生は絶え間なく物質的に充足することだと思わせることである。コマーシャルをグローバルにどんどん放映しようと、計り知れないほどの努力がされているのだ。

もちろん、広告を見た視聴者がすぐに店に行って商品を買うわけではない。このことを広告主は知っている。彼らは数当て賭博をしているのだ。視聴者が広告映像を見れば見るほど、つまり、広告を繰り返すことがもっとも重要なことであって、その回数が多いほど広告は視聴者の意識の一部になる。映像は、ハエ取り紙のハエのように脳にはりつく。

一九六〇年代の有名な広告会社幹部で、メディアでうるさく騒ぎ立てるハワード・ゴッセージは「明らかに浅はかで、愚かな映像はそれにもかかわらず洗脳に効果的なのだという、広告業界内の汚い、小さな秘密」についてしばしば聴衆に語った。「視聴者が知的かどうかは問題ではない」。言い換えれば、テレビを見ていれば、映像を見て必ず理解する。さらに悪いことに、映像がいったん頭の中に入れば、映像は永久に頭の中にある。ゴッセージは次のように述べた。「もし、そう思わないなら、『すばらしいグリーンジャイアント』と私が言えばほとんどの人びとは即座に頭の中に、緑色のレオタードをはいて缶詰の豆を売っている緑色の巨人を描くのはどうしてなんだろう？　あるいは『化学でよりよい生活を』と言えば、デュポンを思い出す。そんなことは当たり前だ」。

ゴッセージがこうしたことを語ったのは、はるか昔一九六〇年代である。もっと最近の例では、タコベルのチワワ、この犬の写真をとってくれない？　とか、ペプシコーラを売っているブリトニー・スピアーズとか、シボレーのピックアップトラックのコマーシャルソング「ライク・ア・ロック」とか、ジャックインザボックスの大きな白髪頭の不気味な男がある。あなたはこうした者たちが自分の頭の中で生きていることを知っているだろうか。重要な点は、知性はあなたを救うことはできないことである。広告の映像が頭の中に入り込めば、それを消すことは難しいし、内面の番組紹介のように、ことという瞬間にパッと出てくるのだ。このために莫大なお金がかけられるのだ。そのお金のほとんどはテレビに行く。映像が動かない印刷メディアとは違って、テレビは動く映像を提供する。それは高速道路に乗り入れるように何百万もの人びとの心にはっきりと入り込む。視聴者の認識力と知性は役立たない。広告業者は皆、この潜在能力を理解している。大衆はそれをほとんど理解していない。

ロバート・マクチェスニーによれば、一九九九年に米国では二一四〇億ドルが広告に使われた。それはその年の米国のGDPの約二・一％にあたる。その約半分がテレビの広告で、残りは、新聞、雑誌、ビルボード、ラジオ、その他のメディアである。トップ二〇の広告スポンサー企業のうち、十一社はたった二つの業種、自動車と薬である。他は、化粧品、通信、ファーストフード、金融サービス、化粧雑貨、航空会社などである。

（ほとんど注目されないが、その他の広告経費をかけている業種の中には、八歳以下の子どもに向けたものがある。心理学者で『心理学と消費者文化』の著者であるティム・カッサーとアレン・D・カナーによれば、幼い子どもをターゲットにした広告は現在米国で一年間に一二〇億ドルにのぼる。そのうち九五〇〇万ドルはバーガーキングとクウェーカーのキャプテンクランチシリアルの広告である。こうした広告は、どうすれば子どもが親にこうした商品を買わせることができるかという心理学的な研究に何千万ドルものお金を提供し、その研究を非常に活用しているのである）

米国の広告費は世界中の広告費のほぼ半分にあたる。ヨーロッパの広告費も年に一〇％以上の割合で急速に増大している。中国の広告市場は、新しい市場として非常に期待されているが、この十年の間、一年に四〇から五〇％伸びてきた。

広告代理店の集中はほとんどメディアと同じ状況であるが、理由のひとつは生産市場がグローバル化したことで、それによってグローバルな広告代理店が世界にメッセージをさらに有効に伝えたり、生産や従業員の採用の調整を行なうことができる。世界最大の広告代理店はオムニコム（二〇〇三年の総収入は八六億ドル）で、ＢＢＤＯワールドワイドやＤＢＤニーダム・ワールドワイドなど一四の大代理店を傘下に収めている。二番目と三番目は、ＷＰＰグループ（七三億ドル）とインターパブリック・グループ（五九億ドル）である。これら三つの広告代理店の総収入を合計したものは、他の一〇社の収入を合計したものよりも大きい。

広告代理店の間で合併がすすむ傾向がある。グローバルな市場では効率をよくするために世界中至るところで同じ広告代理店と仕事をすることが好まれることが多いからである。従って、ほんの一握りの巨大広告代理店と仕事をして、あらゆる国の人びとや民族に何百億ドルも使って同じ映像を提供し、工業製品を使ってどのように生活をよくすることができるかを教えるのは、ほんの一握りの巨大企業なのである。

また、こうしたテレビと広告の夢のような関係には直接政治に関係する側面もある。ここで、考え方や信念を根底から変えるテレビと広告の結びつきの力に疑念を抱く人びとにとって、良い例を挙げよう。

二〇〇四年、カリフォルニア州の新知事になったのは非常に人気があるアクション映画スター、アーノルド・シュワルツネッガーであるが、彼は一五〇億ドルの公債発行を推進しようとして特別住民投票で可否を問うた。最初にそれが提出されたとき、住民は七〇%が強く反対した。しかし、シュワルツネッガーはテレビ広告用に八〇〇万ドルの資金を集めることができて、投票日前の二週間、テレビにスポット広告を出した。彼は自分自身でコマーシャルを始め、その後、有名人を運動に引き入れた。公債発行の反対派は資金を集めることができなかった。反対意見がなかったので、シュワルツネッガーはたった二週間でまんまと世論をまったく反対の方向に傾かせた。投票は公債発行賛成が七〇%だった。もし反対側に資金があれば、どのくらい州が未来の世代に途方もない借金をかぶせようとしているかを指摘することができただろう。

もう一つの例は同じ年の米国の大統領選挙運動である。ジョージ・ブッシュ陣営は広告の力を深く理解していた。特に、反対意見がなければ広告は信じられることが多いということがわかっていた。彼らは広告用に二億ドルの資金を集めた。歴史上、候補者にとって最も大きな額である。ほぼすべてがテレビ広告用であった。選挙キャンペーンのディレクターによれば、お金のほとんどは民主党候補のジョン・ケリーのことをよく知らない大衆のために、ケリーの問題点を明らかにするために使われることになった。彼のことを明らかにすることでつまるところ、彼の三十三年間の公にされている記録について、半分でたらめとかまったくでたらめとか言って、攻撃するつもりだった。同時に大統領のことを戦時に強い勇敢な国家のリーダーとして位置づけようとした。「反駁されない」広告をたった二、三日流しただけで、世論調査によってケリーに対する支持が落ち込んだことがわかったが、これはメディアの力である。『USAトゥデイ』のインタビューでわかったのは、大衆が「ケリーは決断力がない」「ケリーは増税する」など、コマーシャルの言葉を正確にまねすることだった。他にどうすることができただろうか。同じ量とうまさで反対のメッセージが直接出されなかったら、一般の人たちは何が真実で、何が真実でないかをどのように知ることができるのだろうか。別の見方が示されないかぎり、大衆は見えるものを受け入れるのだ。

この場合、ケリー陣営は、非難に反駁しないことの危険を認識して、少なくとも共和党の宣伝費用にほぼ匹敵する一億ドルを独力で集めることに全力を尽くした。本書はまだ印刷前なので、私たちにはこの壮大なメディアとお金の戦いの結末はわからない。しかし、重要な点は米国の選挙運動は、その時代の争点などどうでもよくなったことである。選挙運動はつまるところ、テレビや広告イメージの戦いになってしまった。つまり、真実であろうとなかろうと、情報と編集されたイメージを用いて大衆の心の中に自由に入ろうとする広告代理店の戦いであって、でっち上げられたものが実際の力を持つ虚像の戦いになったのである。

その結果、現状はどのようになっているのだろうか。私たちに与えられているのはグローバルなコミュニケーションシステムである。そこでは、何十億もの人びとが毎晩暗い部屋に何時間もすわって、充分意識もせずテレビの映像を見ている。映像ははるか彼方の知らない人から送られてきて、意味のない些細なことから、消費志向の生活が最もすばらしいと視聴者を説得する意図的なメッセージまでさまざまである。状況は地球上どこでもますます同じになってきている。

私たちは歴史上で最も強力で説得力のあるコミュニケーションシステムを持っている。それはほんの一握りの企業に牛耳られ、どのように生きるべきかを示している。これは良いことなのだろうか。何十億もの人びとにとって、こうした少数の発信者に支配された強力な映像や情報を休みなく受け取ることは良いのだろうか。それはつまるところ、人びとの生き方やアイデンティティである固有の文化や価値を否定させ、とめどなく商品を求め、企業を信用し、西側の価値観による地球均一化を受け入れることを教えている。こうしたことは持続可能で公平な社会をもたらすのだろうか。もたらさないと思う人が多いだろう。次に変革に対する考え方を見てみよう。

改革とオルタナティブ

こんな状況なのに、大衆がもっと怒らないのは不思議である。現在主流のメディアモデルは人びとの幸福よりも異常な金儲けをはるかに重視するが、ほとんどの進歩的な改革の協議を推進するグループは今までそのことを最優先の課題にはしてこなかった。何百万もの人びとがグローバル化に反対してきたけれども、ディズニーやフォックス、ビベンディやタイムワーナーの玄関先で目立つような抗議行動をまったくしなかった。しかし、こうした企業はすべて、有能な営業マンがどん欲にグローバル化を推進している。彼らは実際には地球上のあらゆる国境を越えてモデルをぴったりとつなぎ合わせる「意識の接着剤」であり、モデルの拡大で真っ先に恩恵を受けるのである。

こうした問題に関する組織的な行動がないのには、いくつかの理由があるかもしれない。一番目は、問題が大きすぎて気力がそがれることである。メディアはあらゆる場所で、同時に、すべてにわたり総合的に支配していて、しかも見かけは中立である。どこから手をつけるべきか、わからないのである。二番目は、グローバル企業メディアも国内メディアも、自身の強い役割や独裁的な所有の集中に関して報告も問題の分析もしない。するとすれば社史でふりかえるぐらいで、そのテーマに大衆の心はほとんど入っていない。三番目は、活動家やオルガナイザーの中には、自分たちの問題についての重要な情報を公表するために主流のメディアに依存していると考えたり、少なくとも、自分たちの情報を伝えることができるとメディアに期待を抱いている人もいる。マスメディアのことを問題というより、チャンスだと思い続けるくらい、期待しているのである。時折彼らの努力が成功して、本当に法律が施行されることもあるのだが。

しかし、情勢は変わり始めているという証拠がある。例えば、二〇〇三年十一月、第一回メディア改革全国会議がウイスコンシン州マディソンで開かれた。スポンサーはフリープレスで、二〇〇〇人以上の活動家が参加した。新しい運動がついに始まったという重要な声明があった。参加者はメディアの所有権と集中の問題からパブリックアクセス、テレビと公共放送政策、海外の代替メディア運動の成功、WTOとFCC（連邦通信委員会）のマイナスの影響、商業メディアによるジャーナリズムの質の低さまでさまざまな問題を話し合った。ほとんどすべてにおいて彼らは強硬な主張をした。自分たちの最優先課題が何であれ、すべての活動家グループは今日のメディアの問題を重要視しなければならない。そうしなければ彼ら自身の活動はたびたび妨害されるだろうと。メディアの改革は、民主的な成果と情報の自由な流通を求めて活動しているあらゆるグループの最優先課題にならなければならない。

マディソン会議では世界中のオルタナティブメディアの活動家による目覚ましい成功例がいくつか報告された。注目すべきは、ネオリベラリズムへの反発が広まり、強くなりつつある南米である。あるスピーチで、エクアドルに本部があるラテン米国情報機関のサリー・バーチは、オルタナティブメディアを「傍流」だと判で押したように決めつけることはもはやできないと主張し、メディアの活動家が大きな力となった南米の運動の例を三つ挙げた。

一つ目は、民主的な選挙で選ばれたベネズエラのチャベス大統領追放未遂事件に関係した。クーデター未遂事件は主として米国と密接な関係がある大企業側によって起こされ、ベネズエラのメディア複合企業は、声高に彼らの言い分を放送したのである。チャベスの追放を防ぐために国民を立ち上がらせたのはベネズエラのさまざまなオルタナティブメディアが一つになって放送をしたことだとバーチは指摘した。

二つ目の例はボリビアである。主流のメディアは世界銀行の民営化キャンペーンを支持していた。その中には水道が含まれていて、民営化されれば一般の人びとに大混乱をもたらすにちがいなかった。ボリビアのオルタナティブメディアは情報を流し続け、民営化反対勢力と連絡を取り続けて、大きな役割を果たした。そして、コロンビアでは右翼政権のホアン・ウリベ大統領が最近、重要な国民投票で否決された。みんな非常に驚いたが、「地下」運動を率いたのは小さな報道機関とオルタナティブなニュースの情報源だったのである。

一方米国では二〇〇三年のはじめに大きな変化が起きた。連邦通信委員会（ＦＣＣ）が新たに提案した、企業に有利な法律に反対する大きな大衆運動が起きたのである。

ＦＣＣは驚くような新しい規制撤廃法案を提案した。中でも目立つのは、広い地域で一つの企業が新聞社とラジオ・テレビ会社を同時所有する合併を許可し、一つの会社が地方や国内で所有することができるテレビ局の数の制限をほとんど撤廃するというものだった（現在施行されている法律では、一つの会社は一市場あたり一局しか所有できない）。そのため、どの都市でも一つの巨大メディアが大新聞社といくつかのテレビ局とラジオ局を所有するようになる可能性がある。これは、公共政策をほぼ全面的に支配するにはもってこいの規則である。

新しい法律の下ではグローバル・メディア企業は米国の全人口の四五％に充分に届くような出力規模の放送局を所有することも許されることになっている。これは、一つの会社が国民の心にアクセスできる先例のないほど大きな規模である。

ＦＣＣ議長、マイケル・パウエルは、コリン・パウエル国務長官の息子で、右翼のブッシュに任命された。彼は新しい法律について全国で開かれる公聴会に出席しないだろうと横柄に述べた。既にこの問題についての公開討論は「不必要」だとして阻止するためにあらゆることを行なっていたのである。実のところ、この法律から大衆は利益を得られないし、民主主義プロセスには有害となる可能性があると考えられるので、公開討論を行なえば法律を通過させることが非常に難しくなるだろう。メディアに沈黙させるのはもっとも賢明なやり方だった。

民主党の二人の委員の努力にもかかわらず、フォックスニュース、クリアチャンネル、ディズニー、バイアコムなどから非常に強い圧力をかけられ、法案は党の方針に沿って三対二で可決された。しかし、ほどなくいくつかの意外な場所で、思いがけなく抗議の声が上がった。かなり多数の保守派の共和党員が、こうした企業集中は民主主義や地方主義に危険であるという理由で、法律に反対しているメディア活動家のグループに加わったのである。反対派には、全米ライフル協会、多数の保守派下院議員、ニューヨークタイムズの保守派コラムニスト、ウィリアム・サファイヤなどがいて、彼らはみな、消費者組合、フリープレス、共通の目的、ムーブオンや組織された労働者のグループのような進歩的な団体が述べた反対意見に同意した。彼らは共同で、FCCと議会に七五万通もの意見書を提出した。そして、運動の空前の盛り上がりによって、この問題を選挙シーズンの政治的難題にすることに成功した。本書執筆中の現時点で、議会（FCCに対し権限を持つ）でかなりの策が巡らされているにもかかわらず、法律は何も通っていないし、全体の法案は、後回しにされて復活するのかしないのかわかっていない。最終的な結果がどうであれ、転換点に達したのである。つまり、受け身の大衆がメディア複合企業に自分たちの民主的な権利が深く脅かされると考え、それに対して何かをすることができることを学んだのである。

インターネットの役割

南米やFCCの一件のように、これだけ大規模な抵抗運動が起きたのはインターネットの利用に助けられた部分もある。米国のリベラル派も保守派もインターネットを通じて自派の立場を広め、反応を求めた。インターネットが政治キャンペーンの主役として登場したことを示す証拠もある。二〇〇三年、民主党の大統領候補ハワード・ディーンは莫大な数の支持を集めただけでなく、四〇〇〇万ドルもの選挙資金を集めたのである。そして言うまでもなく、インターネット上の活動家組織ムーブオンの会員は二百万人以上を数え、いくつかの主流の政治キャンペーンで大きな影響力を発揮してきた。ジョージ・ブッシュに反対する創造的な独立広告会社もその一つである。

インターネットが、民主的なコミュニティと個々人の権限の強化のために企業を撃退する究極のツールとなると考える進歩派は少なくない。そしてインターネットを推奨する理由はたくさんある。しかし、その可能性を認める一方で、確かに警戒すべき点もある。なぜなら、インターネットが結局は、他のマスメディアにとって災いだとして、有力企業による同じ商業的介入を受ける可能性があるからである。それに、インターネットが必ず進歩的側につくわけではない。

注目すべきパンフレット『愚かなメディア』で、雑誌『ネーション』のメディア批評家ジョン・ニコルズはロバート・マクチェスニーとともに、メディア改革のためのインターネットの可能性に慎重に取り組んでいる。著者によれば、インターネットのユートピア的な可能性を支持する主な主張は次のようなものである。「誰でも比較的わずかな料金でウェブサイトを始めることができるし、誰でもどんなウェブサイトにもアクセスできるので、巨大メディア会社は次の世代からは無用の長物であり、彼らの寡占的な支配はきっと終焉を迎えるにちがいない」。

ウェブサイトを始めることができるのは確かに民主的な表現であって、現在何百万となくウェブサイトは開設されてきたのだが、先例があるにもかかわらず、国の政治に大きな影響を及ぼすために十分な支持活動をしたり、効果的に管理されるウェブサイトはほとんどない。

ニコルズとマクチェスニーは次のように主張する。デジタル革命によってごく近い将来直接もたらされることは「一極集中で、それにより、ＡＴ＆Ｔのような通信会社とマイクロソフトのようなコンピューター会社がデジタルメディア、情報通信、コンピューター産業で目覚ましく活動するようになるだろう」。AT&Tは米国内で最大の通信会社になり、マイクロソフトは世界中でメディア、有線通信、情報通信の会社を多数買収してきた。「無料」インターネットの未来には暗雲が立ちこめている。

インターネットの政治的な方向性に関するあらゆる評価の中で、もう一つの酔いも醒めるような問題は、インターネットは確かに人びとを組織し、意見交換をさせ、盛り上げて進歩的な勢力を助けるが、世界で最強の企業、つまり、銀行、天然資源、製造、情報通信企業に通信による利益をもたらしていることだ。今日における現代グローバル企業は、こうしたグローバルな通信ネットワークがなかったら今あるような規模で存在したり、今やっているようなスピードと効果で操業することはできないだろう。通信ネットワークによって、毎日二十四時間とぎれなくスムーズに何千もの企業と通信し続けることができるのである。グローバル企業はこうしたネットワークを通信だけでなく、具体的にはコンピューターのキーボードをたたいて世界中のあらゆる場所の莫大な資金を移動するために利用する。例えば、何十億ドルもの資金をロンドンの銀行からサラワクに移動することができる。そこでは森林が伐採されたり、地方の通貨が売買されたりして、小さな政府を不安定にする。中央集権化された企業権力に反対するものに利益をあたえる一方で、結局、企業の利益を増やすということが、いわゆるコミュニケーション革命の究極の評価かもしれない。

だからこうした技術を私たちが使い続ける限り、ユートピア的解決になるかもしれないとか、インターネットは組織された活動の他の分野には少なくとも重要だと思う人もいるかもしれないが、そうした究極のユートピア的解決にはならないかもしれないということを承知しておくべきである。

もっと民主的なメディアへのステップ

メディア改革を目指すどんな熱心な運動も同時に目的をいくつか持たねばならない。つまり、国際的にも国内的にもグローバルな商業メディアの権力と集中を徹底的に減らすことである。これは、WTOのような機関や米国でそれと同等なFCCのような機関の持つ許認可規則に異議を申し立てることを意味する。メディア、特に放送システムの非営利、非商業部門の力と多様性を劇的に増大させることである。地方、国、国際レベルで新しいオルタナティブな放送を作り、支援し、拡大し、力を発揮させるために、ありとあらゆることをしなければならない。

こうしたことはもちろん、非常に困難な仕事であるが、すべての人びとやグループがローカルな活動を活発にすることでもっと大きな目的に向かって進むことができるということを一度認識すれば、それほど困難には思えないかもしれない。ローカルに行動すると、ローカルに直接の影響を及ぼす可能性もあるし、同時に国内的国際的な結びつきや機会も追求できるだろう。活動家やその他のグループは、何よりもまず、メディアを正面から問題にすべきである。商業メディアが放送を陳腐にし、過度の商業主義、究極の利己主義に陥って、大衆のムードや精神を打ちのめし、暗い影を投げかけ続ける限り、環境問題であれ、健康問題であれ、政治的問題であれ、すべて負け戦であることを認識しなければならない。

次に挙げるのは、民主的なメディアを目指す幅広い新しい国際的なキャンペーンで連合することができる機会、考え方、活動のリストである。もちろん、このリストは始めから包括的ではない。そして皆がこうした新しい運動をもっと経験するようになるにつれて、リストは次第に増えるに違いない。

一　グローバルルールの制定者に圧力をかける

私たちはＷＴＯのサービス貿易に関する一般協定（ＧＡＴＳ）が果たす強い役割について述べてきた。ここでは簡単に次のことをもう一度強調しておこう。ＧＡＴＳ交渉が成功すれば、あらゆる場所で巨大グローバルメディアの国内市場への参入や地方の系列会社を買収する能力が非常に高まるだろう。そして、外国メディアが出版、テレビ、映画といった国内の関連事業へ、地元のメディアと同じ条件で自由に参入することも許されるだろう。また、新しいルールによって、公共放送や非商業放送局のような事業に対する国の補助金は、ＷＴＯルールの下で禁止されている自由貿易に関する規制の非合法的な形態だと決めつけられるかもしれない。こうしたことによって多くの国で公共放送は消滅する可能性がある。

伝統的な文化の価値やローカルな番組制作、情報伝達手段の地方所有、非営利メディアへの援助の要請を保護したいと思っている国ぐには、ＧＡＴＳルールによって阻止されるだろう。従って、地方のメディアは外国の巨大企業が所有する映画、テレビ、新聞に完全に負ける可能性がある。今までのところ、カナダとフランスといった国がＧＡＴＳルールに反対する側のリーダーだったが、伝統的な文化と価値の保全を深く憂慮する他の国ぐにも加わってきた。基本原則は、いかなる国際機関も、国や地方政府に、地方のメディアや文化産業に対する外国資本の自由な投資や所有を許可するよう要求する権力を持つべきではない、ということである。こうした問題に関する最終的な決定は地方にゆだねられるべきである。

二　国内ルールの制定者に圧力をかける

地方や国の規制を禁止するWTOからの押しつけとは別に、メディアの所有権と番組の制作に関するほとんどの規則は、それぞれの国で米国のFCCと同等の組織とそのような委員会を監督する国の立法機関の権限である。私たちはすでに国内のこうした機関に対してどのように人びとが激しい抗議ができるかを述べた。けれども、FCCの規則に反対する米国の大衆運動は十分に意欲的で有効に組織されていたが、残念なことに、こういうことはめったにないことである。

他の国ぐににはもっとはるかに進んだ運動がいくつかある。ニコルズとマクチェスニーのレポートによれば、スウェーデンでは非常に積極的に行動する左派政党が国内のメディア改革のあらゆる側面について活気のある公開討論を成功させることができた。彼らは次のような基本方針で主張した。「民主主義の前提条件は言論と出版の自由である。現行の民主主義で必要なことはメディアを幅広く独立して選択できることである。すべての人がさまざまな形で意見を表現できねばならない。あらゆる意見は大衆に届かねばならない」。

スウェーデンの左派政党が提唱した改革にはラジオやテレビのすべての広告の撤廃や、さまざまな出版メディアに対するかなり大きな補助金が含まれ、その中にはラディカルであまり有名ではない意見を載せるメディアに対する補助金さえも含まれている。

ニュージーランドの同様な運動は、一九九一年に緑の党、マオリ族党、労働者運動が見事に連携して作られた。後にこの運動は合体し、連合党になった。彼らは、マスメディアの支配を「人権問題」だとしてキャンペーンを張った。そして、非商業的な番組制作の増大、NPR（ナショナルパブリックラジオ。世界の非営利放送局へ番組を提供する米国の団体）やPBS（公共放送サービス。米国の公共テレビ局の全国組織）に相当するニュージーランドの公共放送の保護、あらゆる番組の制作で最低三〇％の「ローカルコンテンツ（地域製作番組）」の導入、新しい若者のネットワーク、少数民族向けの新しいラジオ局とテレビ局の創設、すべての子供向け広告廃止の運動を起こした。

メディアの問題に関して大きな運動が起きているその他の国には、オーストラリアがある。そこでは民主党主流派が中心になって民営化に反対し、公共放送を擁護して、国の問題にしてきた。これは成功する見込みが十分ある。南アフリカでは南アフリカ貿易労働組合員会議（COSATU）が、もっとオープンで多様なメディアシステムに向けて政府の政策を転換させることにかなり成功した。ブラジルではメディアに対する積極的な活動がルラ大統領の労働党に大きな影響力を与えた。巨大グローバル・メディアのオフィスの外でデモがいくつも起き、あらゆる見方でニュースを放送するために、もっとまじめな努力をすることを要求した。同様の有効な全国運動はイギリス、インド、カナダでも起きている。

米国の活動家がメディアに関してなぜ同様の要求やキャンペーンをしようとしないのかはわからない。他にもキャンペーンの良いアイデアがある。例えば、放送免許の発行に対するもっと厳しい公共サービスの要件と基準、物議を醸す問題についての情報のバランスを要求する公正主義の復活、放送局の所有はどんな所有者でも一市場あたり一放送局に堅く制限することを主張することである。

三　商業放送に放送コモンズの使用料を払わせる

米国の商業放送会社は、多くの国と同様に、法的に公共の財産であるものを無料で使用し、認可され、法律が作られている。第5章で議論したように、こうした周波数帯は公共のコモンズの一部で、皆が利用でき、参加し、恩恵を受けられるように保護され、そのようなものとして尊重されねばならない。そうであるのに、商業放送会社は七十五年間この非常に貴重な公共の財産である放送周波数帯コモンズを利用し、何千万ドルもの利益を得てきた。しかし、公共の利益に貢献せず、利用する権利に対して何も支払わなかった。こうしたパターンが続くことについては何も論理的に議論されなかった。というのはとりわけ、公共放送自身が、また他の多くの非営利メディアも、のどから手が出るほど資金がほしいからである。商業放送会社に対する国の補助金は廃止するか根本的に減らすべきである。もし、商業放送会社が放送コモンズの使用料や、広告収入の一部を公共メディア基金へ支払うよう求められたら、放送システムとジャーナリズムのすべての様相はもっと良くなり、商業システムの支配力は減り、オルタナティブな放送をするチャンスが増えるだろう。

拡大した公共放送を支援することとは別に、金持ち企業に補助金として公式に使われる資金は、地方やコミュニティの放送局、低出力や超短波のラジオ局構想、出版メディアを援助するためや、情報のバランス、新しいアクセスの機会、現在ほとんど放送されていない低所得者、高齢者、少数民族のコミュニティに向けた特別のメディアを作るために使うことができるだろう。こうしたさまざまな基金はコミュニティ内で切実に望まれている文化や芸術プロジェクト、新規の出版や協同組合企業も支援できる。そうすれば、情報交換の際にみんなが生き生きと民主的に参加するようになるだろう。

四　公共放送に対する補助金の増額

商業放送に対する現在の補助金がたとえ少額でも減額されたら、何千万ドルもの新しい年間資金ができ、公共の電波を使った公共放送のために適切に使うことができるだろう。ちょうど今、前に述べたように、公共の電波を使った非営利放送に対する政府の補助金は年間の経営予算のたった一〇パーセントに減らされ、現在存続している非商業放送の存在そのものが脅かされている（ある右翼陣営では、自由市場イデオロギーと一致しないという理由で公共放送が存在する権利を疑問視している。商業放送に対する政府の補助金はどういうわけか自由市場と一致しているかのようである）。減額される商業放送用の補助金から得られた新しい資金は、直接全部公共放送のために使う資金にすべきである。そうすれば、公共放送は企業に頼らないですむ。また、テレビでもラジオでも出版メディアでも、民主的な情報バランスを提供するために公共放送の地方局を増やす資金にもすべきである。もちろん、商業放送は激しく反対するだろう。なぜなら、彼らはただで手に入れた財産から何十億ドルも儲けてきたので、もうこれ以上非商業放送と電波をめぐって、視聴者を失い、視聴率を下げ、広告収入に影響を及ぼすような競争をしたくないのである。

五　新たな広告規制を設定する

多くの国が、広告の量、種類、対象を制限している。これは、人びとの意識に影響を及ぼし、商業価値に左右される社会を作りだす、メディアの非常に強い力を認識してのことである。例えば、次のようなことを禁止している国もある。子供向けのすべての広告、すべての有料の選挙運動広告、その代わりに選挙に近い限られた期間に候補者の政見放送のために無料の放送を提供する、公共放送のチャンネルでのすべての広告などである。また、広告を放送してもよい一時間あたりの時間を厳しく制限している国も多い。米国はこうした規制がまったくない。実際に、商業広告についての唯一の規制は、テレビのたばこの広告に対する規制である。

米国で広告の規制はきわめて困難だった。というのは、広告は、合衆国憲法修正第一条に従って、保護が与えられる個人の言論の自由に相当する言論の形だと法廷が宣言したからである。それは本当にばかげた状況である。商業広告の言論、つまりお金持ちにだけ役に立つメディアは同時に、法律的に言えば、個人の言論だと考えられているのだ。

とはいえ、憲法制定当時は広告などほとんど存在せず、現在のような形態の企業もなく、メディアといってもたかだか一頁だけの新聞、チラシ、石鹸箱の演説台くらいだった。憲法制定者達が民主主義社会の情報バランスを確保するために、まだ存在もしない表現、個人の表現とはかけ離れた表現を守ろうとしたわけではないことははっきりしている。おまけに、広告表現はいまや圧倒的量と力で、個人の声だけでなく、自由な出版物の声もおしつぶせる。かくして、憲法が何としてでも避けようと苦労した類の情報不均衡が生じているのである。

米国で広告を規制しようとまじめに取り組んだ最後の時代は、一九七〇年代だった。ジミー・カーターの時代、連邦取引委員会（ＦＴＣ）が、買い手と売り手の間に適切な精神的平等を要求する法的な基準に従って、八歳以下の子どもに向けた甘いシリアルの広告は「公正」かどうかの問題についての聴き取りを始めた。ＦＴＣは次のように考えた。高いお金を払って雇った、心理学者、フォーカスグループ研究者、広告ライター、広告デザイナーからなる大勢のスタッフが、お互いに協力し、何千万ドルもかけて、幼い子どもに有害な製品を売るために、子ども向け広告を作ることは、「本質的に不公正な情報のアンバランス」を形成している可能性があると。

こうしたＦＴＣのイニシアチブに対するメディアの怒りは目を見張るようなものだった。当然怒ったのは大放送局や右翼メディアだけではなかった。『ニューヨークタイムズ』や『ワシントンポスト』も「言論の自由」への挑戦だと非難する怒った社説を掲載した。ついにカーター大統領はＦＴＣ委員長のマイケル・ペチャックを首にして聴き取り調査をやめた。それ以降同じような手出しをした政府機関はない（カイザーファミリー財団が最近作成した米国で現在蔓延している子どもの肥満についてレポートによれば、子どもたちに甘いシリアルや脂っこい食べ物の広告をテレビで多く流しているせいだとしている。子どもたちは親にこうした食べ物を買うようにせがむのだ）。

それにもかかわらず、子どもたちのテレビを求めるアクション、ニューアメリカンドリーム・キャンペーン、ＴＶフリーアメリカ、フリープレス、アドバスターメディア財団などの組織はこうした問題について再びキャンペーンをしている。子ども向けの商業的な言論の保護に関する新たな法的な異議申し立ての可能性もあるし、選挙キャンペーンの時に問題にすることもできる。大衆からの怒りの強い表明が重要になるだろう。怒りの手紙を二、三千通、議会、広告主、ＦＴＣ、ＦＣＣ、地方議員、地方のメディアに送れば、効果があるかもしれない。

六　オルタナティブメディアの支援とエンパワー

すでに述べたように、メディア改革全国会議には二〇〇〇人以上の活動家が参加しており、彼らの多くは、現在主流のメディアと取り替えるか、あるいは少なくとも現在主流のメディアを減らすために立ち上げる新しいメディアを作る計画に直接取り組んでいる。現在そうしたオルタナティブ放送局がどれだけあるかはわからないが、メディアチャンネルはメディア問題に重点をおいている組織を米国だけで一一〇三団体挙げている。一方、オルタナティブ・プレス・インデックスは非主流の観点で情報を提供しているグループを五〇〇団体ほど挙げている。

メディアアクセスプロジェクトは低出力のFMラジオ局の認可をFCCに申し込んだ組織を三四〇〇団体も挙げている。これらはコミュニティを基盤としたラジオプロジェクトで放送可能範囲は半径三〇〇から五〇〇マイル以内の地域である。FCCにこうしたプロジェクトの認可をもらうのはとても困難なことだった。というのは、商業放送局はこうしたプロジェクトに反対しており、そして、ナショナルパブリックラジオ（NPR）さえも突然、先見の明がなくなったのか反対したからである。低周波ラジオ放送は他のメディアにほとんどアクセスできない地方のコミュニティのためにかなりの可能性があり、特に地方の問題に重要な役割を果たすことができる。

反グローバリゼーションの前線で、ある組織が状況を大きく変えようとねばり強く戦っている。インディメディアである。このプロジェクトは一九九九年、シアトルのWTO閣僚会議でデモをしている間に始まった。ほとんどの大きなメディアは何を抗議していたのかわからず、間違った報告をしたり、歪曲して放送し、激しさを誇張したり（実際には激しくなかった）、デモの影響を控えめに報道したりした（実際には大きかった）。映画制作者、ビデオ制作者、ジャーナリスト、ウェブデザイナーなどのグループは自分たちでことを運ぼうと決心し、すぐにシアトルの地方メディアと大きな効果のある世界のメディアに、自分たちの映像を作って配り始めた。起きていることについてずっとバランスがとれた、洞察力のある観察を送ったのである。

シアトル以降、インディメディアは草の根ネットワークを作ってきた。それは五一カ国の一三〇以上の場所に拡がり、グローバル化と社会正義運動に関連する大放送局が流したニュースについてレポートする安定した勢力になってきた。こうした活動をもっと強めなければならない。そうすることで直接、問題にされない映像やニュースをうまく片付ける支配メディアの力を低下させることができるのである。

七　地方の組織作りの支援

ジョン・ニコルズとロバート・マクチェスニーはこう書いている。「地方メディアの積極的行動はメディア改革運動の根本であって、地方レベルでできることはたくさんある。十年前にキリスト教連合が認めたように、効果のある全国運動は、大統領候補の指名におとらず教育委員の選挙がおおいに関係してくるのだ。メディア改革のばあいはとくにそうである。」地方メディアの内容、メディアの統合の提案、遠くの企業による地方メディアの買収、攻撃的広告などに対して挑戦することは、よく組織されてさえいれば非常に効果がある。どのメディアであれ本質的に、社会的な苦情、とくに殺到する苦情を黙殺できない。

ニコルズとマクチェスニーは、地方メディアに影響を及ぼす有能な運動家になる手段を提供するにあたって、デンバーのロッキーマウンテン・メディアウォッチの論文を引用している。報道の公正と正確（ＦＡＩＲ）も地方の活動グループを励ますために有効な組織作りのモデルを採用した。大衆キャンペーン、手紙を書くことに加えて、インターネットでの意見交換である。こうしたことによって、メディアの合併、さまざまな新聞社の売却、地方コミュニテイにとって重要な問題の報道に反対するかなり大きな反響が起こった。また、国際的なインディメディアの役割についても先に述べたとおりである。

こうした活動のもう一つの分野は、「メディアの正義運動」で、拡大しつつある。人種、階級、ジェンダーの意味と構造の問題を重要視している。地方の活動家がこうした全国的な運動を行なっている、有名な二つの活動団体がある。サンフランシスコのメディア同盟とフィラデルフィアのメディアタンクである。両者とも、地方で制作し配信する新しい放送局を作ろうとしており、規制改革と政治改革を求めて活動もしている。今日支配メディアに影響を与えることは確かに簡単ではないけれども、とても重要なことである。最初のステップがもっとも重要である。つまり、労働、子ども、環境、健康、食の安全といったどんな問題についてでも民主的な活動に関心があるグループはすべて、メディアをプログラムの最重要課題にしなければならないことを認識することである。

支配メディアの圧政的な声を小さくし、公共放送やオルタナティブ・メディアの対抗する声を大きくしなければ、メディアについてのどんな問題にも勝利できないだろう。

民衆のオルタナティブ実践

本章と第7章では、社会の主要なオペレーティングシステムが企業による支配とグローバル化に適合するように作られていることで生じる多彩な問題を詳しく述べてきた。また、第4章で提案した、持続可能な社会の核となる一〇の原則を支持するやり方でそうしたモデルを根底から変えるための考え方を提案した。世界中で、こうした考え方の多くはまだ議論の段階であって、実施を推進する運動が行なわれているものもあれば、すでに実践されているものもある。けれどもこうした考え方は広がり続けているし、活動は絶えず前進している。以下では、ちょうど今世界中のコミュニティで作り出されている、生きて、呼吸をしているオルタナティブなシステムのとてつもない豊かさを少しお見せしよう。

ケンタッキーからケニヤ、バングラデシュからボリビア、インドネシアからイタリアまで、ここで挙げるコミュニティはその他の数え切れないほど多くのコミュニティの代表にすぎない。これらのコミュニティは、土地、健康によい食物、水、尊厳、生物多様性、政治的な自治、安全で持続可能な環境に対する権利、あるいは単にお互いに協調して生きる権利を取り戻すことによって、経済的グローバル化の「必然性」に直接異議を唱えている。それぞれが、意義深く、強力なオルタナティブシステムを確立してきた。よりよい世界は可能だというだけではなく、ここにあることをはっきりと示している。

水平主義：アルゼンチン

第3章で述べたように、アルゼンチンは何十年にもわたってIMFのイメージキャラクターだった。腐敗した政府指導者たちはIMFの破壊的な政策を熱心に実行した。経済恐慌に陥って、二〇〇一年十二月に大衆の反乱が始まり、「Que se vayan tods」（彼らは皆出て行け）と言う叫び声が、何代か続いた政府を転覆させ、IMFモデルも新自由主義モデルをも拒絶させた。二〇〇二年の初めに経済が完全に崩壊した時は、誰も驚かなかった。政府も経済もない状態で、アルゼンチン国民は自らを組織した。現れた新しいモデルは「水平主義」と呼ばれることが多い。それは国家権力に重きを置かず、運動の総体的な結合を重要視するものである。水平主義はイデオロギーではなく関係だと言われている。つまり、直接民主主義的な方法でお互いに理解し合うと同時に発見のプロセスを通じて創造し続ける方法である。

その結果、さまざまな運動の複合体が集まることになった。それぞれの団体は基本的サービス、コミュニティの組織化、共通の思想、未来のイメージ作りのために活動している。直接民主主義と集団による政策決定を用いて、その範囲は、何百もの占拠している工場や生産している工場から、何十もの近隣の集会、ストライキをしているグループ（その多くは失業者運動ネットワークに組織されている）、また、何百もの自立した近隣の公立学校の調理場とセンターにまで及んでいる。水平主義は階層的な組織化を断ち切って、彼らが強く刺激されているサパティスタのように尊厳、自立、集団の組織化に重点を置いている。

カレタ・コンスティトゥシオン：チリ

カレタ・コンスティトゥシオンは、チリで一九九七年に創設された、地元漁民が主体のオルタナティブで持続可能な漁業コミュニティである。カレタを作ったのは、持続可能な地域での漁業経済という自分たちの考え方を実行したいと思った家族である。彼らは自分たちの計画を地方政府（融資をして助けてくれる）と国連開発計画（計画作成で援助してくれる）に提出した。今日、カレタの七六家族は輸送、エネルギー、水、通信のための現代的ではあるが適切な規模の設備を利用している。太陽光が家庭や小規模な会社のエネルギー源になっている。漁業資源は地域のコモンズとして管理されている。地元の漁民組合が管理計画を立て、コミュニティが自己管理して、一定の時期に限られた場所でだけ漁をする。コミュニティの意思決定プロセスを通じて合意された漁業装備と技術だけを使って漁をする。海洋生物の生息地への影響を最小限にするために特別に設計され配置された小さな船が朝早く波止場から出航し、午後市場に捕れた魚を届けるために戻る。財政的に安定しているのは近くにアンファーガスタ市というかなり大きな市場があるためである。コミュニティのメンバーは、資源価値を維持するために、魚を加工してさらに付加価値を高めたいとも思っている。

ナヤクリシ・アンドロン：バングラデシュ

このバングラデシュの農民運動は、家庭の食料を安定供給する基盤として、種子を保存し、蓄え、分け合うことによって、伝統的な農作物を復活させている。工業型農業が与える有害な影響に対処するために農民たちは集まり、コミュニティを基盤にした有機農業というオルタナティブな方法を実践している。こうした方法は伝統的な知識や知恵と新しい考え方や科学的な新しい方法を混ぜ合わせたものであるが、環境だけでなく農民にも適している。バングラデシュ全域の約六万五〇〇〇家族がナヤクリシ農業の一〇の簡単な原則に従っている。それは農業コミュニティにおける種子の管理だけではなく、土地、水、生物多様性、エネルギーの効率を高めるために、地域で手に入る資源の利用を重要視している。

農薬や化学肥料を使わない農業を行なうことだけでなく、生物多様性の維持がナヤクリシの食料生産方法に組み込まれている。基本原則として、ナヤクリシの農民は単一栽培を行なわず、混合栽培と輪作を基盤に自分たちの農業を築き上げている。ナヤクリシの村では、農民は豊富な種類の魚とさまざまな自生の作物も得ている。どちらも畑で多毛作のために付随してできる作物としてできたり、除草剤を撒かない共有地で育つのである。家畜と家禽もずっと早く育つので、それによって食料の安定供給が高まる。同様に、ナヤクリシの村では地域の多様な木々を植えることも農業の不可欠な部分で、そうすればその木々に鳥やチョウなどのさまざまな花粉媒介者や捕食者がやってくるのである。

エヒドスとコミュニティのベネフィコ・マジョムートコーヒー生産者組合：メキシコ

一九八三年、メキシコのチアパス高地のサンクリストバル・デラスカサスの小規模コーヒー生産者（ほとんどはツォティリとツェルタル先住民族）はベネフィコ・マジョムートコーヒー生産者組合を組織した。この組合は二五のコミュニティに住む一四五〇人の人たちが組織した草の根の社会組織であって、自分たちのコーヒーを加工し、販売する農民を統一するために設立された。メンバーは平均二ヘクタールの農地を耕し、トウモロコシ、豆、コーヒーを栽培している。コーヒーは売れるので、一家の重要な収入源となっている。徐々に活動は拡大し、生産の全工程を含むようになり、コミュニティのために欠かせない開発プロジェクトの組織、管理、実行のための手段になった。

この組織は一九九二年に有機農業に転換し、一九九五年に最初の有機農業の認定を受けた。有機農業の技術はコミュニティの有機農業推進者の研修を通して導入された。彼らは習得のためと研究の基地としてそれぞれのコミュニティに実験的な有機農業の農場を作っている。活動は一人ひとりの農民が経験を持ち寄り交換しながら行なっている。その中には、農業生態学の実践の展開と評価、農民の実験を通じた参加による研究、指導者の研修とコミュニティ参加などがある。

ナブダニヤ：インド

経済のグローバル化によって伝統的な農民への脅威が高まる中、バンダナ・シバ科学・技術・環境研究財団はインドでナブダニヤ運動を始めた。ナブダニヤとは、「九つの種子」という意味で、多様な生態系のバランスを意味している。ナブダニヤは、コミュニティ・種子銀行の全国ネットワークや農場での保全プログラムを通じて、地元のグループやコミュニティによる伝統的な種子の多様性の保全と交換を勧めている。ナブダニヤは、地方、地域、全国のコミュニティの資源と知識を記録するためのコミュニティ生物多様性登録を提唱してきた。こうした登録簿によって農業の生態的基盤を取り戻すのに役立つ一方、農民が以前から行なってきた知的工夫を擁護し、知的財産権の独占を制限できる。

一九九六年後期にナブダニヤ・フードが創始された。その目的は、持続可能な栽培、化学肥料や農薬を用いない、健康で栄養に富んだ、多様な有機食料をインドの都市の消費者に運ぶことである。ナブダニヤ・フードは絶滅の危機にさらされている固有の作物から採った種子を専門に扱っている。このプログラムは生態系を損なわない、持続可能な農業を続けたいと思っている小規模農民と、家族のために栄養豊富で安全な食料を買いたいと思っている都市の消費者の間の橋渡しをしている。

現在、ナブダニヤはビジャ・ヤトゥラという全国的なキャンペーンを実施している。その目的は、遺伝子の多様性の低下、緑の革命が結果として国土を荒廃させたこと、WTOが推進する知的財産権制度により脅威が差し迫っていること、インドの食料の安定供給の低下に関連することについて、議論と意識を作り出すことである。ビジャ・ヤトゥラ・キャンペーンは自分自身の種子を利用し保全する農民の権利を保護し、コミュニティを強化し、企業グローバル化に対する本当のオルタナティブを作り出す。

チアパス州の自治政府：メキシコ

政治、経済、文化的な生活の崩壊に直面して、メキシコでもっとも貧しい州からサパティスタ民族解放軍（EZLN）が現れた。それには、非常に多くの先住民が参加していた。十年間静かに組織作りをした後、一九九四年一月一日にサパティスタはチアパス州のサンクリストバル、オコシンゴと、他の五つの都市で蜂起した。蜂起の時はNAFTAの調印と同時になるように決められた。彼らはNA

FTAを「メキシコの先住民に対する死亡宣告」と呼び、NAFTA反対をはっきり示した。

それ以降サパティスタは、市民、地域、先住民の自治政府とコミュニティのための集団労働を基盤にしたコミュニティ組織の新しいモデルを作ってきた。決定は意見の一致を目指す水平構造に基づいている。彼らはカラコルス（巻き貝）として知られている独立した地域の市民政府の五つのセンターと「善き統治評議会」（juntas de buen gobierno）と呼ばれる独立した地域の統治構造を作った。評議会は地域のそれぞれの自治郡の代表者で構成されている。自治郡は地方政府の日常的な機能を遂行するために自分たちの郡協議会を民主的に選んでいる。地方政府の仕事は、出生、結婚、死亡の記録、開発プロジェクトの獲得、学校や診療所の建設、などである。

政府機関の支援なしに、サパティスタは小規模診療所のネットワークを作って医療サービスを高めてきた。明らかに、幼児の死亡率は下がり、現在は、以前ほとんど教育の機会を与えられなかった地域に共同でコミュニティが管理する学校制度を提供している。また、論争を解決するための自治政府の裁判制度を開発した。解決には反対派のコミュニティですら公正で中立的な調停者団が必要とされる。結局彼らも、コミュニティと集団労働が最も重要であるとするような、小作農民の伝統に根ざした先住民の経済を発展させてきたのである。

サルボダヤ・シュラマダナ運動：スリランカ

サルボダヤ・シュラマダナは民衆参加型の民主主義運動で、スリランカ全土の一万の村でほぼ四〇〇万人の人びとが参加し、活動している。一九五八年に創設された。サルボダヤはすべての人を目覚めさせるという意味で、シュラマダナは労働やエネルギーを分け合うという意味である。つまり、分け合うことを通じてすべての人を目覚めさせるということである。組織として、自発的、非政府、非営利、無宗派、政治に無関係である。清潔で健全な環境、水、衣類、食料、ヘルスケア、住居、エネルギー、教育、そして精神的・文化的必要性、といった人間にとって基本的に必要なものを満たすために活動する。サルボダヤは多数の法的に独立したサブ―ユニットに分けられており、それぞれがさまざまな活動に責任を負っている。ユニットの事業には、村落開発プログラム、サルボダヤ法律サービス運動、人権・紛争解決・法律教育、平和教育、平和活動、サルボダヤ女性運動、サルボダヤ経済事業開発サービス銀行（SEED）などがある。

土地なし労働者運動：ブラジル

ブラジル土地なし労働者運動（MST）は、一九七九年から一九八三年の独裁政権時代の強制立ち退き、土地の収用、排除に対して、起きたものである。MSTは土地を持たない小作農民のさまざまな組織から成り立っている。彼らは生きる権利と休閑地での食料栽培の権利を要求している。休閑地の「占拠」を通じてMSTは一五〇〇万エーカーの土地に一〇〇万人以上の人びとを定住させ、農業改革を全国的政治課題のトップに押し上げた。ブラジル政府は公式にMSTのこうした土地を耕す権利を認めた。MSTの五〇〇の独立した生産協同組合は農場の生産物を加工し、市場で売り、分配し、同時に、積極的に有機農法を推し進める。彼らの三つの信用組合には何千人もの組合員がいる。

典型的な土地の占拠は一〇〇〇家族から三〇〇〇家族が行なう。休閑地を豊かな農場に変える。地元の町の市場で生産物を売り、地元の商店から必要なものを買う。こうしたMST居住地の近くの町は他の同じような町よりも、ずっと金回りが良く、今では多くの市長が積極的にMSTに自分の町の近くで土地を占拠するように嘆願しているのも、もっともなことである。MSTは居住地の栄養不良、失業、貧困を減らし、識字率を高めるのに成功した。ブラジルでのMSTのサクセスストーリーは他の国の多くの同様な運動に刺激を与えてきた。

グリーンベルト運動：ケニヤ

一九七七年、ケニヤ全国女性評議会の主催で、グリーンベルト運動（GBM）が設立された。これは環境の保護、コミュニティの発展、生産力の増強に焦点をあてることによって、ケニヤの砂漠化を防ぐことを目的としている。その後メンバーは数千人になり、とりわけ、農地や公共の土地、森林に二五〇〇万本以上の木を植えた。植樹は一貫して重要な活動である一方、GBMプログラムも拡大し、その地域原産の木を植えること、公民教育、提言活動、食の安定供給、緑地帯でのエコ・サファリ旅行、「女性と変革」についてのプロジェクトを行なうようになった。例えば、あらゆるグループのメンバーは有機農法、土地の集中管理、健康のために原産の食料を栽培する価値について学んでいる。

GBMのアドボカシー活動は一九八〇年代後期に始まった。当時、政府は環境破壊につながる誤った管理や乱用を黙認していた。それに対してGBMは、森林破壊を防ぎ、劣悪な管理をやめさせ、人権的な非道と不正行為（とりわけ共有地の違法な占拠）をやめさせる提言活動を展開した。運動は具体的な環境の再生だけではなく、公民教育や環境教育に関するたくさんのワークショップやセミナーを通じて環境に対する意識を高めることに大きな貢献をした。訓練を受けた人は一万人近くにのぼった。運動の努力は直接、ウーフー公園、カルラ森林、ジバンジー庭園の保護につながった。ナイロビ市のすべての大きな緑地は違法な占拠によって危機的な状況にあったのである。

グローバルなフェアトレード運動

フェアトレード運動（第2章も参照）は、グローバルな自由貿易ルールの領域に入らない活動を目指している。グローバルな不平等、経済不安定、栄養不良、飢餓、社会的政治的不正義に取り組むための草の根のツールとして貿易を用いているのである。貿易は目的ではなく、こうしたもっと基本的な目標を達成するための手段なのである。フェアトレードの規則では、生産者は製品に対して生活給を受け取り、環境的に持続可能な方法で仕事をすることが求められている。フェアトレードは生産協同組合、小規模農業、有機農業の実践を奨励している。米国のフェアトレード運動はコーヒー、チョコレート、先住民の工芸品のような商品や、貿易での公正とあらゆる商品の持続可能な生産を促進するモデルとなる商品の貿易を援助している。フェアトレードのラベルが貼ってある製品は、消費者に自分たちが買う製品は生産者の生計と環境の健全さを助けていることを保証している。

エル・セイボ：ボリビア

一九九七年、ボリビアのアルト・ベニ地域の四つの村落共同体は独自にカカオを販売する統括組織としてエル・セイボを設立した。エル・セイボは農民を中心とした農業の実践と有機生産を支援して、地域の住民の持続的な開発と熱帯雨林の保護を保証する。エル・セイボは組合員の生活状態を改善し、また、生産物の多様性と生産性をも高めている。一九九九年以降、エル・セイボには八一〇人の組合員がおり、ほとんどが小規模農民の家族で、先住民の子孫であることが多い。

エル・セイボはボリビアで最初に有機農業に転換したカカオ生産協同組合で、有機農法の認定を受け、自家栽培のカカオを加工している。フェアトレードの認定も受けている。農民は自分たちのカカオバターとカカオ・リキュールを輸出し、国内でチョコレートを売っている。エル・セイボのフェアトレードの奨励金は農業の改善とコミュニティの開発を助けるために使われる。例えば、協同組合は有機農業に対するさまざまな奨励策を取り、コミュニティのプロジェクトや活動のための資金を持ち、緊急医療用基金を持っている。

コミュニティサポート農業（CSA）：米国

小規模生産者と消費者を直接つなぐ、「コミュニティサポート農業」（CSA）が米国で拡がっている。典型的なCSAの農場モデルでは、地元のメンバーが作物の栽培時期の初めに地域の農場の株を買うと、週単位で担当の生産者から直接、新鮮で栄養価の高い生産物が入った箱が受け取れる。こうしたやり方でメンバーは実際の収穫に関係なく生産コストを支払うことに同意している。それによって農民と消費者は概して農民だけにかかっていた財政的な負担の大半を分け合い、両者ともに一般に行なわれている工業型農業の市場販売や小売りシステムを無視することができる。CSAは五人から二〇人の会員を持つ小規模農園からほぼ一〇〇〇家族を支えている大規模な農場までさまざまである。CSAは農民、それに食料が栽培されている土地と消費者の間に、直接個人的な関係を作り出し、スーパーで何日も何週間もたった農産物を買うしかなかった消費者に、オルタナティブ提供する。また、農民には実行可能な経済のオルタナティブを提供する。それにより、彼らは食料を売って得るお金の大きな割合（ほぼ一〇〇%か、あるいは一〇〇%）を受け取り、収入を安定させることができる。

スローフード運動：イタリア

画一的で、健康によくない、社会や環境を破壊する工業型農業に対して、イタリアで一九八六年に生まれたスローフード運動は、地方や地域の特産物に新たな評価を生み、脅威にさらされていた農業の多様性を生き返らせた。一九九六年にスローフードは「味の方舟」というプロジェクトを始めた。それは消滅の危機にさらされているか、あるいはさらされる可能性がある小規模で質の高い農業の多様性を記録し、カタログを作成し、保護するプロジェクトである。保護される生産物には植物の種、種類、生態型に加えて、特定の地域にうまく適応して生息している動物が含まれる。

「プレジディオ（訳注：庇護の意）」というプロジェクトを通じて、地方の生産者は自分たちの生産物を宣伝して売り込み、肥沃でなくなった土地を維持し、雇用を作り出している。プレジディオは生産者の文化や歴史、生物多様性、環境問題、小規模経済の必要性を考慮して、生産規定を作る。農業や牧畜業は自然環境とうまくやっていくことが提案されている。生産規定でははっきりと有機農法になっていて、化学肥料や農薬は禁止されている例もいくつかある。イタリアのバルテリーナの穀物サラチェーノ、プラトマーニョのゾルフィーノ豆が例として挙げられる。スローフード運動は一九九八年にパリで行なわれて国際運動になり、現在では四五カ国で設立され、八〇〇〇〇人の会員がいる。

ホワイト・アース・ランド・リカバリー・プロジェクト（WELRP）：米国

WELRPは一九八九年にホワイトアースの部族民ウィノナ・ラ・デュークによって設立された。二〇〇四年、イタリアのナポリで開かれた第四回国際スローフード会議で高名な国際スローフード大賞を受賞した。このプロジェクトでは、ウィスコンシン州東部のホワイトアース・インディアン特別保留地の野生の米と生物多様性を維持し、地元の食料システムを保全することを活動にしている。また、ホワイトアース居留地のオリジナルな土地基盤の復活を推進するために活動し、健全な土地の管理、言語、コミュニティの開発といった面で伝統的なやり方を保護して復活させ、精神的文化的遺産を強化している。

ホワイトアース居留地は、アニシナベ族の人びとには故郷であるが、今日わかっているもっとも古い野生の米の花粉が見つかった場所でもある。それは、アニシナベの人びとが現れる千年も前のものである。アニシナベの口伝歴史によれば、「マヌーミン」つまり野生の米は創造主からの贈り物で、コミュニティの栄養を補給し、生命を維持する要である。プロジェクトはホワイトアースだけでなく世界中の野生の米の遺伝子組み換えと特許の取得に反対するために活動する。活動は、将来の世代のために先住民の権利、自然栽培、食の安定供給を確実に保証するために先住民コミュニティや他の人びとの運動と協力して行なわれている。

マヤ族森林生産者組合（OEPFZM）：メキシコ

メキシコのOEPFZMは、マヤ族が依存する先祖から伝わる文化と自然のシステムを保護することができる、独自の商業的森林生産モデルを作ろうとしてきた。OEPFZMのメンバーは、キンタナローというメキシコの南東の州でコミュニティが所有し管理する一〇〇万エーカー以上の熱帯森林に住む五〇〇〇以上の家族である。

こうしたマヤ族のコミュニティは、どのように地元の森林を利用するか、また、そのように利用することで誰が利益を得るかについて、決定権を少しずつ大きくしてきた。土地は一〇〇区画に分けられ、一年ごとに一区画だけ選択して収穫をする。OEPFZMの活動は森林管理評議会によって独立した環境評価団体として認定を受け、消費者にどのように森林の生産物が採取されているかを知らせている。

農民・先住民森林共同体組合（ACICFOC）：中央アメリカ

ACICFOCはグアテマラ、ベリーズ、エルサルバドル、ニカラグア、ホンジュラス、コスタリカ、パナマの小規模な材木を生産する森林コミュニティと材木を生産しない森林コミュニティを結びつけている。また、コミュニティの指導者が共通の問題を明らかにし、材木の生産、小規模漁業、農業、エコツーリズムの問題解決を探るために、ネットワーク・スペースを提供している。ACICFOCのメンバーは、コミュニティの森林利用と開発の承認のような問題と取り組むために共同で活動している。彼らは財政支援のための地域のシステムを開発し、炭素の除去、水の浄化、生物多様性の保全のような環境を守る仕事への賃金支給を可能にするためにコミュニティによる森林利用を保証している。また、森林コミュニティが依存する自然のシステムを守り、生産を増やすために、農業の方法を改善するプログラムを推進している。

フォレストレード：米国

米国最大のオーガニック・スパイスの輸入業者、フォレストレードは、グアテマラ、マダガスカル、グレナダ、そしてアジア諸国の農民がグローバルなフェア・トレード市場に参入できるよう支援している。また、農民が有機農業や作物の多様化に転換することを助けている。フォレストレードの製品は、持続可能な小規模農場の発展、天然資源の保護、生物多様性を促進する協同組合ネットワークの成果である。また、取引をしている農業コミュニティの社会的経済的発展を支援している。

ヤカマ族：米国

ワシントン州のヤカマ族は九〇〇〇人の部族民を支援し、環境的に持続可能な伐採法で一年に四〇〇〇万ドル以上に相当する木材を生産する。部族は伝統的な技術を使う。彼らは非常に多様な森林の種、世代、エコシステムを維持している。そのプロセスは部族会議レベルで、コミュニティ全体によって管理されている。彼らが生み出すビジネスは町を助け、すべての教育、建設、保健の費用になる。

アフリカ統一機構（OAU）：アフリカ

ＯＡＵは、そこに住む人びとが伝統的に何千年もの間栽培してきた生物へのバイオパイラシー、遺伝子資源の私有化の脅威に対処するために、モデルとなる国内法の制定をしてきた。法律には地域のコミュニティ、農民、畜産家の承認とバイオパイラシーからの保護、遺伝子資源の管理と利用が規定されている。この法律によって、今度は、アフリカ諸国の通商大臣がＷＴＯで、豊かな生物多様性を持つ国ぐにの強力なブロックを作って、知的財産権協定（ＴＲＩＰ）を「生命の特許資格を排除する」ようにはっきりと書き改めることを要求することが可能になった。通商大臣以上に地域コミュニティはＷＴＯの「生命科学」企業に対する特許権を公式に拒否し、コミュニティの存在を特徴づける生物多様性の地方管理を改めて要求している。村落レベルでの権利の主張のこうした盛り上がりは、「生命に特許はいらない」というグローバルなキャンペーンとともに、地球の遺伝子コモンズを心から尊重し、保護する政策に発展しつつある。

パスパインド：インドネシア

地元でとれる多様な種類の米が絶滅に近いことに対し、一九九七年にパスパインド（インドネシア米研究・開発センター）は地元の在来種の米を復活させるプロジェクトを立ちあげた。目的は地元の多様な種類の米、在来種の知恵、伝統的な生産システムを用いて農民の自立を促すことだった。農民はそれぞれさまざまな米を一キログラム提供し、その後、その種子をまき、増やし、他の農民に再び分けたのだった。パスパインドは有機的な害虫駆除方法を用いる米の生産を奨励し、在来の多様な米は新種の米よりも収穫量が多いことを示した。一ヘクタールあたり一〇から一四トンの収穫が達成されるようになった。地元の米はすばらしい品質であることもわかった。香りが良く、栄養価に優れ、一年中続けて栽培できる。種子をまくのは簡単で、経済的で、有機農業ならなおさらである。その上、さまざまな在来種の中にはふつうの病気に役立つ医学的特性を持つものもあった。

キューバソーラー：キューバ

ソビエト連邦の崩壊で、キューバはソビエトの石油を手に入れることができなくなった。これに代わる石油供給資源を探すのではなく、キューバはむしろ再生可能なエネルギーに転換した。キューバ政府は新しいプログラムであるキューバソーラーを設立し、国中に再生可能なエネルギー資源を促進した。専門技術者、労働者、市民の新しい世代に、再生可能なエネルギーシステムの設計、建設、操作、維持、理解に関して教育することに焦点があてられた。キューバソーラーは再生可能なエネルギーと環境保全に関する説明プロジェクトを始め、支援する。また、プロジェクト自体を開発し実行する地域のコミュニティに融資の支援をする。プログラムは七〇〇以上の地方組織に直接プロジェクトを実行できる法的地位を与えた。

水といのちを守る連合：ボリビア

世界銀行がボリビアのコチャバンバ市の水道事業の民営化を要求し、請け負ったベクテルが水道料金を急騰させた後、コチャバンバの住民は自分たちの水を取り戻すべく組織を作った。労働者、農民、先住民、環境保護主義者、人権や地域の活動家が集まって作った「水といのちを守る連合」である。ベクテルに契約を破棄させることに成功し（第5章も参照）、連合、水道会社のスタッフ、その他の市民は地方政府と一緒に、コミュニティが管理・操業する水道システムを確立するために活動した。それは成功し、二〇〇〇年四月から水を供給している。

会社を監督するために、公式に民主的選挙で選ばれた交代制の委員会が設置された。その構成は労働者二人、コミュニティのメンバー二人、地方政府の役人二人である。ただし、委員会の構成は常に一定ではない。必要性や料金、システム全体の機能を評価するために定期的な会合が近隣のさまざまな場所で開かれる。比較的裕福な市民は所得が低い人たちを援助し、以前は水道を利用したことがなかった、貧しい隣人たちへのサービスの拡大に成功して、会社は水道料金を固定した。資金計画は、会社の支払い能力を高めるために投資を引き出すよう工夫された。資金などの問題にもかかわらず、水道会社は水を以前よりもっと幅広く、公正に、確実に供給し続けている。

ウルグアイ協同組合センター：ウルグアイ

ウルグアイ協同組合センターは、深刻な住宅不足に対処する新しい方策の実施をめざして三十年間活動してきた。住宅不足の最大の被害者である低所得層に焦点をあてる活動である。低コストの国の貸し付けを直接コミュニティに与え、自主的に組織を結成した集団を通じて、住宅問題を解決するために協同組合を結成するように支援してきた。

ベロオリゾンテ：ブラジル

一九九三年、ブラジル、ベロオリゾンテ市の新しく選ばれた市政府は、食料供給を安定させるために一連のプログラムを始めた。最初に、食料は市民の権利だと宣言した。この権利を保証するため、市当局は地元農民に一定の土地を提供し有機農業を実践させている。農民は自給が可能になっただけでなく市の側も地域内で地元産の食料の価格を低くおさえられる。学校給食はこうした作物で作られ、市全体で健康的で手頃な食品の一部としてこうした産物の購入を勧めている。

グラミン銀行：バングラデシュ

グラミン銀行は、バングラデシュで二十年前に設立され、不動産担保ではなく、小さなグループの相互の信用にのっとって農村で貸し出しを行なうシステムである。グラミン銀行の少額信用貸し付けプログラムは二五〇〇万人の低所得村民に対して行なわれ、ほとんどが女性で、それ以後五八カ国以上で採用されてきた。

モンドラゴン協同組合：スペイン（バスク地方）

スペインのバスク地方は、労働者が所有する貯蓄貸付組合が融資する、オルタナティブなビジネスのネットワークがもっとも進んだ地域の一つである。一九五五年に労働者が所有する協同組合は、自分たちが管理できる方法で組合を拡大するために、貸し付けシステムを作り管理することが必要だと決定した。持っていた資金を共同出資して、労働者たちはカジャ・ラボラル・ポピュラー信用組合という貯蓄貸付組合を設立した。これを中心としてその後、モンドラゴン協同組合（MCC）が作られた。今日、設立からほぼ半世紀経ち、モンドラゴン協同組合は、売上高と被雇用者数の両方から、バスク地方でもっとも大きな企業であり、スペインでは七番目である。

ここに挙げた二〇以上の例は、世界中で運営され、成長し、想像されているオルタナティブなシステムの流れの上に立つほんのさざ波でしかない。それぞれのストーリーはそれだけで一冊の本にすることができるだろう。どれもが本書で繰り返し指摘してきたことが表現されたものである。つまり、経済グローバル化は必然ではないということである。それぞれは本当に優れた、匹敵するたくさんのモデルの中の一つにすぎないのである。読者には、ここや本書全体で挙げた多彩なオルタナティブから、さまざまなツール、批判や学習の基盤、そしておそらく最も重要なことであるが、創造のための刺激を受け取ってもらいたい。私たちは、今後もっと多くの情報を得たり、もっと多くのことが生まれるのを楽しみにしている。

第三部　グローバル・ガバナンス——意思決定のあり方

今、世界システムを支配しているのは、一握りの巨大グローバル企業とブレトンウッズ体制の二大勢力である。後者は世界銀行・ＩＭＦ・ＷＴＯの「聖なる三位一体」である。巨大企業とその三者が一体となって、事実上、グローバル・ガバナンス（世界規模の経済的意思決定権）を手中にしている。そのいずれも、選挙されて支配の座に就いたわけではなく、透明性もなく、民主的でもないけれども、その力は国家をもしのぐ。抜本的な改革と再編が急務である。

以下の章で、企業の力を制御するための方策を列挙する。世界を支配する官僚機構の方は、立ち行かなくなった旧体制をお払い箱にして、新しい体制を立てなければならない。その新体制は、持続可能な社会のための一〇の原則と矛盾しない、新しい価値観の要請に応えるものである。最後の一章では、直接このような変革に関わっていくにはどのようにしたらよいかについて述べる。

第9章　企業の構造と権力

二〇〇一年十二月、経済界に衝撃が走った。経済界のみならず、社会の隅々までさざめきが広がった。あらゆる国のほとんどの新聞の一面から対テロ戦争が姿を消し、新たなニュースがトップに躍り出た。世界最大のエネルギー企業の一つが、突然、破産申請の手続きをしたのだ。エンロンである。かつて新世代の革新的企業のリーダーと目されていたエンロンは、あの手この手を使って、米国の電力供給を民間の投機対象に転換する動きを推進した。カリフォルニア州における大規模なエネルギー問題は、電力が政府の監督から離れたことも、その一因である。同社はまた、規制緩和という名の、世界を股にかける怪物を生み出すのに大いに力があったが、その後そこから大いに利益を得た。その怪物の生みの親はWTO、GATS、その他の国際機関の新ルールであり、同社はそれによって外国市場に参入することができ、何百億ドルもの海外資産を集めることが可能になった。一方、インドやボリビアやドミニカ共和国のような国ぐに、その他数十の国ぐにでは、その国際ルールのせいで、深刻な社会問題、環境問題が起きている。

エンロンはまた、世界銀行とＩＭＦの構造調整融資計画から、濡れ手で粟の利益を享受していた。融資と一体となっている旨《うま》みのある契約のおかげで、外国政府に供与された開発融資基金が同社に還流する仕組みになっていたのである。それには銀行も一枚噛んでいた。同社が危険な拡大路線をとりながらもマイナスの実績を隠し、企業価値があるように見せかけるのに、米国の企業優遇税制も一役買った。

転落の崖っ縁に立たされた時、同社は社員の持っている自社株が暴落していくのを目の当たりにしながら何の手も打たず、それまで会社のために尽くしてきた人たちを見殺しにした。その一方で、重役たちは自社株を売って莫大な利益を手に入れ、さらには法外な賞与を持ち逃げした。

そのことが公になると、エンロンのやってきたことは誰の目にもあまりに常軌を逸していて、世間から怒りの声が澎湃《ほうはい》と起こったので、米国政府内の大企業べったりの連中でさえも、かつての盟友である同社に救済措置を講じたりしたら自らの政治生命が危ういことになる、と判断した。彼らは「樽の中の林檎で腐っているのはあの一個だけ」と言わんばかりに、責任ある行動をとっている米国の企業の中でエンロンだけが例外中の例外である、と宣伝した。

ところがどっこい、エンロンの事例は実際にはそれとはまったく違う教訓を残している。一つ目は、このスキャンダルの発覚以来明らかになった事実からわかることなのだが、同社の活動には良心のかけらもないけれども、その多くは法律の枠内で行なわれていたということである。その法律は、企業と政府の癒着及び規制緩和のもたらした成果である。

二つ目は、この種の非難すべき行動は、今日の企業構造の性質と、企業と機関投資家のための現行の国際ルールを考えれば、まったく予測可能であったということである。企業が地域社会の利害を顧慮せずに短期間で利益を上げて急成長を遂げることができるのは、そのルールのおかげなのだ。

あと一つは、エンロンに続いて起こった事例がものの見事に示してくれたのだが、ワールドコムに始まって、ハリバートンもゼロックスもティコも、その他の大企業も、エンロンと似たり寄ったりであるということである。エンロンは氷山の一角に過ぎない。実のところ、問題はシステムに内在している。エンロンであれ、他の企業であれ、その病弊を除くにはシステム自体を根本的に変革しなければならない。

二十一世紀を迎えた今、グローバル企業は他を圧する組織的な権力として、人間の営みのみならず、地球全体を支配している。実際、政策研究所のサラ・アンダーソンとジョン・カバナの報告書によれば、二〇〇〇年の時点で、世界の上位二〇〇社の企業の総売り上げが、全世界の経済収益の四分の一を上回っている。地球上の経済組織を一〇〇挙げるとすれば、五一が企業、四九が国、という内訳になるだろう。今の世界統治機構、並びに、地上の人と生命を支配している貿易、金融、投資の制度が最も利益を与えているのは、地球を取り巻くこれらの企業であり、企業がその機構や制度を動かしている。

個々のグローバル企業の持つ力が巨大化し、それが極度に集中していることによって、民主主義も市場競争も窒息してしまっている。例えば、大衆消費財、自動車産業、航空機産業、宇宙航空、電子機器、鉄鋼の六つの主要産業において、五つの企業が世界市場の五〇％以上を支配している。グローバリゼーションと資本主義の理論が描いているような健全な企業競争に寄与するどころか、グローバリゼーションは世界規模の寡占状態に直結してしまっている。農業の分野で、アーチャー・ダニエルズ・ミッドランドやモンサントやノバルティス、及び同業数社が、原料の投入と分配、種子と化学薬品、農家、加工業者、卸売業者、小売業者を牛耳っているように、多くの場合、少数の有力企業が一連の生産サイクルのひとこまひとこまを意のままに動かしており、それを推し進めた結果、広範囲の垂直的統合を作り上げてしまった。従って、価格と食糧の供給、そしてその品質も、企業の力によって左右される。従来の市場理論は、品質、価格、技術革新に関して競い合う健全な中小企業を前提としていたが、このような途方もない企業集中を前にしては、そんな理論は雲散霧消である。民主主義、経済的公正、環境保護を促す条件もすべて阻害されてしまう。

企業は今や、世界の政治、経済、社会を我が物顔に仕切っている。私たちの思い描く生活のイメージを作り、私たちを支配している政治体制に非常に大きな影響力を行使しているのは企業であるが、それを可能にしているのが、市場での力、何十億ドルもの政治献金、ＰＲ、広告であり、企業の規模である。デイビッド・コーテンが書いているように、企業は既に「企業による支配」を完成し、それによって民主主義、社会的公正、自然が損なわれている、と言ってよい。だからこそ、グローバリズムに叛旗を翻す人たちの呼びかけに応えて、数百万もの人びとが路上に参集したのである。この人びとの要求は、企業のあり方、企業が拠って立つ法令、さらに企業の存在そのものを土台から大きく変革することである。

今日、グローバル企業は我が物顔に世界を取り仕切っているが、来たるべき公正で持続可能な社会の中で、なおも企業がそのように活動できるとは考えにくい。実際、そのような社会を達成しようとするならば、企業の構造を変える必要がある。現在の企業のあり方から生まれる価値は、企業だけがうまくいけばそれでよしとするもので、第4章で概略を示した持続可能な社会のための一〇の原則とはまったく相容れないものであり、そのようなあり方を放っておくわけにはいかない。先人たちが意を決して、専制君主の排除ないし制御に踏み出したように、グローバル化した上場企業、有限責任の会社を劇的に変えなければならない。市民がグローバル経済の変革にとりかかる時、まずこの問題を解決するための方策を検討することから始めなければならない。

この章はこのような変革の可能性に焦点を合わせる。企業行動が引き起こす問題の多くは、組織の形態と構造自体に根ざしているので、企業の構造の主要な特徴を概観することから始める。

次に、本章は世界各国の市民グループによって既に取り組まれている多様な活動を紹介する。それぞれのグループが掲げる目標は、企業の改革から企業の廃絶に至るまで多種多様である。最後に、新しい会社のあり方について、いくつかの提案を行なう。それは、今の企業と違って先の一〇の原則に合致するものである。

今日の企業構造

企業は二つの範疇に大別される。一つは、上場せずに少数の個人ないし親族が所有しているもの（「私的に所有されている企業」）で、もう一つは上場して株式が売り買いされているもの（「公的に所有されている企業」）である。その両者の間には重要で本質的な相違がある。

上場企業と非上場企業

株式を上場していない企業にも巨大化したものがあり、中にはグローバル化したものもある（例えばベクテルやカーギル、その他いくつかの極めて不透明な穀物商社がそれにあたる）。これらの非上場の大企業は、規模の大きさによる効率性、市場と資源の支配、政治的影響力、貸付機関にとっての魅力、といった上場企業が有している利点の多くを手にしている。しかし、非上場の大企業は比較的少数であり、その影響力をすべて合わせても、それより数の多い、上場している有限責任のグローバル企業には及ばない。

企業が「公的に所有されている」という場合、それは、その企業の所有権としての株が、株式市場で多数の人びとによって自由に売り買いされる、という意味である。ただし、株所有者は利潤のおこぼれにあずかるのを待つより他に、その企業の運営にほとんど関わりを持たない。そのような株式の売り買いは「投資」と呼ばれるが、それはむしろ競馬のような、若干体裁のいいギャンブルになぞらえてもいいかもしれない。実際のところ、上場企業の株の中で、個人が直接それを所有しているものはわずかで、ビジネスとして運営されている投資信託会社、保険会社、年金運用会社、その他の投資機関がその大部分を保有している。このような投資会社で株を買う人は、大抵その投資会社がどの会社とどの会社の株を所有しているのかほとんど知らないし、まして、その会社が自分の投資した金でどのような活動をしているのか、などということには無頓着である。

世間から投資を引き出すために、ほとんどの上場企業には自社株を、成長と利潤性の点でできるだけ魅力あるものに見せなければならないという大きな重圧がかかる。その重圧のために、多くの企業は、当面うまくいっているように見せかければいい、ぐらいに考えて行動を決定したり（エンロンやワールドコムやハリバートンなどがそうである）、森林や漁場のような天然資源をすごい勢いで消費して枯渇させたりしている。長期的な環境保全や恒久的な資源利用などは視野に入れずに、短期間で利益を上げようとしているのだ。どの上場企業も、自分のところに投資すればきっと儲かると思わせたい、という衝動をもっており、それが、見過ごすことのできない社会的、環境的害悪を引き起こす端緒になっている。金づるである投資家、銀行家、金融業界に好印象を与えるために、見栄えのいい貸借対照表を四半期ごとに出さなくてはいけないので、継続的な成長と拡大を目指して、上場企業は更なる市場、労働力、資源を追い求めることになる。上場企業の座右の銘は「成長か死か」である。成長することと利益を上げることが強迫観念のようになっていて、道徳や倫理や環境に配慮することなどは甚だしく軽視している。

非上場企業の方はどうか。上場企業とまったく同じようなやり方をする場合も多いけれども、金融システムからある程度自由なので、上場企業ほど、金融業界や投資市場に好印象を与えなくてはいけないという強迫観念にとりつかれてはいない。非上場企業を経営する家族や個人は、少なくとも理論的には、最大限に利益を上げることだけにとらわれず、場合によっては地域社会や労働者や自然のことも考慮に入れて、比較的自由に決定を行なうことができる。非上場企業にはさまざまな価値をあわせ持つ余地があり、本書でも、地域の福祉や環境の保全に寄与するために利益を犠牲にすることも厭わない、比較的小規模の非上場企業の実例を見てきた（パタゴニアやベン＆ジェリイズやボディショップなど）。もちろん、非上場企業が、株を公開することによって「公のものになる（＝上場企業になる）」こともあるし、規模がずっと大きい企業に買い取られることもあり、ひとたびそういうことになったら、もう自社の利益以外のことを考える余裕はなくなるが。このような企業が存在するからといって、非上場企業の無法なふるまいを見逃すわけにはいかない。自分たちはもっと責任ある行動をとる余地がある、などとは一度たりとも考えたことがないように思われる企業が少なくないからだ。実際、情報を公開しなくてすむという理由で、非上場にしている企業もある。非上場企業は、証券取引委員会その他の政府機関に財政報告書を提出することを義務付けられていない。非上場企業、特に繊維部門の企業の中には、労働者酷使のすさまじい前科を持つものもある、ということもつけ加えておかなくてはならない。

有限責任ということばに関して言えば、それが意味するのは次のような事実である――法的には、企業経営は株主（つまりオーナー）に対して説明責任があり、彼らを代表して経営を行なっていることになっているけれども、株主は会社の株を買うという形で金を出すだけで、企業経営がどんな結果を引き起こそうと、それに対して何ら責任を持たない、ということ。法的な意味での企業のオーナーと、実際に企業を運営している人間が、はなからこのように隔たっていることによって、元をただせば企業の引き起こしたものに他ならない害悪に対して、株主は責任を問われずにいられるし、その害悪のことを知らない場合さえある。また、もし投資者にも責任があるとされていれば機能していると思われる、一定のレベルの経営参加、説明責任、透明性は、なきものとなっている。実態を見ると、ほとんどのＣＥＯは今、株式買い入れ選択権（訳註：会社が役員などに報酬として与える、一定数の自社株を所定の価格で自社から買い取ることができる権利）を通じて法外な支払いを受けており、自分たちの運営している会社の大株主になっている。このような形で所有権を持つことによって、彼らもまた有限責任を享受している。

企業に対する許認可

企業は社会を支配しており、われわれを縛っている権力構造を支えているが、実のところは沖合いにゆらめく蜃気楼のようなものである。エクソンモービル、マクドナルド、シェル、マイクロソフト、ディズニー、ソニー、モンサントのような名前はわれわれの脳裏にロゴと共に焼き付いていて、旧知の友人のようになじんでいるけれども、確固たる実体を持っているわけではない。企業はビルやスタジアムを所有しており、途方もない力をふるっているが、企業自体は目に見える形を持っていない。その中で働いている人間はいるが、企業自体は生きた人間ではない。だから、普通の大人ならば備わっている、思いやり、羞恥心、隣近所への配慮、相手に対する誠実さ、といったものを企業に期待してもそれは土台無理というものである。組織としての企業と企業の中で働く人びとの間には、このような違いがあるわけだが、ラルフ・エステス元アメリカン大学教授の言う、「企業はなぜ善良な人びとに悪事を働かせるのか」（同氏著『収支決算の専制』より）を解明する上で、この違いが重要な鍵となる。

米国の企業はその存立を州政府と連邦政府の法律に負っている。直接的には企業は州による企業許認可の産物である。だから、理論的には企業の存在は人びとの主権に基づいている。誰が役員になるべきか、どのような理念に基づいて企業は運営されなければいけないか、他の企業を買収したり、他の国や地域に移転したりしてよいか、言い換えれば公共の利益に影響を与えることを行なうにあたってそれが許されるか、といったことに関して、州による許認可とそれに裏打ちされた定款を活用すれば、どんな条件をつけることも理論的には可能である。

数百年前、州による許認可、すなわち定款は、大きな制約と今日よりずっと高い水準の義務と責任を企業に課していた。しかし、「企業・法・民主主義のプログラム（POCLAD）」のリチャード・グロスマンとフランク・アダムズの画期的な研究が明らかにしたように、企業の存立に関わる州法、連邦法、及び州の定める規則の性格と制約を、企業は数世紀にわたってできるだけ弱めようとしてきた。今日では、これらの法と規則の課している制約は以前と比べて少なくなっており、企業がその規制に従わなかった時でさえ、企業が将来にわたって存続していくことを脅かされることはほとんどない。今日の政治家、政党は、選挙の際に企業から資金の援助を受けているので、エンロンやオーサーアンダースンの件のように、あまりにも政治的に悪影響を及ぼす場合を除いては、制裁を課すようなことをしたがらない。制裁を課すにしても、ほんのしるしばかりのものだろう。

われわれが企業と呼ぶ、このバーチャルな（＝仮想された）存在は今や、人間に与えられているのと同じような権利を非常に多く享受するに至っている。この章の中で追って説明するが、米国の裁判所の判例の示すところでは、企業は、人間であるかのように財産を売買したり、損害に対して訴訟を起こしたり、「企業の言論」を行なったりする権利を持つ「法人」である。合衆国憲法修正第一条の下で、広告も、PRも、選挙資金の提供もみな合法で、企業の言論の「保護されるべき」形態であるとの判断が示されている（第8章参照）。

企業は法律で規定された「人格権」を享受しているけれども、たいていの場合、通常の人間としての責任を果たすことを求められはしない。企業は有限責任のルールによってしっかりと守られているので、会社の株主、すなわち所有者が、その会社の行為によって訴追されるようなことは起こりえない。また、実際に意味のある形でその会社自体が訴追で傷を負うこともない。企業は活動に対して罰金を課せられたり、慣行を変更するように命じられたりすることもあるが、もし人が実行したら米国の多くの州で死刑宣告を受けそうな重罪を、企業が犯したとしても、その企業の生命、つまりその（ヴァーチャルな）存在が脅かされることはごく稀である。

実際、企業はその活動の担い手である人間よりも、場合によってはその所有者、すなわち株主よりも長く生き残る公算が大きい。人間とは違って企業はいつまでも死ぬことがなさそうである。新世代の株主が死刑宣告につながる訴訟でも起こせば、話は別だが。

要点を言おう。人間を人間たらしめているのは肉体であり、その有機的な働きであり、そこには他者への思いやりや羞恥心も含まれているが、企業にはそういうものがない。企業には社会全体のこと、環境のこと、地域社会のことをまず第一に考えてほしいと願わずにはいられないが、企業という存在（概念）は非常に巨大な力を与えられた事務作業の集積であり、そんな観念を容れる余地がまったくない。企業が目指すのは結局、自社の利益を増進することだけである。

企業が今日、許認可を受けている歪んだシステムの中で、他者に配慮し、まっとうな理念を持って、地域社会や環境を大事にしながら活動するなどということは、企業の構造や性質から見てもありえない。企業は、ＰＲ活動や広告の中で、あるいは不祥事に対して弁明したり、政治家を動かしたりする際に、「私共は社会や環境に充分配慮しております」と吹聴することがあるが、それはたいてい、倫理の欠如に対する世間の非難に直面して、そう言わざるをえないからに他ならない。

個々の社員、従業員が、もっとまともな方向に舵を取りさえしたら、企業も責任やモラルをわきまえるようになり、自社の利益しか考えないようなことがなくなるのではないか、と大方の人は考えるだろう（次のセクションで詳述する）。そのような変化の可能性は、少なくとも株式上場企業に関する限り、結局のところわずかしかない。アラスカ沖でのエクソンのバルデス号の石油流出やインドでのユニオンカーバイドの化学物質爆発のような悲惨な事故を思い出してみよう。どちらの場合も、各々の幹部は自社の行為に対して遺憾の意を表明し、謝罪の言葉を述べた。けれども、二、三週間のうちにその幹部たちは豹変してしまった。最初は人間として対処していたのだが、間もなく、企業組織とは相容れない個人的感情には蓋をしなくてはならなくなったのだ。責任を認めさせ、賠償金の支払いに同意させようとする法的措置のすべてに対して、両企業の幹部は頑強に抵抗し始めた。これもまた、企業という形態そのものに起因している。企業が公式に過失を認めると、株価が下がり、株主が離れていき、銀行が融資から手を引き、訴訟が起こり、さらには捜査に起訴、ともなりかねない。私どもの責任です、などと言おうものなら、その幹部は企業という形態にとっての越えてはならない一線を越えたものとして必ず解雇され、別の人間がその後釜に座るだろう。「企業の行動に関しては形態が機能を決定する」のだ。

さらに厄介なことに、企業は人間の組織の中で最も独裁的なものである。経営上の権限は最高経営責任者（ＣＥＯ）にある（ＣＥＯは取締役会に対して説明責任を有しており、取締役会はＣＥＯが株主の利益の代表者であることを保証する責任を負ってはいるが）。大企業はその規模の大きさ故に、実際は一つひとつの意思決定のすべてを一人の人間が行なっているわけではないが、正式な決定権は主としてCEOにあり、従業員の雇用と解雇、工場の新設と閉鎖、子会社の売買などに関して、事実上無制限の権限を持っている。このような決定によって生活が損なわれたり、場合によっては生活がまったく奪われてしまう人も出るが、多くは泣き寝入りさせられてしまう。

上場企業のこのような負の側面は、米国の会社において特に明らかである。アジアやヨーロッパの中には、もっと公共の利益にかなう企業行動を促すための規制を課している国もある。例えばドイツでは、ある一定の規模以上の会社は取締役会に労働者の代表を参加させなければならない。そのことによって、社会の重要な構成員の関心事が企業の会議室に直に伝わることになる。

取締役会の構成員、地元の利害関係者の経営への参加、企業の移動に対する制限、労働者の権利、環境問題、利益の再投資などについて、どの国でも、その気になれば当然、同様のルールを作ることが可能である。米国では、その任に当たるのにふさわしい一つの組織が、そのような新しいルールを州による企業許認可の条件に盛り込もうとしている。そうすれば、自由に活動し、資産を好きなように売買している今の企業に対して、市民による縛りがかかり、社会を動かしている企業という組織に対して、市民の主権が優越することになるだろう。「企業・法・民主主義のプログラム」が、今この方策を実行に移すためのイニシアチブ（訳註：住民発議。ある問題に関する法律の制定が必要と考える住民がその提案を行ない、一定数の有権者の賛同が得られれば議会の投票に付すことができる）に着手している（これについては後述する）。何年か前にはラルフ・ネーダーが、企業に対する許認可を連邦政府が行なうという考え方を提唱した。その許認可の際に、企業に責任ある行動をとらせるための新しいルールを設け、今企業が依拠している原理原則の変更を促すというものだ。許認可権を州レベルから連邦政府レベルに移せば、条件が厳しい州からそうでない州に出て行く企業の抜け道がなくなる。エンロンとワールドコムのスキャンダルはまだ記憶に新しいが、連邦政府による企業の許認可という考え方を、米国は再度採り入れるべき時かもしれない。

一方、そのような実行可能な改善策があるにもかかわらず、現在存立している企業は最終的な責任から逃れたままでいて、社会や労働者や環境のためになるような倫理的な行動、利己的でない行動をとるということがない。今日の企業にとって、意義のある原則は次の三点のみである。

・利益最優先
・市場及び自社の権益の不断の拡大
・国内国外の、規制、投資、政治情勢の操作
——何をしようと、どこに出て行こうと制約をうけず、市場、資源、労働力に自由に手を伸ばせるようにしておく

企業権力に対抗する市民運動

企業という権力に抵抗する市民の運動、労働者の運動は、世界の各地で今までに豊富な経験を積ん

できている。企業が世界規模で統合、合併を急速に推し進めた一九九〇年代に、事態はにわかに緊急性を帯びた。運動に取り組む市民たちは企業の力の増大に対抗するために、さまざまな運動戦略を追求してきた。それには改良主義的なものから、社会を根本から変えるようなものまで、多様な方法論が含まれる。企業の責任と義務を強化する試みや、企業を地域から締め出す試みも改良主義的な戦略の中に含まれるが、その立場は、企業の意思決定の際にもっと地域社会や環境を重視させるために、現在のシステムを微調整する必要はあるけれども、基本的にはそのシステムは間違ったものではないし、大きな目で見れば、企業は社会に不可欠な積極的な役割を果たしている、とするものである。グローバル企業は社会に根付いており、現在の形態で存在する権利を持ち、責任ある市民として活動する可能性、さらには人類全体の進路を公正で持続可能な世界へ導く可能性さえ秘めている、と改良主義的な考えの人たちは内心信じている。

しかし、企業には当然の生存権があるという考え方を認めない立場もある。あの「シアトルの戦い」の後、『アドバスター』誌のケイル・ラスンとトム・ライアカスは、彼らの言うところの「企業取締り」に注意を喚起した。

「企業はこれに直面して無傷ではすまないだろう。新たに登場したグループの抗議の対象は（古い秩序を何らかの形で残したいと思っている人たちには理解しがたいであろうが）、企業がもたらしている害ではなく、企業の存在そのものである。この人たちは、そもそもの始まりにさかのぼって、企業という『人格』を生み出した法律と判例を俎上に載せようとしている。彼らがいじろうとしているのは企業の遺伝子コードであり、変えようとしているのは企業活動に対する許認可とその取り消しの根拠となっている法律、最悪の結果をもたらす投資を行なっても投資家は罪に問われない法律、国の内外での企業活動に対する規則や規制である」

この人たちは「企業廃止論者」と言えよう。人と環境に害を与えている企業を取り上げて、その企業に社会的な責任を負わせるだけではもはや充分ではないと考えているからだ。彼らは常習犯の企業に対して死刑判決を求めている。上場企業は、その圧倒的な権力、不在所有、有限責任によって人間と地球の生存にとっての脅威になっているが、そのような企業をなくすために、企業の許認可の条件と会社法を全面的に見直し、改変することを「廃止論者」は求めている。

企業廃止論者の大前提は、企業による支配を終わらせるためには、際限のない企業犯罪を根絶するだけでなく、企業による支配を可能にしている企業の存立要件を根絶する必要がある、ということである。この目標は一朝一夕には達せられないだろうが。

それと並行して、今それぞれの運動戦略を展開しているさまざまな運動体のすべてが共同して取り組めそうな課題がある。改良主義的な色彩の濃いものから、体制変革的な性格の強いものに至るまで、六つの選択肢を提示したい。

企業責任の追及

企業を相手に運動をしている人たちの長年にわたる戦略の一つは、企業責任の追及である。企業責任を追及する運動を進めている人たちも改良主義的な立場であり、企業の存在自体は容認しているが、企業にもっと社会的な責任を伴う行動をとるように求めている。その運動は、特定の環境問題、労働問題、人権問題に関連して行なわれることが多い。この要求は、多くの場合、消費者と株主を味方につける。例えば企業に投資している宗教団体が、株主決議書を提出することによって、社会や環境に害を与えている特定の企業活動の変更を求め、さらに他の株主にその決議を支持するように働きかける、というように。一九七〇年代から一九八〇年代にかけて、北米とヨーロッパの市中銀行やその他の金融機関に圧力をかけて、人種隔離政策をとる南アフリカ共和国への投資をやめさせるためにこの手段がとられ、功を奏した。投資の引き上げを求める株主のこの運動は、その結果から判断すると、人種隔離体制を弱体化させるのに効果的な方法であったことがはっきりしている。

ニューヨークにある法人組織「コーポレートキャンペーン」は、犯罪的な活動を続ける企業の主要投資家の「力の分析」を実行しているが、それは無法者のアキレス腱を直撃する運動を展開するためである。この運動の効力は、一九九〇年代半ばのブリティッシュコロンビア州での、太古の森を根こそぎ伐採する企てを阻止した環境保護運動においても実証された。大林業会社の取引先と納入業者を直接の標的にすることによって、その会社に圧力をかけ、自然破壊行為をやめさせることができた。

近年、企業責任を追及する運動は他の形態もとっている。訴訟は依然として、企業の側に社会的責任のある行動を促すための手段として用いられている。例えば、イギリスでは、ウラニウムを投棄したリオティントと、海外の工場労働者に水銀汚染の被害を与えたソーアケミカルが訴えられている。それに加えて、ギャップやリーバイストラウスのような大規模衣料メーカーに「企業倫理に関する社内規定」を作らせるという試みもなされている。その規定は、その会社が下請けをさせている中米やその他の国の労働者の雇用を、もっと社会的責任を持って行なうように促すものである。けれども企業がその規定に従うという保証はないし、規定を実行しないという問題が起こるのは避けられない。それは、どんなに良心的な企業であっても、雇用や環境に関わるコストを削減せよという市場の要求から逃れられないからである。

多くの企業責任追及の運動体が、「企業倫理に関する社内規定」に関心を向けている。二〇〇〇年にまとめられた「国連グローバルコンパクト（世界協定）」もこの流れにある。世界経済のさまざまな部門の多数の多国籍企業が要請に応じて、「責任ある企業行動のための九つの指針」に署名した。その協定を結んだ企業は、年に一度事例報告を送り、労働条件、環境保護、人権尊重の水準を高める、優れた実践例を国連のウェブサイト上で公表することになった。ナイキやリオティントのような、人権問題や環境問題に関して前科があり、運動体の告発の対象になっている企業がその協定を結んでいるのだが、そのような企業の多くにとって、その世界協定は、損得勘定に基づいたPR活動と大して変わりないものにしかならなかった。

実際、世界協定のスポンサーになったことは国連の信用に傷をつけた。社会や環境を破壊する企業の行動にお墨付を与えたようなものだから、国連はそのような企業の共犯者になったに等しい。世界協定に絡んで、国連の信頼がさらに損なわれる事件が起きた。国連事務総長のコフィ・アナンは、財界のリーダー、ゴラン・リンダールを世界協定の上級顧問兼渉外担当者に任命したのだが、そのリンダールが、二〇〇一年までＣＥＯを務めていたエイジーブラウン＆ボバリの退職金スキャンダルで、顧問職を追われる事態になったのだ。会社が六億九一〇〇万ドルの損失を出し、さらに、それまで隠していたアスベストの責任問題を公表したことで株価が急落した年に、リンダールは退職に際して約五三〇〇万ドルもの金を懐にしていた。スウェーデンの首相はリンダールに辞職を求めた。アナン事務総長は彼との契約を更新しないことに決めた。リンダールがかつてトップの座にいた会社は、彼に退職金の一部を返還するよう求めた。

このような事実を前にしてもなお、グローバル企業は、自分たちは公の機関による監督の下に置かれたり、公の規制に縛られたりするべきではない、と強く主張している。企業の責任問題に対処するには「企業倫理に関する社内規定」をもってするのが適切である、と言って企業側は譲らない。社内規定ならば、個々の企業が自分たちの従う基準を決められるし、自分たちの活動を外から監視されなくてすむし、何らかの成果があった場合には、どれを公表するかを自分たちで決められるからである。

元会社役員、共和党のごりごりの保守派、投資会社の経営者、企業再生の専門家、ロバート・モンクスは、著書『皇帝のナイチンゲール』の中で、次のように述べている。

「今日の会社経営の観点からすると、法に従うべきかどうかの決定は単なる損得勘定に過ぎない。実際の企業は、法に従わなかった場合の費用と法に従った場合の費用を秤にかける。表沙汰になって、起訴されて、罰金を科せられたとしても（投獄される恐れはほとんどない）、多くの場合、法に従わなかった場合の費用の方が、法に従った場合の費用より少なくてすむので、多くの企業は法を無視するほうが経済的に有利だと考える。企業は人ではない。企業には良心がない。企業行動は個人によって実行に移されるのだが、高い倫理観を持った人でさえ、いつの間にか自分には如何ともしがたい企業行動の歯車の一部分になってしまっていることがよくあるし、企業行動の全貌が個人には知りえない場合もある」。

モンクスの述べていることは『ウォールストリートジャーナル』紙上の日々の企業犯罪の記事によって裏付けられる。このような法の無視が横行している以上、チェック機能が企業に委ねられている「社内規定」の実効性は極めて疑わしいと言わざるをえない。法律違反に加えて、今日の企業構造から論理の必然として出てくるのが虚偽報告である。企業は社会と政府に対してだけでなく、自社の株主に対しても、監査役とぐるになって虚偽報告をする。監査役は企業の財政報告がその社の財政状態を正確に表していることを、株主や政府や社会に対して証明するのが仕事であるはずなのだが。エンロンのスキャンダルは企業のそのような慣行のわかりやすい一例に過ぎない。エンロンの成功物語が終りになった後、企業の世界では如何に虚偽報告が当たり前のことのようになっているかについて、経済誌で盛んに論じられた。一九九〇年代後半のドットコムの株価の高騰は、市場に流されたデマに依るところが大きいというのは周知の事実である。実際問題として、株主に対して常習的に嘘をつき、法律を守るかどうかを損得勘定で決めるような企業は、「社内規定」はちゃんと守っています、なんて言っても、また監査役とぐるになって嘘をついているのかもしれない、と考えなくてはならない。

企業の社会的責任を追及することは最終的な問題解決にはならないかもしれないが、消費者による不買運動や株主による行動が二つの重要な働きをするのは確かである。一つは、その行動によって一時的にせよ損害がいくぶんか軽減するということ、もう一つは、市民が主体的に民主主義を実践し、企業の悪行の実態を世間がしっかり認識することにつながる、ということである。

企業の説明責任の確立

企業の説明責任を追及する運動は、企業行動に対して法的強制力のある基準を確立することを目指す。この戦略は、賃金、労働条件、公衆衛生、安全、環境、金融機関、金融取引、政治献金、ロビー活動などに対する法的規制を求める運動の形をとっている。このような法案は、重大なスキャンダルが起きて、世間が抗議の声を上げて初めて、議会にはかられて成立を見ることが多い。

企業にもっと社会に対する説明責任を果たさせるための法律を作る運動において、地域の住民が先頭に立っている例もある。カリフォルニア州アーケイタでは、一九九四年の住民投票によって、町内で操業するすべての企業を町議会が住民の意思に沿う形で指導、監督する任務を負うことになった。

自国に本社を置いて海外でも営業している企業に対して、もっと社会的に説明責任を果たすように求める運動が、国レベルでも国際レベルでも行なわれている。例えば、シンシア・マッキニー元下院議員(民主党・ジョージア州選出)は、米国企業が国内でも海外でももっと社会的に責任のある行動をとることを求める法案を議会に提出した。その法律は次のような規定を含んでいる。労働者に対する生活賃金の支払い、妊娠検査の禁止、内部告発者の保護、十八歳未満の労働者に対する強制残業の禁止。組合結成の権利や健康と安全の確保などの基本的なＩＬＯ基準の遵守。環境に関する国際法と国内法の厳守。この法律を実効性のあるものにするためには、次のような措置が必要であろう。第一に、政府が公共事業の契約をしたり、輸出援助をしたりする際に、その法を遵守している企業に優先権を与えること。第二に、企業活動による被害者には、米国市民でなくても米国の法廷でその企業を訴えることができるようにすること。イギリスでも同様に、グローバル企業の上位数社に、海外の子会社の活動に関してもっと説明責任を果たすように求める訴訟が行なわれている。国際レベルでは、「地球の友」が企業に説明責任を求める協定を実現するために、諸団体と連携して運動を行なっている。その協定を結んだ企業は、環境、労働、人権に関する自社の施策についての情報を開示しなければならない。

このような試みは「企業倫理に関する社内規定」よりずっと進んだものであり、消費者と株主の側の、運動を組織する労力を軽減するものである。しかしながら、それによって企業の本質が変わることはないし、企業は、縛りをゆるくしたり、規制の矛先をかわしたりするために、弁護士やロビイストや政治家に何百万ドルもの金をばらまくことができる。そんな企業の首根っこを押さえて法を守らせる大仕事を行政が背負うことになる。

略奪企業の排除、追放

迷惑な多国籍企業を地域社会から締め出そうと活動している人たちもいる。例えば、巨大化学製品会社のデュポンが、一九九〇年代初頭に、有害物質を排出するナイロン製造工場を米国からインドのゴア州に移転しようとした時、米国の通商代表が派遣されたが、それは、その計画を円滑に進めるためにインド政府の高官に圧力をかけるのが目的だった。その結果、インドの中央政府は地方政府に何の相談もなく工場移転を認可したばかりでなく、デュポンにタミルナドゥ州のある村の土地を供与したのだ。村の人たちは立ち上がり、工場の受け入れを拒否し、反デュポン委員会を作って抗議した。村の人たちがバリケードを組んだ時、企業側の人間と地元の警察が攻撃をかけた。その衝突で一人の若者が撃たれ、数十名が負傷した。住民が座り込んで土地を奪い返すと、地方政府は中央政府による計画の承認を覆し、インドの高等裁判所の判決は後にそれを支持した。これは、地域社会が団結すれば、米国政府に後押しされた強大な企業が入ってくるのを阻止することもできる、ということを示す、目覚ましい一例である。

デュポンの件はインドにおける企業排除運動のさまざまな例の一つに過ぎない。何千もの人びとが死亡した、ボパールでのユニオンカーバイドの工場爆発以来ずっと、インドの市民は断固として企業という迷惑な侵入者に抵抗し、それを排除しようとしてきた。ここ数年、コカコーラもケンタッキーフライドチキンもモンサントもカーギルもエンロンも、みな民衆の抗議行動の標的になっている。「モンサントはインドから出ていけ」もその一例で、農家と消費者の組織が一九九九年に開始した運動である。その年、遺伝子組み換え綿花の不作のために零細農家から何百人もの自殺者が出たのだ。

米国の地域社会でも、ウォールマートやライトエイド、その他の大規模小売店を排除するために人びとは結集し、成功を収めた。「三振、バッターアウト」のルールを適用して、ペンシルバニア州のウェイン郡区は、七年間に三回以上違法行為を行なった企業は管轄内での活動が禁じられる、という法案を成立させた。

以上、基本的には「うちの近所では困る」的な運動ではあるけれども、住民、地域社会、環境に対する、グローバル企業の破壊的な影響についての公の関心を高める性格を持つ。それはまた、企業による支配は市民が一致団結すれば避けられる、という証にもなっている。

企業許認可の取り消し、定款の書き換え

政府が行なっている個々の企業の許認可に、市民が主体的に関わっていこうという運動が、米国を初めとしていくつかの国ぐにで始まっている。既に見たように、企業は政府によって許認可を与えられて初めて、実体を持つようになる。それなしには法人として存在しないし、それ故、財産を所有することも、借金をすることも、契約を結ぶことも、雇用し解雇することも、資産や負債を蓄積することもできない。米国の建国当初、企業は公益への奉仕をその創設理念とし、立法府の意を体して存立し、その意に沿わなければ許認可を取り消された。このような形で、市民は企業の行動を常に制御することができたし、企業が従うべき規則を細かく定めることも、経営者に事故の責任を取らせることも可能であった。この状況が変化する契機となったのは、企業を合衆国憲法における「自然人」と認定した、一八八六年の最高裁判決であった。何百もの州法が無効とされ、新しい法律が成立し、そのおかげで企業はそれまでよりずっと権利と保護の恩恵に浴するようになり、株主はたいして責任を負わなくてもよいことになった。

今日、米国の「企業・法・民主主義のプログラム（POCLAD）」が先頭に立って、企業の許認可及びその更新を市民が行なう権利を取り戻す運動を支援している。州によって認可された企業の定款を、定期的に見直し、改めて許認可を与え、必要があれば許認可を取り消すことを要求する権利が、

市民には歴史的に認められている、とPOCLADは言う。例えば、ペンシルバニア州では、市民団体が企業に関する州法の修正に取り組んでおり、企業の許認可の有効期間を三十年に限ることを要求している。許認可の更新は可能であるが、そのためには、企業は見直しの過程で自らが公益に沿う活動をしていることをきちんと証明しなくてはいけない。カリフォルニア州では、市民組織の連合（「全米女性機構」「熱帯雨林行動ネットワーク」「全米弁護士会」）がユニオンオイルに対する許認可の取り消しを法務長官に請願した。この市民連合は、カリフォルニアの州法に許認可の手続きが定められていることに着目した。彼らは請願を実効あるものにするために、環境破壊、労働者の搾取、著しい人権侵害に対するユニオンオイルの責任を示す一連の文書を証拠として提出した。

企業の定款を書き換えることは、企業の性格を変えるための一つのステップである。許認可の取り消しは、企業にとっては死刑宣告に等しいものであり、それは説明責任という観念を実効あるものにすることにつながる。ニューヨーク州の法務長官、エリオット・スピッツァーは一九九八年にこう明言した。「人間の生活を危険に曝《さら》し、環境を破壊する重罪を繰り返して、企業が有罪判決を受けたら、その企業は命脈を絶たれるべきである。すなわち、その企業の存在には終止符が打たれ、その資産は没収されて競売にかけられなくてはならない」。スピッツァーは常習犯の企業に対する死刑判決を引き出してはいないけれども、ゼネラルエレクトリックを含むいくつかの巨大企業との戦いに取りかかっている。

一九九八年、アラバマ州で、ウィリアム・ウィン判事は個人的にある訴訟を起こすに至った。それは、児童虐待を防止する州法に違反したという理由で、六つのタバコ会社の解体を求めるものであった。ウィンは自分の行動を「市民による逮捕」と呼んだが、主席判事は前もってタバコ会社の弁護団と話をつけて、法律論を盾にして訴えを退けた。

大企業に対する許認可の取り消しと、その資産の競売での売却（次項で論ずる）は、より大きな構造的問題を解決することにはならないであろうが、それは間違いなく、企業経営者と株主に強力なメッセージを送るであろう。「法を遵守することが、財政的にも賢明な選択ではないですか」と。

有限責任と企業法人の排除

すでに見たように、企業は特権を手にしており、普通の人が従わなければいけない法律、負わなければならない責任の及ばないところにいる。株主も、環境や労働者や社会に与える損害に対する法的責任を事実上免除されている。だから、例えば、ユニオンカーバイドが工場の爆発で何千人もの死者をボパールで出した時も、エクソンがバルデス号の原油流出事故の結果、沿岸を汚染した時も、この巨大企業に投資した株主は責任を問われなかった。投資家が手を貸すことによって生じた損害に対して、投資家に責任を負わせるように規則を変えることによって、投資というものがもっと慎重にやらなくてはならないものになるだろうし、企業が人と自然を守るためにどんな措置をとるかを決める際の損得勘定も大きく変わるだろう。投資家は、どこかの株主になる前に、その企業が環境、労働、人権に対してどのような姿勢をとってきたかを見極めなくてはならなくなるだろう。CEOや経営陣の側も同時に、そのような問題にもっと関心を向けるようになるだろう。企業株主の有限責任を保証している法律を槍玉に上げて、それを改正する運動を展開している人たちもいる。法改正は、実際、企業の説明責任のあり方を変えるだろう。

意外に思われるのだが、企業法人の法的原則を確定した一八八六年の判決は、一人の判事の簡単な発言に端を発した。裁判記録によれば、米国最高裁判所判事モリソン・レミック・ウェイトが、サンタクララ郡とサザンパシフィック鉄道との係争事件の審議の冒頭で、以下の発言をした。

「州の権限の及ぶ範囲にある個人が等しくその法の保護を受けることに例外を認めない合衆国憲法修正第十四条が、両者に適用されるか否かについての議論は、本法廷では不要であります。当条項が両者に適用されるという意見に異論のある者はおりません」

裁判所での発言の中で、この発言ほど民主主義と人権に大きな打撃を与えたものは他にないだろう。わずかこれだけの発言によって、企業法人の法的原則が不動のものとなり、この論理がそれ以来、さまざまな国で企業側の弁護士に用いられ、企業は自社の活動の公的な説明責任を一切負わずに済むようになったのだから。企業法人という法的虚構を排除するために法律改正ないし法律制定に取り組んでいる市民運動を、本書の執筆陣は強く後押ししたいと思う。

企業の解体と不在所有権の売却

大企業の解体を目指す運動を進めている市民も存在する。企業の業務を構成しているものをばらして、労働者や消費者や生産者や地域住民に売り払ってしまおうというのである。そうすれば、市場と政治を歪めている権力の集中はすぐになくなるであろうし、市場の効率性が向上することは言うまでもなく、不在所有が地域社会にもたらす厄災もほとんどなくなるだろう。

この運動は、法による規制と税制を適切に機能させることによって、大企業の解体を余儀なくさせ、地元の利害関係者の所有する身の丈にあった経営体への再編を促すことを目指している。状況によっては、そのような経営体（会社）が協同組合的なグループやネットワークに参加し、さらに大きな事業を行ない、「規模の利」を実現することも可能になるだろう。地元の利害関係者が所有する会社が集まって、そのようなグループが作られれば、事実上、どんな規模の活動も、地域に根ざして説明責任を果たしながら行なうことができる。ファストフードやドリンクのチェーン店も、一つのブランドを持ち、マーケティングを行なう協同組合の傘下で運営される、個人所有の会社に再編されるかもしれない。そのあり方は業種や組合によってさまざまであろうが、小さくて、地元の人がやっているものの方がいいという考え方で社会が動くようになるはずだ。権力の集中をよしとする論者は現実に直面して説明がつかなくなり、「大きいことはいいことだ」的な強引な議論は影をひそめるだろう。

企業の解体を目指すには、いきすぎた企業集中が不可能になるような措置を講ずることも考えられる。資産と総売り上げに対する累進課税は、大きな企業ほどぐんと上がる税率を払うことになるから、企業規模が大きいほどコストがかかることになり、大きな企業ほど、効率化に努めるようにするか、自ら解体するか迫られるだろう。銀行に対する規制は、一行が四つ以上の支店を持つことを禁ずる、というような形になるだろうか。その結果、例えば、銀行コングロマリット（複合体）が解体して、独立した地方銀行に分散するかもしれない。また、一つの企業が、公共の電波を使う二つ以上のテレビ局、ラジオ局を所有することを禁止する規制も考えられる。さらに、所有者はその局の電波が届く範囲に住んでいる人でなくてはならない、とする。そうすれば、メディア・コングロマリットは解体を迫られ、個々の放送局は地元の人たちに売却されるだろう（労働者への所有権の移行を促進するための立法措置に関しては、ジェフ・ゲイツ著『所有権の解体』を参照）。

企業と国家の癒着をなくすには

主権在民、すなわち、自治は人間の基本的な権利であるという考え方は、民主主義の基本理念である。政府は社会を構成する人びとが自発的に創設したものであり、それ故その人びとの意志に服従する。それを前提にして、企業は政府に許認可を与えられて創設される。だから、企業は当然、政府を介して人びとの意志に服従することになる。けれども世界が目の当たりにしている現状はというと、企業が政治の力を味方につけて、自分たちの利益が増大するように法律を書き換えるために、政府や法廷を金で動かしているのである。

この動きを推し進めているのが企業エリートたちで、彼らは民主主義に基づく正式の制度の外側で、重要課題をでっち上げる。三極委員会（訳註：日本、EU、北米の非政府メンバーで作る組織）、国際商業会議所（ICC）、世界経済フォーラム、通商会議、その他多くの、国の内外での商工業の円卓会議がそれにあたる。IMF・世界銀行・WTOも、すべてこのエリートたちに利用されているのだが、彼らの目的は経済に関わる民主的な政策決定を排除して、企業の利益に沿うように経済を動かすることである。彼らは口先では民主主義を唱えるけれども、「民主主義の危機」と題された、三極委員会の一九七四年の報告書はあからさまに、「いきすぎた民主主義」によって「意思決定のプロセスの欠陥」が生じた、と論じている。それが彼らの本音なのだ。

一九九〇年代に至るまでに、大半の国ぐにの政府と企業エリートは、国家のあり方を、人間の権利と利益の守り手から企業の権利と財産の守り手へと大きく変えてしまった。人間の福祉を保障するために使われるべき公的資金が、企業の利益を保障するためのものになってしまった。民主主義の根本原則が覆されたのだ。

二十一世紀を迎えて間もない頃、ハリバートンという名前がこの癒着の代名詞になっていた。ハリバートンの前CEOのディック・チェイニーは、米国政府のトップの座から同社に天下りして、その後ジョージ・W・ブッシュの副大統領という要職に返り咲いた。CEOをチェイニーが勤めたまま、ハリバートンは海外のタックスヘイブン（租税避難地）で何十もの子会社を作った。そのことによって、同社は本国政府への納税の額を最小限に留めた。チェイニーは副大統領になってからもハリバートンからの報酬を懐に入れ続けた。イラクの「復興」に関わる合衆国政府との事業契約を、どの企業よりも多く取り付けたのはハリバートンであり、同社が政府に数千万ドルも過剰請求していたことが発覚してからも、優先的な委託が続けられた（露見した時点で、ハリバートンは謝罪して、過剰請求分を返還することを約束した）。

行政組織は、政府も多国間にまたがるものも、今、あたかも主権がグローバル企業に存するかのように動いている。その任務は企業の利益に奉仕することである。有無を言わせぬ権力を行使して、企業の資産を保護し、企業の利潤を保障し、組合を解体し、公共の財産をただ同然で売却し、反対意見を封殺し、従順な労働者、物言わぬ消費者としての役割に徹するよう国民を洗脳する。

企業組織の性格を変えて、社会を支配する力を失わせる運動を実りあるものとするためには、それと併行して、司法・立法・行政機関の本来の民主的なあり方を回復する運動、及び、企業が占有してしまった資源や資産を取り戻す運動を推進する必要がある。以下、そのための五つの具体的なプログラムを提示する。

企業の政治関与をやめさせる

選挙で選ばれた代表者を通じて人びとが民主的に制定する規則や規制を遵守することが、企業の義務である。企業にはそのような規則を作る権利はない。企業が果たさなければならないのは、政府や市民が要求する情報を提供することである。刑事事件の訴訟手続きを行なう場合を除いては、どのような要求がなされ、どのような情報が提供されたか、公に開示されなければならない。

株主も、経営者も、労働者も、消費者も、その他の人たちも、自分の政治的意見を表明して、企業の利益に関して賛成したり反対したりする権利を、みな同等に持っている。個人として支持したい運動を進めるために、自分の資金を使って非営利の組織を作って、財政的に支える権利も持っている。企業には政治的意見を表明する自然権はない。企業はまた、個人としての株主の意思に反するような政治的目的のために、株主の金を使う権利も持っていない。適切な立法措置によって以下のことが可能になるだろう。

・営利企業が、政治資金及びそれに類する援助及び便宜を供与することを禁ずる。すなわち、次のような個人・団体への供与が禁じられる。選挙への立候補者、公務員、政治活動委員会（訳註：企業、組合などが作る、選挙の候補者に対して運動資金を調達、献金するための団体）、政党、ロビイスト、バロット・イニシアチブ（住民発議）、党大会、公務員の会合、意見広告、政治団体、公教育や公共広告を行なう団体。この禁則に違反した企業役員には、禁固を含む罰則が科せられることになる。

・企業役員の肩書きで政治的便宜供与を求めた場合、禁固を含む罰則を科す。政党や選挙への立候補者を支援するように他者に要請したり、他者と契約を交わして支援を約束させたり、あるいは、世論、規制、公職への任用に影響を与えるように他者に働きかけを行なったりする者にも、このような罰則は適用される。

企業福利に終止符を

効率性という表看板を掲げながら、ほとんどの大企業は恐ろしく非効率的である。社会の財産をべらぼうに分捕って、広告、役員の特別手当と報酬、世界中に広がった「企業帝国」内の輸送と通信、ロビー活動に注ぎ込んでいる。ほとんどの大企業は、公的な補助金や負担の免除やコストの肩代わりが複雑に入り組んだからくりのお陰で、利益を得て生き延びている。その仕組みの中には、間接的補助金と言うべきものも含まれている。生活賃金を支払わず、基準以下の労働条件を改善せず、危険な製品を市場に出し、未処理の廃棄物をばらまき、市場価格以下で共有地から天然資源をかっさらうことが許されている、という意味である。公認会計士であり、教授の経歴も持つ企業評論家のラルフ・エステスの試算によれば、エンロンやハリバートンを始めとする大企業は、一九九四年の一年間にそのような補助金を合衆国だけで二兆六〇〇〇億ドル以上引き出していて、それは企業の公表した利益のざっと五倍である。さらに推論すれば、企業の繁栄のために社会が支払うコストは、世界で年間一〇兆七〇〇〇億ドルを上回るだろう。製品やサービスのコストはすべて、まず売り手がかぶってそれを買い手から回収する、というのが健全な市場の基本原則の一つである。けれども、もし企業が本当に自社の活動のコストをすべて負担しなければならないとしたら、多くの企業は閉鎖かリストラを迫られるだろう。市場の効率性、という企業のうたい文句の正体を見てやろうではないか。法廷闘争にとりかかって、現金であれそれに類する補助金であれ、企業への金の流れを断ち切る。然るべき法律を制定して、社会や環境にかかるコストを企業に負担させる。企業に対する優遇税制を廃止する。ためらう理由はない。

独立企業の支援を

持続可能な社会を作るためには、地域の市民が、自分たちの暮らしを左右する生産と流通の手段を実質的に管理しなければならない。そのためには、世界レベルでも地方レベルでも産業政策と税制を改善する必要がある。労働者、地域住民、消費者、生産者、といったプロの投資家でない、地元の人たちが、会社および生産のための資産を共有することができるようにするのだ。教育プログラムによって、市民に、共同所有者になることに伴う権限と責任、不在所有の弊害について情報を提供しなくてはいけない。

第6章で詳しく述べたように、地域の人たちが身のまわりの経済と環境を再生させる上で、自分たちが主体となって動いていけるような状況を作るために、できることはたくさんある。次のような段階を踏んで地域社会はしっかりと目覚めていくだろう。

・地域社会が所有の主体となって自立できるように、その地域でまず何をしたらいいか、経済上の明確な目標を設定する。
・環境汚染、住宅不足、土地利用、輸送などの問題に対処する。
・管轄地域で活動する企業に、地域社会と環境に関わる優先課題に対する説明責任を負わせる。
・森林、漁場、水などの地域の天然資源を、責任を持って利用し、維持していくために、産業、環境、税金に関わる行政上の措置を講ずる。

選出された市民の代表からなるコミュニティ委員会を設立して、国内企業及び外国籍の企業の、その地域での活動と投資計画に対する調査、承認、監視を行なうことも考えられる。この委員会の活動によって、自分たちの管轄下にある企業（銀行その他の金融機関も含む）に対して、地域がどのように説明責任を果たし、どのように責務を担っていくかが、はっきりしたものになってくるのではないだろうか。

企業の投資に規制を

すでに見たように、政府はグローバル企業の投資を規制する権力と手段をかつては持っていたのだが、今ではそれをほとんど奪われてしまっている。けれども、グローバルな企業と銀行の活動を人びとが民主的に制御しようとするならば、企業による投資を規制することが不可欠である。一連の新たな方策を法律の形にまとめ上げる必要がある。その中には地場産業重視政策や、企業の許認可や、工場の閉鎖の制限や、種子や農作物などに対する特許権の取得の禁止などが含まれる。投資の条件として、労働者の経営参加、地域社会による所有、企業活動に関わる社会的責任をもっと重視するように政府に働きかけなければならないのは言うまでもないが、仕事内容、食物の安全性、環境基準に関しても要件を明確にして、それをクリアした企業にのみ投資を認めるようにすべきである。それに併行して、金融派生商品を含むさまざまな投資手段と銀行業に再度縛りをかけることによって、財政に対してしっかり舵を取るように、政府に迫る必要がある。この方向に進んでいくために、新たな自由貿易協定の問題を避けては通れない。その協定の中には、政府による舵取りを妨げる要素が組み込まれている。その障害の所在を突き止めて、それを除去するための方策を見出さなくてはならない。

貿易協定の再交渉ないし廃止を

すでに見たように、新しいグローバリゼーションの枠組み、例えば、WTO、NAFTA、いま提案されている米州自由貿易地域（FTAA）などは、事実上、主としてグローバル企業の権利と自由を守るために考え出された、新たな世界秩序の体制である。だから、今の企業支配をやめさせる上で、この協定の特定の条項をまったくなくしてしまうか、その条項に関して政府に再交渉させるか、そのいずれかは避けては通れない（その協定には、加盟国の一国ないし二国以上が廃止を提案する際の手続きを定めた条文が含まれている）。企業が政府を訴えることが可能な「投資家主権国家」のようなものが、NAFTAに効力を発揮させるからくりなのだが、それは除去すべきものである。この本の第10章は、WTOをお役御免にして、その代わりに、持続可能な社会のための一〇の原則を推進する小さな国際貿易機関を立てることを提案している。NAFTAとFTAAに反対する運動に積極的に取り組んでいるさまざまな運動体がいま関心を向けているのは、公正な貿易に基づく代替システムを可能にするためにどんな条項を設けなくてはいけないか、さらに、経済、社会、環境の課題の中で何を、どのように明文化しなくてはいけないか、である。自由市場体制を可能にする特定の条文を、廃止したり、再交渉の俎上に載せたりする運動が進んでいく中で、共通の基準が生まれるだろう。地域社会が、WTOやNAFTAと縁を切って再生、自立していく道も開かれるだろう。

新しい会社のあり方とは

現代の生活は今や、すみからすみまでグローバル企業に支配されてしまっているので、それがなかったら世界はどんなふうになるのか、多くの人にとっては容易に想像できるものではない。しかし、会社の形態には他の多くのかたちがありうる。人間の身の丈にあった規模の、地元の人たちが所有している会社が既に数多く存在していることがわかると、経済の仕組みをどうやって今よりもっと民主的なものに変えていったらいいか、イメージしやすくなる。個人経営、共同経営、さまざまな種類の協同組合、所有権が労働者にある会社、その他実際ありとあらゆる形態の、地域に根ざした独立系の会社が、現に何百万も存在する。家族経営の会社、小規模農場、熟練工のグループ、個人経営の小売店、小規模工場、農業者小売組合、地域銀行、などがそれには含まれる。このような会社は政府からの援助をほとんど受けていないけれども、世界の大多数の人びとにとって生活の主たる供給源になっている。

私たちが日常必要なものはたいてい、小さな店やそう大きくはない会社で賄うことができる。その店や会社はやはり一種の市場経済の中で経営されている。とは言っても、巨大な資産を持つ、一握りの不在所有者ではなくて、小さな資金しか持たない、多数の個人が動かしている市場である。大企業にとっては、株式市場による投資、有限責任、法人としての企業、といったもののもたらす恩恵はなくてはならないものだが、中小の店や会社はすべて、そんなものがなくてもやっていけるだろう。

ハンバーガー屋を経営したり、衣類や玩具を生産したり、書籍や雑誌を出版したり、食肉の飼育、加工、販売を行なったり、生活必需品を製造したり、つまり、快適な生活に必要なものの大半を供給するということだが、持続可能性と民主主義の点から見て、それを巨大グローバル企業がやらなくてはいけない理由は見当たらない。事実、最大級の企業は、実際の生産過程の多くを、個々の小規模の業者からなるネットワークに委託している場合が多い。しかしながら、巨大グローバル企業は市場の支配権を握っており、価格と料金を決定する力を我がものとしている。それは基本的な市場原理の侵害であるが、すべては巨大企業が最大限の利益を得るためであり、リスクは小規模の業者に背負わせている。これは優れた効率性などというものではまったくなく、権力の途方もない濫用である。この現状の変革こそ焦眉の急である。

この章では、企業の活動を制御して、構造上の多くの問題点を変える試みに取り組んでいる、さまざまな運動を詳しく紹介した。グローバル企業が支配している現状を改めて、もっと民主的で、社会的・経済的に持続可能な経済組織を作り出そうとしている動きを大きくとらえると、要するに次の三つの目標が見て取れる。

・グローバリゼーションの下、企業の集中と巨大化が地球規模で広がっているが、その流れを変えなければならない。そのためには、人間の身の丈にあった規模の小さな会社が表舞台に出てこられるようにお膳立てをする必要がある。その会社のあり方として、お互いが顔見知りで、目的を共有し、利益を平等に分け合う、一種のコミュニティのようなものが想定される。ＣＥＯが、事務労働者、工場労働者の五百倍もの報酬を得ている時代は終わりにしなければならない。

・今やグローバル企業は、地球のいたるところに進出して、好きなように活動しているが、会社は地元に根ざした活動に制限されなければならない。その会社は、活動に直接関与している人びとに所有されていなければならない。すなわち、会社の所有者は、利益と成長と貸借対照表の数字以外には個人として関与することなく売買する、離れたところの投資家ではなく、労働者、地域の代表者、生産者でなくてはいけない。

・会社はすべて、コミュニティのすべての関係者に対して、透明性と説明責任を持っていなければならない。その人たちは、会社が決めたことによって直接影響をこうむるからだ。労働者、環境保護の運動を行なっている人たち、公衆衛生の担当者、人権擁護の活動を行なっている人たち、その他のさまざまな人たちが、関係者の中に含まれるだろう。今、その土地での企業活動のあり方を左右しているのは、離れたところにいる企業所有者だが、その活動によって被害をこうむっているのは地元の人たちである。

このように、会社の規模、所有の形態、説明責任のあり方、この三つが要点である。地元に根ざしていて規模が小さいこと、生産のための資産をコミュニティの成員たちが平等に所有していること、民主的な規制が可能であること、以上が公正で、効率的で、持続可能な会社にとって必要不可欠である。

その性質上、人間の身の丈にあった規模の中小の会社は、権力と所有権を平等に、民主的に分散させるだろう。それはグローバル企業にはまねできないことだ。グローバル企業は、政治家を買収したり、大量宣伝を通じて、消費者の選択を決定したり、個人の生き方、考え方を変えたりすることのできる力（あるいはそうしたいという欲求）を持っているが、小さい会社にはそのような能力も欲求もないので、おのずと地域社会の利益に対して責任を持ちながら活動を行なっていくだろう。

欧州委員会は、中小企業を、従業員二五〇人未満、年間売り上げ三五〇〇万ドル未満、総資産二四〇〇万ドル未満の企業、と定義している。これでも大きすぎると見る向きもあろうが、巨大企業の水準と比べたら大きくはない。フォーブス社の、二〇〇三年の世界の企業五〇〇社のリストを見ると、総売り上げの額は、一番低いところで九四億ドル、上位にはウォールマートの二五八七億ドル、さらにはシティグループの、資産にして一兆一〇〇〇億ドルといった数字が並んでいる。それでもなお、生活必需品の生産やサービスの提供を効率よく行なうことができる企業のかなりの部分が中小企業の範疇に入るのである。

新しい科学技術と複雑な市場に、連携して対処する必要がある場合、小規模の企業は規模の大きさによる効率性を実現するために、互いに協力、協同して事に当たることができるということは、事実が示している。第7章でこのような例をいくつか挙げているが、ここではデンマークの場合を見てみよう。この国では伝統的に、工業界全体が小さな会社の寄り合い所帯であり、大きなプロジェクトに対処する際には協同組合が形成されることもある。例えば、衣料会社のグループは共同で一人のデザイナーと雇用契約を結んでいる。そのデザイナーは、ばらばらだった衣服の製造ラインを一本化して、ドイツ市場向けの高級感のある仕立てのコレクションを生産するように変えた。小さな家具メーカー、建具師、インテリアデザイナーの協同組合は、コンベンションセンターの内装や、その他の一社では扱えない規模のプロジェクトの入札に共同で参加している。北イタリアの家具業界は小さな会社のネットワークによって形成されているが、その会社を支えているのが生産者協同組合である。組合が、倉庫への搬入、仕入れ、在庫管理のような、どの業者にも必要なサービスを連携して行なっている。

本書の執筆陣は、できる限り地域ごとに経済活動を行なうことをよしとするけれども、しっかりと地域に根ざしながら規模の利も実現できるということを、このような試みは事実をもって示している。

もちろん、所有権の問題も避けて通れない。既に論じたように、「直接所有者」と現在の支配的な世界システムとしての「不在所有者」の間には、明白かつ重要な相違がある。前者は地域社会に居住していて、地域の将来に強い関心を持っているが、後者は地域社会には直接の関係を持たない。グローバル企業の経営者の居場所は、海の向こうの何千マイルも離れたところでもいい。投資家も居場所はどこだっていい。地域で会社がどんな活動をし、どんな影響を与えようが、そんなことは意識の端にものぼらない。地域社会に害毒をばらまいて、それが歯止めのきかない程になっているのは、まったくこのような不在所有のせいである。それは、不在家主が離れたところの借家人の生活を危うくすることがあるのに似ている。借家人は不平の持って行き場がないのだ。

それに比べて、地域で生活している人は、そこで仕事をしている人も、そこに家を持っている人も、その土地に居住している人も、その地域がうまくやっていけるようにずっとまともな金の使い方をするし、社会や環境とのつながりをもっと大切にする。何かを所有するということは、責任が生じるということである。会社を、労働者、消費者、生産者、地域住民が所有する場合にも、その人たちは自分たちの決めたことによって実際に生じた結果を背負わなくてはいけない。説明責任が経済システムの中に組み込まれることになる。透明性と情報公開が避けられない。

さらに付け加えると、およそ社会というものは強制力のあるルールも必要であり、市場も例外ではない。企業に対する規制緩和が今の流れであり、あたかも企業が信頼に足る社会の一員であるかのように思われているのだが、それが惨劇に次ぐ惨劇を生み出しているのだ。エンロンがそのいい例である。

包括的で遺漏のない規制の仕組みを作らないと、効率のいい社会や経済のために最適の状況でさえ、すぐにだめになってしまう。企業規模の規制、コストの企業負担（今、納税者が負わされている、社会と環境の損失を埋める費用も含む）、契約の履行、などを義務づけなくてはいけない。特に健康、安全、環境に関する基準は、最大の注意を払って監視し、守らせる必要がある。

企業が社会や環境から絞り取る利益を適正化するための、その他多くの規則を既に第6章で提示している。地場産業重視の原則、外部の人間ではなく地元の人による投資の奨励、企業による投資と事業所移設の制限、などがそこに含まれている。所有のあり方とルール作りが何よりもまず地域の現実に根ざしていて、地域の福祉が最優先に考えられる場合には、他のあらゆることが落ち着くところに落ち着き、地元企業の利益と地域のニーズのバランスがうまくとれて、お互いにみんな恩恵に浴するだろう。

私たちがここに提起したことは青写真にすぎない。多くの現実的な課題が残っている。そのような地方単位の小さな組織で、みんなが生計を立てていけるのか、という懸念を持つ人がいてもおかしくはない。誰が食料を供給するのか。誰が新薬の開発に金を出すのか。株式上場企業が排除され、株式市場もなくなったら、誰が退職した人たちに金を出してくれるのか。このようなさまざまな問題を徹底的に議論する必要がある。この章をそのような議論の叩き台にしていただきたいと思う。議論を始める際に、しっかり認識しておかなくてはいけないのは、現行のシステムはこのような問題のどれをとっても、充分に、公平に、弊害を生まずに解決することなどまったくできていない、ということだ。

雇用の問題を見てみよう。世界の労働力に対して、グローバル企業による雇用の数は、経済力の大きさの割には微々たるものだ。政策研究所のサラ・アンダーソンとジョン・カバナによる報告書『上位二〇〇社』によれば、世界の巨大企業二〇〇社の売り上げは世界のGDPの二七・五%に相当するが、その企業が雇用しているのは世界の労働者の〇・七八%にすぎない。既に述べたように、勤め口の大半は、今日でも中小企業が用意している。新しい雇用を創出する責任を果たしているのも中小企業である。企業の規模が大きくなり、他の会社を合併、統合、吸収すると、その企業は雇用を増やすのではなく、減らす方向に生産システムやテクノロジーを変えてしまう。

食料はどうか。偏向した政策と、企業による市場と流通の独占によって、大半の自営農がやっていけなくなってしまったが、それ以前は「北」の工業国でさえ小規模の農場が地域社会の屋台骨であり、食料の主たる供給源だった。今でも大半の「南」の国ではそのような農場が中心的な役割を担っている。環境に害のない有機農業を行なっている、個人経営の小規模農場の方が、企業による工場方式の農場よりも、限られた土地をずっと効率的に利用しているし、多くの雇用を賄っている。生産を地域ごとに行ない、農場と市場の距離を縮めれば、もっと新鮮で、もっと栄養のある食料を供給することができるようになるし、エネルギーの大きな節約にもなる。このことについては第7章で詳述した。

新薬の開発について言えば、コピー薬品の開発を除けば、新薬治療に関する基礎研究は、公的な資金で支えられており、その研究の多くが大学で行なわれている。研究費用を補填するためには独占的な価格設定が必要だ、と製薬会社は言うが、実際は研究よりもマーケティングの方にずっと多くの金が使われている。薬の値段が馬鹿高いのは、研究費用のせいではなくてマーケティングに金をかけているからだ。医薬品の生産と流通の独占状態を解消する上で最大の障壁となっているのは、技術の格差ではなく特許権だ。こういう薬が必要だ、という時に公的な研究費を使って開発が行なわれるのだが、巨大製薬企業に特許権を与えていることが問題なのだ。特許による大企業優遇をやめれば、地域に根ざした小規模の同業他社が開発に参入できるようになる。その結果、市場では多くの会社が競い合うようになり、良い成果が期待できるだろう。

老後の問題、つまり退職者の生活保障に関してはどうだろう。今、株を買ったり売ったりすることのできるお金を持っている人、いい時にいい株を選べる人は、そのお金を使ってリッチな老後を過ごすことができるだろう。しかし、惑わされてはいけない。一九九〇年代の株バブルで老後の貯金をかなり増やした人はいたが、一方で多くの人はおけらになってしまったのだから。株バブルがあったからといって、それで高齢者の人たち全員が食べるもの、住むところ、着るものを手に入れて、医療も受けられるようになる、と考えるのは無理があるだろう。世代間の助け合いを社会の決めごとにして、現役の人たちが自らすすんで労働力や資産を提供して、退職した人たちの生活の面倒を見なければ、高齢者のニーズは満たされない。企業によるグローバル経済は、手っ取り早く儲けることばかり考えて、人と人とのつながりや母なる大地をずたずたにしつつある。老いも若きもみんなが生きていくために必要な人間関係や自然が失われれば、世代間の助け合いは困難になる。子どもも、勤労者も、高齢者も、みんながその中で必要を満たせるような、社会的なつながりや自然環境を取り戻して、世代間の助け合いの関係を結びなおすためには、コミュニティという概念を復活する必要がある。その手だての一つが、生き生きした地域経済の再建である。

コストを全部計算に入れてみればわかるが、人間が実際に必要なものの大半は、地域に根ざした市場システムの方が効率よく満たすことができる。そのシステムによって、ほとんどすべての人が生活の質を向上させることもできるだろう。地球の恵みを、きちんと管理しながら、公平に分けあえば、世界の六〇億人は、動物たちとともに、何不自由なく、人間らしく生きていくことができる。生活苦も貧困も一掃することができる。これは、裏を返せば、世界の恵まれた少数の人たちが従来よりものを消費できなくなる、ということだ。しかし、持続可能な社会の実現という点では、「損して得取れ」ではないだろうか。

第10章　ブレトンウッズ体制からオルタナティブへ

本書の著者たちはみな、世界中でグローバリゼーションについて議論する際、ジャーナリスト、その筋の専門家、政府官僚から、同じような意地の悪い質問を受けてきた。「経済のグローバル化は避けられないし、それを進めるグローバル機関もなくてはならないのではないか」。たかだか十年（世界貿易機関）から五十年（世界銀行とＩＭＦ）の歴史しかない機関にこだわってこのような質問がされること自体、これらの機関がこの間、権力を持ち続け、経済のグローバル化を支え、恩恵を被ってきた証拠だ。

しかし、本書が発行されようとしている今、それが本当に避けられないものであり、なくてはならないものなのか、あやしくなってきた。アジア、アフリカ、東欧、そして最近ではアルゼンチンで、ブレトンウッズ体制が大失敗したのに加え、エンロン、ワールドコムその他の企業が信頼をぶち壊す破綻のしかたをしたことから、「経済グローバル化をすすめる機関がうまく機能していないのではないか、あるいは、ほんの少数の人の利益しか守っていないのではないか」という意見が広まっている。

そしておそらくもっと重要なのは、経済グローバル化に反対する動きが次々と起こり、人間や地球にとってもっと役立つオルタナティブが、ブレトンウッズ体制にとって代わることができるのだ、と確信させるような事例が生み出されていることだ。

この章では、数あるこれらのオルタナティブについて、大まかに説明しよう。まずはじめに、変革がなぜ必要かについて分析し、より公正で持続可能な国際システムと国際機関にとって欠かせない要素について概説する。続いて、今、幅を利かせている多国間経済機関を廃止して、再構築された国連の下に経済のグローバル・ガバナンスを一本化すべき理由を明らかにする。最後に、どのような新しい機関を作ればもっとうまくいくのかについて提案する。

現状の再検討

南の国ぐにで起こったことを振り返るのは、オルタナティブの必要性について考える上で役に立つ。これまでの章に書かれているように、植民地主義の下にあった制度が姿を消すと、新興独立国は経済発展の道を追求した。資金需要を作り出すために、世界銀行は次のような単純な公式に則って融資を繰り返した。「開発は経済成長と同義である。投資があってこそ経済は成長する。貧しい国ぐにには投資の資金がほとんどなく、外国からの借り入れが救済策であろう。外国からの借り入れが多いほど成長も開発も早い」。

仮に借り入れた資金が、自国で入手できない、なくてはならない資本財（生産設備）を海外から購入するのに使われ、同時にその資本財が対外債務を返済するに足る輸出収入を生み出すような方法で使われるなら、たしかに外国からの借り入れは健全な選択かもしれない。残念ながら、借り入れた資金がこんなふうに使われるのはまれだ。今日に至るまで、外国からの借金のほとんどは贅沢品や武器の輸入に使われるか、特権的エリートの外銀口座に入った。

世界銀行の融資プログラムの下で貸し出されたお金が、返済できない債務として蓄積されていって、ついにはＩＭＦが債権者の利益の保護に乗り出すに至った。債務を返済するため、外貨を得るための輸出向け生産への転換が図られた。無知からなのか悪意からなのか、世界銀行とＩＭＦは、国境を越えるモノとカネの移動を管理する能力を政府から奪う政策を奨励した。輸入規制が緩められると、多くの国で輸入の急増を見たが、輸入代金の支払い能力が上がることはなかった。国内市場向けに生産を行なっている工場が割を食った。同時に行なわれた外国為替規制の緩和によって、外国からの借り入れ、資本の逃避、投機の波に歯止めがかからなくなった。その結果、外国からの支払い請求（対外債務を含む）は、もともと現在と未来の外貨の稼ぎを越えていたので、さらに債務は重くなった。輸出拡大を求める圧力がいっそう高まり、外国からさらに多くの資金を入れた。中には投機的投資もあり、このような投資によって、生産能力が高まるどころか、金融システムは不安定になった。

工業品輸出やサービス輸出のための生産能力のない国が多かったので、そのような国は世界銀行・ＩＭＦからの強い圧力を受け、エビ、木材、コーヒー、その他の輸出用一次産品の生産に国家の財源や資源を向けるようになった。世界銀行と地域開発銀行は一様に、このような生産の拡大に対してインフラ整備のための融資を行ない、外国の企業投資家のプロジェクトに補助金を与えた。しかし、多くの国が同じことをしたので、コーヒー、ココアその他の産品が世界市場にあふれ出し、価格を暴落させた。対外債務は新たな借り入れのためにふくらみ続けたが、輸出収入の減少によって返済力は弱まった。一次産品の価格の下降もまた、一次産業で働く人びとの賃金を引き下げる力として働く結果となった。製造業など他の分野の賃金に対しても次々と引き下げ圧力が働き、それが結果的に外国企業にとっては呼び水となり、南の国ぐにの安い労働力を利用するために生産拠点が移されたため、北の失業率が高まった。

世界銀行とＩＭＦは先頭に立って、補助金と政府介入によって「歪められていない」市場をよしとする議論をふりまいている。ただし、その「歪み」が企業の利益になる場合は別である。商品価格が人為的に引き下げられることは、市場が歪められることであり、北でも南でも次々と賃金が人為的に引き下げられる。資源はどんどん枯渇していっているにもかかわらず、天然資源は無尽蔵であるという幻想が生み出され、浪費的消費が奨励され、北に対する南の交易条件が悪化し、労働者や公共の財産が犠牲にされる一方で、投資家の利益が重視される。企業の利益が平等と環境を犠牲にしてまで追求されるのは、偶然そうならざるを得なかったわけではない。今日のあらゆるグローバル化のルールと同じように、主体的な政策の選択に基づくものである。

評論家たちは、反グローバリゼーションの活動家を、何も知らない経済音痴で、貧しい人びとからよりよい生活の機会を奪おうとしていると決めつけているが、このような悲惨な結果を招いた政策を推進し、擁護してきた世界銀行とＩＭＦのイデオローグたちにこそ、そんなレッテルが張られてしかるべきなのだ（ボックスＳ参照）。

ボックスS
失業率：金融政策の役割

マーティン・コー（第三世界ネットワーク）

先進国は以前から、企業が低賃金諸国へ進出すると国内の雇用と賃金が影響を受けるという懸念を抱いてきた。しかし、北の諸国の失業率が高いことと賃下げとは、実は中央銀行の金融政策が意図的にもたらしたものだという点は、あまり注意を払ってこなかった。北の諸国の多くは、失業率を特定のレベル以上に保つことが賃下げ圧力となり、インフレを防げるという理論に基づく、失業による非加速的インフレ率（ＮＡＩＲＵ）という有名な定式を金融政策の土台にしている。経済新聞の読者にとっては常識だが、多くの先進諸国において金融政策に責任のある中央銀行が、賃金抑制と株価上昇を目標にしていることは明白である。これによって働いて生活している人びとに比べ、金融市場で株を保有している人びとの経済力を着実に強めるのである。金融政策の新たな取り組みが必要である。株価や土地価格のバブル投機を防ぎ、どこの国であれ完全雇用と生活賃金を保証することが目標となるべきである。

第3章で議論したように、ＧＡＴＴとＷＴＯは不均衡と歪みを増幅させた。グローバル主義者の自由市場イデオロギーの誤りを理解する鍵は、このイデオロギーは、地域社会の利益ではなく、企業の利益を重視して経済政策を考えているということである。そのイデオロギーから見れば、企業利益と地域社会の利益がぶつかることはない。彼らの言い分では、企業の利益が増えれば、地域社会の富も増えるのだから。しかし、第9章で説明したように、この前提は間違っている。

グローバル企業は株価を上げるために短期的利益を最大にしようとして、人びとの健康、社会的つながり、環境などはまったく眼中に入れない。これらはすべて、人びとや地域社会の暮らしにとって不可欠なものであるのに。グローバル企業は、従業員の数と賃金を可能な限り抑えて利益を最大にする。これに対して健全な地域社会は、働きたい人すべてに生活賃金を得られる仕事を保障する。グローバル企業は、森を次々と伐採して手っ取り早く利益を上げる。これに対して地域社会は、天然資源の生産力を維持してこそ繁栄する。

市場にはルールが必要だ。市場の目的は人びとに役立つことなのだから、このルールは地域社会の利益を優先するものでなければならない。このことは、地域社会の市民の立場で行動する人たちがルールを作って初めて実現できる。

企業がルールを作れば、企業の利益が地域の利益より必然的に優先される。企業は、地域にコストを押しつけて自らの経済的利益を追求するだろう。ルールを決める力を強め、人びとに対する説明責任を弱めようとするだろう。企業の資産は法律で十分守られるだろう。地域社会の資産、つまりコモンズを守るべき政治的な力は弱められるか消し去られるだろう。ルールを決める権力が人びとから企業に移った結果、グローバル経済に起こったのが、まさにこういうことなのだ。

このような観点から企業側の自由貿易概念を見てみると、非常にわかりやすい。自由貿易の名の下に、企業のグローバル主義者たちは、地域や国家を明確に定めた境界を実質上取り除くことを求める。

他の地域や国家との交易を規制したり管理したりするための国の試みは、保護主義、すなわち、市場自由化の侵害として切り捨てられる。企業のグローバル主義者たちは、実際には保護に値する地域社会の利益というものがあること自体、事実上無視している。

しかし、企業内あるいは企業間の取引に関する問題となると、このグローバル主義者たちはまったく異なる立場をとる。個々の会社は、自分たちの権利として、子会社や別の会社との取引についてかなり詳細に、自分たちにとって好ましいと思われるやり方で規制したり管理したりすることができるのだと言い張る。自分たちが選んだ会社と、自分たちが決めた条件でのみ、ビジネスを行なう権利を確保しておく。このように、企業グローバル主義者たちの世界では、企業の利益がかかっている場合、自由貿易のルールは当てはまらない。国境は手厚く保護、管理される。最大級の企業が手中にしている経済規模は、ほとんどの国家を凌ぐので、これは些細な問題ではない。

しかし、公共の利益とは実生活に関わるものであり、これを守るのは政府の基本的責任である。企業が私的利益を守るために、企業間の取引を管理する権利を求めるように、地域社会と国家は、公共の利益を守るために地域間、国家間の貿易・投資関係を管理しなければならない。

ある地域がなぜ近隣地域との貿易関係を管理しなければならないかと言えば、輸出入額のバランスをとるためである。ある地域が、輸出によって得られる額より輸入に支払う金額の方が多い場合には、自分の収入以上の暮らしをしているのであり、近隣に対する借金をふくらませているのだ。利益を得るのは権力者であり、返済の負担は次世代と社会的弱者にのしかかるのが常である。輸入より輸出が上回っている場合には、国民は自らの労働と自国の資源の恩恵を受けていないことになる。輸出黒字を生み出すための労苦を一番に背負うのは、社会の中でも貧しい層である。その一方で財政黒字は、金と権力のある人たちの外国銀行の預金口座に入っていく。このような不均衡は、国際システムの不安定化をもたらし、公共の利益のためにならない。

ひたすら貿易拡大のみを追い求める中で、単純明快な真実が忘れ去られている。国が輸出を行なう第一の理由は、自国で、見合ったコストで生産できないものを輸入するのに支払う外貨を得るためである、ということだ。しかし南の国ぐにでは、ブレトンウッズ機関によって門戸開放が迫られ、国境を超えたモノの流れが自由になった結果、輸入は急増したが、それに見合った支払い能力の増加は見られない。輸入品の多くは、必要とは言えないようなものばかりで、このような輸入品は生産者が補助金をもらって作っているので、総コストより安く売ることができる。これによって、そのような補助金をもらっていない国内生産者との不公平な競争が生じ、対外債務が増加する。対外債務を支払うには国内経済のバランスを輸入超過から輸出超過に転換するしかないので、国内の必要を満たすべき資源が輸出用にふりむけられ、国内の消費は減少することになる。この結果生じるのが、依存と貧困の下降スパイラルだ。自由化が経済成長の加速につながるという自由市場イデオロギーの主張とは正反対のことが起こるのだ。

このような矛盾を示す例は、枚挙にいとまがない。国連貿易開発会議（ＵＮＣＴＡＤ）の『貿易開発報告一九九九』によると、中国を除く途上国では、一九九〇年代の平均貿易赤字は一九七〇年代のＧＤＰより三％多かった。その一方、平均成長率は二％減少した。不適正な貿易自由化がこのようなマイナス現象につながったのだ。

UNCTADの一九九四年の低開発国に関する調査も、同じような結果を示している。過去十年以上にわたる調査によると、貿易自由化と通貨切り下げを行なえば成長と生産の多様化がもたらされ、低開発国の生産と輸出も成長する、といった「明確で体系立った関連はなにもなかった」。実際、低開発国では多くの場合、貿易を自由化すると必ず工業が衰退したことが、報告書によって分かった。

一九八〇年以降の自由化によってアフリカと中南米にもたらされた混乱についても、多くの記録が残されている。たとえばセネガルでは、一九八〇年代後半の自由化によって、おおぜいの失業者があふれ出した。コートジボアールでは、一九九〇年代初頭までに、製造業で働く労働者の三分の一が人員削減によって職を追われた。一九九〇年代初頭までに、一九八六年に関税が突然四〇%も引き下げられた結果、化学産業、繊維産業、製靴産業、自動車組み立て産業は事実上壊滅した。ナイジェリアでも、自由化を進めようとすると同じような問題がつきまとった。シエラレオネ、ザンビア、ウガンダ、タンザニア、そしてスーダンでは、八〇年代の自由化によって、輸入消費財が怒濤のごとく押しよせ、中間財と資本財を買うための外貨が急激に失われた。これによって、工業品の生産と雇用に壊滅的影響がもたらされた。ガーナでは自由化によって、一九八七年には七万八七〇〇人いた工業部門の労働者が、一九九三年には二万八〇〇〇人に激減した。UNCTADはその主な理由として「輸入ラッシュによって、製造部門の大部分が壊滅的打撃を受けた」ことを挙げている。九〇年代に導入された構造調整計画によっても、モザンビーク、カメルーン、タンザニア、マラウィ、ザンビア、ザイールの製造業は困難な状況に立たされた。輸入ラッシュによって生産と労働が短期間で縮小を迫られ、少なからぬ工場が完全に閉鎖されてしまった。

アフリカ以外の途上国も、同様の問題を経験している。二〇〇一年に行なわれたある調査によると、「ペルー、ニカラグア、エクアドル、ブラジルでは、九〇年代初頭の自由化の結果として、フォーマル部門に大規模な失業がもたらされ、不完全就労が大幅に増えた。ラテンアメリカの他の地域の状況を見ても、特にいい結果が出ているわけではない」。この地域でとられたデータによれば、所得格差が急速に広がり、しかもそれが一時的なものでない、といったことがあちこちで見られる。

輸出入のバランスをきちんととるために自国の貿易ルールを調整することができて初めて、責任ある国家貿易政策といえる。途上国の中には、輸出から得る収入を増やすだけの生産力がないために、輸入を増やすことができない国が少なくない。その上、多くの国では主な輸出品は一次産品であり、時とともに価格が暴落した。また、南の国ぐにの輸出品は、北の国ぐにに押しつけられた貿易障壁にぶつかる。もし、輸出成長の成功する条件がまだ整わないままに輸入自由化が進めば、貿易赤字の増加と国際収支の悪化といったマイナスの事態が生じる可能性がある。このことによって、対外債務と債務返済のための予算が増え、その結果、経済成長は減速し、失業者が増える。

同様の問題が財政面でも生じた。一九九七年以来、一連の壊滅的な金融・経済危機が、メキシコ、タイ、インドネシア、韓国、マレーシア、ロシア、ブラジル、トルコ、アルゼンチンを立て続けに襲った。これらの危機の理由に関して、甲論乙駁の議論があったが、IMF、世界銀行と先進国は、危機にさらされた国ぐにには政治面も経済面も当事者の管理、運営がまずかったのだ、と盛んに言い立てた。これはたいへんあきれた話である。なぜなら、危機にさらされた国ぐにのほとんどには、危機の直前まで、経済面でのマネジメントがすばらしい、と惜しみない賛辞が与えられていたからだ。

次のように説明したほうが、より正確で説得力があるのではないだろうか。これらの危機は、一九七〇年代前半から世界を席巻した金融自由化と規制緩和によって引き起こされたのだ、と。結果として、金融投機が爆発的に増加した。投資会社と投機家たちが利益を求め、国境を越えて急速に移動したためだ。最近になってまた多くの途上国が、金融システムの規制緩和と自由化を行なうよう助言を受けた。かつてこれらの国ぐにには、資金の出入りをコントロールすることができたが、このようなコントロールがほとんどできなくなってしまった。その結果、通貨と株式市場に対して投資や投機や操作を行なう国際ファンドや投資家連中が国内に入ってくるようになり、さらに、国内の企業や銀行が短期資金の過度な借り入れを行なうようになった。

財政自由化を押しつけるＩＭＦの行為は、ＩＭＦ協定そのものに違反するものだ。この協定の第六条では、資本規制を発動する権利を各国に認めている。国家の経済的自己決定権にとってこれは絶対不可欠であり、部外者がある国家に資本規制を放棄するよう圧力をかけるのは適当ではない。ある国家が資本勘定（訳註：国際収支表の資本取引にともなう収支勘定）をいつ、いかにして自由化したいと望むのか、あるいは、そもそもそのような自由化に着手することを望むのかどうか、それは外圧を受けることなく当事者だけの選択に任されるのが相応《ふさわ》しい。

ＩＭＦ、世界銀行、そして先進国の中でもこれらの機関に深くかかわっていて、自国の金融機関を新興市場に進出させようとしているような国は、長年にわたって、自由化にはメリットこそあれ危険性は少ない、という考え方を推し進めてきた。危機が襲ったとき、ＩＭＦは危機の原因について誤った診断を下し、貸し付け条件として金融自由化をさらに進めて、危機を悪化させた。同時に政策パッケージ（高金利、金融の引き締め政策、国内の金融機関の閉鎖）によって、財政債務問題が構造的経済不況に発展した。ＩＭＦは、ヘッジファンドなど多額の借入資金によって投機を行なう機関が不安定をもたらす役割を果たしたことも否定した。巨大民間ヘッジファンドであるロングターム・キャピタル・マネジメント（ＬＴＣＭ）が倒産しそうになって初めて、多額の借り入れを資金源とする投機的資金がもたらすリスクがあらわになったのだ。

公正で持続可能な国際貿易・金融システムに欠かせないルール

ブレトンウッズ機構は、グローバルな貿易・金融システムであると同時に、自らそのルールを策定する機構であるが、それが今や未曾有の岐路に立たされている。今後数年この機構についてどのような決定がなされるかが、その方向に大きな影響を持つだろう。国際貿易と国際金融のルールをつくるための多国間システムが必要なことは、疑問の余地がない。すべての参加国の安定と先行きの透明感、そして公平性が保たれるためには、適切なシステムが不可欠だ。現行のシステムは、不安定で先行きは不透明、そしてきわめて不公平だ。

ルールは不可欠だが、一般の人びとの利益になるよう、民主的な決定がされなければならない。安定していて将来の予測がつきやすく、公平であるのに加え、持続可能な国際システムは、以下の四つの目的に沿ったものでなければならない。

民主的自己決定

すべての人びとが自らの経済的優先課題を設定し、経済政策を決める民主主義の権利は、それらの人びとの行動が他の地域や国の人びとの権利と自由を侵害しない限り、守られなければならない。つまり、人びと、地域社会、国家は、自らの生計を支える生産的資産を所有すべきであり、不当な対外債務を負うべきではなく、国境を越えて流出入するモノとカネを管理する権利と能力を持つべきである。そうでなければ、自らの経済的優先事項を設定し、地域の良い暮らしを確保すると同時に高い社会基準と環境基準を維持することはできない。公正で持続可能なシステムにおいては、力が強く豊かな国が、力のない貧しい国のマーケットや資源へのアクセスを、相手の意志と利益に反して要求することはできないだろう。同様に、いかなる企業といえども、そのような権利はないだろう。もし企業が、自ら許可を得た管轄以外で事業を行なうことを望むのであれば、その国の要求、法律、税制に則って事業の許可を申請することが要求されるだろう。南の国ぐににとって最も厳しい足枷は、自らの財源をコントロールできないこと、自らの経済の優先事項を決定する能力がないこと、そして必要不可欠な技術へのアクセスが制限されていることである。

均衡のとれた貿易

先進国であれ途上国であれすべての国ぐにには、国家間で、輸出入の均衡を保つ責任がある。デイビッド・リカードの時代から、貿易理論の基本的前提となってきたのは、公正で相互に利益のある国際システムにおいては、それぞれの国が近隣国との間で、安定して均衡のとれた貿易関係（輸入と輸出が等しい）を維持し、投資は国内資本によるものに限定される、ということだった。国際的債務は、ある国の輸入額が輸出額を上回ったときに発生する。国の貿易の均衡がとれていれば、対外債務が蓄積する理由がなく、経済不安定・支配・搾取を引き起こす可能性のある主な要因が取り除かれる。

公正な物価

経済理論では、商品市場につきものの不安定さついて、かなり以前から認識されてきた。商品市場の不安定は、一方で、商品の価格が些細なことに反応して短期的に変動しやすく、他方、設備投資には長期間を要し、ひとつの商品の企画から完成までには、タイムラグがあるので、それが相互に影響しあうからである。その結果、人為的に作り出される不足と過剰が定期的に繰り返されることになる。それによって、価格が実際の製造コストを大幅に超えて跳ね上がったり、実際の製造コスト以下に抑えられたりするのだ。これまで詳述してきたように、商品取引に関する国際協定が必要とされており、公正で安定的な商品価格、つまり生産コスト、生活給、環境コストなどがすべて反映された価格を維持するための国家間のメカニズムが必要とされている。国際レベルで制度的メカニズムが必要であり、このようなメカニズムを通して国際市場価格の公正と安定を達成するための政策について国家間の調整を行なうことができる。ここでの国際的な課題は、他国の効率のよい生産者を犠牲にしてまで国際市場価格を人為的に抑えている国内の補助金あるいは価格支持の影響を、グローバル市場が受けないようにすることである。

情報と知識へのアクセスを万人へ解放する

知的財産権が主張できるのは、技術革新や創造性を刺激する場合に限らなければならない。知的財産権の保護の結果、情報や技術を企業に独占されるような事態になれば、人びとの利益は損なわれる。情報や技術に関する知識は、無制限に生産して自由に分かち合ったとしても、環境に悪影響を及ぼすこともなければ、この資源を使用することによって誰かが何かを奪われるということもない。こういった資源はまれである。情報や有益な技術を誰でも入手できるかどうかは、公正で持続可能な人類の未来を築くための鍵となる。現在使われている発明品は例外なく、情報コモンズ、つまり、数え切れないほどの世代をかけて蓄積されてきた共有の知識の上に成り立っている。知的財産権の適切な使い方というのは、そのような知識の蓄積に貢献した人びとをきちんと認めて代償を与えることであって、情報独占を公的に保護して定着させることではない。モノとカネの自由な移動を熱心に推し進めているのとまったく同じ企業のグローバリストたちが、情報と知識の自由な移動と共有には断固として反対しているということがはっきりしてきた。モノとカネの自由な移動によって、地域社会から自己決定と自立とが奪われていくのに対し、情報と知識の自由な移動と共有は、それらを強化する可能性を持つ。国際的利益、特に南の国ぐに（そして旧ソ連邦、東欧）の利益のための最善策は、情報と技術の自由なフローと共有に対する障壁を最小限にすることを目指すような国際体制づくりである。先進国が途上国に対してＩＴ関連株を分け与えると約束したことは、北の国ぐにが過去五百年にわたって南の国から搾り取った富の一部を補償するものとみなされよう。

もし公共政策というものが地域の利益のためのものであれば、途上国でも先進国でも、適切な政治空間が必要であり、自国民と国内産業の利益に沿った貿易と投資の政策を自由に選択できなくてはならない。このような原則は、貿易と金融に関する国際ルールのいかなるシステムにおいても、最も重視されなければならない。この原則を適用することによって、以下のことが達成されなければならない。

・自分の国が債務危機や金融危機に陥るのを防ぐことができるようにする。そのために、公共セクターや民間セクターが外国から受けることのできる融資のタイプと金額を規制したりコントロールする措置や、投機や株式操作、通貨市場の操作を防ぐ措置をとることができるようにする。
・金融危機に陥った国が危機を効果的に管理することによって、債権者と債務者が平等に負担を負うようにする。たとえば債務据え置きのために調整したり、国際債務仲裁裁判所またはパネル（調査団）に訴えたりして、債務をどうするかについて調整する。
・資金の出入りを管理するシステムを国家が確立することを認める。特に投機的なものについては、罰則を恐れることなく規制することができるようにする。
・国境をまたにかけて動き回るような資金の供給源になっている国の政府には、自国の金融機関と投資家を取り締まり、海外における金融の不安定化と投機を防止することを義務づける。
・ヘッジファンドや投資銀行のような多額の借入金を元手に投資を行なう機関、オフショア金融センター（訳注：金融に対する優遇措置を設定した「特別金融区」）、通貨マーケット、デリバティブ取引に対して国際的な規制を敷く。
・為替レートを安定化させる。

・決定プロセスの透明性を向上させるとともに、貧しい国ぐにの投票権を増やすことによって、IMFやWTOのような国際機関の政策や交渉プロセスにおいて、貧しい国に公正な発言権を与える。

国際金融システムの健全さを回復するために不可欠な改革は、貿易など他の分野にも欠かせない改革と、密接に関連しあっている。国内産業が競争に耐えるほど成熟しておらず、輸出収入を増やす能力がないにもかかわらず輸入を自由化すると、貿易赤字と国際収支の赤字は増大し、それによって対外債務の負担が増えるのは避けられない。国家は、カネとモノの国境を越えたフローを管理する権利と能力を持たなければならない。

途上国は、人を食い物にする企業や金融投機家からの攻撃にさらされており、保護的な国内政策をとるほか選択肢がない。途上国は、とりわけ次のような規制を行なうべきである。官・民分野への外貨ローンの範囲を制限する（たとえば、外貨ローンは、外貨による返済能力を高めるようなプロジェクトに限定する）、通貨や株式市場を巧妙に操作することの禁止、対外債務を増やしてしまうような直接投資を拒否できる規則、などである。

国内の政策には、資本管理も含まれるべきであり、それによって、対外債務の過剰な蓄積を防ぎ、資金のフローの変動を抑え、為替相場の乱高下と資金フローの変動のリスクを低減させつつ、不景気に対処することができるようなマクロ経済的な政策（たとえば利率を下げたり、予算を拡大したり）をとることができなければならない。

公正で持続可能なグローバルシステムを作り出すための最初のステップとして、自由化のプロセスを止めなければならない。ＩＭＦと世界貿易機関（ＷＴＯ）の権限を拡大しようとする提案は、いかなるものであれ拒否されなければならない。このような提案には以下のようなものがある。

・ＩＭＦ協定を修正し、資本勘定の交換性の決定権を与えようという提案。これによって、ＩＭＦにはさらなる権限が与えられ、資本勘定と市場に対して途上国が今でもかろうじて行使し続けている支配力を、放棄させることになるだろう。

・多国間投資協定の交渉を再開しようというＯＥＣＤ諸国の試み。これによってあらゆるタイプの資本のフローが、なんの制約もなく自由に動き回れるようになるだろう。

・ＷＴＯに対して、国際投資、政府調達、公共サービス、環境・社会基準についての新たな権限を与える提案。これらの提案を利用して、資本規制、外国投資のための基準、生活に欠かすことのできないサービスの公共所有といったものが撤廃されようとしている。そして、政府が国内調達を優遇したり、国内の状況と人びとの利益にとって適切な社会・環境基準を設定することができるような能力も取り除かれようとしているのだ（これらは貿易問題ではない。グローバルなルールはある程度必要であるが、これらの問題は、より適切な場所で取り扱うべきである）。

これに関連して、開発、環境、公衆衛生、そして雇用を歪め、また、大切な公共の利益に反するような既存の貿易協定の条項を、見直したり撤廃したりする必要がある。特に留意しなければならないのは、以下の点である。

・既存のＷＴＯのＴＲＩＭ（貿易関連投資措置）、国内の金融を外国企業の支配下に開放するために締結された特別金融サービス協定、そして不可欠な情報や技術に対する企業の独占を助けるような知的財産権に関するＴＲＩＰ協定。これらの協定に対する権限をＷＴＯから取り除き、より適切な機関へ移す。

・南の国ぐにに有害な自由化政策を押しつけるＩＭＦと世銀の構造調整プログラム。

・ＵＮＣＴＡＤ（国連貿易開発会議）は、これらの見直し、そしてブレトンウッズ機関の権限を拡大しようという提案にモラトリアムを要求する上で、先導的な役割を果たせるかもしれない。

制度間の枠組みの再構築

さらなるダメージを防いで問題を組み直すために、上述の暫定的手段をとるのに加えて、国際経済のガバナンスのための機関を根本的に再構築する必要がある。そうすることによって、市民、地域、環境にとって責任あるシステムを作り出すのだ。

改組後の国連に一体化されたグローバル・ガバナンス

グローバル・ガバナンスの機能は今日、ブレトンウッズ機構と国連機構の間で分けられている。国連機構には、事務局、世界保健機構、国際労働機関、国連食糧農業機関といった国連の専門機関、そして国連開発計画（ＵＮＤＰ）、国連人口基金（ＵＮＦＰＡ）、ユニセフ（ＵＮＩＣＥＦ）、国連女性開発基金（ＵＮＩＦＥＭ）といった国連のさまざまな開発援助基金が含まれる（ブレトンウッズ機構は通常、国連機関のリストに載せられ、都合のいいときには、自らを国連機関の一部と主張するかもしれないけれども、実体的には何も関係ない。ブレトンウッズ機構には、独自の理事会と予算があり、国連や国連理事会に対して何の説明責任も従属関係もない）。国連機構には、格段に広範な権限があり、多くの欠点を抱えているとはいえ、オープンで民主的だ。実際に国連は、秘密主義のブレトンウッズ機構にくらべて、人間、社会、環境に優先順位を置いてきた。

アースキン・チルダーズとブライアン・アークハートは、一九九四年の報告書『国連機構改革』のなかで、国連の創設者たちはグローバルな経済問題に対する権限を、ブレトンウッズ機構の全般的な監督と政策の指導を含めて、国連総会のもとにある経済社会理事会の管轄下に置くことを意図していたと指摘している。この点について、意図された役割の範囲は、国連憲章の第五五条に明記されている。それによると、国連は以下のことを推進するとされている。

・生活水準の向上、完全雇用、経済・社会発展と開発の条件整備
・経済、社会、衛生上の問題の解決
・文化・教育に関する国際協力
・人種、性別、言語、宗教による分け隔てのない、万人の人権と基本的自由の尊重

しかし、米国をはじめとする企業主導の西欧諸国の政府（第二次世界大戦後に国連とブレトンウッズ

体制の両方の創設の先頭に立ったのと同様の国ぐに）は、ブレトンウッズ機構が世界政府として行動することを認め、それを奨励しさえした。こうしてブレトンウッズ機構は、国連憲章や条約を無視して、自らの意思を国民国家に押しつける力を持つようになったのだ。

また、一九八〇年代と一九九〇年代の大半を通じて、米国議会は、国連の分担金を全額支払うことを否決し、国連はその結果、義務を遂行するのに必要な資金にさえ事欠く状況である。最も重要で影響力があり、安定した国際機関であるべき国連が、恒常的な危機的状況に陥っているのだ。それとは対照的に、世界銀行、IMF、WTOとこれらが忠実に仕えるグローバルな企業には、資金がどっと流れ込んでいる。国連は、資金、スタッフともに不足し、米国などの先進諸国は、経済的問題を国連に持ち込むことはほとんど無く、国連はグローバルな経済政策と経済関係を形成する権限を、ブレトンウッズ機構に大幅に譲り渡してしまった。

ひとつの世界のグローバルな問題についてのガバナンスを、二つの競合する統治システムの間で分けるというのは、賢い政策ではない。労働、衛生、食品、人権、環境、貿易、投資の複雑さは、一九四五年当時に比べると格段に増しており、首尾一貫して整合性のあるグローバルレベルの政策は、当時にもまして緊急に必要である。ブレトンウッズ機構の権力と権限を拡大し、グローバルレベルでの主導権を持たせるのか、それとも、国連の権限を再確認し、もともと意図していた機能を果たす能力を構築するのかを、いまこそ選択しなければならない。ブレトンウッズ機構の権限を拡大することは、人間にとっても、地球全体の環境にとっても、重大な誤りではないか。

確かにブレトンウッズ機構は、明確な行動計画を実施していく上で、国連に比べて効果的であった。

しかし、国連が効果的でなかったとはいえ、よりオープンで民主的な政策決定プロセスを持ち、人びとの意志に正面から対応してきたので、比較的合意に基づいた行動計画を掲げており、人類と地球の利益に沿ったものになっている。

真の民主主義とは、凶暴な力の行使によるものではなく、統治される人びとの同意に基づくものである。力は自分本位の暴君の道具である。貧しい人びとや弱い人びとのためになるためには、高圧的でない体制が必要である。企業が支配するブレトンウッズ機構の抑圧的な力が増すにつれて、これらの機構は、弱い人びとを犠牲にしてまでも強い人びとの役に立つようなルールをますます押しつける道を選ぶようになった。

国際的なルールが必要なのは、明らかだ。しかし、そのようなルールが全人類の役に立つためには、統治される人びとの同意に基づくものでなければならず、実施については、民主的に選ばれた地方政府と国の政府に、先ずは任せられなければならない。国連の政策決定プロセスは、おおむねこれらの原則に沿ったものである。IMF、世界銀行、WTOの権力と権限を制限すれば、改革された国連が当初意図した機能を果たすことができると同時に、市民にとっては、人びとと地域社会との健康で真の意味での発展と矛盾しない政策を、国の政府や地方政府を通して実現できる可能性が広がるだろう。

国連が過去二十年間に亘って、著しく弱体化され、妥協を余儀なくされてきたと認めるのは、われわれが初めてである。一九八一年にロナルド・レーガンが米国大統領に就任したころから、米国政府は積極的に、国連機関の力を削いでいった。国連機関が市場の自由を妨げると考えたからである。米国は冷戦の際、超大国としての地位を利用し続けてきた。そして、国連が米国のさまざまな政治的、経済的利害のためにだけ機能するようにした。それに加えて国連は、多くの加盟国における民主主義の欠陥にも影響を受けざるを得ない。つまり、多くの政府が国民の意志を十分に反映していない事実もまた、国連の意志決定に影響している。

国連が人類の代表として機能するはずの能力は、企業側の努力がますます成功することによっても脅かされている。この先頭に立つ国際商工会議所と持続可能な開発のための世界経済人会議は、国連の財源と政策を企業の計画と一致させ、国連の場で企業の説明責任に対し意味のある、しかも強制力のある要求など出ないよう、国連での存在を強めてきたのである。資金不足にあえぎ、米国政府のいやがらせにもあい、国連は、企業の参加を積極的に求めてきた。国連が四四のグローバル企業と結んだ二〇〇〇年七月の世界協定（グローバル・コンパクト）によって、企業の影響力が増し、国連の正当性は危機に瀕している。また市民団体は、つぎつぎと効果的なキャンペーンを立ち上げて、ブレトンウッズの動きを封じ、ついには廃止に追い込もうとしているが、国連は、これらの市民団体の信頼も失いつつある。市民社会は概して、国連を強く支持してきたが、企業に支配された国連は、同様に市民団体から攻撃を免れることはないだろう。

国連は、政府と市民の機関である。一握りの裕福なエリートの金銭的な自己利益だけを代表する、企業のための審議プロセスと政策決定プロセスは、まったく筋違いである。もし国連がより多くの役割を引き受けて、国内あるいは国家間の経済関係の改善・民主化に当たれば、国連が企業の影響から解放され、完全にオープンで民主的な機関として機能し、加盟国政府とそれらの政府が代表する国民に対してのみ説明責任を果たすことになり、その重要性ははるかに増すだろう。

私たちは確信している。国連の助けのもとでグローバル経済のガバナンスのシステムを改良するときが来たのだと。国連に本来の機能を果たすための人的資源と資金を提供し、民主的な統治機関としての機能を強化することを目指した改革を行なうのだ。

ブレトンウッズ機構の廃止

われわれのさらに大きな目標は、グローバルな金融業界と多国籍企業のニーズのために機能する統治システムを、人びとと地域のニーズのために機能するものと取り替えることである。したがって、前者のシステムの基礎となっているブレトンウッズ機構は、解体される必要がある。

本書で説明してきたように、これらの機関は、力のある企業の利益と豊かな国ぐにの経済成長を一貫して追求してきた。国家の権利を蹂躙するようなイデオロギーを擁護し、低所得の国ぐにが特別かつ異なる扱い（S&D）を受ける権利を徹底的に弱めている。そして、不平等を政策決定の原則にまで持ち上げてしまった。致命的なのは、自由市場イデオロギーがあまりにも身に染みついたエコノミストをスタッフとしているので、もっと平等で持続可能なオルタナティブが可能であることすら受け入れることができない。危機を生み出した張本人に、その危機を解決するためのリーダーシップを任せるのは、非現実的であろう。

一九五〇年から一九八〇年の間に、数多くの南の国ぐにが、重要な社会的・経済的発展を遂げた。それは、ブレトンウッズ体制への権力の集中が制度化され、何もかも網羅的にカバーするようになる前のことだった。世界銀行とＩＭＦが力を強めて、イデオロギー的な政策的処方を押しつけるようになる一九八〇年から二〇〇〇年の間に、発展のための重要な機運が失われていった。貧しい国が少なからず、衰退の憂き目にあった。

悲しいかな今後は、ブレトンウッズ体制によってもたらされた多大な被害の修復に力を集中しなければならない。債務の帳消し、商品価格の安定化、国境を越えたモノやお金のフローに対するコントロールの確立、企業に集中した権力を分割するための反トラスト措置の実施、繰り返し犯罪行為を行なう企業の経営権の剥奪、国内経済を再建して地域のニーズに応えるための適切な法体系を持つような体制への方向転換、環境の浄化、企業の権力の弱体化、投機規制、公平性を築くための富の再分配、そして政府の民主的説明責任の確立がなされなければならない。

市民社会では現在、ブレトンウッズ機構による三頭政治を改革することができるのか、それともこれらの機構を閉鎖すべきかを巡って論争が行なわれている。およそ制度というものは、当該制度の根っこの部分は公正で正当な目的に沿ったものではあるが、ただ単に腐敗が起こっているような場合には改革が可能である。一般の国の政府にはこのようなケースが多く見られる。しかし、ブレトンウッズ機構のように、構造、権限、目的、手続きのいずれを取ってみても、人びとの利益を根本から脅かすような機構の場合は不可能だ。

老朽化した原子力発電所について言われた言葉を借りれば、「廃止プロセス」を始める時だ。途上国政府と国際的な市民社会は、ブレトンウッズ機関の改革にエネルギーを奪われてしまってはならない。これらの根本的に欠陥のある機関にできることといったら、せいぜい若返りの美容整形を施すことくらいだ。

世界貿易機関

ＷＴＯは多くの場合、立場の弱い貧しい国を強国による一方的行為から守るための、「ルールに基づいた」貿易枠組み、という触れ込みで推進される。しかし、事実はその反対だ。ＷＴＯは他の多国間機関や多国間合意と同じく、不平等を制度化し、合法化するものだ。ＷＴＯは強国が、自分が決めた規則を弱い国に押しつける道具として機能している。しかも、もっと柔軟で、組織だっていない国際機関の下であれば、かかるコストよりも安くすむ。

ＧＡＴＴには、もっと限られた権力しかなかったし、もっと柔軟で、途上国の特殊な立場に対しても同情的だった。その上、ＧＡＴＴの権力は、他のさまざまな国際機関との間でバランスが取られていた。例えば、ＵＮＣＴＡＤ、ＩＬＯ、そして、徐々に力をつけてきていた地域経済ブロック、たとえばラテンアメリカのメルコスール（南米南部共同市場）、南アジアのＳＡＡＲＣ、南アフリカのＳＡＤＣＣ、東南アジアのＡＳＥＡＮなどだが、多くの場合、これらの機関は積極的に南の利益に沿った立場をとった。このような柔軟性と積極的支援のおかげで、東アジアや東南アジアの国ぐには、輸出を促進する一方で国内産業も保護するように自分たちで設計した開発戦略を実行に移して、成功を収めてきた。

強力なＷＴＯに代わるものは大混乱しかない、という主張は、現在の状況から最も利益を得ている人びとが流し続けているデマにすぎない。どちらかといえば、一九九五年にＷＴＯが設立されて以来、国際システムは不安定さを増し、いっそう深刻な貿易不均衡と紛争が起こっている。より柔軟で、固定的でない、多様なチェック・アンド・バランスを備えた多元的な世界に戻れば、途上国や世界中の貧しい地域が、自らの価値、リズム、そして自らの選んだ戦略に基づいた前向きな道を切り開く余地が、再び生まれてくるだろう。

ＷＴＯ交渉の新ラウンド、あるいは、ＷＴＯの権限や加盟国を拡大しようという提案は、どのようなものであれ、拒否しなければならない。同様に、ＷＴＯがこれまで取り扱わなかったような領域をＦＴＡＡ（米州自由貿易地域）のような地域交渉の場に移行させることも、拒否しなければならない。その代わりに、ＷＴＯ加盟国が力を入れて交渉しなければならないのは、ＧＡＴＴウルグアイラウンド交渉によって作られた、あるいはウルグアイラウンド以降に作られたルールの多くを、秩序を保ちつつ逆戻りさせ、ＷＴＯの職員数や資産をはじめとする業務内容を、秩序を保ちつつ縮小することであるべきだ。そのような逆戻りが起こったあとで、ＧＡＴＴ本来の枠組みの中で残ったものについて、透明性と説明責任の確保のための改良が必要であろう。第二次大戦後に提案されたもともとの国際貿易機関には、再検討しなければならない側面もある。このような逆戻りが起これば、ブレトンウッズ時代に受けたダメージを修復するために必要とされるもろもろの行動を起こすための道が、切り開かれるであろう。

ＩＭＦ・世銀

ＩＭＦと世銀それぞれの機関について「廃止委員会」を任命することを提案する。その目的は、業務の縮小と終了、資産と負債の処理を監督することだ。これらの委員会のメンバーの半数は、これらの機関の有害な影響を明らかにしてきた市民であるべきだ。

この廃止委員会は、第三世界と旧社会主義国における構造調整政策を即時撤廃することを命じるだろう。この委員会はIMFに対し、現在一〇〇〇人を超えるスタッフを数百人にまで削減させるのと並行して、それに相応しい資本支出と事業支出の削減を実施させるだろう。IMFのエコノミストのほとんどは今日、些細なことにまで口を挟む調整政策のために雇われている。構造調整政策の廃止に伴ってこれらのエコノミストの役目はなくなるので、彼らの知識や技能はもはや必要とされなくなる。廃止委員会は、国際破産裁判所(次項参照)と調整して、IMFに対する未払いの債務の適切な処分方法を決めるだろう。IMFの廃止は二、三年で完了するはずだ。この期間の終わりには、残るスタッフは解任されるであろう。すべての建物と設備は、国連に譲り渡され、国連の管轄下に作られる新たな機関が使うことになるだろう。IMF職員に支給される退職金を廃止委員会が決めるにあたって提案したいのは、IMFの構造調整政策によって解雇される公務員に支給される退職金の平均をモデルにすることである。

世銀の廃止委員会も、職員・資産に関して同様のステップをとるであろう。目的とするのは、任命後二、三年以内に世銀スタッフを解雇し、残る資産をすべて国連に引き渡すことである。

国際市民社会は、素早く、力強く行動しなければならない。IMFと世銀の信頼性と正当性はズタズタになっていて、どちらの機関も、深刻な危機状況にある。しかしながら、時の権力者たちは、断固とした行動をとるよりも、改革についてあれこれ議論しながら、嵐が通り過ぎるのを待とうとするだろう。ＩＭＦと世銀が表舞台を下りて、最終的に廃止されれば、短期的投機より長期的で建設的な投資を、価格の乱高下より安定性を、外国からの投資や外国による所有より国内を優先するような国際金融システムの実現へと続く道が開かれるであろう。

国連機構の対抗力強化

ブレトンウッズ機構が権限を解かれれば、対抗的な制度的権力を持って、世界貿易や金融システムの改革を行ない、世界規模での企業による支配に終止符を打つのは、強化された国ぐにや改革された国連であろう。しかし、ここで急いで申し添えなければならないのは、私たちは、国連の権限と資金を増強しなければならないと考えてはいるが、国際機関が責任と権限を持つのは、国レベル、地域レベルで責任もって遂行できないような機能に限定するべきであると、考えていることに変わりはない。可能であればいつの場合も、国際機関が第一に責任をもつべきことは、国レベル・地域レベルでの、効果的かつ感度のいい民主的意思決定プロセスを支援することだろう。

世界保健機関、ＩＬＯ、国連環境計画（ＵＮＥＰ）の能力を向上させて、貿易に関連する健康、労働、環境問題に取り組むようにすべきだという主張には説得力がある。貿易に関わる基準は、国連機関の管轄下に入るべきである。そして、国連が誰よりも先に責任を持つべきであり、関連基準に関する専門性を備えなければならない。健康が目的であり、労働者の権利、きちんとした給与、そして安全な労働条件が目的である。それに対して、国際貿易や国際投資は手段にすぎないので、それに応じた扱いをしなければならない。関連する国連機関それぞれについて、適切な計画を練り上げなければならない。この節では、UNCTADを例にとって、新しい体制下のグローバル経済のガバナンスにおいて、国連が強化されてどのような役割を果たす可能性があるのか、説明する。

UNCTADの役割

国連貿易開発会議（UNCTAD）は、一九六四年に設立された。その後十年間で、第三世界の政府はUNCTADの場を使い、グローバル経済に働きかけて、自国の開発努力を支援するよう変革を迫るようになった。しかしその後、ブレトンウッズ機関が権力を得るにつれ、UNCTADは、途上国の関心事ともども、次第に無視されるようになってきた。

もし貿易が、公正で持続可能な開発のためのものであり、貧しい人びと、労働者、低所得国を優遇するものであるなら、UNCTADの権限を強めて、国際貿易のための国連で最も重要な政策決定機関にするべきだという強い主張が聞かれる。ブレトンウッズ機構の信頼性が失墜したため、UNCTADにとっては、みずからを対抗馬として位置づけるための絶好の機会が訪れた。最初の一歩として取るべきことは、途上国を世界経済に完全に統合すれば繁栄がもたらされるという前提に、真剣に異議を唱える、真のオルタナティブをUNCTADが先頭に立って提唱していくことだろう。そのような真のオルタナティブの基礎となるのが、本書で概観した諸原則である。

UNCTADがかつて影響力を持っていたのは、途上国政府の意見を代表して、途上国の発展のために働いてきたからだ。債務帳消しと構造調整政策の撤廃の二つが、最も緊急かつ広く認識されている途上国のニーズである。これらの二つは、市民社会の政策課題としても優先順位が高い。途上国政府と市民団体がこれらの問題に取り組むため、自然に手を組んで、お互いの力を強めていくようなベースが存在するわけだ。UNCTADは、両者の協力関係の仲介者として適任である。

もうひとつ、途上国が関心を持つべきことは、債務帳消しと構造調整政策の撤廃という市民社会の要求が、もっと大きな課題の一部に過ぎないと言うことだ。その課題とは、植民地制度を焼き直して見かけを少しやさしい感じにしただけと言えるグローバル・システムを廃止し、その代わりに、自国の発展を促進する上での国家の役割を強化するように作られたシステムに置き換えることだ。その場合、国家の発展とは、グローバルな支援の枠組みの中で、民主的な自立と自決に基づくものでなければならない。このような政策は、途上国の利益にぴったりとそったものである。その意味でもUNCTADは、国連機構の中でそのような可能性についての議論を仲介する上で、先頭に立つことができる。

私たちはUNCTADに対して、WTOが貿易・開発問題の究極の権威者として君臨していることに異議を申し立てる上でも先頭に立つよう強く求める。UNCTADは調整役を買って出て、UNCTAD、ILO、WTO、UNEPといった関連する専門機関、そして多国間環境諸協定や地域経済ブロックの執行機関とが貿易・開発問題に取り組むようにしていかなければならない。そして、これらの機関がそれぞれ平等に参加して、人びとと地球のためになるような国際経済政策とは何であるかを明確化し、定義し、実施していかなければならない。

現存するシステムが出来上がるのに、植民地時代の五百年とブレトンウッズ体制の五十年を要した。オルタナティブが緊急に必要だが、現実的には、オルタナティブを完全に作り上げて、グローバルな経済関係を平等で持続可能なバランスを持ったものにするには、あと数十年かかるだろう。それまでの間、新たな経済への移行プロセスを開始するための新たな国際協定が緊急に必要である。UNCTADは、そのような移行に踏み出すことが出来るし、そうするべきだ。以下に挙げるのは、より公正で持続可能、かつ民主的なシステムへと世界を向かわせるためにUNCTADが始めることができるような、三つの移行国際協定である。

・経済の自決に関する協定：この協定によって、途上国はグローバルな貿易、投資、財政について、「特別で差異のある待遇」を受けるであろう。この協定は、無差別的な自由化によって途上国が危険にさらされているという認識に立ち、途上国が先進国との経済関係において自国の発展のためのニーズを優先させる権利を保証するものである。この権利には、国境を超える金融のフローを規制する権利、外国投資の条件を決める権利、国内の財源と所有者を優遇する権利、資源の採掘に限度をもうける権利、輸出商品に付加価値のつくような国内加工を行なうことを優遇する権利、などがある。この協定によってまた、商品の価格支持のための国際システム創設の枠組み、そして、対外債務を返済したり、先進国からの輸入の代金を支払うに足る外貨を生み出すことができるように先進国のマーケットに優先的にアクセスできるような枠組みが確立されるだろう。

・貿易紛争に関する協定：UNCTADはまた、貿易と環境の関係という重要な問題に取り組む上でも、鍵となる役割を果たしうる。UNCTADは国連環境計画、国連開発計画と力を合わせて、広範で拘束力を持った指針について明細に記した協定や、貿易諸機関、多国間環境協定、政府、そしてNGOの主張のぶつかり合いを解決するような、市民社会を巻き込んだ多元的メカニズムのための草案を、先頭に立って起草することができるだろう。

・途上国の農業と先進国の小規模農家のための「ニュー・ディール」：UNCTADは、このようなプログラムを作り上げるうえで先頭に立つことができるだろう。その際、農業を世界貿易に統合するのではなく、貿易を開発戦略に統合することに重点を置かなければならない。このような開発戦略によって、農業部門の所得と雇用を増大し、食料自給率を大幅に上げて食料安全保障を達成し、環境的に持続可能な生産を推進するのである。

国連で途上国の意見を代表して、新たな経済に向かうにあたって先導的役割を担うのは、UNCTADが最もふさわしい。途上国は、現行の不公平で、持続不可能で、非民主的システムの現状とこのシステムがもたらした結果について、一番よく分かっており、オルタナティブに向かう急速なプロセスを達成していく中で、最も直接的に利害がからんでくるのも、途上国である。

これらの提案はまた、新しい経済をもたらす上での先導的な役割を途上国に与えることになるだろう。例えば、経済的自決に関する協定は、途上国特有のニーズに対応するだろう。そしてまた、最終的には先進国にとっても途上国にとっても適切な国際経済関係への新たなアプローチの原型もつくり出すであろう。

UNCTADには、ブレトンウッズ機関のような財力はないが、ブレトンウッズ機関がカネの力で買うことのできない何かを持っている。それは、途上国と途上国政府の間で正当と認められていることである。

新たなグローバル機関の創設

既存の国連機関を改革、強化したうえで、国連の権限と監督の下にグローバルレベルでの新たな機関を少数設立する必要がある。ここではそのような五つの機関についてのアイデアを紹介する。

国連の国際破産裁判所

債務帳消しは、いまも続いている貧しい国ぐにの債務危機への適切な対応策である。債務をかかえながら自由でいることはできない。したがってわれわれは、UNCTAD、ジュビリー（債務帳消し）二〇〇〇年連合、そしてカナダ政府が提言している国際破産裁判所（IIC）の創設を支持する。IICは、調停パネルと仲裁パネルから構成される。調停パネルは、債権者と債務者の間の交渉による和解を促すためのものである。そこで両者が和解に至らない場合、仲裁パネルが、法的拘束力のある最終裁決を下す。債務国は、破産申し立てとその準備に当たって、UNCTADと次の節で紹介する国際財政機関から支援を受ける。我々はIICに不可欠な要因として、以下のようなものを念頭に置いている。

・IICは、IMFと世界銀行の存続する間、それらの影響を受けることのない、独立の機関でなくてはならない。そして債務国、債権国、それぞれからの代表の数は、バランスのとれたものでなくてはならない。

・民間の負債については、法律と矛盾しない開かれた民主的プロセスによって、政府がもともと保証した負債以外は、あくまで民間のものとして扱うべきである。民間の債務の返済について紛争が起きた場合は、民間の当事者同士で、適切な民事法廷において解決すべきである。

・IICの活動は完全に透明で、一般の人びとが監視したり見直したりできるものでなければならない。

・債務国が、自らの債務が重大なレベルにまで達していて、市民の暮らしを損なわずに返済することは不可能と判断した場合、この裁判所に申し立てることによって、自発的に一連の処理手続きを開始することになる。

・あらかじめ返済不能額が査定されたあと、債務国は、破産裁判所が検討と決定を行なうのに必要な期間だけ、返済の停止が認められるだろう。その間、債務国は、新たな借入はしないことに合意する。

・上記の査定のプロセスの中で、債務国にどの程度の借入れがあり、必要な社会サービスの提供などの基本的な政府機能を損なうことなく返済できるかどうか、判断が下されるだろう。この裁判所はまた、正当な契約に基づかない、あるいは公共の利益を生み出さないような目的のために使われた世界銀行やIMFからの借入れなど、債務履行の拒絶に値する「不当な債務」を確認するために、投資内訳を再点検する。公衆の利益を生み出さない債務の例としては、銀行の企画によるプロジェクトの中でも企画自体に欠陥があり、銀行も監督を怠った結果、失敗に終わったものが挙げられる。

・査定に基づいて債務帳消しプランがたてられるが、不当な債務の履行を拒絶したあと、どれだけの債務が弁済できるかについて、交渉する。その場合、不可欠な政府機能を果たし、基本的サービスが提供できるよう、余裕部分が認められる。このプランによって、債務の繰り延べ、減額、帳消しが、うまく行なわれるだろう。その際、債権国が南の債務国に負っている目に見えない借金、つまり正当な代価を払うことなく南の国から搾り取った富も計算の対象になるだろう。

・債務帳消しプランは、国家の国際勘定のバランスをとって、対外債務をなくすことを目指すだろう。債務帳消し協定には、新たな対外債務を負うことに厳しい制限が設けられるべきであり、国際収支のバランスを保つ金融規制と貿易管理の指針が定められるべきである。

IICは、世界銀行と地域開発銀行の権限が取り除かれた時に、操業可能となる。権限がなくなったこれらの機関に残された資産は、債務救済に使われる。

国連の国際金融機関

ここで提案する国際金融機関（IFO）は、国連加盟国と協力して、国際金融関係の均衡と安定を達成し、さらにその維持に努め、国内財政と世界財政を歪んだ対外債務と借金漬けの経済から解放し、生産的な国内投資と生産的な資源の国内所有を促し、国家や地域がすべての人びとに平等で生産的、持続可能な生活をもたらすために必要な行動を、国際レベルでとるだろう。IFOはIMFに取って代わるが、IFOは国連に対して完全な説明責任を持つ。貸し付け能力も（法的）強制力も持たないIFOの機能は、国際勘定についてのデータを集中・保存し、状況に問題があるときは警告を発し、不均衡を是正するための各国間の交渉を促すこととなるだろう。また、求めに応じて、相談業務も行なうであろう。IFOの定款は、そのすべての活動において、グローバル企業や投資家の利益より、人間、地域および環境を優先させることを義務づけるだろう。より具体的には、IFOの機能には以下のようなものがあるだろう。

・国家の貿易と経常収支についてまとめた統計をモニターし、定期的に公表し、ある国の輸出入の不均衡が大きく、容易に改善されないような場合、是正の合意に向けての交渉を促進する。
・いろいろな政府の資本コントロール、海外からの借入れ、貿易均衡のマネジメントにかかわる慣行や経験についての情報集中機能を果たす。国連開発基金と協力して、ある国の政府が雇用、投資、所有、技術の能力を強化するために適切な資本コントロールを確立するのを支援するため、求めに応じて助言サービスを提供する。金融投機を防ぐ。国際収支の均衡を保つ。
・マネー・ロンダリング（不正資金の合法的偽装工作）や税金逃れのために海外銀行やタックスヘブンを利用することを防ぐため、各国政府が協調的行動をとれるような国際協定に向けた交渉と協定の実施を促進する。
・投機的な資金移動を阻止するための措置について政策研究を実施する。適切な合意のための交渉を促し、要求があれば実施の支援を行なう。

・通貨供給機能を銀行から政府に移すことの可能性について政策研究を実施する。実施提案を策定し、関心のある政府に対して、助言を行なう。

以下で提言する国際金融機関と地域金融基金はおそらく、ＩＭＦの権限剥奪に伴って、段階的に実行に移されるだろう。ＩＭＦに資産が残っていればすべて、債務の削減と地域基金の資本として使うことができるだろう。

地域金融基金

短期の緊急外貨融資に対する需要は正当なものであるという認識に立ち、また同時に、財政は可能なかぎり国内でまかなわれるべきであることを認識した上で、地域金融基金の創設を提案する。この基金は、加盟国である同じ地域の国ぐにに対して説明責任を果たした上で、不測の外貨不足に迅速に対応し、短期の緊急融資を行なう。その地域の政府に対して説明責任を持つことによって、地域固有のデリケートな問題と利益を反映したものとなるだろう。すべての国ぐにに対して、これらの基金の会議への参加が大いに推奨されるが、複数の地域金融基金について、議決権のあるメンバーになることはできない。

国連貿易紛争裁判所

本書で提言している地産地消に向けたステップによって、国家間のモノの移動が減少するだろう。そうであったとしても、国際貿易システムの安定性と公平さを保つための体系的ルールが必要であることに変わりない。なぜなら、国家間の貿易がある限り、紛争は起こるだろうし、強い国の弱い国への威圧や弱い者いじめは起こりうる。しかしルールが必要とは言っても、WTOはまったく必要ない。WTOは、民主的な政府を統制して、政府が公共の利益のための規則や基準を設定したり、実施したりするのを妨げている。

貿易は手段であって、目的ではない。貿易の拡大そのものは、目的ではない。貿易ルールについて交渉したり、実施したりする責任は、この手段と目的とが区別できる機関に委ねられるべきである。したがってわれわれは、開発、健康、食品、労働、環境といった問題に関わる国連機関が分担して貿易を管轄するべきだ、という意見を持つようになってきている。貿易がもたらす結果について責任を持つのと同じ機関が、責任を持つべきである。

前に述べたとおり、このルールを設定するプロセスにおいて、UNCTADが先頭に立ってリードすることができるだろう。国連国際金融機関は、経常勘定収支の動きを追い、国際的介入が必要な場合には、警告を発するであろう。

貿易紛争の仲介や仲裁をする機関は、今後も必要だろう。このようなニーズに応えるため、国連貿易紛争裁判所の創設を提案する。構造としては、国連国際破産裁判所と似たもので、和解パネルと仲裁パネルを持ち、和解パネルは、貿易相手国どうしの交渉による和解を促し、仲裁パネルは、自発的な和解に達することができなかった場合に人権、労働、健康についての条約、決議など、関連する国際協定の条項に基づき法的拘束力のある決定を下す。

どういった場合に、貿易紛争裁判所の介入が必要となるのか。例えば、ある国の貿易勘定が深刻なまでにバランスを欠いた状態が続いているような場合である。ぴったりな例がある。米国では巨大な貿易赤字が続いており、収入以上の生活をしていることになる。労働力や資源を他国からまきあげることによって、浪費型・環境破壊型のライフスタイルを支えているのだ。しかし実際は、まきあげられている国ぐにのほうが米国よりはるかに、労働力や資源を必要としている。一方で中国では、搾取された労働力を大量につぎ込むことによって、大規模な貿易黒字が続いている。この場合、負け組になっているのは、世界市場で中国の低賃金と劣悪な労働条件に太刀打ちできない他の低賃金諸国である。米国の対外債務は、不均衡が存在する限り蓄積する。貿易均衡を取り戻すためには、米国は、もっと輸入を増やすか、輸出を減らさなければならない。中国は、もっと輸入して、輸出を減らさなければならない。米国が、収入の範囲で暮らすことを学ぶという挑戦に自らすすんで応じる、というのが理想だろう。中国は、生産力を自国民のニーズを満たすことにもっと向けるべきである。中国、米国のいずれも、他国との貿易関係にもたらされる影響に適応するためには、長く険しい道のりが待っていることだろう。これは単純な話ではなく、間接的なものも含めてすべての貿易相手国との間の込み入った対話と交渉が必要になるだろう。

もう一つの例としては、貿易相手国が純粋に政治的理由で、なんらかの譲歩を迫るような厳しい態度をとったような場合であろう。例えば米国の場合、石油を手に入れるためであるとか、特定の有権者のためといった理由である。一般に国家は、自国の社会的、環境的、経済的な優先課題をその都度変え、貿易関係が適切になるよう調整する権利を持つべきだ。しかし、これは、秩序をもって、段階的なやり方で、貿易相手国との間の合意の下に行なわれなければならないし、すべての関係国が変化に対応できるよう、時間が与えられなければならない。加盟国は、二国間交渉による問題解決が不調に終わった場合、国連貿易紛争裁判所に訴えるであろう。

国連環境機関

地球の友・インターナショナルなどの市民によるネットワークは、国連環境計画（ＵＮＥＰ）のグローバル閣僚級環境フォーラム（ＧＭＥＦ）に対し、国際的な環境ガバナンスを強化するよう求めている。すでに数多く作られている法的拘束力のある諸協定を足がかりとして、グローバル・ガバナンス強化のために目指さなければならないのは、これら既存の多国間環境協定（ＭＥＡ）の遵守を強化することである。それによって、多国籍企業とＷＴＯも、ＭＥＡをきちんと遵守するようにするのだ。ＧＭＥＦは、ＵＮＥＰに明確な信任を与え、十分で信頼できる財政的支援をきちんと行ない、国際的な環境ガバナンスの基盤としての役割を満たすように、ＵＮＥＰを国連環境機関（ＵＮＥＯ）へと改編しなければならない。

特に、ＵＮＥＯは以下のことを行なうべきである。

・持続可能な環境のための既存の国際協定が実施されるよう、財政支援、技術支援、政治支援など、効果的な支援を行なう。
・多国籍企業のコンプライアンス（法令遵守）のための協定を含め、持続可能な開発のための法的拘束力を持つ協定によって、コンプライアンスと紛争解決が効果的かつ確実に行なわれるようにする。

・ＷＴＯではなくＭＥＡが、環境問題とＭＥＡ関連貿易措置の必要性について判断する最高権限を持つことを再確認する。

・既存の貿易協定の実施について、環境影響に関する国連の共同レビューを推進し、それに参加する。

・「貿易と農業に関する世界委員会」の設立を推進し、それに参加する。この委員会は、環境的に持続可能な農業に対して既存の貿易協定が与える影響を検討し、環境的に持続可能な農業、食料安全保障、食料主権のための法的拘束力のある国際的法規の交渉手順（モダリティ）について徹底的に探求すべきである。

国連企業責任機関（ＯＣＡ）

金融投機についで、人びとのくらしと地球にとって二番目に大きな経済的脅威は、何の規制も受けずに大きくなった企業の権力と、その権力の濫用である。国際的なレベルにおいては、この脅威に対処するメカニズムは、ないも同然だ。そして、ブレトンウッズ機関は常に、国家レベルでの是正処置を阻止しようとしている。巨大企業は、世界中を自由に動き回り、政治家を買収し、企業が支配している雇用、金融、技術をめぐって、国家、地域、人びとを互いに競争させる。ブレトンウッズ機関を廃止することによって、構造調整政策を撤廃し、国際貿易協定の条項の中でも、人びとの利益よりグローバル企業と投資家の利益を優先させるものを無効にすることが、政府の権利と責任を回復し、企業が人びとの利益に対して説明責任を持つための重要なステップであろう。

私たちが提案している国連企業責任機関（ＯＣＡ）の最も重要な機能は、企業の説明責任を求める国家のイニシアチブを支援することであり、そのための情報や助言を提供し、関連する二国間協定・多国間協定の交渉や、二国間・多国間の実施措置の調整を促進することである。執行当局は、国家レベルや地域レベルにもっぱら帰属するべきであるが、ＯＣＡは政府と一般市民に対し、企業行動に関する包括的で権威のある情報を提供することによって、訴訟の根拠や投資家・消費者の行動の根拠を提供するであろう。もっと具体的に言えば、ＯＣＡは以下のことをするだろう。

・主要な産業部門内での企業の権力集中に関する定期的な報告書を編纂し、出版する。また健全な市場原則に反する戦略的提携やカルテルなど、独占的な活動についての特別研究を行なう。銀行、メディア、アグリビジネスなど主要部門での企業集中のもつ意味について、国際的に注意を喚起し、政府が適切な反トラスト措置をとるよう促す。

・国際貿易における価格設定のあり方を監視し、輸出補助金や競争相手を不公平なやり方で市場から追い出す生産コスト以下の価格設定など、不公平で競争的な行為について記録し、出版する。

・あらゆる企業が国境を超えて業務を行なう際の法規違反、刑事・民事訴追と有罪判決について、包括的で、いつでもアクセスできる公開の記録を維持・管理する。違法行為を何度も繰り返し、消費者のボイコットや、国内での免許や認可の取り消しのための訴訟を引き起こしている企業の国際的監視リストを出版する。

・大企業トップ一〇〇〇社について、包括的で、いつでもアクセスできる公開の記録を維持・管理する。企業ごとにすべての直接的・間接的子会社についてリストアップして、税金の減免、基準以下の賃金・労働条件という公的コスト、有害製品の販売、有害廃棄物の排出など、コストの外部転嫁などを明確にする。

・国際的協定の交渉と実施を調整し、子会社の無謀な行為による被害者は、その親会社がどこにあろうとも、親会社を告訴し、親会社から損害の補償を受ける権利が保証されるべきだ。

・ある企業が複数の国で操業する場合の、統一的な推奨基準をつくるための交渉を調整する。この統一基準は、政府が自国の領土で操業するグローバル企業の行動を取り締まるための国内あるいは地方自治体の法令の枠組みを作るにあたって、推奨モデルとして利用されるであろう。このような基準によって、中小企業や地元の企業がつねに優遇されなければならない。例えば基準によって、▽複数の国で営業している企業は、人権、労働、環境、健康、安全について、国際基準、国内基準あるいは本拠地のある国の基準のうち、一番高い基準を守らなくてはならない、▽特権、補助金、税金の減免など、地元企業と同等または地元企業に対する優遇条件でも手にすることのできない外国企業に対する措置を削減する、▽すべての国内法、国際法を遵守しなければならない、▽公務員や政治家への贈り物を廃止し、選挙や公共政策への影響を排除する、▽労働組合に誠実に対応しなければならない、▽従業員に最低限、生活に必要な賃金を支払わなければならない、▽製品に詳細で正確な表示をしなければならない、そして▽有害物質の排出に関してすべて情報公開しなくてはならない。グローバル企業は、どこで操業していようとも、世界一厳しい基準を守っていると口を揃えて主張する。実際に上記のような原則に則っている企業なら、自社の真実の活動履歴について公開することを拒む理由はないだろう。OCAには実際に強制力はないが、これらの基準を遵守しているか、いないかを監視して、その結果を公開して、政府や一般の人を行動へと導くのだ。

・国連加盟国が反トラスト法や、その他、企業の説明責任のための基準を設定したり実施したりすることに関係する法律を、制定したり実施したりするのを助ける。

・政府の政策決定に対するグローバル企業の影響を制限するよう、国家が法律で取り締まることを勧告するための国際パネルを招集する。例えば、企業による政党や候補者への献金、立法や公共の問題に関する広告やPRキャンペーンへの企業の支出への制限、禁止など。

第11章　グローバルからローカルへ：ひとりでもできること

抗議行動や社会的試み、地方の小規模集会、国の公聴会、グローバル規模のティーチイン、世界社会フォーラムなどさまざまな場で、本書を執筆した二一名は十年以上にわたって数え切れない人びとと出会った。そこでわれわれは経済のグローバル化に対する怒りが未来への希望の政治に転換するという体験をしたのである。

希望を与えてくれる多様な出来事が起きている。企業のグローバル化の要《かなめ》となる制度の合法性が問われ、市民グループや民衆運動が活発化し、旧モデルを拒否する新しい政府が台頭しつつある。なによりも希望が持てるのは、オルタナティブな実践が驚くほど広がっていることである。その範囲はごく些細な改革から将来ビジョンの提案、地方経済の試み、ブラジルに代表される国全体の改革にまでおよぶ。

マーガレット・サッチャーをはじめとするグローバル化のチアリーダーたちが、これ以外に進むべき方向はないと断言してから二十年以上経った今、これが作り話であることが暴露された。グローバル化以外の道、オルタナティブはある。それも数え切れないほどある。グローバル企業支配のための諸制度の合法性が問われ、活気のある市民社会が政治勢力となったことで、経済生活の制度を見直しかつ変革し、民主化を前進させ、すべての人に自由・正義・繁栄を、という永遠の人類の夢を実現する千載一遇のチャンスが生まれたのである。

これまで、われわれは読者の力になりたいと考え、経済のグローバル化に対するオルタナティブについて新しい考え方を提示してきた。市民グループがオルタナティブの基盤として示す原則を明らかにし、もっとましな世界をつくるために他の人びとが実践していることを紹介してきた。前向きの変化をもたらす最大の力は共同行動だが、一人ひとりが個人でできることも多々ある。

グローバル化した経済システムを変えるのは途方もない仕事であり、さまざまな力とかなりの時間を要するだろう。しかし、個人が明日からでも行動することで、もっと公平で持続可能な世界にする一助となるだろう。

もちろん、これは企業のグローバル主義者が望む考え方とは正反対である。経済において個人という存在は受け身の消費者に限定されると信じることが、グローバル主義者の利益にかなうのだ。グローバル主義者は、大衆受けをねらったイメージやスローガンで攻めたて、大型車を買えばもっと自由になれるし、最新のデオドラントを使えばスーパーモデルとデートができるし、日常的な低価格こそ人類にとって究極的征服だと思い込ませようとする。

消費文化で利得をむさぼる連中は、多くの地域社会でもっとも人気のある集合場所がショッピングモールだというニュースを聞くと喜ぶ。一方、公園や図書館その他、個人がやってきて出会い、読書し、遊び、共同で行動する場のための予算は減るばかりである。

誰でもモノを買う必要がある。しかし、あらゆる複雑さを持ち合わせた人間として、モノだけでは人生を満たすことはできない。また、もっとましな世界にするためにさまざまなレベルで行動を起せることを忘れてはならない。受け身の消費者にとどまらず能動的になることは可能だし、労働者や投資家、学生、信仰その他を基盤にした組織のメンバーとして持っている力をもっと行使することもできる。さらに、地域や国の関係がますます緊密化するにつれて、地方や国の市民としてだけでなく世界市民として行動する機会も増えている。市民であるわれわれは、モノを買う市民の権利をこえた権利を行使する必要がある。

この結論となる章では、個々人がもつさまざまな能力をいかすいくつかのアイデアを取り上げたい。加えて、巻末に掲載されているグローバル化の問題と取り組む団体や組織の情報を、ぜひとも有効に利用してほしい。具体的なかかわり方について詳しい情報が得られるはずである。

消費者として何ができるか

グローバル企業が売りつける死につながるタバコやガソリンを大食いする四輪駆動車（ハマー）、ホルモン漬けの牛肉、地球の裏側からくるバター、搾取工場で作られる下着、遺伝子組み換えコーンなどなどを人びとが買うかぎり、企業側は莫大な儲けをあげることができる。消費者一人ひとりが自分の価値観に従った買い方をする方法はいくつかある。

賢い消費者になる

消費者が十分な情報を持つことは、市場経済の中心的教義である。モノがどうやって作られるかについて消費者が隅々まで知っていれば、市場は有効に機能しうる。誰が作ったか、どのような条件で、またその過程で環境や人的コストはどれくらいかかって処理されたかなどの情報である。生産がますますグローバル化し、企業の管理下におかれるようになるにつれ、こうした情報は非常に手に入りにくくなってきた。

しかし、企業側に情報公開を求めたり自分の手で探し出すといった方法で、情報を得ることができれば、この世界に害を及ぼすよりむしろ世界のためになる製品を選べるようになるだろう。環境を保全する「グリーン」製品や労働者の権利が守られている「ブルー」製品のリスト、その他消費者が情報を得た上で決められるような社会的指標を提供する組織が世界各地にある。企業キャンペーンに対して消費者と市民活動家が手を結び、環境、労働者の権利と安全、消費者の健康とコミュニティの権利について要求をつきつけたり、閉鎖を求める例も数百件におよぶ。

国産品を買おう

世界各地で、消費者がますます地元農民の市場をめざし、有機野菜や果物を求めるようになるにつれ、農業のシステムが変わりつつある。米国における有機食品の売り上げは、年一〇%という驚異的な伸びを示している。単に地元でできたトマトを買うというだけで、フードマイルが減るし、遠洋航行の船と冷蔵コンテナが増えすぎて起きた混乱もおさまることで、グローバルな食料ラインにまで波及効果を及ぼす。概して、地方のビジネスやサービスに資金を投入すれば、地方のコミュニティにプラスの乗数効果があるが、大規模チェーンに金を使えば、たいてい金は本社に集中的に戻ってくる。それも超高級取りのCEOのポケットに入ってしまう。

コミュニティ・サポート農業（CSA）計画に参加しよう

CSA計画に参加すると同時に、地元農民の市場や都市農園を支援することもできる（詳しいことは第8章「農業と食料システム」参照）。都市に住む消費者が通常の販売・マーケティングシステムを通さずに直接有機農業者と関係をもつCSA計画は、どこの都市でも見られる。月単位で一定の量を申し込めば、農場から直接新鮮な作物が配達される。これによって地域の有機農場を支援できるだけでなく、取れたての作物が手に入るのである。同様に、地方の農民市場（ファーマーズマーケット）も、新鮮な作物を提供する農民と直接契約を交わしている。また、都会農園も広がりつつあり、都市住民が空き地を利用して自分で作物を栽培できるようになった。

フェアトレードを支援しよう

すぐ近くでは作れないものもある。寒いところに住む数十億人にとっては、コーヒーやココアは地元ではできない。こうしたモノを対象に、世界中で活気のあるフェアトレードやオルタナティブ貿易市場が台頭しつつある（第8章参照）。企業はこうした製品を製造の一環である個性の要素、コストを最小限に抑えるべき要素として扱うが、フェアトレード団体はその対極をめざす。途上国の職人や農民に生活給、安全、尊厳のある労働条件を保障しようとするのである。

フェアトレード団体が十分に支払えるのは、中間商人の数を減らし諸経費を最小限に抑えているからだ。たいていは生産者組合と一緒に働くことで、安全で尊厳のある労働条件を確保し、製品がどう作られ売られるかについて生産者が意見を言えるようにしている。協同組合はまた、医療、子育て、融資の利用などを提供するとともに利益をコミュニティに再投資することを奨励される。診療所を建てるなどのコミュニティ計画の資金にするわけである。加工やパッケージング部門を途上国に移し、できるだけ付加価値労働が生産国内で行なわれるような活動を行なっているフェアトレード団体もある。

コーヒー、チョコレート、手工芸品、紅茶、バナナ、蜂蜜その他の製品を含むフェアトレード商品は、一七カ国の公益団体によって認証されており、すべてフェアトレード・ラベルの国際組織であるＦＬＯに加盟している。フェアトレードのコーヒーだけで二二カ国にある三〇〇以上の協同組合のメンバー、三五万人以上の農民に利益をもたらしている。ココア農民は四万人以上が八カ国の八協同組合に組織されている。ヨーロッパと米国のフェアトレード団体の年商は約四億ドルにのぼる。これでも世界全体の貿易の一〇〇分の一に過ぎないとはいえ、この市場は急速に伸びつつある。フェアトレード連盟と国際オルタナティブ貿易連盟によると、北米と太平洋地域のフェアトレード産業は、二〇〇三年に三七％という驚異的伸びを示した。米国、カナダ、太平洋地域のフェアトレードの総売り上げは今や年二億五〇〇〇万ドルを超える。

フェアトレードによって南の農民や企業は自分たちの手がおよばない、絶えず変動するグローバル市場への依存度を強める、と主張する声がある。そうすることで、本書が言うオルタナティブの中心である地方経済にとってマイナスだというのである。しかし、フェアトレード支援は、少なくとも中期的に、貧困という恐るべき問題と戦うひとつの方法であるし、その一方で長期的に貧困国における国内需要の強化につながる政策を促進するのである。

フェアトレードに加えて、消費者は環境にやさしい製品やサービスを買うこともできる。ある程度、環境を意識して製造された製品であることを証明する「エコラベル（グリーンラベル）」は増えている。エコツーリズムのような消費者へのサービスも、同様にグリーンラベルがつけられるだろう。果物、野菜、肉、魚などは環境にやさしい方法で生産されたものを買い、労働法を守らなかったり環境破壊につながるやり方をしている会社の製品は避けることである。

労働者としてできること

たいていの人は労働者としての役割を通して経済に影響を及ぼせるし、本書で述べてきたオルタナティブの強化のためにその力をもっと活用することができる。労働組合はすでに百年以上にわたって、労働者が職場で発言権をもち、基本的権利をかちとるもっとも協力な方法を提供してきた。労働組合に入ること、労働組合を組織すること、そのいずれでも実行する人を支援すること、その他の労働者組織を助けること、これらすべては職場における労働者その他を助けることにつながる。

年金の力を行使しよう

基本的権利や労働条件の改善をかちとるために、組合やこれに準ずる組織に加盟している労働者は夥しい数にのぼる。こうした組合の多くはメンバーのための年金手当てをかちとっており、そこから労働者が共同でもつ経済的影響力も強まった。たとえば、米国では労働者の預金額が六兆ドルに達し、この国最大の投資資金を形成している。ＡＦＬ－ＣＩＯ（米国労働総同盟産別会議）といった組合連合はこうした年金の力を活用して、労働者の権利を尊重する企業を支援する戦略をたてている。年金制度は非常に多岐にわたり込み入っているので（年金の種類、年金制度の構造、組合内での意思決定）、個々の労働者が自分の年金にかかわる全体的な決定に影響をおよぼす余地は少なくなっている。それでも、多くの職場では自分たちの退職積み立てをどのような資金に投資すべきかについて、個々人が選べるし、社会的にも環境面でも責任のある選択への扉を開きつつある。

労働者所有の協同組合をつくったり支援したりしよう

身分制の上に成り立つビジネス構造のオルタナティブとして、労働者所有の協同組合が世界各地に広がっている。その名の示すとおり、労働者がみずから事業を所有し運営するのである。したがって、労働者は他の人たち、つまり儲けは自分のものにしておこぼれをくれる人たちのために働いているのではない。決定はたいてい一人一票で民主的に下される。事業の運営にかかわる労働も、その結果である賃金その他の手当ても分配される。たとえば、収益は平等に、あるいは労働時間や技能、ないしその集団で決めた方法に従って分配される。仕事のやり方、誰がどのような時間帯でやるか、労働条件はどうするか、についても、遠くにいる所有者が選んだ管理職ではなく、集団自身によって民主的に決められる。

労働者はまた職場で、社会や環境的価値を反映するような政策を採るよう圧力をかけることもできる。たとえば、職場で次のようなことを奨励できるだろう。

・公共の交通機関や車の相乗り利用を支援するための財政的奨励策。これを提供する企業に自治体が提供する税の優遇措置の活用。
・従業員のキッチン用にフェアトレード・コーヒーをストックし、組合を持つ商人を選び、リサイクル製品や再利用可能の製品その他環境にやさしいオフィス用品を購入する。
・コンピューターを投げ捨てるのでなくグレードアップして廃棄物を減らす。携帯やポケベル、プリンターのカートリッジ、オフィス用紙、新聞、缶やボトルをリサイクルする。
・製品に対して生産の時点から処分の時点まで全面的に責任を負う。製品について消費者、労働者、地域住民の暮らしにどう影響するか、あらゆる情報を容易に入手できるように、透明性を保証して行動する。
・利益の一定部分を活動している地域に投資すると同時に、安全性や環境保護にかかわる新技術をその地域に伝える。
・海外活動においても国内と同じ基準を適用する。

預金者・投資家としてできること

預金高が五〇ドルだろうと株を五〇万ドル分持っていようと、お金の使い方次第で影響を及ぼせる。数十年前までは、金融機関はほとんどローカル機関で、預金は地方のコミュニティに貸し出されていた。今日では、地方銀行のほとんどは巨大な全国銀行の一部となり、金は国際市場に貸し出され、非常に変動の激しいグローバルなカジノ経済に貢献している。そうである必要はない。以下のことを実践しよう。

・社会的責任を果たす銀行や信用組合に口座を開こう。米国では、どこの支店でもその銀行の地域再投資法実績のコピーがもらえるので、コミュニティへのかかわりを自分で確かめられる。この評価によって、その銀行がどれくらい地域の低所得、中所得層のニーズを満たす投資を行なっているかがわかる。

・自分の銀行は地域開発にどれくらい投資しているかを調査しよう。たとえば、手頃な値段の住宅供給、環境保護、教育、スラム地域の再開発といったプロジェクトに投資している銀行もある。米国先住民のコミュニティ強化にむけて働いている金融機関もある。

・自分が信用組合に入る資格があるかどうか詳しく調べよう。こうした非利益機関は大銀行よりも顧客サービスがいい場合が多いし、ローンの利子も手数料も安いことが多い。

・クレジットカードを使うとき重要な目的のために寄付しよう。購入分の一部を組織そのものに投資できるようなクレジットカードを提供する団体が増えている。これならば組織に寄付しながら自分の価値も高められる。

もうひとつの手法として、自分の住んでいるところで地域通貨運動を支援することもできる。多くの都市にあるオルタナティブな通貨計画は、支配的経済にかかわることへの部分的オルタナティブの実践である。地域住民の合意の上でドルではなく地域発行の紙幣を使って必要品の一部を買ったり、一定の料金でサービスを交換する。その結果、資金もサービスのコミュニティ内部でリサイクルすることになり、資源はローカルにとどまる。

余分の所得を投資にまわせる人は少なくない。米国ではさまざまな種類のミューチュアルファンド（投資信託）が増えているので、小額の個人預金をプールして共同でファンドを作ることができる。ここ十年ほどの間に、社会や環境に対する責任意識のある企業に特化するファンドの数が増えてきた。こうしたファンドはさまざまなフィルターを用いており、環境や労働権に焦点をあてているものもあれば、アルコールやタバコ、銃器関連の企業には投資しないというファンドもある。

市民としてできること

ほとんどの人は自分を一国の市民と考えているが、二つの国の市民だという人もいる。しかし、相互に依存する関係がますます強まるにつれて、誰もが同時にいくつかの世界の一部となっているのである。ローカルの市民として、地域社会を強めるためにできることは多々ある。国の市民としても、オルタナティブな主張の一端を担える。また、マイナスの結果を抑えるためにやれることはたくさんある。以下はその出発点となるだろう。

地域の市民として

・地方の基本システムともいうべき輸送、エネルギー、廃棄物などグローバルな政策が直接踏み込んでくる部門の管理権を握ろう。その一つひとつの領域で環境への影響を減らし、グローバル企業のかかわりを避けて地方の解決策を奨励するイニシアチブを支援するよう、地方自治体に働きかけよう。

・地域でミニオルタナティブ・サミットを自分たちの手で作り上げよう。市民社会団体、宗教組織、活動家、地域住民、学生、学者、政治家などなどを一堂に集めて、その地域での経済のグローバル化にたいするオルタナティブの提案、議論、実践報告を行なってみよう。

・自分の地域で行なわれている無数の組織化の努力について学ぼう。それらに参加してもいいし、他の人たちと手を結んで自分たちの運動をたちあげ、自分の居場所でオルタナティブが現実のものになるかどうかを見極めよう。礼拝場所や学校、生協などいくつかの地域組織にすでに入っている場合は、こうした組織が一緒になって共通の問題について協同できるようにしよう。コンピューターのオンラインの組織活動に参加することもできる。インターネットのさまざまな入り口を利用すれば、活動家は新しい組織化の方法を学び、かつグローバル化へのオルタナティブに注目を集めることができる。
・地方議会を傍聴して、地域に影響を及ぼす問題について学び、その問題にかかわろう。進歩的候補者を支援する政治キャンペーンに参加してもいいし、自分で立候補することを考えるのもいい。地方の公聴会には積極的に参加しよう。
・近隣地域でエコイニシアチブを組織して、都会農業や協同組合などの地域開発を促進しよう。
・地方集会で声をあげ、地域のリーダーを組織して、都市のスプロール現象に反対しよう。
・地域で行動を起こし、近隣や市の浄化運動を組織しよう。
・自分の地域に土地の再活性化や保全に対する税額控除があるかどうかを調べよう。住宅やビジネスの所有者の税を控除しているところもある。こうした制度があれば、地域の持続可能性、再活性化につながるだけでなく、雇用の増大、歴史探索ツアーの促進にもなる。
・地域での有権者教育や登録活動を支援しよう。とくに低所得層や若い人の政治参加が少なく投票率が低いと、グローバル企業の政治への過度の影響力を増大させるだけである。
・メディアの活動家になろう。商業的に重要でない価値を反映するオルタナティブメディアを支援するだけでなく、主流メディアにも自分の声を届けよう。トーク番組に電話してオルタナティブな視点を指摘する。編集長やプロデューサー、とりわけ広告の中身に異議があるときはスポンサー宛に投稿しよう。そうした手紙やメールは確実に読まれるし、相手を変えさせることができる。同僚や近所の人たちもこうした異議申し立てに加わってもらおう。

国民として

各国政府はグローバル経済にどう対応するか日々選択を迫られているが、そうした国の市民として、国が進む道に影響を与えるためにできることは沢山ある。民主主義の幅は国によって大きく異なる。

オルタナティブに賛成して企業のグローバル化という道を拒否する政府を選ぶ、という大胆な選択を市民が行なった国もある。ブラジル、アルゼンチン、ボリビア、エクアドル、ベネズエラなどでは圧倒的多数で批判的見解に立つ新政権をもたらした。米国を始めとするG8諸国では、運動が広がり強国に政策変更を迫っていることは見逃せない。政治を根底から変えるには進歩的政治家を選ぶだけではすまない。公的生活のあらゆる側面にかかわる活発な市民組織が必要である。政党で活動しよう。地域の問題でフォーラムを開こう。自分たちの代表である議員と知り合いになって意見を伝えよう。立候補しよう。

フィリピンのような途上国では、政府が依然として企業のグローバル化と密接に連携しているが、それでも強力な全国キャンペーンによって世銀、ＩＭＦ、世界貿易機関の市場開放政策を拒否するよう、政府に圧力をかけ効を奏してきた。自国のこうした問題や関連する問題を取り上げたキャンペーンで活動しよう。

問題にかかわる市民のエネルギーはほとんど世界中で高まりつつあり、問題も非常に多岐にわたるが、つまるところ正義、環境の持続性、民主主義ということになる。これらは結局は相互に分かちがたく結びついており、企業のグローバル化の制度や文化に関連している。グローバルな市民社会が力をつけつつあるのは、国籍、争点、宗教、人種、ジェンダー（性差）という通常の分断を超えて連合をつくってきたことにもよる。連合づくりのプロセスに加わろう。連帯を求めよう。最近出版された『ムーブオンが提案する国を愛する50の方法——政治的発言を強め、変革を促すために』にはできることについてさまざまなアイデアが盛られており、非常に役に立つ。人びとが「思ったことを行動に移す」ための具体的行動が詳しく書かれている。各章のタイトルを見ても政治活動のカタログを読んでいる気になる。

・有効なオンライン署名運動を始めよう。
・少数派の有権者を動員しよう。
・劣勢な選挙区で有権者登録しよう。
・特定の問題を軸に有権者登録運動を起こそう。
・職場で選挙参加を呼びかけよう。
・テレフォン・バンクに参加しよう。
・偏見のある報道に反論しよう。
・コングレス・サット・ワーク（市民議会）に手紙を書こう。
・落選した政治家と話そう。
・国の問題に地域で対応しよう。

・政治サロンを主催しよう。
・アートを通して政治的意見を表明しよう。

グローバル市民として

この二十年の間にもっとも大きく変わったことは、多くの人がグローバルにものを考えるようになり、人びとがグローバルに行動する道が開けたことだろう。グローバルなレベルで参加する方法はさまざまある。

・国際交流に参加しよう。団体が主催するグローバル旅行に加わって、地域の経済や社会が直面する問題について学ぼう。海外旅行を企画し、人びとが新聞では知ることのできない問題や人びとに直接触れ、意識を高める活動を行なっている団体が増えている。「グローバル・エクスチェンジ」と「ウィトネス・フォー・ピース」もその代表格である。ベネズエラ、メキシコ、エルサルバドル、アルゼンチン、パレスチナ、イラクといった場所を訪れる参加者は、米国の政策がどういう結果をもたらしたか、自分の目で学ぶ。次の休暇には海外ツアーをしようと考えている人は、こうした旅行に参加してみよう。
・世界銀行、ＩＭＦ、ＷＴＯその他のグローバル機関がどのように機能しているか、こうした機関の政策が自分の国や世界の他の地域にどう影響をおよぼしているかについて学ぼう。そうした政策の結果について人びとが学べるよう、地域でフォーラムを開こう。年金の管理者に、自分は世界銀行の債券には投資したくない、と名言しよう。

・地域のオルタナティブ・サミットの成果をたどり、人びとや組織がどのように協力しあってオルタナティブのアイデアを実践するかを確かめよう。世界社会フォーラムといった国際集会や、広がりつつある地域や国レベルの社会フォーラムにかかわろう。

・企業のグローバル化のリーダーたちの集まりには必ず結集する人びとの運動が、世界中で高まりつつある。そうした運動に加わって、現行のモデルに異議申し立てをし、オルタナティブを求めると同時に、コミュニティの権限を強め、民主的に決断を下し、公平な組織化を行ないつつ、そうしたオルタナティブを実践しよう。さらに、地元でも、地方レベルでも国際レベルでも人びとや運動、組織と連絡を絶やさず、協同してオルタナティブを実践しよう。

・社会正義、環境の持続可能性、人権、地方レベルの管理をめざして活動する組織に加わろう。本書の資料編にある広汎なリストを見てほしい。自分が必要だと考えていることをやっている組織が見つからなければ、自分で始めるなり地域を組織化して、いますぐに自分が願う変化をつくりだそう。

企業のグローバル化主義者は、抵抗するわれわれの目標がグローバル・ガバナンスのすべての機関の廃絶だと主張するが、ここに書かれていることを読めば、そうした主張派は鳴りをひそめるはずである。こうした主張は最初から間違っている。市民社会の目標は、企業支配という独裁的制度を民主的制度に置き換えることであって、昔の世代が君主制を政治的民主主義と置き換えたのと同じである。

パブリック・シティズンのロリ・ワラクは、十年以上もこの目的のために、世界貿易機関とNAFTAの数千ページにおよぶ協定文をコピーしてどこへでも持ち歩き、自分の力をつけてきた。世界中の演壇でコピーの束をどさっと置くことで、聴衆にこうした機関をつくりあげた男たちと少数の女たちがもつガバナンスのビジョンが、後にも先にもエンロンやエクソンモービルやモンサントといった企業の短期的必要につきることを思い起こさせたのである。人間がつくり出した機関である以上、取り替えることは可能だ。

今こそグローバル・ガバナンスのための民主的制度をつくり、企業支配を終わらせ、世界中の人びとの人権と民主的主権を保証し、国の経済と資源の管理権をその国の政府に戻すべきである（第10章参照）。このすべては経済的正義、食の安全と安定供給、完全雇用、環境の持続可能性、財政の安定を支援する国際協定という枠組みをとおして達成されうる。本書でのべた持続可能な社会のための一〇原則と一致して、こうしたシステムは国や地方の権限を支持し、それぞれの状況と文化に合ったやり方で管理させ資源を使わせるだろう。ルール作りや基準設定、法施行の機能はあくまでもローカルと国中心になされるだろう。グローバルレベルのルールづくりと介入は主として、各国間の安定と均衡のとれた経済関係の維持とか、気象変動など放ってはおけない問題に限られるだろう。貿易と投資に関する協定は、すべての国の貧困層重視を明白に表し、弱小国が強国やグローバル企業の餌食にならないよう保証する道を探るはずである。

今まで述べてきた新しい方向を受け入れて広がりつつある政治闘争にすぐに参加しよう。グローバリゼーションに関する国際フォーラム（IFG）はこれからも世界中にある数百の市民社会と手をつなぎ、こうした考えやその他の考えを議論し、磨きをかけ、公の政策に導入していくつもりである。みなさんもこの重要なプロセスにぜひ加わってほしい。

Wallach, Lori, Michelle Sforza, and Ralph Nader. *The WTO: Five Years of Reasons to Resist Corporate Globalization.* New York: Seven Stories Press, 2000.
Walljasper, Jay, and Jon Spayde, eds. *Visionaries: People and Ideas to Change Your Life.* Gabriola Island, British Columbia: New Society Publishers, 2001.
Warshall, Peter. "An Electric Dragon Mantles the North American Continent." *Whole Earth Review,* Winter 2001, pp. 12–19.
Wasserman, Harvey. *The Last Energy War: The Battle Over Utility Deregulation.* New York: Open Media/Seven Stories Press, 1999.
Welton, Neva, and Linda Wolf. *Global Uprising: Confronting the Tyrannies of the 21st Century.* Gabriola Island, British Columbia: New Society Publishers, 2001.
"Whole Systems Thinking." *Annual Report, 2000–01.* Snowmass, CO: Rocky Mountain Institute.
Williamson, Thad, David Imbroscio, and Gar Alperovitz. *Making a Place for Community: Local Politics in a Globalized World.* New York: Routledge, 2002.
Wingspread Statement: A Common Sense Way to Protect Health & the Environment. Paper prepared by the Science & Environmental Health Network, January 25, 1998. www.healthytomorrow.org/pdf/wingspread.pdf.
Woodin, Mike, and Caroline Lucas. *Green Globalisation: A Manifesto.* London: Pluto Press, 2004.
World Bank. *World Development Report, 2000–01.* Washington, DC: World Bank and Oxford University Press, 2001.
[世界銀行『世界開発報告〈2000/2001〉貧困との闘い』西川潤監訳、五十嵐友子訳、シュプリンガー・フェアラーク東京、2002]
———. *Global Development Finance: Financing the Poorest Countries, 2002.* Washington, DC: World Bank, 2002.
World Resources Institute. *A Guide to the Global Environment: The Urban Environment.* New York: Oxford University Press, 1996.
Worldwatch Institute. *Vital Signs 2003: The Trends That are Shaping Our Future.* New York: W. W. Norton, 2003.
[ワールドウォッチ研究所『地球環境データブック〈2003-04〉』福岡克也監訳、家の光協会、2003]

1998. www.seen.org.
Suzuki, David, and Holly Dressel. *Good News for a Change: Hope for a Troubled Planet.* Toronto: Stoddart, 2002.
Tellus Institute. *Halfway to the Future: Reflections on the Global Condition.* Boston: Tellus Institute, 2001.
Tickner, Joel. "Precaution Is Common Sense." *Cape Cod Times,* August 27, 2000.
———. "A Map Towards Precautionary Decision Making." In C. Raffensperger and J. Tickner, eds., *Protecting Public Health and the Environment: Implementing the Precautionary Principle.* Washington, DC: Island Press, forthcoming. http://www.cpa.most.org.pl/map.html.
Tickner, Joel, and Carolyn Raffensperger. *The Precautionary Principle in Action: A Handbook.* Ag BioTech InfoNet. www.biotech-info.net/handbook.pdf.
[ジョエル・ティックナー、キャロリン・ラッフェンスペルガー『予防原則を行動にうつすためのハンドブック　第一版』グリーンピース・ジャパン訳、www.greenpeace.or.jp/campaign/toxics/pp/documents/pphandbook_pdf, 2002]
Townsend, Mark, and Paul Harris. "Now the Pentagon Tells Bush: Climate Change Will Destroy Us." *The Observer,* February 22, 2004.
Transnational Resource and Action Center. *Tangled Up in Blue: Corporate Partnerships at the United Nations.* San Francisco: Transnational Resource and Action Center, September 2000. www.corpwatch.org.
United Nations Conference on Trade and Development. *International Monetary and Financial Issues of the Nineties.* Geneva: United Nations, 1992.
———. *Trade and Development Report, 1997.* Geneva: United Nations, 1997.
———. *Trade and Development Report, 1999.* Geneva: United Nations, 1999.
United Nations Department of Economic and Social Affairs. *World Economic and Social Survey, 2001.* New York: United Nations, 2001.
United Nations Development Program. *Human Development Report, 1999.* New York: United Nations Development Program and Oxford University Press, 1999.
———. *Human Development Report, 2001.* New York: United Nations Development Program and Oxford University Press, 2001.
Vallette, Jim, and Daphne Wysham. *Enron's Pawns: How Public Institutions Bankrolled Enron's Globalization Game.* Washington, DC: Institute for Policy Studies, 2002.
Wallach, Lori. "Trade Secrets." *Foreign Policy,* January–February 2004.
Wallach, Lori, and Michelle Sforza. *Whose Trade Organization? Corporate Globalization and the Erosion of Democracy.* Washington, DC: Public Citizen, 1999.
[ラルフ・ネーダー監修、ロリー・M. ワラチ、ミッシェル・スフォーザ『誰のためのＷＴＯか？』海外市民活動情報センター監訳、緑風出版、2001]
Wallach, Lori, and Patrick Woodall. *Whose Trade Organization? A Comprehensive Guide to the World Trade Organization* (2nd ed.). New York: New Press, 2004.

Kingston, Ontario, Canada, June 6, 2002.
———. "The Jaiv Panchayat–Living Democracy Movement." Presentation given at the Living Democracy Convention (Jaiv Panchayat Adhiveshan), New Delhi, November 17, 2003.
———. *Towards a People-Centered Fair Trade Agreement on Agriculture.* Sandnes, Norway: Transcend: A Peace and Development Network, December 2003. http://www.transcend.org/t_database/articles.php?ida=147.
Shiva, Vandana, Afsar H. Jafri, Gitanjali Bedi, and Radha Holla-Bhar. *The Enclosure and Recovery of the Commons.* New Delhi: Research Foundation for Science, Technology and Ecology, 1997.
Shuman, Michael. *Towards a Global Village: International Community Development Initiatives.* London: Pluto Press, 1994.
———. *Going Local: Creating Self-Reliant Communities in a Global Age.* New York: Routledge, 2000.
Simms, Andrew. *The Environmental War Economy.* London: New Economics Foundation, 2001.
Simms, Andrew, Caroline Lucas, and Mike Woodin. "People's Economics." *Resurgence,* January–February 2004, pp. 10–13.
Singer, Peter. *One World: The Ethics of Globalization.* New Haven: Yale University Press, 2002.
［ピーター・シンガー『グローバリゼーションの倫理学』山内友三郎、樫則章監訳、昭和堂、2005］
Sitrin, Marina A. "Horizontalism in Argentina." *Left Turn,* August–September 2003, pp. 43–47.
Soros, George. *Open Society: Reforming Global Capitalism.* New York: Public Affairs, 2000.
［ジョージ・ソロス『ソロスの資本主義改革論—オープンソサエティを求めて』山田侑平、藤井清美訳、日本経済新聞社、2001］
———. *On Globalization.* New York: Public Affairs, 2002.
［ジョージ・ソロス『グローバル・オープン・ソサエティー市場原理主義を超えて』榊原英資監訳、藤井清美訳、ダイヤモンド社、2003］
Speth, James Gustave. *Red Sky at Morning: America and the Crisis of the Global Environment.* New Haven: Yale University Press, 2004.
Stiglitz, Joseph E. *Globalization and Its Discontents.* New York: W. W. Norton, 2002.
［ジョセフ・E.スティグリッツ『世界を不幸にしたグローバリズムの正体』鈴木主税訳、徳間書店、2002］
Stone, Michael K. "The Hypercar." *Whole Earth Review,* Winter 2001, p. 53.
Strong, Maurice. *Where on Earth Are We Going?* New York: Thomson Texere, 2001.
Sustainable Energy and Economy Network. *The World Bank and the G-7: Still Changing the Earth's Climate for Business, 1997–98.* Washington, DC: Institute for Policy Studies and the International Trade Information Service, December

Ritz, Dean, ed. *Defying Corporations, Defining Democracy: A Book of History and Strategies.* New York: Apex Press, 2001.
Robertson, James. *Future Wealth: A New Economics for the 21st Century.* London: Mansell Publishing, 1989.
Roddick, Anita. *Take It Personally.* London: HarperCollins, 2001.
Rodrik, Dani. *Has Globalization Gone Too Far?* Washington, DC: Institute for International Economics, 1997.
Rosset, Peter. "Access to Land: Land Reform and Security of Tenure." *World Food Summit/Five Years Later, Civil Society Input/Case Studies.* Oakland: Institute for Food and Development Policy, October 2001.
Rowe, Jonathan. "The Hidden Commons." *Yes! A Journal of Positive Futures,* 18, Summer 2001, pp. 12–17.
———. "Fanfare for the Commons," *UTNE Reader,* January–February 2002, pp. 40–44.
Roy, Arundhati. "Confronting Empire." Presentation to the World Social Forum, Porto Alegre, Brazil. January 28, 2003. www.peacewomen.org/resources/voices/declar/arundhati.html.
Sachs, Wolfgang, ed. *The Development Dictionary: A Guide to Knowledge as Power.* London: Zed Books, 1992.
［ヴォルフガング・ザックス編『脱「開発」の時代—現代社会を解読するキイワード辞典』三浦清隆他訳、晶文社、1996］
Sands, Phillipe, ed. *Greening International Law.* Law and Sustainable Development Series. Sterling, VA: Stylus, 1996.
Sassen, Saskia. *Globalization and Its Discontents: Essays on the New Mobility of People and Money.* New York: New Press, 1998.
Seabrook, Jeremy. *The Myth of the Market: Promises and Illusions.* Devon, UK: Green Books, 1990.
Shiva, Vandana. *The Violence of the Green Revolution: Third World Agriculture, Ecology, and Politics.* Mapusa, Goa, India: The Other India Press, 1991.
———. *Biopiracy: The Plunder of Nature and Knowledge.* Boston: South End Press, 1997.
［バンダナ・シバ『バイオパイラシー—グローバル化による生命と文化の略奪』松本丈二訳、緑風出版、2002］
———. *Stolen Harvest: The Hijacking of the Global Food Supply.* Boston: South End Press, 1999.
———. "U.S. Patent System Legalizes Theft and Biopiracy." *The Hindu,* July 28, 1999.
———. *Water Wars: Privatization, Pollution, and Profit.* Boston: South End Press, 2002.
———. Presentation given to the Poverty, Human Rights, and Equity Panel at the People and the Planet: Changing Values for a Sustainable Future Conference,

———. "Fears Are Overblown: Reducing Emissions Is Possible and Profitable." *National Academy Review: Climate Change Edition,* May 2004.
Parr, Douglas. "Right to Decide." *Resurgence,* January–February 2004, pp. 18–19.
Pauli, Gunter. "Industrial Clustering and the Second Green Revolution." Lecture presented at Schumacher College, Devon, United Kingdom, May 1996.
Payer, Cheryl. *Lent and Lost: Foreign Credit and Third World Development.* London: Zed Books, 1991.
Perkins, Logan R. R. "Why Reduce Automobile Dependence?" *Livable Cities, 1,* November 1997.
Perlas, Nicanor. *Shaping Globalization: Civil Society, Cultural Power, and Threefolding.* Quezon City, Philippines: CADI and GlobeNet3, 2000.
———. *Decoding the BU.S.H Doctrine: The U.S. as Empire.* Ortigas, Pasig City, Philippines: The Global Network for Social Threefolding, August 2003. www.globenet3.org/Essays/Essay_Bush_Doctrine.shtml.
Posey, Darrell Addison, ed. *Cultural and Spiritual Values of Biodiversity.* London: Intermediate Technology Publications, 1999.
Pretty, Jules. "Agricultural Alternatives." *Resurgence,* January–February 2004, p. 23.
———. *Regenerating Agriculture Policies and Practice for Sustainability and Self-Reliance.* London: Earthscan Publications, 1995.
Program on Corporations, Law & Democracy. "By What Authority?" *Challenging Empire's Story, 4*(2), Spring 2002, pp. 1–7.
Raghavan, Chakravarthi. *Recolonization: GATT, the Uruguay Round, and the Third World.* Penang, Malaysia: Third World Network, 1990.
Real Price of Gasoline. Washington, DC: International Center for Technology Assessment, 2002.
Register, Richard. *Ecocity Berkeley: Building Cities for a Healthy Future.* Berkeley: North Atlantic Books, 1987.
[リチャード・レジスター『エコシティーバークリーの生態都市計画』ツル田栄作訳、工作舎、1993]
———. *Ecocities: Building Cities in Balance with Nature.* Berkeley: Berkeley Hills Books, 2002.
Retallack, Simon. *Climate Crisis: A Briefing for Funders.* London: Think Publishing, 2001.
Rich, Bruce. *Mortgaging the Earth: The World Bank, Environmental Impoverishment, and the Crisis of Development.* Boston: Beacon Press, 1994.
Rifkin, Jeremy. *Biosphere Politics: A New Consciousness for a New Century.* New York: Crown, 1991.
[ジェレミー・リフキン『地球意識革命—聖なる自然をとりもどす』星川淳訳、ダイヤモンド社、1993]
———. *The Hydrogen Economy.* New York: Tarcher/Putnam, 2002.

Menotti, Victor. *Free Trade, Free Logging: How the World Trade Organization Undermines Global Forest Conservation.* San Francisco: International Forum on Globalization, 1999.

Mishel, Lawrence, Jared Bernstein, and John Schmitt. *The State of Working America, 1998–99.* Washington, DC: Economic Policy Institute, 1999.

Monks, Robert A. G. *The Emperor's Nightingale: Restoring the Integrity of the Corporation in the Age of Shareholder Activism.* Reading, MA: Addison-Wesley, 1998.

Morris, David. *Getting from Here to There: Building a Rational Transportation System.* Washington, DC: Institute for Local Self-Reliance, 1992.

———. *Seeing the Light: Regaining Control of Our Electricity System.* Washington, DC: Institute for Local Self-Reliance, 2001.

Motavalli, Jim. "The Reckoning: Global Warming Is Likely to Cause Huge Climatic Changes—and Possibly a New Ice Age." Reprinted by *E/The Environmental Magazine,* November–December 2003.

MoveOn's 50 Ways to Love Your Country: How to Find Your Political Voice and Become a Catalyst for Change. Maui, HI: Inner Ocean Publishing, 2004.

Nader, Ralph, William Greider, Margaret Atwood, David Philips, and Pat Choate. *The Case Against Free Trade: GATT, NAFTA, and the Globalization of Corporate Power.* San Francisco: Earth Island Press, 1993.

"National Security Strategy of the United States." Washington, DC: The White House, September 2002.

Nichols, John, and Robert W. McChesney. *It's the Media, Stupid.* New York: Seven Stories Press, 2000.

Norberg-Hodge, Helena. *Ancient Futures: Learning from Ladakh.* San Francisco: Sierra Club Books, 1991.
[ヘレナ・ノーバーグホッジ『ラダック　懐かしい未来』『懐かしい未来』翻訳委員会訳、山と渓谷社、2003]

Norberg-Hodge, Helena, Peter Goering, and John Page. *From the Ground Up: Rethinking Industrial Agriculture.* London: Zed Books, 2001.

Norberg-Hodge, Helena, Steven Gorelick, and Todd Merrifield. *Bringing the Food Economy Home.* West Hartford, CT: Kumarian Press and London: Zed Books, 2002. (Originally published as a report by International Society for Ecology and Culture.)

Northrop, Michael. "Addressing Global Warming: A Way Forward." *Environmental Grantmakers Association: News and Updates, VI*(I), Winter 2002, pp. 1, 21–22.

———. *Leading by Example: Successful Strategies for Cutting Greenhouse Gas Emissions.* Unpublished report, 2003. Originally presented at the first Conference of the Reducers, convened by the Center for Clean Air Policy, National Institutes for Public Health and the Environment, the German Marshall Fund, and the Rockefeller Brothers Fund, the Netherlands, May 11–13, 2003.

Hypercars: Materials, Manufacturing, and Policy Implications. Snowmass, CO: Rocky Mountain Institute, 1996.
Lovins, Amory B., and L. Hunter Lovins. "Frozen Assets?" *RMI Solutions: Newsletter of the Rocky Mountain Institute,* Spring 2001, pp. 1–3, 20–21.
Lovins, Amory B., L. Hunter Lovins, and Paul Hawken. "A Road Map for Natural Capitalism." *Harvard Business Review,* May–June 1999, pp. 145–158.
Lucas, Caroline, Michael Hart, and Colin Hines. *Look to the Local: A Better Agriculture Is Possible!* Discussion paper. The Greens/European Free Alliance, European Parliament, December 2002.
Luttwak, Edward. *Turbo Capitalism: Winners and Losers in the Global Economy.* New York: HarperCollins, 1999.
[エドワード・ルトワク『ターボ資本主義—市場経済の光と闇』山岡洋一訳、ティビーエスブリタニカ、1999]
MacArther, John R. *The Selling of "Free Trade": NAFTA, Washington, and the Subversion of American Democracy.* New York: Hill & Wang, 2000.
Madeley, John. *Big Business, Poor Peoples: The Impact of Transnational Corporations on the World's Poor.* London: Zed Books, 1999.
Mander, Jerry. *In the Absence of the Sacred: The Failure of Technology and the Survival of the Indian Nations.* San Francisco: Sierra Club Books, 1991.
———. "Alternatives to Globalization: A Better World Is Possible." Speech given at the World Affairs Council, San Francisco, April 2, 2003.
Mander, Jerry, and Edward Goldsmith, eds. *The Case Against the Global Economy: And for a Turn Toward the Local.* San Francisco: Sierra Club Books, 1996.
[ジェリー・マンダー、エドワード・ゴールドスミス編『グローバル経済が世界を破壊する』小南祐一郎、塚本しづ香訳、朝日新聞社、二2000]
Manifesto on the Future of Food. San Rossore, Italy: International Commission on the Future of Food and Agriculture, 2003.
McChesney, Robert W. *Rich Media, Poor Democracy: Communication Politics in Dubious Times.* Urbana/Chicago: University of Illinois Press, 1999.
———. *The Problem of the Media: U.S. Communication Politics in the 21st Century.* New York: Monthly Review Press, 2004.
McDonough, William, and Michael Braungart. "The Next Industrial Revolution." *Atlantic Monthly,* October 1998, pp. 82–92.
McLaren, Deborah. *Rethinking Tourism and Ecotravel: The Paving of Paradise and What You Can Do to Stop It.* West Hartford, CT: Kumarian Press, 1998.
Meacher, Michael. "Natural Governance." *Resurgence,* January–February 2004, pp. 28–31.
Meadows, Donella, Dennis L. Meadows, and Jorgen Randers. *Beyond the Limits.* Post Mills, VT: Chelsea Green, 1992.
[ドネラ・メドウズ、デニスメドウズ、ヨルゲン・ランダース『限界を超えて—生きるための選択』松橋隆治、茅陽一、村井昌子訳、ダイヤモンド社、1992]

Kimbrell, Andrew. *The Human Body Shop: The Engineering and Marketing of Life.* San Francisco: HarperSanFrancisco, 1993.

——. "Defending the Genetic Commons." *UTNE Reader,* January–February 2002, p. 44.

——, ed. *Fatal Harvest: The Tragedy of Industrial Agriculture.* Washington, DC: Island Press, 2002.

Klein, Naomi. *No Logo: Taking Aim at the Brand Bullies.* New York: Picador, 1999.
［ナオミ・クライン『ブランドなんか、いらない―搾取で巨大化する大企業の非情』松島聖子訳、はまの出版、2001］

Korten, David C. *The Post-Corporate World: Life After Capitalism.* San Francisco: Berrett-Koehler and West Hartford, CT: Kumarian Press, 1999.
［デビッド・C．コーテン『ポスト大企業の世界―貨幣中心の市場経済から人間中心の社会へ』西川潤、松岡由紀子訳、シュプリンガー・フェアラーク東京、2000］

——. *When Corporations Rule the World* (2nd ed.). West Hartford, CT: Kumarian Press and San Francisco: Berrett-Koehler, 2001.
［デビッド・C. コーテン『グローバル経済という怪物―人間不在の世界から市民社会の復権へ』西川潤、桜井文訳、二一世紀ヒューマン・ルネッサンス（人間性復興）叢書、シュプリンガー・フェアラーク東京、1997］

——. "From Empire to Earth Community." Keynote address at the Earth Charter Community Summit, September 2002. *YES! A Journal of Positive Futures.* http://www.yesmagazine.org/iraq/kortenempire.htm.

Korten, David, Nicanor Perlas, and Vandana Shiva. *Global Civil Society: The Path Ahead.* Discussion paper. Bainbridge Island, WA: People-Centered Development Forum, November 20, 2002. http://www.pcdf.org/civilsociety/path.htm.

Kriebel, David, Joel Tickner, Paul Epstein, and others. *The Precautionary Principle in Environmental Science.* Boston: Alliance for a Healthy Tomorrow. http://healthytomorrow.org/pdf/kriebel_et_al.pdf.

La Duke, Winona. *Indigenous Peoples, Power, and Politics: A Renewable Future for the Seventh Generation.* Minneapolis: Honor the Earth Publications, 2004.

Lang, Tim, and Colin Hines. *The New Protectionism: Protecting the Future Against Free Trade.* London: Earthscan Publications, 1993.

Lappé, Frances Moore. "Meet the P7." *Guerrilla News Network,* December 18, 2001. www.guerrillanews.com/globalization/doc243.html.

Lappé, Frances Moore, Joseph Collins, and Peter Rosset. *World Hunger: Twelve Myths.* New York: Grove Press, 1998.

Lappé, Frances Moore, and Anna Lappé. *Hope's Edge: The Next Diet for a Small Planet.* New York: Jeremy P. Tarcher/Putnam, 2002.

Lasn, Kalle, and Tom Liacas. "Corporate Crackdown." *Adbusters,* August–September 2000, pp. 36–48.

Lovins, Amory B., Michael Brylawski, David Cramer, and Timothy Moore.

Hines, Colin, and Vandana Shiva. *A Better Agriculture Is Possible: Local Food, Global Solution.* A report for the U.N. Food and Agriculture Organization Food Summit, Rome, Italy, June 2002.
Hoffman, Peter. *Tomorrow's Energy: Hydrogen Fuel Cells and the Prospects for a Cleaner Planet.* Cambridge: MIT Press, 2001.
Independent Science Panel. *The Case for a GM-Free Sustainable World.* London: Institute of Science in Society, 2003.
International Forum on Globalization. *Does Globalization Help the Poor?* San Francisco: International Forum on Globalization, 2001.
Juhasz, Antonia. "Capitalism Gone Wild." *Tikkun,* January–February 2004, pp. 19–22.
———. "Ambitions of Empire: The Bush Administration's Economic Plan for Iraq (and Beyond)." *LeftTurn Magazine, 12,* February–March 2004.
Karliner, Joshua. *The Corporate Planet.* San Francisco: Sierra Club Books, 1997.
Kasser, Tim, and Allen D. Kanner, eds. *Psychology and Consumer Culture: The Struggle for a Good Life in a Materialistic World.* Washington, DC: American Psychological Association, 2004.
Kaul, Inge, Isabelle Grunberg, and Marc A. Stern. *Global Public Goods: International Cooperation in the 21st Century.* New York: United Nations Development Program and Oxford University Press, 1999.
［インゲ・カール、イザベル・グルンベルグ、マーク・A・スターン編『地球公共財—グローバル時代の新しい課題』FASID国先開発研究センター訳、日本経済新聞社、1999］
Kelly, Marjorie. *The Divine Right of Capital: Dethroning the Corporate Aristocracy.* San Francisco: Berrett-Koehler, 2001.
Khor, Martin. "The Revolt of Developing Nations." *The Seattle Debacle: Special Issue of Third World Resurgence,* December 1999–January 2000.
———. *Globalization and the South: Some Critical Issues.* Penang, Malaysia: Third World Network, 2000.
———. *Globalization and the Crisis of Sustainable Development.* Penang, Malaysia: Third World Network, 2001.
———. "The WTO, the Post-Doha Agenda, and the Future of the Trade System: A Development Perspective." Special paper from Third World Network. http://www.twnside.org.sg. 2002.
Khor, Martin, and Lim Li Lin. *Good Practices and Innovative Experiences in the South: Vol. 1: Economic, Environmental, and Sustainable Livelihood Initiatives.* London: Zed Books, 2001.
———. *Good Practices and Innovative Experiences in the South: Vol. 2: Social Policies, Indigenous Knowledge, and Appropriate Technology.* London: Zed Books, 2001.
———. *Good Practices and Innovative Experiences in the South: Vol. 3: Citizen Initiatives in Social Services, Popular Education, and Human Rights.* London: Zed Books, 2001.

Gray, John. *False Dawn.* New York: New Press, 1998.
［ジョン・グレイ『グローバリズムという妄想』石塚雅彦訳、日本経済新聞社、1999］
Greider, William. *One World, Ready or Not: The Manic Logic of Global Capitalism.* New York: Touchstone, 1998.
———. *The Soul of Capitalism: Opening Paths to a Moral Economy.* New York: Simon & Schuster, 2003.
Grossman, Richard L., and Frank T. Adams. *Taking Care of Business: Citizenship and the Charter of Incorporation.* Cambridge, MA: Charter, Inc., 1993.
Hancock, Graham. *Lords of Poverty: The Power, Prestige, and Corruption of the International Aid Business.* New York: Atlantic Monthly Press, 1989.
［グレアム・ハンコック『援助貴族は貧困に巣喰う』武藤一羊監訳、朝日新聞社、1992］
Hartman, Thom. *Unequal Protection.* Emmaus, PA: Rodale Press, 2002.
Hawken, Paul. *The Ecology of Commerce: A Declaration of Sustainability.* New York: HarperBusiness, 1993.
［ポール・ホーケン『サスエナビリティ革命―ビジネスが環境を救う』鶴田栄作訳、ジャパンタイムズ、1995］
Hawken, Paul, Amory Lovins, and L. Hunter Lovins. *Natural Capitalism: The Next Industrial Revolution.* Boston: Back Bay Books, 2000.
［ポール・ホーケン、L．ハンター・ロビンズ、エイモリー・B・ロビンス『自然資本の経済―「成長の限界」を突破する新産業革命』佐和隆光・小幡すぎ子訳、日本経済新聞社、2001］
Hemispheric Social Alliance. "Alternatives for the Americas." www.asc-hsa.org, 2001.
Henderson, Hazel. *Paradigms in Progress: Life Beyond Economics.* Indianapolis: Knowledge Systems, 1991.
［ヘイゼル・ヘンダーソン『地球市民の条件―人類再生のためのパラダイム』尾形敬次訳、新評論、1999］
———. *Creating Alternative Futures: The End of Economics.* West Hartford, CT: Kumarian Press, 1996.
———. *Beyond Globalization: Shaping a Sustainable Global Economy.* West Hartford, CT: Kumarian Press, 1999.
Hertsgaard, Mark. *Earth Odyssey.* New York: Broadway Books, 1998.
［マーク・ハーツガード『世界の環境危機地帯を往く』忠平美幸訳、草思社、2001］
Hickey, Ellen, and Anuradha Mittal, eds. *Voices from the South: The Third World Debunks Corporate Myths on Genetically Engineered Crops.* San Francisco: Food First, June 2003.
Hines, Colin. *Localization: A Global Manifesto.* London: Earthscan Publications, 2000.

監修、大屋定晴、山口響他訳、日本経済評論社、2003]

For a Sustainable Chile: A Citizen's Agenda for Change. Santiago: Sustainable Chile Program, 1999.

Gabel, Medard, and Henry Bruner. *Globalinc: An Atlas of the Multinational Corporation.* New York: New Press, 2003.

Gardner, Gary, and Payal Sampat. "Mind Over Matter: Recasting the Role of Materials in Our Lives." Worldwatch Paper No. 144. Washington, DC: Worldwatch Institute, 1998.

Garrett, Laurie. *The Coming Plague: Newly Emerging Diseases in a World Out of Balance.* New York: Farrar, Straus and Giroux, 1994.
[ローリー・ギャレット『カミング・プレイグー迫りくる病原体の恐怖〈上・下〉』山内一也監訳、河出書房新社、2000]

Gates, Jeff. *The Ownership Solution: Toward a Shared Capitalism for the Twenty-First Century.* Cambridge, MA: Perseus, 1999.

George, Susan. *A Fate Worse Than Debt.* London: Penguin Books, 1988.

——. *The Debt Boomerang: How Third World Debt Harms Us All.* London: Pluto Press, 1992.
[スーザン・ジョージ『債務ブーメランー第三世界債務は地球を脅かす』佐々木建、毛利良一訳、朝日新聞社、1995]

George, Susan, and Fabrizio Sabelli. *Faith and Credit: The World Bank's Secular Empire.* London: Penguin Books, 1994.
[スーザン・ジョージ、ファブリッチオ・サベッリ『世界銀行は地球を救えるかー開発帝国50年の功罪』毛利良一訳、朝日新聞社、1996]

Global Energy Technology Strategy. *Addressing Climate Change.* Washington, DC: Battelle, 2000.

"Globalization, Inc. Concentration in Corporate Power: The Unmentioned Agenda." *ETC Group Communique, 71,* July–August 2001.

Global Resource Action Center for the Environment. "Model Sustainable Energy Statute Summary." www.gracelinks.org/nuke/sustainable_energysummary2.html, 2002.

Goldsmith, Edward. *The Way.* Athens: University of Georgia Press, 1998.
[エドワード・ゴールドスミス『エコロジーの道—人間と地球の存続の知恵を求めて』大熊昭信訳、法政大学出版局、1998]

——. "How to Feed People Under a Regime of Climate Change." *The Ecologist, Asia edition,* January 2004.

Goldsmith, James. *The Trap.* New York: Carroll & Graf, 1993.

Gorelick, Steven. *Small Is Beautiful, Big Is Subsidized.* Berkeley, CA, and Devon, UK: International Society for Ecology and Culture, 2002.

——, ed. *Democratizing the Global Economy: The Battle Against the World Bank and the IMF.* Monroe, ME: Common Courage, 2001.

Das, Bhagirath Lal. *The WTO and the Multilateral Trading System.* London: Zed Books, 2003.

Doniger, David, David Friedman, Roland Hwang, Daniel Lashof, and Jason Mark. *Dangerous Addiction: Ending America's Oil Dependence.* New York: Natural Resources Defense Council and the Union of Concerned Scientists, 2002.

Douthwaite, Richard. *The Growth Illusion.* Dublin: Lilliput Press, 1992.

——. *Short Circuit: Strengthening Local Economies for Security in an Unstable World.* Dublin: Lilliput Press, 1996.

Dowie, Mark. "In Law We Trust." *Orion,* July–August 2003, pp. 19–25.

Draft Convention on Cultural Diversity. Ottawa, Canada: International Network for Cultural Diversity, March 2002.

Dunn, Seth. "Micropower: The Next Electrical Era." Worldwatch Paper No. 151. Washington, DC: Worldwatch Institute, 2000.

——. "Decarbonizing the Energy Economy." In Lester Brown, Christopher Flavin, Hilary French, and others, eds., *State of the World 2001.* Washington, DC: Worldwatch Institute, 2001.

——. "Hydrogen Futures: Toward a Sustainable Energy System." Worldwatch Paper No. 157. Washington, DC: Worldwatch Institute, 2001.

"Eight Benefits of Micropower." *Whole Earth Review,* Winter 2001, p. 20.

Energy Innovations: A Prosperous Path to a Clean Environment. Cambridge, MA: Union of Concerned Scientists, 1997. www.ucsusa.org/energy/find.ei.html.

Estes, Ralph. *Tyranny of the Bottom Line: Why Corporations Make Good People Do Bad Things.* San Francisco: Berrett-Koehler, 1996.

A Fair Globalization: Creating Opportunities for All. Geneva: International Labor Organization/World Commission on the Social Dimensions of Globalization, February 2004.

Faux, Jeff, and Lawrence Mishel. "Inequality and the Global Economy." In Will Hutton and Anthony Giddens, eds., *Global Capitalism.* New York: New Press, 2000.

Finnegan, William. "The Economics of Empire: Notes on the Washington Consensus." *Harper's Magazine,* May 2003, pp. 41–54.

Fisher, William F., and Thomas Ponniah. *Another World Is Possible: Popular Alternatives to Globalization at the World Social Forum.* London: Zed Books, 2003. ［ウィリアム・F・フィッシャー、トーマス・ポニア『もうひとつの世界は可能だ―世界社会フォーラムとグローバル化への民衆のオルタナティブ』加藤哲_

Central Intelligence Agency. *Global Trends, 2015*. Langley, VA: Central Intelligence Agency, 2000.
Childers, Erskine, and Brian Urquhart. *Renewing the United Nations System: Special Issue of Development Dialogue*. Uppsala, Sweden: Dag Hammarskjøld Foundation, 1994.
Chomsky, Noam. *World Orders Old and New*. New York: Columbia University Press, 1994.
——. "Confronting the Empire." *Dissident Voice*, February 4, 2003. www.dissidentvoice.org/Articles/Chomsky_ConfrontingEmpire.htm.
——. "Dominance and Its Dilemmas: The Bush Administration's Imperial Grand Strategy." *Boston Review*, October–November 2003. http://bostonreview.net/BR28.5/chomsky.html.
Chossudovsky, Michel. *The Globalisation of Poverty: Impacts of IMF and World Bank Reforms*. Penang, Malaysia: Third World Network, 1997.
[ミシェル・チョスドフスキー『貧困の世界化—IMFと世界銀行による構造調整の衝撃』郭洋春訳、柘植書房新社、1999]
Clarke, Tony. *Silent Coup: Confronting the Big Business Takeover of Canada*. Ottawa: Canadian Centre for Policy Alternatives, 1997.
——. *By What Authority!* San Francisco: International Forum on Globalization, 1999.
Clarke, Tony, and Maude Barlow. *MAI: The Multilateral Agreement on Investment and the Threat to Canadian Sovereignty*. Toronto: Stoddart, 1997.
Cobb, Clifford, and Ted Halstead. "The Need for New Measurements of Progress." In Jerry Mander and Edward Goldsmith, eds., *The Case Against the Global Economy: And for a Turn Toward the Local*. San Francisco: Sierra Club Books, 1996.
[ジェリー・マンダー、エドワード・ゴールドスミス編『グローバル経済が世界を破壊する』小南祐一郎、塚本しづ香訳、朝日新聞社、2000]
Commoner, Barry. *Making Peace with the Planet*. New York: New Press, 1992.
Daly, Herman E. *Beyond Growth: The Economics of Sustainable Development*. Boston: Beacon Press, 1996.
[ハーマン・E・デイリー『持続可能な発展の経済学』新田功、蔵本忍、大森正之訳、みすず書房、2005]
Daly, Herman E., and John B. Cobb, Jr. *For the Common Good: Redirecting the Economy Toward Community, the Environment, and a Sustainable Future*. Boston: Beacon Press, 1989.
Danaher, Kevin. *10 Reasons to Abolish the IMF & World Bank*. New York: Seven Stories Press, 2001.

York: Merrill Lynch, Global Securities Research & Economics Group, Global Fundamental Equity Research Department, 1999.
Braun, Henry. *The Phoenix Project: An Energy Transition to Renewable Resources.* Phoenix: Research Analysts, 1990.
Brecher, Jeremy, Tim Costello, and Brendan Smith. *Globalization from Below: The Power of Solidarity.* Cambridge, MA: South End Press, 2000.
Broad, Robin, ed. *Global Backlash: Citizen Initiatives for a Just World Economy.* Lanham, MD: Rowman & Littlefield, 2002.
Brown, Lester. *Building a Sustainable Society.* New York: W. W. Norton, 1981.
———. *Eco-Economy: Building an Economy for the Earth.* New York: W. W. Norton, 2001.
［レスター・ブラウン『エコ・エコノミー』福岡克也、北濃秋子訳、家の光協会、2002］
Brown, Lester, Christopher Flavin, Hilary French, and others. *State of the World 2001.* Washington, DC: Worldwatch Institute, 2001.
［レスター・ブラウン編著『地球白書—ワールドウォッチ研究所〈2001-02〉』エコ・フォーラム21世紀編集監修、家の光協会、2001］
Brown, Lester R., and others. *State of the World 1988.* Washington, DC: Worldwatch Institute, 1988.
［レスター・R. ブラウン編著『ワールドウォッチ地球白書〈_88-_89〉環境危機と人類の選択』松下和夫訳、ダイヤモンド社、1989］
Bruno, Kenny, Joshua Karliner, and China Brotsky. *Greenhouse Gangsters Versus Climate Justice.* San Francisco: Transnational Resource and Action Center, 1999.
Bunyard, Peter. "Industrial Agriculture: Driving Climate Change." *The Ecologist, 26*(6), November–December 1996.
———. "A Hungrier World." *The Ecologist: Special Issue, Climate Crisis, 29*(2), 1998.
Capra, Fritjof. *The Hidden Connections: A Science for Sustainable Living.* London: HarperCollins, 2002.
———. *The Hidden Connections: Integrating the Biological, Cognitive, and Social Dimensions of Life into a Science of Sustainability.* New York: Doubleday, 2002.
Carstensen, Michelle, and David Morris. *Biochemicals for the Automobile Industry.* Washington, DC: Institute for Local Self-Reliance, 1997.
Cashman, Ty. "Fuel from Water." *Whole Earth Review,* Spring 1994, pp. 50–53.
———. "Hydrogen Energy." *Whole Earth Review,* Winter 2001, p. 46.
———. "Jump-Starting Renewables: What It Takes to Enter the Hydrogen Era." *Whole Earth Review,* Winter 2001, p. 57.
Cavanagh, John, ed. *South-North: Citizen Strategies to Transform a Divided World* (pamphlet). San Francisco: International Forum on Globalization, November 1995.

World's Water. New York: New Press, 2002.
[モード・バーロウ、トニー・クラーク『「水」戦争の世紀』鈴木主税訳、集英社新書、集英社、2003]
———. *Global Showdown: How the New Activists Are Fighting Global Corporate Rule.* Toronto: Stoddart, 2002.
Barnes, Peter. *Who Owns the Sky?* Washington, DC: Island Press, 2001.
———. "Capitalism, the Commons, and Divine Right." Speech delivered at the E. F. Schumacher Society, October 25, 2003.
Barnes, Peter, Jonathan Rowe, and David Bollier. *The State of the Commons 2003–04.* Point Reyes Station, CA: Friends of the Commons. http://www.friendsofthecommons.org.
Barnet, Richard J., and John Cavanagh. *Global Dreams: Imperial Corporations and the New World Order.* New York: Simon & Schuster, 1994.
Barshefsky, Charlene. "Barshefsky on U.S. Trade Agenda for 2000." Presentation to the United States Mission to the European Union, Brussels, Belgium, February 8, 2000. http://www.useu.be/Issues/barsh0208.html.
A Basic Call to Consciousness: The Hau de no sau nee Address to the Western World. Akwesasne Notes. Rooseveltown, NY: Mohawk Nation, 1978.
Bello, Walden. *The Future in the Balance: Essays on Globalization and Resistance.* San Francisco: Food First and Focus on the Global South, 2001.
———. *Pax Romana Versus Pax Americana: Contrasting Strategies of Imperial Management.* Bangkok: Focus on the Global South, April 23, 2003. http://www.focusweb.org/popups/articleswindow.php?id=311.
———. "The Crisis of the Globalist Project and the New Economics of George W. Bush." Address given at the McPlanet Conference, Berlin, July 10, 2003. http://www.focusweb.org/popups/articleswindow.php?id=334.
———. "Diplomacy by Vendetta." *Newsweek International,* November 24, 2003. www.msnbc.com/news/994164.asp?cp1=1#BODY.
Bello, Walden, Nicola Bullard, and Kamal Malhotra, eds. *Global Finance: New Thinking on Regulating Speculative Capital Markets.* London: Zed Books, 2000.
Bello, Walden, Shea Cunningham, and Li Keng Poh. *A Siamese Tragedy: Development & Disintegration in Modern Thailand.* London: Zed Books, 1998.
Bello, Walden, Shea Cunningham, and Bill Rau. *Dark Victory: The United States, Structural Adjustment, and Global Poverty.* London: Pluto Press, 1994.
Bello, Walden, with David Kinley, and Elaine Elison. *Development Debacle: The World Bank in the Philippines.* San Francisco: Institute for Food and Development Policy, 1982.
Bello, Walden, and Stephanie Rosefeld. *Dragons in Distress: Asia's Miracle Economies in Crisis.* San Francisco: Institute for Food and Development Policy, 1990.
Book of Knowledge: Investing in the Growing Education and Training Industry. New

参考文献

Ahn, Christine, ed. *Shafted: Free Trade and America's Working Poor.* Oakland: Food First Books, 2003.

Allen, Will, Eddie DeAnda, and Kate Duesterberg. *Cotton Subsidies: Who Needs Them? Who Gets Them?* www.organicconsumers.org/clothes/willallen011504.cfm. December 2003.

Altieri, Miguel. *Genetic Engineering in Agriculture: The Myths, Environmental Risks, and Alternatives.* Oakland: Food First Books, 2001.

Altieri, Miguel, and Peter Rosset. *Ten Reasons Why Biotechnology Will Not Ensure Food Security, Protect the Environment, and Reduce Poverty in the Developing World.* Oakland, CA: Food First Books, 1999.

Anderson, Ray. *Mid-Course Correction.* Atlanta: Peregrinzilla Press, 1998.

Anderson, Sarah, ed. *Views from the South: The Effects of Globalization and the WTO on Third World Countries.* San Francisco: International Forum on Globalization, 2000.

Anderson, Sarah, and John Cavanagh. *Top 200: The Rise of Corporate Global Power.* Washington, DC: Institute for Policy Studies, December 2000.

Anderson, Sarah, John Cavanagh, Chris Hartman, and Betsy Leondar-Wright. *Executive Excess 2001: Layoffs, Tax Rebates, and the Gender Gap.* Washington, DC: Institute for Policy Studies and United for a Fair Economy, May 2001.

Anderson, Sarah, John Cavanagh, and Thea Lee. *A Field Guide to the Global Economy.* New York: New Press, 2000.

Barker, Debi, and Jerry Mander. *Invisible Government: The World Trade Organization, Global Government for the New Millennium?* San Francisco: International Forum on Globalization, 1999.

Barlow, Maude. *Blue Gold: The Global Water Crisis and the Commodification of the World's Water Supply.* San Francisco: International Forum on Globalization, 2001. [モード・バーロウ『BLUE GOLD-独占される水資源』市民フォーラム 2001 訳、市民フォーラム 2001 事務局、現代企画室、2000]

——. *The Free Trade Area of the Americas: The Threat to Social Programs, Environmental Sustainability, and Social Justice.* San Francisco: International Forum on Globalization, 2001.

——. *Profit Is Not the Cure.* Toronto: McClelland & Stewart, 2002.

Barlow, Maude, and Tony Clarke. *Blue Gold: The Battle Against Corporate Theft of the*

日本語版あとがき

本書の翻訳作業は、「虹」のメンバーにとっても発見の連続であった。すでに一〇年以上、加地永都子を中心に翻訳の勉強を続けてきた七人は、年齢、経歴、性別すべてまちまちで、価値観や感性も異なれば、言葉の感覚も異なる。本書の執筆者二一名が合意に達するまでが難しかったと書かれているが、翻訳の過程でも議論に費やした時間のほうがはるかに多かった。具体的には各人が一章ずつ担当し、その訳を全員で検討するという形で作業を進めてきた。各担当部分は以下の通りである。

第一部の第1章から3章まで、首藤健児

第二部の第4章　山口洋子、第5章　松本美知子　第6章　加地永都子　第7章および第8章　加藤和恵

第三部の第9章　那須研一　第10章　清水亮子　第11章　加地永都子

ボックスの翻訳は、コミュニティスクール・まちデザイン（生活クラブ運動グループ・東京運営委員会のメンバー団体）の翻訳講座の参加者が分担した（荒井佐代子、石田洋子、大藪寿里、岡崎圭子、佐藤直子、十河温子、棚町精子、永田マキ子、西容子、西尾輝子、早川美奈子、細谷陽子、松山朋子、三上浩子、

水野りるこ、山中恭子、和田稚子）。

なお、最終的な訳語の統一、表現の手直しは加地が担当した。ささやかな翻訳グループとしては大仕事になったが、緑風出版の高須次郎氏とスタッフの熱意と協力で出版が実現したことは感謝に耐えない。

本書の校正に当たっていた七月二十四日、ＷＴＯの無期限凍結が報じられた。事態が行き詰っている今日こそ、本書の提示しているオルタナティブについて腰をすえて議論する好機ではないだろうか。世界中で市民たちが反グローバル化の先頭に立っている現在、本書の翻訳もまた市民の手でなされたことに意味があるにちがいない。私たちもまた世界の反グローバル運動の一翼を担うものでありたい。

翻訳グループ「虹」を代表して
加地永都子
二〇〇六年十月五日

索引

[翻訳グループ「虹」メンバー]

加藤和恵（かとう・かずえ）

1951年名古屋市生まれ。翻訳のかたわら「グローバルネットワーク・練馬」の仲間たちと女性問題、環境·原発問題をめぐる活動を行なっている。共訳書『「脱開発」の時代』（晶文社）

清水亮子（しみず・りょうこ）

1963年福岡県生まれ。神奈川県川崎市在住。1985年より生活クラブ生活協同組合職員。現在､同生協のシンクタンク「市民セクター政策機構」に所属。市民団体「遺伝子組み換え食品いらない！ キャンペーン」運営委員。

首藤健児（しゅとう・けんじ）

1955年大分大学経済学部卒。商工中金を定年退職後、英語翻訳にかかわる。中小企業診断士。

那須研一（なす・けんいち）

1963年新潟県長岡市生まれ。千葉県市川市在住。都立高校教諭を経て、予備校講師。個別指導で英語を教えている。

松本美知子（まつもと・みちこ）

埼玉県在住。地域の主婦グループで環境問題、ゴミ・リサイクル問題とかかわる。教育支援NGO「エクアドルの子どものための友人の会」委員。

山口洋子（やまぐち・ようこ）

神奈川県大和市在住。外資系石油企業を定年退職後、難民向け日本語ボランティアとして働く。共訳書『「脱開発」の時代』（晶文社）。

加地永都子（かぢ・えつこ）

翻訳家。NGOの日本ネグロスキャンペーン委員会運営委員。主な訳書 『ラディカル·デモクラシー：可能性の政治学』（岩波書店）、『フィリピンを乗っ取った男』（共訳・太田出版）他多数。

ビクター・メノッティ（Victor Menotti）

IFGの環境プログラムディレクター、IFGの出版物『自由貿易、自由伐採：WHOはいかにして地球の森林保全を弱体化させたか（Free Trade, Free Logging: How the WTO Undermine Global forest Conservation)』『WTOと持続可能な漁業(The WTO and Sustainable Fisheries)』の著者、『グロバリゼーションが環境に与える衝撃（Environmental Impacts of Globalization』の寄稿者の１人。

ヘレナ・ノーバーグ-ホッジ（Helena Norberg-Hodge）

国際エコロジー・文化協会（International Society for Ecology and Culture）創立者・代表、IFG理事。ライト・ライブリフッド賞受賞（訳注：持続可能で公正な地球社会実現のために斬新で重要な貢献をした人びとに与えられるライト・ライブリフッド賞を、1986年に受賞）、数多くの著作がある。中でも国際的古典となっている『なつかしい未来：ラダックから学ぶ（Ancient Futures:Learning from Ladakh)』（山と渓谷社）は、30以上の言語に訳されている。

サイモン・レタラック（Simon Retallack）

The Ecologist誌の特集号編集長、気象イニシアチブ基金（Climate Initiative Fund)」のコーディネーター、IFG準会員。多くの出版物を執筆、編集。IFGの出版物『グロバリゼーションが環境に与える衝撃（Environmental Impacts of Globalization）』の寄稿者・執筆者。

バンダナ・シバ（Vandana Shiva）

科学・技術・自然資源政策研究財団（Research Foundation for Science, Technology, and Natural Resource Policy）創設者、代表。IFG理事。1993年、ライト・ライブリフッド賞受賞。2001年にはAsiaWeek誌によって，「アジアで最も重要な人物」トップ5に選ばれた。主要誌に300以上の論文を書き、また『心のモノカルチャー：生物多様性と生命工学と第三世界(Monocultures of the Mind: Biodiversity, Biotechnology, and the Third World)』をはじめ数多くの著書がある。

ビクトリア・タウリ-コルプス（VictoriaTauli-Corpuz）

フィリピンのコルディレラ地方に住む先住民カンカナイ族の活動家。フィリピンを本拠地とする国際先住民政策・研究センター（Indigenous Peoples' International Center for Policy Research and Education）代表、IFG準会員。グローバル化の社会的側面に関する世界委員会（訳注：ＩＬＯが2002年2月に発足させた）のメンバーであり、また国連先住民基金（the United Nations Voluntary Fund for Indigenous Populations)」の議長。

ロリ・ワラク（Lori Wallach）

パブリック・シティズン（ラルフ・ネーダー主宰）のグローバル・トレード・ウォッチ（世界貿易監視）チーム代表、IFG理事。National Journal誌から「貿易論争のゲリラ戦士」との異名を贈られる。『誰のためのＷＴＯか？（Whose Trade Organization? Corporate Globalization and the Erosion of Democracy)』（緑風出版）の共同執筆者。

エドワード・ゴールドスミス（Edward Goldsmith）

雑誌エコロジスト（The Ecologist）の創設編集長、IFG理事。『エコロジーの道：人間と地球の存続の知恵を求めて（The Way :an Ecological World View)』（法政大学出版局）など20冊の著書があり、また『グローバル経済からローカルへの転向（The Case Against the Global Economy and for a Turn toward the Local)』の共同編集者。1991年、ライト・ライブリフッド賞（訳注：もうひとつのノーベル賞と呼ばれる）を受賞。

ランドール・ヘイズ（Randall Hayes）

「熱帯雨林行動ネットワーク」代表、「デスティネーション・コンサベーション（学校と地域の省エネ・省資源教育支援システム）」の米国責任者、オークランド市環境委員会ディレクター、受賞ドキュメンタリーフィルム「フォー・コーナーズ（訳注：ユタ、コロラド、ニューメキシコ、アリゾナ4州が接する点。ナバホ族の居留地の中心。）：犠牲に供された土地？（The Four Corners: A National Sacrifice Area?)」のプロデューサー。

コリン・ハインズ（Colin Hines）

英国のミドルセックスに本拠を置く「地球規模で地域を守る（Protect the Local、Globally)」の創始者・コーディネーター、IFG準会員、『自由貿易神話への挑戦（The New Protectionism: Protecting the Future Against Free Trade)』（家の光協会）、『ローカルへ：グローバル宣言』の共同執筆者。

アントニア・ジュハス（Antonia Juhasz）

IFGのプロジェクト・ディレクター、IFGの対メディア広報窓口担当。IFGレポート『グローバル化は貧者を助けるか (Does Globalization Help the Poor)？』のコーディネーター。ニューヨークタイムズ紙，ケンブリッジ大学国際関係レビュー、南アフリカのザ・スター紙、Tikkun誌その他数多くのメディアに執筆。

アンドリュー・キンブレル（Andrew Kimbrell）

食の安全センター（the Center for Food Safety）創設者、所長。IFG理事。著書、論説も数多く、『死を招く収穫：工業型農業の悲劇（Fatal Harvest: The Tragedy of Industrial Agriculture）』の編集者および寄稿者。トゥデー・ショウ、ザ・アーリー・ショウ、グッドモーニング・アメリカ、クロスファイアーなどのテレビ番組にもメイン・ゲストとして出演。

デイビッド・コーテン（David Korten）

民衆開発フォーラム（People-centered Development Forum）の創始者、IFG準会員。数多い著作の中にはいまや古典となっている『グローバル経済という怪物（When Corporation Rule the World)』『ポスト大企業の世界(The Post Corporate World)』（邦訳、ともにシュプリンガー・フェアラーク東京）がある。

サラ・ラレイン（Sara Larrain）

チリの政党、変革のためのオルタナティブ党（Partido Alternativo de Cambio）共同創立者、「チリ・エコロジカル・アクション・ネットワーク」のコーディネーター、グリーンピース・インターナショナルのチリ事務所創設、IFG理事。1999年チリ大統領選では有力な独立系候補者となった。

[著者略歴]

ジョン・カバナ（John Cavanagh）

ワシントンを本拠地とする政策研究所（Institute for Policy Studies）所長、IFG副議長、『グローバル・ドリーム：帝国企業と新世界秩序(Global Dreams: Imperial Corporations and the New World Order)』など、グローバル経済に関する11冊の共同執筆者。

ジェリー・マンダー(Jerry Mander)

IFG議長、公共メディアセンター(Public Media Center)上級研究員、ベストセラー『聖なるものの不在（In the Absence of the Sacred)』『グローバル経済からローカルへ、方向転換のケース（The Case Against the Global Economy and for a Turn toward the Local)』『テレビをなくす四つの理由(Four Arguments for the Elimination of Television)』の著者あるいは共同編集者。

サラ・アンダーソン（Sarah Anderson)

政策研究所の「グローバル経済プロジェクト」ディレクター。『グローバル経済観察図鑑（A Field Guide to the Global Economy）の共同執筆者。

デビ・バーカー（Debi Barker)

IFG事務局長。『見えない政府:WTOは新世紀の世界政府なのか？(Invisible government: the World Trade Organization, Global Government for the new Millennium?)』の共同執筆者。

モード・バーロウ（Maude Barlow)

カウンシル・オブ・カナディアンズ（カナダ人評議会）全国委員長、IFG理事。10カ国で翻訳された『青い黄金:世界の水を盗む企業との闘い（Blue Gold: The Battle Against Corporate Theft of the World' s Water)』および『利潤は解決をもたらすか（Profit Is Not the Cure)』など14冊の本の著者、共同執筆者。

ウォルデン・ベロ（Walden Bello)

バンコクを本拠とするフォーカス・オン・ザ・グローバルサウス事務局長。IFG理事。『不確定な未来：グロバリゼーションと抵抗に関するエッセイ集 The future in the Balance: Essays on Globalization and Resistance』など、11冊の本の著者、共同執筆者。

ロビン・ブロード（Robin Broad)

アメリカン大学国際関係大学院(School of International Service)教授。『グローバルな抵抗：公正な世界経済のための市民の取り組み（Global Backlash : Citizen Initiatives for a Just World Economy)』著者。

トニー・クラーク（Tony Clark)

カナダ・ポラリス研究所所長、カナダ人評議会副議長、IFG理事。『青い黄金：世界の水を盗む企業との闘い（Blue Gold : The Battle Against Corporate Theft of the World's Water)』など6冊の本の著者又は共同執筆者。

ポストグローバル社会《しやかい》の可《か》能性《のうせい》

2006年11月10日　初版第1刷発行　　定価3400円＋税

編　者　ジョン・カバナ、ジェリー・マンダー
訳　者　翻訳グループ「虹」
発行者　高須次郎
発行所　緑風出版 ©
〒113-0033　東京都文京区本郷2-17-5　ツイン壱岐坂
［電話］03-3812-9420　［FAX］03-3812-7262
［E-mail］info@ryokufu.com
［郵便振替］00100-9-30776
［URL］http://www.ryokufu.com/

装　幀　堀内朝彦
制　作　R 企 画　　印　刷　モリモト印刷・巣鴨美術印刷
製　本　トキワ製本所　　用　紙　大宝紙業　　E2000

Printed in Japan　　ISBN4-8461-0616-0　C0036

政治的エコロジーの歴史
ジャン・ジャコブ著／鈴木正道訳
四六判上製
四九二頁
3400円
フランスのエコロジーの思想的流れを通し、自然保護運動から政権の一翼を担うまでになった現代の政治的エコロジー思想までを歴史的に検証。人々が織りなす思想と運動の歴史が詳しく解説され、エコロジーを知る上での必読書。

誰のためのWTOか？
パブリック・シティズン／ロリー・M・ワラチ／ミッシェル・スフォーザ著、ラルフ・ネーダー監修、海外市民活動情報センター監訳
A5判並製
三三六頁
2800円
WTOは国際自由貿易のための世界基準と考えている人が少なくない。だが実際には米国の利益や多国籍企業のために利用され、厳しい環境基準等をもつ国の制度の改変を迫るなど弊害も多い。本書は現状と問題点を問う。

気候パニック
イブ・ルノワール著／神尾賢二訳
四六判上製
四二〇頁
3000円
熱暑、大旱魃、大嵐、大寒波——最近の「異常気象」の原因は、地球温暖化による気候変動とされている。だが、これへの疑問も出され始めている。本書は、気候変動のメカニズムを科学的に分析し、数々の問題点を解説する。

バイオパイラシー
グローバル化による生命と文化の略奪
バンダナ・シバ著／松本丈二訳
四六判上製
二六四頁
2400円
グローバル化は、世界貿易機関を媒介に「特許獲得」と「遺伝子工学」という新しい武器を使って、発展途上国の生態系を商品化し、生活を破壊している。世界的に著名な環境科学者である著者の反グローバリズムの思想。

ウォーター・ウォーズ
水の私有化、汚染そして利益をめぐって
ヴァンダナ・シヴァ著／神尾賢二訳
四六判上製
二四八頁
2200円
水の私有化や水道の民営化に象徴される水戦争は、人々から水という共有財産を奪い、農業の破壊や貧困の拡大を招き、地域・民族紛争と戦争を誘発し、地球環境を破壊するものだ。水戦争を分析、水問題の解決の方向を提起する。

狂牛病
――イギリスにおける歴史

リチャード・W・レーシー著／渕脇耕一訳

四六判上製
三一二頁
2200円

牛海綿状脳症という狂牛病の流行によって全英の牛に大被害がもたらされ、また、人間にも感染することがわかり、人々を驚愕させた。本書は、まったく治療法のないこの狂牛病をわかりやすく、詳しく解説した話題の書！

終りなき狂牛病
フランスからの警鐘

エリック・ローラン著／門脇　仁訳

四六判上製
二四八頁
2200円

英国から欧州大陸へと上陸した狂牛病。仏政府は安全宣言を繰り返すが、狂牛病は拡大する。と殺場での感染、肉骨粉による土壌汚染からの感染、血液感染、母子感染など種の壁を超え、エイズを上回る狂牛病の恐怖を暴いた書。

フランサフリック
アフリカを食いものにするフランス

フランソワ＝グザヴィエ・ヴェルシャヴ著／大野英士、高橋武智訳

四六判上製
五四四頁
3200円

数十万にのぼるルワンダ虐殺の影にフランスが……。ジスカール・デスタンからミッテラン、シラクの歴代大統領まで続く、フランスの巨大なアフリカ利権とスキャンダルを暴き、欧米を騒然とさせた問題の書、遂に邦訳。

労働のメタモルフォーズ
働くことの意味を求めて――経済的理性批判

アンドレ・ゴルツ著／真下俊樹訳

四六判上製
四一三頁
3200円

現代産業社会の中で労働の解放はどのように構想されうるのか？　マルクスの労働論からイリイッチ、ハーバーマスら現代思想に至る労働観を総括し、労働する人間の自律と解放を考える、フランス現代思想家の注目の書。

レ・タン・モデルヌ 50周年記念号

クロード・ランズマン編／記念号翻訳委員会訳

A5判並製
三八四頁
2700円

サルトル、ボーヴォワールが主宰し健筆を振るった『レ・タンモデルヌ（現代）』誌の50周年記念号。クロード・ランズマン、ジャック・デリダ、ジャン・F・ルゥエット、ジャネット・コロンベルなどの現代フランスの知の最前線が大集合。